BIBLIOTHÈQUE PUBLIQUE DE VERSAILLES

CATALOGUE

DES

INCUNABLES

ET

DES LIVRES IMPRIMÉS

DE MD. A MDXX

AVEC LES MARQUES TYPOGRAPHIQUES

DES ÉDITIONS DU XVe SIÈCLE

PAR

M. PELLECHET

PARIS
ALPHONSE PICARD, LIBRAIRE
82, Rue Bonaparte, 82

1889

8° Q

BIBLIOTHÈQUE PUBLIQUE DE VERSAILLES

CATALOGUE

DES

INCUNABLES

ET

DES LIVRES IMPRIMÉS

DE MD. A MDXX.

AVEC LES MARQUES TYPOGRAPHIQUES

DES ÉDITIONS DU XV° SIÈCLE

PAR

M. PELLECHET

PARIS

ALPHONSE PICARD, LIBRAIRE

82, Rue Bonaparte, 82

1889

PRÉFACE

Une circulaire ministérielle du 15 février 1886 ayant prescrit l'Inventaire des Incunables conservés dans les bibliothèques municipales de la France, M. Emile Delerot, conservateur de la Bibliothèque de Versailles, me pria de faire ce travail. L'état de sa santé, qui le forçait à se retirer il y a quelques mois, ne lui permettait pas de l'entreprendre. J'acceptai avec empressement cette nouvelle occasion de mettre en lumière quelques unes des richesses de la France.

Je n'entrerai dans aucun détail sur la valeur des éditions diverses dont la description a été faite aussi exactement que possible. Toutefois je signalerai à l'attention des bibliographes le nom d'un imprimeur inconnu à Hain et à Panzer, *Ludovicus de Venetia*, lequel imprima en 1488 le *Quadragesimale* de Caracciolus (n° 56 du catalogue); je dois noter encore deux exemplaires de *Litterae indulgentiarum* trouvés dans une reliure ancienne.

Le plan que j'ai suivi est semblable à celui du catalogue des incunables de Dijon, mais les abréviations typographiques des éditions du XVe siècle ont pu être reproduites, grâce aux poinçons gravés chez deux fondeurs en caractères à Paris, M. Berthier et M. Turlot. Les feuillets non foliotés dans l'original sont désignés par un chiffre suivi d'un astérisque, afin d'éviter la répétition fastidieuse des mots : *feuillet non chiffré*. Dans la première partie *Incunables*, les coupures de lignes ont été strictement observées; dans les descriptions des livres du XVIe siècle, on les a supprimées, comme n'offrant pas la même importance. Les fautes d'impression de l'original ont toujours été reproduites, mais il a été jugé inutile de les faire suivre du mot *sic*, qui détruit la physionomie de la copie littérale.

On trouvera plus loin, dans l'introduction que M. Taphanel a bien voulu faire, des notes historiques sur les principales collections d'où proviennent les incunables de Versailles.

Je ne terminerai pas ces courtes observations sans adresser mes remerciments les plus sincères à M. Delerot ; grâce à lui j'ai pu continuer mes recherches sur les premières années de l'imprimerie ; je dois aussi exprimer ma gratitude à M. Taphanel, collaborateur de M. Delerot pendant quelques années, avant de devenir le continuateur de la tâche qu'il avait poursuivie avec succès, de rendre la Bibliothèque de Versailles riche, utile et accessible à tous.

INTRODUCTION

Les incunables que possède la Bibliothèque de Versailles lui sont venus de deux sources principales : notre ancien fonds en contenait dès l'origine un assez grand nombre ; l'autre partie provient des dons que nous a faits dans les dernières années de sa vie un bibliographe bien connu du monde savant, M. J.-P.-A. Madden.

Ancien professeur au Lycée de Versailles, M. Madden avait de bonne heure renoncé à l'enseignement pour se consacrer tout entier à ses recherches sur l'histoire de l'Imprimerie. Il avait été amené peu à peu, au cours de ses travaux, à réunir une nombreuse collection d'incunables. C'est dans cette collection qu'il a largement puisé pour enrichir la Bibliothèque de sa ville natale, choisissant de préférence les ouvrages dont il avait lui-même donné la description et déterminé la provenance dans ses *Lettres d'un Bibliographe*. L'histoire de ces précieux exemplaires est donc parfaitement connue de tous ceux qui s'intéressent à la science bibliographique, et nous n'avons pas à y revenir. Nous espérions pouvoir adresser ici au généreux donateur l'expression de notre profonde gratitude ; la mort ne nous en a pas laissé le temps (1). Nous avons eu du moins la satisfaction de communiquer à M. Madden les bonnes feuilles de ce catalogue, où il a pu voir son nom cité avec honneur.

En ce qui concerne les incunables de notre ancien fonds, il ne sera peut-être pas sans intérêt de rappeler ici les circonstances qui les y ont fait entrer et d'y joindre, lorsque nous le pourrons, quelques renseignements sur ceux qui en ont été avant nous les dépositaires.

Conformément au décret du 7 Pluviôse An III, une bibliothèque publique de 30,000 volumes avait été annexée à l'Ecole centrale de Seine-et-Oise. Ces volumes choisis dans le dépôt littéraire du château de Versailles, ont été mis, lors de la suppression des Ecoles centrales en 1803, à la disposition de la Ville. Jusque-là, Versailles n'avait pas eu de bibliothèque publique : l'Etat lui en donna une toute faite, installée depuis quelque temps déjà

---

1. M. Madden est mort subitement à Versailles le 2 juin 1889 dans sa 82e année. Les *Lettres d'un Bibliographe* comprennent six séries publiées de 1868 à 1886. M. Madden a donné en outre une édition des *Psaumes de David..*, d'après un *Ms. français du XVe siècle, précédés de recherches sur le traducteur et de remarques sur la traduction...* Paris, 1872. 1 vol. in-8°.

dans les bâtiments de l'Ancien hôtel des Affaires Etrangères et de la Marine, où elle a pu depuis se développer à l'aise (1).

La plupart des grandes villes de province furent alors traitées de même ; mais Versailles, ville royale, eut un lot exceptionnel. Les dépôts du château contenaient en effet, — outre la bibliothèque du Roi formée en grande partie d'ouvrages « présentés » depuis Louis XIV jusqu'en 1789 (2), — les livres de la reine Marie-Antoinette, ceux de Madame Adélaïde, du comte de Provence, etc., et plus de cent bibliothèques d'émigrés ou de couvents.

Les couvents seuls ou peu s'en faut possédaient des incunables. Nous dirons donc ici quelques mots des diverses maisons religieuses citées dans le présent catalogue, et dont un Ex-libris ou une indication manuscrite nous a conservé le nom. Cette liste serait plus complète si les fiches d'inventaire que les Commissaires de l'An III avaient collées à l'intérieur de chaque volume et qui en rappelaient la provenance, n'avaient été enlevées fort mal à propos à une époque sans doute assez voisine de la Révolution.

RÉCOLLETS DE VERSAILLES, (*conventus recollectorum Versalliensis*). — Etablis d'abord (en 1670) sur les terrains qu'occupe aujourd'hui la Petite Place ; plus tard, dans une maison que Mansard leur construisit derrière le Grand-Commun et dont Louis XIV posa en 1684 la première pierre, les Récollets eurent un rôle important dans les affaires religieuses et les cérémonies publiques de la Cour aux deux derniers siècles. Bossuet lorsqu'il était à Versailles, disait sa messe chez eux. Ils tenaient une place à part dans leur ordre ; ils ne quêtaient point, les bienfaits du Roi et le casuel suffisant et au delà à l'entretien de la Communauté. Leur couvent fut pendant la Terreur transformé en prison. L'église fut abattue en 1796 pour le passage d'une rue projetée qu'on ne perça point. Ce qui reste des bâtiments a été depuis converti en caserne (3). La bibliothèque des Récollets devait être assez importante ; nous n'avons pu en retrouver le catalogue (4).

MISSION SAINTE-MARIE DE VERSAILLES. — Trente-trois Lazaristes étaient chargés de desservir l'église de la paroisse et la chapelle du château. Ils avaient pour supérieur le curé de Notre-Dame. — L'abbé Hébert, premier curé de la paroisse de Versailles, connu pour l'austérité de ses principes, était un des conseillers les plus écoutés de Mme de Maintenon. C'est lui qui condamna et fit cesser les représentations dramatiques à

---

1. Cet hôtel a été construit de 1761 à 1762 par Jean-Baptiste Berthier, père du Maréchal, ingénieur-géographe et architecte. L'Etat a vendu à la ville de Versailles la partie des bâtiments qu'occupe aujourd'hui la Bibliothèque et où étaient déposées autrefois les archives des Affaires Etrangères et de la Marine ; l'autre partie était consacrée au Dépôt de la Guerre ; on en a fait une caserne, et récemment, on y a installé l'Ecole des Sous-Officiers de l'Artillerie et du Génie.

2. J.-B. Labiche, *Notice sur les dépôts littéraires de la révolution bibliographique de la fin du dernier siècle, d'après les manuscrits de la Bibliothèque de l'Arsenal.* Paris, 1880 ; in-8° de 120 pages. Page 23.

3. Le Roi, *Histoire de Versailles* ; Lebeuf ; Peigné-Delacourt.

4. Le catalogue général des bibliothèques recueillies dans le dépôt littéraire de Versailles est conservé à la Bibliothèque de l'Arsenal ; les livres y sont classés méthodiquement sans indication de provenance. Arsenal, Mss. 19 vol. in-fol., n°ˢ 5381-5399.

Saint-Cyr. Louis XIV avait donné aux pères de la Mission de Notre-Dame des armoiries, qui étaient *d'azur semé de fleurs de lys d'or à une étoile rayonnante de même*.

Ce fut dans une des salles de la Mission que les députés du clergé se réunirent le 20 juin 1789, pendant que ceux du Tiers tenaient la fameuse séance du Jeu de Paume.

Les bâtiments de la Mission étaient une dépendance de l'église Notre-Dame et furent vendus pendant la Révolution comme biens nationaux (1).

CONGRÉGATION DE LA MISSION DE SAINT-CYR. — Lors de la réforme de Saint-Cyr, après les fêtes un peu trop mondaines d'*Esther*, Mme de Maintenon remplaça les confesseurs séculiers de la maison par des prêtres de cette même congrégation de Saint-Lazare qui fournissait déjà des desservants à la paroisse de Versailles, aux Invalides et à toutes les maisons royales. Six pères et quatre frères Lazaristes furent établis à Saint-Cyr. On construisit pour eux, près de l'église, un grand bâtiment qui existe encore, et où l'aumônier de l'École militaire a aujourd'hui son appartement. Ces modestes religieux ont vécu là jusqu'au dernier jour de l'« Institut de Saint-Louis », dans la plus complète obscurité. Ils avaient une bonne bibliothèque théologique, à en juger par le nombre relativement considérable de volumes (incunables et autres) qui nous sont venus d'eux.

MONASTERIUM BEATÆ MARIÆ DE VALLIBUS CERNAY. — L'abbaye de Vaux-de-Cernay, de l'ordre de Citeaux, au diocèse de Paris, eut pour fondateur, en 1118, Simon de Neauphle. Parmi les abbés et les moines célèbres de ce monastère (il y en a eu beaucoup), nous citerons seulement : Pierre, moine des Vaux-de-Cernay, qui écrivit l'*Histoire de la guerre des Albigeois*, et le poète Philippe Desportes. Les bâtiments et les terres de l'abbaye furent vendus comme biens nationaux en 1792 (2).

CAPUCINS DE MEUDON. — « Le couvent de Meudon est, dit Lebeuf, le premier que les Capucins aient eu en France ». Il fut créé vers 1570 par le cardinal de Lorraine. On y comptait, en 1768, vingt-cinq religieux ; et vingt seulement en 1790. Leur bibliothèque parut, aux yeux des commissaires de la Révolution, être « de peu de conséquence » par ce fait qu'il ne s'y trouvait « aucuns livres nouveaux » (3).

FRÈRES MINEURS OU CAPUCINS DE PONTOISE. — Les capucins avaient été établis à Pontoise en 1603 ou 1604 par le cardinal de Gondi, évêque de Paris et abbé de St-Martin de Pontoise, dans l'ancienne Léproserie fondée par S. Louis, au faubourg de l'Aumône. Leur couvent fut vendu en 1790-91 (4). C'est de leur bibliothèque que provient une grande partie des incunables de notre ancien fonds.

1. Le Roi, *Histoire de Versailles*.
2. *Cartulaire de l'abbaye de Vaux-de-Cernay* publié par Luc. Merlet et Aug. Moutié. Paris, Plon, 1857, 3 vol. in-4. avec atlas ; — *Études archéologiques sur les abbayes de l'ancien diocèse de Paris*, par M. Hérard, architecte ; II, *de Vaux-de-Cernay*. Paris, Didron, 1852.
3. Peigné-Delacourt. Arch. de la Préfecture de Seine-et-Oise.
4. *Recherches historiques etc. sur la ville de Pontoise* par l'abbé Trou, p. 192.

VI

SAINT-MARTIN DE PONTOISE. — *(S. Martinus ad Vionam).* — L'origine de ce monastère remonte au règne de Philippe 1ᵉʳ qui lui accorda le droit de franchise par une charte datée de l'an 1059 (1). Les Bénédictins de Saint-Martin de Pontoise nous ont fourni eux aussi un nombre important d'éditions du xvᵉ siècle.

CONVENTUS SANCTI-MICHAELIS AD PONTISARAM. — « Couvent de la Très-Sainte Trinité rédemption des captifs » établi vers 1576 dans l'ermitage de Saint-Michel-lez-Pontoise ou Saint-Michel du Val (2).

SAINT-ELOI DE LONGJUMEAU. — Ce prieuré fondé vers 1254 par Jean et Alix de Dreux, fut occupé, à dater de 1662, par les chanoines réguliers de la Congrégation de France. Ils y étaient au nombre de six seulement en 1768. La Bibliothèque de Versailles possède, selon toute apparence, la plus grande partie de leurs livres (3).

CONVENTUS MAGNIACENSIS. — Quelques pièces relatives aux Cordeliers de Magny sont conservées aux Archives de la Préfecture de Seine-et-Oise, entre autres, le catalogue très défectueux de leur bibliothèque dressé en 1791 par un fonctionnaire évidemment peu lettré. Il y est fait mention de 247 volumes « de sermons très anciens reliés en parchemin. » (4)

PRÊTRES DE LA MISSION DE L'ISLE-ADAM. — Ils appartenaient à la Congrégation de Saint-Joseph de Lyon, et avaient été établis par Armand de Bourbon-Conti le 26 août 1665 (5).

CONVENTUS BONAE DOMUS. — Les Minimes de la Bonne Maison, ordre de Grand-Mont, près Choisy-au-Bac, avaient été transférés à Beaumont-sur-Oise en 1752 par décret de l'évêque de Soissons (6).

ABBATIA REGALIS GAUDII VALLIS. — L'abbaye de Joyenval, située au terroir de Chambourcy, avait été fondée vers 1221. Elle était occupée en 1768 par douze religieux prémontrés (7).

RÉCOLLETS DE SAINT-GERMAIN-EN-LAYE. — Ils avaient été établis en 1620 par Lettres Patentes du Roi, et étaient au nombre de vingt-deux en 1768 (8).

Les huit couvents dont il nous reste à parler n'appartenaient pas au département de Seine-et-Oise. Leurs livres avaient été transportés, lors de la Révolution, dans les Dépôts littéraires de Paris, et non dans celui de Versailles. Comment nous en est-il arrivé quelques-uns? Nous l'ignorons.

---

1. Même ouvrage, page 26, et *Gallia Christ.*, t. XI, col. 253 et 10.
2. Archives de la Préfecture de Seine-et-Oise. — *Recherches historiques sur la ville de Pontoise* par l'abbé Trou.
3. Lebeuf, t. X. — Peigné-Delacourt.
4. Les Archives de la Préfecture de Seine-et-Oise renferment de nombreux documents sur les anciennes maisons religieuses du Département. Nous avons pu les consulter à loisir grâce à l'amicale obligeance du savant archiviste, M. Coüard-Luys.
5. Archives de la Préfecture de Seine-et-Oise.
6. Ibid.
7. Ibid.
8. Arch. de Seine-et-Oise; — Peigné-Delacourt.

Le Bibliothécaire de l'Ecole Centrale, voulant compléter ses collections, aurait-il obtenu, soit comme don supplémentaire, soit par voie d'échange, un certain nombre d'ouvrages ? Ou bien des échanges ou des prêts avaient-ils été faits déjà entre couvents à une époque antérieure ? On ne sait trop à quelle supposition s'arrêter.

SAINT-DENYS-EN-FRANCE. — Nous ne pourrions rien dire concernant l'illustre abbaye que le lecteur ne sût aussi bien que nous. La Bibliothèque des Bénédictins de Saint-Denis, composée de 15,000 volumes environ, avait été transférée à Paris, dans le dépôt de Saint-Louis-la-Culture. Aucune pièce n'indique que les commissaires de la Révolution aient puisé pour nous dans ce dépôt. Il ne serait pas invraisemblable de supposer que les quelques livres provenant de Saint-Denis ont pu se trouver chez les Lazaristes de Saint-Cyr. Les deux maisons étaient en relations continuelles d'affaires. Les revenus de la mense abbatiale de Saint-Denis appartenaient à l'Institut de Saint-Louis et faisaient partie de sa dotation (1).

CÉLESTINS DE PARIS. — Charles V posa en 1367, quatre ans après leur arrivée à Paris, la première pierre de leur chapelle. Comme pour justifier la protection de ce roi bibliophile, les Célestins se composèrent peu à peu une bibliothèque qui fut longtemps célèbre, moins par le nombre que par le choix et le prix des ouvrages qu'elle renfermait. Malheureusement cette collection avait déjà perdu, lorsque vint la Révolution, une grande partie de ses richesses. Ameilhan (2), commissaire chargé de classer les bibliothèques ecclésiastiques de Paris, chercha vainement aux Célestins la fameuse Bible latine imprimée à Paris en 1467 par Gering, Krantz et Friburger, — le *Rationale divinorum officiorum Durandi*, — le *Speculum salvationis humanae*, ouvrages rarissimes qui s'y trouvaient encore, selon Debure, en 1763.

Les Célestins ont été jusqu'à la fin du règne de Louis XV propriétaires du domaine de Porchefontaine, près de Versailles. Leur couvent de Paris, dont les bâtiments subsistent encore en partie, a été transformé en caserne (3).

BLANCS-MANTEAUX DE PARIS. — Le couvent des Blancs-Manteaux appartenait depuis 1622 aux Bénédictins de la Congrégation de Saint-Maur. Il renfermait quatorze religieux en 1768. Leur bibliothèque, composée de 8,813 volumes, fut transportée comme celles des Célestins et des Bénédictins de Saint-Denis, au dépôt de Saint-Louis-la-Culture (4).

RÉCOLLETS DU FAUBOURG SAINT-GERMAIN-DES-PRÉS. — Il y avait, d'après Peigné-Delacourt, quarante récollets à Paris en 1678. Leur bibliothèque, comprenant 19,250 volumes, fut transportée au dépôt des Capucins de la rue Saint-Honoré (5).

---

1. Arch. de Seine-et-Oise; papiers de Saint-Cyr.
2. Arsenal. Mss. — Arch. des Dépôts littéraires, t. VII.
3. Lebeuf, Le Roi, Peigné-Delacourt.
4. J.-B. Labiche, *Notice sur les Dépôts littéraires*, p. 30.
5. Arsenal. Mss. *Archives des Dépôts littéraires.*

CONVENTUS NIGIONIS. — Nigeon était le nom primitif de toute la côte aux environs de Chaillot et de Passy ; il servit à désigner le couvent des Minimes de Chaillot qu'on appelait communément *Bonshommes*. L'ancienne barrière des Bonshommes était voisine de ce couvent fondé en 1496 par Anne de Bretagne, détruit en 1790 (1).

CONGREGATIO MISSIONIS NOVIOMENSIS. — Les missionnaires attachés en 1662 au séminaire de Noyon appartenaient à la Congrégation de Saint-Vincent-de-Paul (2).

CONVENTUS MINIMORUM AMBIANENSIS. — Ce couvent fut créé en 1494 par saint François de Paule. Les Minimes d'Amiens, établis d'abord sur un terrain nommé la *Manufacture*, occupaient depuis 1498 l'hôtel d'Epagny. Ils possédaient d'importantes reliques de leur fondateur. L'un d'eux, Nicolas Barré, a institué des maisons d'enseignement où l'on formait des maîtres et des maîtresses d'école, tout comme dans nos modernes écoles normales (3).

CARTHUSIA VILLANOVAE. — Villeneuve d'Avignon, petite ville du Bas-Languedoc « possédait, dit le *Dictionnaire universel* de Thomas Corneille, une très belle Chartreuse ». Peigné-Delacourt nous apprend que ce monastère renfermait, en 1768, quarante religieux et que son revenu s'élevait à plus de 48,000 livres Après la suppression du monastère, la bibliothèque fut transportée à l'hôtel de ville de Villeneuve, où les manuscrits restèrent pendant plus de soixante ans ; ils furent vendus alors en grande partie à des libraires, qui les revendirent à des collectionneurs français ou étrangers.

182 volumes imprimés au XVe siècle, 228 volumes publiés de 1500 à 1520, nous ont été transmis, à travers les dépôts de la Révolution, par les différents monastères cités plus haut et par quelques autres qui ont échappé à nos recherches. Tous ces livres dont la valeur était dès lors dûment reconnue sont restés mêlés jusqu'à ces dernières années aux ouvrages de notre ancien fonds.

La rédaction du catalogue a rendu nécessaire la réunion de ces volumes dans une salle spéciale où l'on pourra les étudier et les comparer facilement et à laquelle mon prédécesseur, M. Delerot, a donné le nom de *salle Madden*, en souvenir du modeste et savant bibliographe qui nous a aidé à la remplir.

A. TAPHANEL.

---

1. Lebeuf. — Dulaure, *Histoire de Paris*.
2. Peigné-Delacourt.
3. L'abbé J. Corblet, *Hagiographie du diocèse d'Amiens*, t. IV, p. 283, 284.

PREMIÈRE PARTIE

INCUNABLES

A

1 ADRIANUS carthusianus. De remediis utriusque fortunae. — Lovanii, Johannes de Westphalia, sans date (1485?) 70 ff. non chiffrés; caract. goth.; 2 col. de 42 ll.; signatures A-I; sans titres courants; in-fol. [165]

> F. 1*, blanc. F. 2* : Incipit liber de remediis vtriusq3 || fortune prospere et aduerse. Copula || tus per quēdam Adrianū Cartusien. || et sacre theologie professorem. || Prologus. F. 70* v°, 2° col., colophon : Explicit liber de remediis utrius- || q3 fortune prospere z adverse. Copu || latus per quēdā Adrianum Cartusi- || en. z sacre theologie professorem. Im || pressusq3 in alma vniuersitate Loua || niensi in domo magistri Iohānis de || westphalia.
>
> Relié à la suite de la *Theologia naturalis* de Raymundus de Sabunde; exemplaire grand de marges, mais avec quelques piqûres de vers; on a omis de faire à la main les initiales de couleur. Au dessous du colophon une note. ms. du XV° siècle : *Pro me ludovico Lasserre provisore Legat. collegij Campanie alias Navarre parisi⁹ fundatj.* Hain, 95, Panzer, I, 522; ces deux bibliographes n'ont pas vu le volume qu'ils citent, et se trompent tous deux pour le format qu'ils indiquent in-quarto. M. Campbell, *op. cit.*, p. 2, n° 6, donne comme daté probable 1485, tandis que Hain indique 1474, et Panzer 1475.

2 — — Sans nom de lieu ni de typographe et sans date. (Coloniae, Ulric Zell?) 160 ff. non chiffrés; caract. goth.; 27 ll. ll.; sans signatures, réclames, ni titres courants; in-4°. [56]

> F. 1* : Incipit liber de Remedijs vtriusq3 fortune. || pspere z adūse. Copulatus. p quēdā Adri || anū Cartusien z sacre theologie pfessorem || Prologus. F° 160*, ligne 10° : Explicit liber de remedijs vtriusq3 fortune. || Prospē z adūse. Copulat⁹ p quēdā Adria || nū Cartusien. z sacre theologie professorē.

Demi-reliure du XVIII° siècle, dos en basane à fers dorés. Exemplaire à grandes marges, mais taché. Initiales rouges faites à la main; le f. 9 manque; les ff. sont paginés à la main. Sur le f. 1, note ms. d'une écriture du XVII° siècle: *Ex libris monasterii molismensis ordinis sti benedicti congregationis sti mauri.* A l'intérieur du premier plat de la reliure, l'ex-libris de M. Madden, un vigneron faisant manœuvrer un pressoir, avec la devise: TORCULAR CALCAVI SOLUS, et une note manuscrite: *Voir lettres d'un bibliographe, 2° série, pages 104 à 112.* Dans le passage auquel il renvoie, M. Madden décrit deux éditions de l'ouvrage d'Adrien le Chartreux, l'une signée par Adrien Ter Hœrnen, l'autre, qui est celle décrite ici, attribuée à Ulrich Zell. Il pense que cette dernière est sortie du couvent de Weidenbach, à Cologne. Non cité par Panzer. V. Hain, '93; Brunet, III, 1055.

3 — — Coloniae, Adrianus Ter Hœrnen, 8 februarij 1471. 11 ff. non chiffrés, ff. chiffrés: 1-148; caract. goth.; 27 ll. ll.; sans signatures, réclames, ni titres courants; in-4°. [66]

F. 1ʳ: Incipiūt rubrice subscripti operis. et p̃° libri p̃mi. F. 11ʳ: Expliciūt rubrice subscripti operis. F. *chiffré 1:* Liber de remedijs vtriusʒ fortune prospere scilis et || aduerse per quendā. A. poetam prestantem necn̄ || sacre Theologie professorem eximium nouiter || cōpilatus Prefacio libri incipit. F. 8: [V]iro vanitatis loquitur. F. 148 v°, *colophon en rouge:* Explicit liber de remedijs fortui || torum casuum nouiter ɔpilatus || et impressus Colonie per Arnol || dum ther hoernen finitus. Anno || domini M° cccc° lxxi°. die veneris || octava mensis februarij. Deo grās. *Au dessous, la petite marque du typographe, sur fond rouge, reproduite ici.*

Demi-reliure du XVIII° siècle; très bel exemplaire, grand de marges; initiales rouges faites à la main. A l'intérieur du premier plat de la reliure, l'ex-libris de M. Madden; sur le verso du f. de garde il y a des notes mss. relatives à la rareté de l'édition, aux liminaires qui ne se trouvent pas dans tous les exemplaires, et aux chiffres arabes qui servent ici pour la première fois à numéroter les feuillets. M. Madden, *op. cit.* 2° série, pp. 104 à 112, analyse d'abord l'œuvre du poète, puis décrit soigneusement l'œuvre du typographe. Il fait remarquer le carton ajouté au 5° cahier du texte et qui porte le chiffre 33; ce cahier a 7 feuillets, tandis que tous les autres en ont 8. V. Brunet, III, 1055; Panzer, I, 274; Hain '96.

4 ALAIN de Lille. Les Paraboles. — Paris, Antoine Vérard, 1492. 100 ff. non chiffrés; caract. goth. de deux grandeurs; 34 ll. ll. par page

entière; signatures a-o; nombreuses gravures sur bois dans le texte; in-fol. [32]

F. 1ᵛ, *titre:* Les paraboles maistre || alain en francois. F. 2ᵃ *gravure où le roi de France reçoit l'hommage du livre d'Alain; au dessous:*

    ainsi que Dieu paraboliquement
    Maint preschement
    Fist de haulte substance
    Pour explaner figuratiuement.

F. 3ᵃ, *signé* a iii: Le prologue du cōmentateur. F. 5ᵃ, *signé* a v: Le texte. F. 99ᵃ *colophon:* Cy finist les paraboles maistre alain imprime a || paris ce . xx . iour de mars mil . cccc. quatre vingts || et douze par anthoine verard libraire demourant || a paris sus le pont nostre dame a lymage saint ie || han leuangeliste, ou au palais au premier pillier || deuant la chappelle ou on chante la messe de messeigneurs les presidens. F. 99 vᵒ, *une marque d'A. Vérard, analogue à celle qui est reproduite ici.* F. 100ᵃ *blanc?*

Relié du XVIII° siècle en veau fauve, tranche et filets dorés; exemplaire bien conservé, mais il doit lui manquer ainsi qu'à celui décrit par Hain, le f. 100, c'est-à-dire le 8° f. du cahier o, qui était sans doute blanc, et a été enlevé lors de la seconde reliure. On a omis de faire à la main les initiales de couleur. Sur le f. 2 et au f. 99, note ms. contemporaine : *Ce volume est a moy Iehan Sala*. « Différents membres de la famille Sala cultivèrent avec quelque succès la littérature française dans le cours du XVI° siècle, » dit M. Léopold Delisle, *Le Cabinet des Manuscrits......*, t. I, p. 285. Plusieurs manuscrits de leur bibliothèque passèrent dans la collection formée par Mazarin. Au verso du f. de garde, une note dit au lecteur que : *l'autheur de ce livre n'a rien de commun avec le fameux alain chartier*. En effet, Alain de Lille, d'origine flamande, fut moine à l'abbaye de Citeaux et docteur à l'Université de Paris; il mourut en 1202. Ses œuvres avaient été composées en latin et furent traduites en vers français, par un anonyme, à la requête de Charles VIII. V. sur ce volume *assez rare*, Brunet, I, 123-124; Hain, 385; Van-Praet, *1*er *Cat.*, pp. 173-174, cite deux exemplaires ornés de miniatures; Du Verdier, *Bibl. françoise* (1772), III, 32-4; Panzer, II, 296; etc.

5 ALBERTANUS causidicus Brixiensis. Ars loquendi et tacendi. — Sans nom de lieu et de typographe et sans date. 12 ff. non chiffrés; caract. goth.; 33 ll. ll.; signatures a-b; sans titres courants; in-4°. [9]

F. 1*, manque*. F· 2ᵃ *signé* a ij : Incipit liber de doctrina || dicendi et tacendi || [I]N initio medio z fine mei tractatus assit gra || sancti spūs. F. 11ᵃ, *ligne 28* : Explicit liber de doctrina dicendi z tacendi ab alber || tano causidico briciensi editus. Feliciter.

Relié à la suite de l'*ars moriendi*. Exemplaire incomplet des ff. 1 et 12, et trop rogné en tête, on a omis de faire à la main les initiales de couleur. Au bas du f. 11 on lit d'une écriture du XV° s. : *huius libri est possessor fr. nicolaus despeyreris ordinis diuj augustinj sanctissimj dnj nostri pape penitentiarius*. Non cité par Hain et Panzer.

6 ALBERTUS magnus. Sermones de eucharistia. — Sans nom de lieu et de typographe et sans date. (Coloniae, Joh. Guldenschaff, 1477?) 58 ff. non chiffrés; caract. goth.; 2 col. de 37 ll.; sans signatures ni titres courants; in-fol. [117]

F. 1ᵃ *incipit:* Venerabilis dñi Alberti ma || gni Ratisponēsıs epi de sacrosā || cto eukaristie sacmēto sermões || exqsitissimi incipiunt feliciter. || Prologus.... 2° *col.* : Hij sūt tituli operis. i. F. 2ᵃ, *1*ʳᵉ *col.:* De tribus causis institucionis ||.... Ser || mo primus. F. 56ᵃ v° *2*° *col.* *Explicit :..* dile || ctōnis z vnionis zc. F. 57ᵃ : Tabula .... F. 58ᵃ *1*ʳᵒ *col.*, *explicit:* Operis hᵘ tabula finit felicit̃.

Relié à la suite de *Summa de corpore Christi* du même auteur et du même imprimeur; exemplaire grand de marges; quelques piqûres de vers aux derniers ff.; le f. 58 a été réparé; initiales rouges faites à la main. Au verso du f. 56

on voit l'empreinte de quatre lignes de caractères qui avaient servi à maintenir la composition de la 2ᵉ col. et qui n'ont pas été encrées. Provient des frères mineurs de Pontoise. Non cité par Panzer; v. Hain, *460; Brunet, I, 135.

7 — Sermones de tempore et de sanctis. — Coloniae, Arnoldus Ter Hœrnen, 1474. 190 ff. non chiffrés; caract. goth.; 2 col. de 40 lignes; sans signatures ni titres courants; in-fol. [149]

F. 1ᵃ : Tabula siue directorium p̄ntis li || bri iux̄ alphabeti ordinē ⌈cipit felicit̄.
F. 10ᵉ vᵒ : Explicit tabula sermonum. F. 11ᵃ, *en rouge:* Sermones notabiles magistri al || berti ordinis p̄dicato℞ de tempore et || de sanctis per tocius anni circulum || incipiunt feliciter in domino... F. 117ᵃ : Incipiūt ſmones de festis sanctorū || et primo. de scō andrea apostolo. F. 186ᵃ : Expliciūt hic sermones magistri al || berti p̄dicato⁊s de festis scō℞. F. 189ᵃ vᵒ, 2ᵉ col., colophon, *en rouge :* Ad laudem sancte et indiuidue trini || tatis ac gloriose virginis marie. et ad vtilitatē eccīe impressi ac cōsūma || ti sunt sermones magistri alberti or || dinis p̄dicato℞ in colonia per me ar || noldū ther hur- nen sub annis dn̄i m || cccc lxxiiij. Ipo die gloriosi ac sancti || pfesti natī- tatis dn̄i nr̄i ihu xp̄i. *Au dessous la petite marque du typographe sur fond rouge, reproduite page 2.*

Reliure du XVIIᵉ siècle, en veau jaspé; exemplaire bien conservé, auquel il ne manque que le dernier f., blanc sans doute, non compté par Hain et Panzer; initiales rouges faites à la main. Quelques notes marginales; sur le f. du titre : *Pro bibliotheca ff. minorum pontisarentium.* Les marges, bien que diminuées à la seconde reliure, sont très grandes ainsi que l'espace entre les deux colonnes; la composition de celles-ci témoigne du reste de l'inexpérience du typographe, car la justification à la fin des lignes est fort irrégulière. Panzer, I, 277; Hain, 475; ces deux bibliographes placent les 10 ff. des tables à la fin du volume, tandis que M. L. Ennen, *op. cit.*, nᵒ 146, met ces tables au début.

8 — Summa de corpore Christi. — Coloniae, Johannes Guldenschaff, 1477. 148 ff. non chiffrés; caract. goth.; 2 col. de 37 ll.; sans signa- tures ni titres courants; in-fol. [117]

F. 1ᵃ : Suplucidissiē venerabit̄ do || mini Alberti magni Ratispon̄ē || sis epī de sacrosācto eucar̄stic sa || cramento sūme : nō quidē mo || do disputabit̄ vc⁊ z p̄dicabilis : || regist⁊ incipit feliciter ꝛc̄. *Puis commence la table.* F. 6ᵃ : Operis presentis explicit re || gist⁊.... F. 7ᵃ, *blanc.* F. 8ᵃ : [Q]Via de sacra- mento || altaris multa || sūt q̃ || speciale₃ habēt.... F. 148ᵃ 2ᵉ col., *colophon :* Presens hec summa precla || rissima de corpore cristi intitu || lata Alberti magni sacre theo || logie pfessoris eximij quondā || ratispanen̄ꝑ epī in choro frat⁊ || p̄dicato⁊ colonie sepulti Edita || Ac per Iohanne₃ guldēschaff | ma- gūtinū ciuē inclite nacōnis || gremalee q̃dā artificōsa ad in || uencōc dei clemēcia caractherisa || ta Et Anno a natiuitate domini || Milesimo quadrin- gentesīo || septuagesimoseptīo in pfesto || Philippi z iacobi aptorū indū || striose psūmata. F. 148ᵃ vᵒ : [O]Mnipotēs sēpiterne dᵒ fi || li dei.... 2ᵉ col. *in fine :....* Explicit oro Alb̄ti.

Reliure du XVIIIᵉ siècle; exemplaire grand de marges, incomplet des 7 pre- miers feuillets, dont la description a été copiée dans Hain ; initiales rouges faites à la main et quelques notes marginales de l'époque. Sur le f. 8 on a écrit le titre au XVIᵉ s., ce qui ferait croire que le volume était déjà incomplet à ce moment. Au dessous on lit : *ex bb. ff. Minor. pontisarentium.* V. Panzer, I, 282 ; Hain, *457 ; Brunet, I, 135.

ALBERTUS magnus. Tractatus de virtutibus. — Sans nom de lieu ni d'imprimeur et sans date. 30 ff. non chiffrés ; caract. goth. ; 2 col. de 38 ll. ; sans signatures ni titres courants ; in-fol. [101]

F. 1ʳ *blanc.* F. 2ʳ : Incipit tractatus de ʋtutibɔ || editus a magno Alberto ꝑm || alios vōtus paradisus anime || [S]Vnt quedam vicia q̃ || frequent̄ specie vir- || tutū pretēdunt vt cū || vē sint vicia :..... F. 30ʳ, *1º col., ligne 8ᵉ :* Explicit tractatus de para || diso anime Alberti magni || Sequunt̄ capitula trac- || tatus precedentis. *2ᵉ col., l. 22 :* Explicit tabula tractatus || ꝑcedentis. pro quo sit be || nedictus deus et gloriosis- || sima mater eius.

Demi-reliure ancienne, dos et coins en vélin ; exemplaire bien conservé ; initiales bleues ou rouges et titres courants en rouge faits par le rubriqueur quelques notes marg. Sur le f. 2, l'estampille des doubles de la bibliothèque de Munich. Brunet, I, 137 ; Hain, *476, a omis de compter le f. 1 blanc ; Panzer, I, 346 ; à la table ce bibliographe indique entre parenthèse *Cologne* comme lieu d'impression, mais il ne donne que 28 ff. au volume.

ALEXANDER anglus (Fabrilignarii filius). Destructorium viciorum. — Coloniae, sans nom de typographe, 1485. 294 ff. non chiffrés ; caract. goth. ; 2 col. de 59 ll. ; signatures a-z, A-O ; titres courants ; gr. in-fol. [70]

F. 1ʳ, *titre :* Summa que Destructori || um Viciorum appellatur. F. 2ʳ, *signé* a ij : Tabula ꝑpendiosa ꝑm alphabeti ordinem opis || presentis...... F. 24ʳ, *signé* c. iij., *1º col. :* Explicit tabula. || Sequitur capitulatio huius libri. F. 27ʳ, signé d. j : [O]Mne peccatū vt dicit bea || tus augustinus cōtra fau || stum.... F. 293ʳ, *2º col., colophon :* Insignis notabilisq₃ || compilatio haud modicum cuiq₃ statui conferens. || omne genus vitiorum. suis cum speciebus clarissi- || me euidenterq₃ eradicans. ob id non immerito. de- || structorium vitiorum nuncupata. a cuiusdam fabri || lignarij filio. maximam ad ecclesie vtilitatem Anno || M. cccc. xxix. collecta. de nouo Colonie exactissime correcta. ac summo studio impressa. ad laudem sum || me monadis. xvij kalend. septembris. Anno domi || ni Millesimo-quadringentesimo-octuagesimoquin || to finita. F. 294ʳ, *blanc.*

Demi-reliure du temps, en peau de truie gaufrée ; plats en bois ; traces de fermoirs ; bel exemplaire à grandes marges ; quelques initiales rouges ont été faites à la main, mais on les a omises pour la plupart ; le f. du titre jauni est réparé ; on y lit cette note ms. du XVᵉ siècle : *Dominus Iohannes Kestingr canonicus ;* notes marginales de l'époque. A l'intérieur du plat, l'ex-libris de M. Madden et une note au crayon indiquant le nombre des ff. des cahiers ; ils sont tous quaternions, excepté o et y, qui sont ternions, et b qui a 10 ff. V. M. Madden, *op. cit.*, 6ᵉ série, pp. 24-28, qui attribue cette édition aux frères du couvent de Weidenbach ; Panzer, I, 294 ; Hain, *650, n'indique pas le f. blanc de la fin.

11 ALEXIS (Frère Guillaume). Le grand blason des fausses amours. — Paris, Jean Lambert, 1493. 26 ff. non chiffrés; caract. goth.; ll. ll. de nombre variable (29 à 31); signatures a-d; sans réclames ni titres courants; in-4°. [8]

> F. 1° *titre :* Le grant blason de faulses amours || fait et cõpose par frere Guillaume || Alexis Religieux de lyre : z pricur || De busy. F. 2°, *signé* a ii: Ensuit le blason des faulses amours || Fait z compose par frere Guillaume || Alexis Religieux de lire : z pricur de || bussy En parlant a vng gentil hõme de || sa cõgnoissãce. auec leq͂l il cheuauchoit || entre Rouen z Verneul en perche. Et || cõmence le gentil hõme en disant. F. 26° v°: Cy finist le grant blason des faulces || amours, imprime a Paris par || Jehan Lambert Lan mil CCCC || quatre vingts z treze.
>
> Relié à la fin du *martilloge des fausses langues*, auquel il faisait suite dans un ancien recueil plus volumineux, ainsi que le prouve la pagination continue qui va de 173 à 197. Le titre manque dans cet exemplaire et a été copié dans le *Catalogue* de... *Firmin Didot*, 1878, n° 164. Goujet, *Bibliothèque française*, t. X, pp. 108-116, indique plusieurs éditions de cet opuscule (où les femmes sont fort maltraitées); il en fait l'analyse et en donne des extraits nombreux. L'auteur, un religieux de l'abbaye de Lire, au diocèse d'Évreux, composa plusieurs poèmes en vers d'un tour aisé et vif, que La Fontaine admirait fort. V. Lacroix du Maine, *Bibl. française* (éd. de 1772) t. I, p. 304 et t. IV, p. 60; Panzer, II, 302; Hain, 814; Brunet, 170; Barbier, *Dict. des ouvrages anonymes*, I, 436, ne cite pas cette édition, mais il indique la réimpression faite à Genève en 1867, in-18, chez J. Gay et Fils, avec une notice de Philomneste junior (Gustave Brunet).

12 — Le Martilloge des fausses langues. — Paris, Jean Trepperel, 1493. 22 ff. non chiffrés; caract. goth.; 29 ll. ll.; signatures a-c; sans réclames ni titres courants; in-4°. [8]

> F. 1° *manque.* F. 2°, *signé* a ii : Cy commẽce le chapitre général des faul || ses langues tenu au tẽpla de denger. F. 22° v° *colophon :* Cy finist le martilloge des faulses lãgues || tenu ou temple de dãgier. Imprime a Paris || par Jehan treperel. le troiziesme daust Mil || cccc. quatre vintz z treze.
>
> Reliure du XVIII° siècle; veau marbré filets dorés, tranche rouge; le titre manque dans cet exemplaire, lequel faisait partie d'un recueil volumineux, ainsi que l'indique la foliotation manuscrite du XVI° siècle, allant de 151 à 171. Cet opuscule en vers et en prose est attribué à Guillaume Alexis par la plupart des bibliographes cités dans l'article précédent, excepté par Goujet, qui fait quelques réserves. Chaque couplet se termine par une sentence ou proverbe, comme :
>
>> Cœur pensif ne sçait où il va,
>> Selon les bestes les estables,
>> Il ne choisit pas qui demande, etc.
>
> V. Hain, 10876; Brunet, III, 1494, au mot *Martilloge*, et Panzer, II, 302, citent une édition de la même date, mais avec un nombre de ff. différent, faite à Paris par Jean Lambert, l'imprimeur du *Blason des fausses amours*, décrit ci-dessus.

13 AMBROSIUS (S.). Opera. — Basileae, Joh. de Amerbach, 1492. Trois volumes, le second seulement présent à la B. de Versailles est décrit ici. Tome II : 302 ff. non chiffrés; caract. goth. de deux grandeurs; 2 col. de 52 lignes; signatures a-m, a-n, a-s; titres courants; manchettes; in-fol. [112]

> Tome II : F. 1* *titre :* Operū sancti Ambrosij pars secūda. || Opus primū. || Expositio sancti Ambro || sij in psalmū Beati im || maculati per xxij sermo || nes distincta. || Hui⁰ secunde. partis annotatio || Psalmū cētesìmū z octauūdecimū : videlicet : Beati īmaculati. || Euāgelium secdm Lucam. || Epistolas Pauli Apostoli. F. 1* v°, *prologue.* F. 2: Incipit expositio… F. 85*, *titre :* Expositio sancti Ambro || sij in euangelium secun- || dum Lucam. F. 168* v° : Annotatio notabiliū dicto⅔. || expositiōis || … in psalmū || cente. simun z octauūdecimum. F. 175*, *titre :* Ambrosius super || epistolas pauli- F. 302, *2° col., ligne 7° :* Explicit explanatio sancti Ambro- || sij episcopi in epistolam beati pau- || li ad Philomenem.

> Reliure du XVII⁰ s. en veau brun; monogramme M A frappé en or au dos et aux angles des plats; exemplaire trop rogné et dont les 2 premiers ff. ont été raccommodés; initiales bleues et rouges faites à la main. A l'intérieur du plat on lit : *Wattelier rhetor 1760;* sur le f. du titre notes mss. : *Ex libris Recollectorum Conventus Regii Versaliensis 1785* ; et, d'une écriture très ancienne : *Ex biblica montisanctj.* Panzer, I, 172; Hain *896, décrit en détail les trois volumes de l'édition.

14 ANGELUS (Johannes). Astrolabium planum in tabulis ascendens. — Augustae Vindelicorum, Erhardus Ratdolt, 1488. 176 ff. non chif_ frés; caract. goth.; 40 ll. ll.; signatures a-z, A-D, (le premier cahier, duernion n'est pas signé); sans titres courants; nombreuses lettres fleuronnées et figures gravées, dans le texte; in-4°. [4]

> F. 1*, *titre en gros caract. :* Astrolabium planū in tabulis Ascendens. || cōtinens qualibet hora atqȝ mīto. Equa- || tiones domoruȝ celi. Morā nati in vtero || matris cuȝ quodā tractatu natiuitatū vtili || ac ornato. Nec nō horas inequales p quo || libet climate mundi. F. 2* : Erhardus ratdolt Augusteñ. impressor Alberto rheni || palatino : superiorisqȝ ac inferioris bauariȩ duci poten || tissimo illustrissimoqȝ foelicitatem. F. 3* *incipit :* PRima pars huius libri prīcipalis Tabulas….. F. 93*, *signé* s. *incipit :* TErcia pars huius libri Tabulā more infantis :…… F. 141*, *signé* A, *incipit :* QUarta pars libri huius : Tabulā horarū inequaliū….. F. 174* v° : Registrum libri huius. || Primum duternus est. || a b c d e quaterni || f g… r s duterni || t v x y quaterni. || z sexternus || A B C quaterni || D sexternus || *en gros caractères :* Opus Astrolabij plani in tabulis : a Johā || ne Angeli artıum liberaliū magistro a no || uo elaboratū : explicit feliciter. Erhardi rat || dolt Augustēsis viri solertis : eximia indu || stria : z mira imprimendi arte: qua nup ve- || necijs : nunc Auguste vindelicorū excellet || nominatissimus. Vigesimoseptimo kalen || das Nouembris. M. cccc. lxxxviij. || Laus deo. FF. 175-176 *blancs.*

Reliure du XVIII® siècle en veau marbré, tranche et filets dorés ; gardes peigne ; édition très précieuse et rare, mais exemplaire incomplet des cahiers d et e et du f. 176 blanc ; notes marg. mss. Sur le f. du titre on lit: *hic liber pertinet ad Johanem Baptistam Hennel*. Au-dessous la note suivante, écrite ou commencement du dernier siècle : « *Lon voit touttes les figures cy dessus peinte dans la grande salles du palais de padoue ou du moins on les y voyoit encore sur la fin du dernier siècle en 1700. ces œuvre ont été ecritte en diverse lengue et les dernieres editions ont ete faitte à venise en 1494 depuis les planches ont été detruittes il n'est mention que de trois exemplaires a paris dont celuy cy en est un les deux autres etant entre les mains de gens qui ne les cederoil pas pour 3000 livres netant pas d'humeur a depareillez leurs bibliotesques.* » Les planches dont il est question sont fort bien gravées et fort bien tirées ; elles occupent environ la moitié du volume. Seemiller, I, 110, consacre plusieurs pages à la description de l'édition et à la biographie de l'auteur, Jean Engel, né à Aichach, Bavière, vers 1440 et mort à Vienne le 29 septembre 1512. Panzer, I, 114; Hain, *1100, a omis de compter les deux ff. blancs du cahier D ; Brunet, I, 289-90.

15 ANTONINUS (S.) archiepiscopus florentinus. Summa theologica. — Norimbergae, Antonius Koberger, 1477-1479. Caract. goth.; 2 col. de 59 lignes, le t. IV a 60-61 ll. par col.; titres courants; sans signatures, gr. in-fol. *Tome I*: 254 ff. *Tome II*: 322 ff. *Tome III*: 464 ff. *Tome IV*: 338 ff. [1-4]

Tome I : F. 1* blanc. F. 2* *incipit :* Prima ps summe fratris Anthonini de || florentia ordinis p̄dicatoȝ z Archiepī florē- || tini. In qua agit de aīma et de ptinētibo ad || ipsam. Incipit phemium totius operis. [Q]Vam ma- || gnificata || sunt opera || tua domīe :..... F. 3*, *2° col.*, *table*. F. 4*: Titulus primus de anima in communi. F. 253* v°, *colophon :* Hic prime ptis summe Anthonini. ordinis || pdicatorum fratris clarissimi : archipresulis || florentini finis extat. solerti cura emēdate. || opa ac impen̄s Anthonij Coburger Nürn || berg impresse : Millesimoq̄dringentesimose- || ptuagesimooctauo currēte natiuitatis dni- || ce anno. xvj ꝛ° kl nouembris. vnde deo om donanti. gratiaȝ infinitas (iuxta modulum || nostȝ) referimus actōnes. *Au-dessous la date de la mort de s. Antonin, et son épitaphe en quatre vers latins.* F. 254* blanc.

Tome II : F. 1* blanc. F. 2* : Clarissimi ac doctissimi viri fratris an- || thonini de ordine predicatoȝ archiepiscopi || florentini. secunda ps sūme feliciter incipit. F. 3* v°, *1° col.*: Explicit prologus. || Titul⁹ p̄mus d̄ Auaricia..... F. 318* v°, *colophon :* Anno incarnationis dominice. Millesimo- || q̄dringentesimoseptuagesimoseptimo. Octo- || bris vero Idus. vj. Pars sūme secūda. An- || tonini Archiepiscopi florentini. ordinis p̄di || catorum eruditissimi. Nurnberge per Anto || nium koberger opidi prefati incolam q̄dili || gentissime impressa. finit feliciter. F. 319* : Secunde partis sūme antho- || nini Titul⁹ p̄m° de Auaricia. *Table*. F. 321* *explicit :* ..... re- || spexit in vanitates et insanias falsas. F. 322* blanc.

Tome III : F. 1* blanc. F. 2* : In nomine sancte ac īdiuidue trinitatis. In || cipit p̄logus tertie ptis sūme beati Antho- || nini archiepiscopi florentini. ordinis p̄dica- || toruȝ : ac sacre scripture expositoris diligen- || tissimi. F. 5* v°,

1º col., l. 20:... Explicit || prologus. F. 6* : Incipit tertia pars Summe Anthonini ar || chiepiscopi florentini ordinis predicatorum || in qua agitur de offitio cuiusq3 hominis. cu- || iuscūq3 conditionis..... Que pars de statibus nuncupatur F. 458*, *1º col. colophon:*|Anno xp̄i. Millesimoquadringētesimoseptua- || gesimooctauo. Februarij vero kł. septimo. || Antonini Archiepiscopi florentini. ac sacre- || pagine interpretis Eximij. Pars summe ter- || cia. Ad dei laudemdiueq3 virginis gloriam et || honorem. vt paulisper pars suis cum tribo par || tibo p̄nominata inclaresceret cōpilata. Labo- || riosissime (haut dubium) hasde3 p̄scripsit. Per || Antoniū Coburger conciuē opid Nur̄nbergū || Industria cui⁹ denuo atq3 impensa ꝑsolerter || impressa. Finit feliciter. F. 459* : Tercie partis sūme Anthonini Titul⁹ prim⁹..... F. 463*, *2º col. explicit :* iuxta illđ. Virga tua ʒ ba. tu⁹ : ip̄a me oso. sūt. F. 464* *blanc.*

Tome IV : F. 1* *blanc.* F. 2* *incipit :* Prohemiū in quartā parte3 Sūme domini || Anthonini archiep̄i florētini ordīs·p̄dicatoꝝ. || [B]Enedictō || ne3 dabit || legislator || ... F. 3* : Incipit quarta pars sūme maioris An- || tonini archip̄sulis florentini. In qua agit de || virtutib⁹ et gracia ac donis spiritussancti. F. 336* v⁰, *table.* F. 337* v⁰, *1º col., colophon* : Obiit ipse Antonin⁹..... *après le titre et la date de la mort, la même épitaphe qu'à la fin du t. I, et :* Industria Antony koburger incole Nuren- || bergeñ. taliter effigiata : et anno domini ꞇc̄. lxxix. penultima aprilis consumata : F. 338* *blanc.*

Reliure originale en veau brun, fers à froid, plats en bois, coins en bronze, traces de fermoirs ; superbe exemplaire grand de marges ; petites initiales rouges ou bleues, faites à la main et au début de chaque volume une grande majuscule de couleur sur fond or ; le f. 2 du t. II, et le f. 3 du t. IV, manquent. Il y a une foliation manuscrite avec de nombreuses erreurs, et quelques signatures mss. à l'angle inférieur des ff. faites avant la reliure. Chacun de ces volumes a deux ex-libris mss., un du XVIᵉ siècle : *Monasterii albar. mantell. ord. et congr. s. benedicti.* Il a été raturé au XVIIIᵉ s. quand on a écrit celui-ci : *Ex libris bibliothecae s. martini pontisarensis ordinis sancti benedicti congregationis sancti muuri in Gallia librorum catalog. inscriptus.* V. Panzer, II, 177, 179, 181, 183 ; Hain, *1242 ; ces deux auteurs n'ont pas compté les ff. blancs, bien qu'ils fassent partie intégrale des premiers et derniers cahiers de chaque volume. Van-Praet, *1ᵉʳ cat.* t. I, 298. Ant. Koberger fit plusieurs éditions de cet immense ouvrage : en 1477-79, en 1486-87, et en 1491 (les 3 premiers volumes seulement). M. O. Hase, dans son travail si complet et si intéressant sur les Koberger, imprimeurs, donne le fac simile d'un prospectus de librairie, imprimé par A. Koberger, qui était collé à l'intérieur de la reliure d'un *Fasciculus temporum* (Cologne, H. Quentell, 1479, in-fol.), et qui est conservé aujourd'hui à la bibliothèque royale de Munich : « Einblattdrucke VIII, 4. » Ce prospectus avait pour but de faire connaître l'ouvrage de s. Antonin et la supériorité de l'édition offerte par Koberger au public ; elle avait été dirigée et corrigée par des élèves (*alumni*) en théologie, avec le plus grand soin. Ce prospectus donnait encore la liste de 22 ouvrages dont 15 au moins étaient sortis des presses de Koberger ; il indiquait l'auberge où logeait le serviteur du grand imprimeur allemand, chargé de parcourir le pays et d'offrir les livres aux acheteurs. V. O. Hase, *op. cit.* pp. 303, 427 et *passim* pour de plus amples détails sur le commerce des livres fait par des libraires-voyageurs au XVᵉ siècle.

16 ANTONINUS (S). Spirae, Petrus Drach, 1487. — Quatre volumes ;

caract. goth.; 2 col. de 56 ll.; titres courants, in-fol. *Tome I :* 274 ff. non chiffrés; signatures a-z, A-M. *Tome II :* 358 ff. non chiffrés; signatures a-z, ꞇ-ꝓ, A-T. [122-123].

Tome I : F. 1*, *titre :* Prima pars Summe Anthonini. F. 2*, *signé* aij : Prima pars summe fratris Anthonini de || florentia ordinis prodicatorū ⁊ Archiepī flo || rentini. In qua agiť de aīa et de ptinentibus || ad ipam. Incipit phemiū totius operis. || [Q]vam magni || ficata sunt opa tua dūe || ..... F. 3*, *signé* a iij, 2° col., *table.* F. 4* v°, *incipit :* Titulus primus de anima in cōmuni. || Capitulum primum de anime similitudine || ad deum. F. 274*, 2° col., *colophon :* Hic prime partis Summe Anthonini or || dinis p̄dicatorū fratris clarissimi. archipsū || lis florentini finis extat. vigilati cura emē || date. opera ac impensis Petri Drach con- || sularis Spirēn. ciuitatis. M. cccc. octuage || simoseptimo natiuitatℨ dominice. anno cur || rente. Kalendas ⱽᵒ Octobris. vnde deo || omniuꝫ summo fauente gratiarū actiones || iuxta modulū cōsuetū referimus infinitas.

Tome II : F. 1*, *titre :* Secunda pars summe Anthonini. F. 2*, *signé* a ij : Clarissimi ac doctissimi viri fratris An- || thonini de ordine p̄dicatorū archiepī florē || tini secunda pars | summe feliciter incipit. F. 3* v°, *table.* F. 6*, v° : Titulus primus de auaricia diuisus per || plura capitula........ F. 357* v°, 1° col., *colophon :* Anno incarnationis dominice. Milles̄i- || moquadringēntesimooctuagesimoseptimo || Augusti vero Nonas pridie. Pars sum- || me secunda Antonini Archiepiscopi flo- || rentini. ordinis predicatorū eruditissimi. || Spire p Petrum drach virum consularē || ciuitatis predicte qꝫdiligentissime impres- || sa. finit feliciter. F. 358* *blanc ?*

Reliure moderne en veau jaspé pour le tome I, en veau brun pour le tome II; exemplaire incomplet du dernier feuillet, initiales rouges ou bleues faites à la main; au dessous de chaque colophon, une note ms. du XVᵉ s. : *De bonis et dono fratris Johannis heremite doctoris parisien. orate pro eo.* Panzer, III, 24, observe que la 3ᵉ partie de cette édition de la somme ne fut imprimée qu'en 1488; Hain, *1247 décrit les quatre tomes avec son exactitude habituelle, mais il n'a pas compté le f. 358 du tome II, selon l'habitude qu'il a de négliger les derniers ff. du dernier cahier, quand ils sont blancs.

17 — — Argentinae, Johannes Grüninger, 1496. — Quatre volumes; caract. goth.; 2 col. de 65 lignes; manchettes; titres courants; majuscule I gravée sur bois; in-fol. *Tome I :* 260 ff. non chiffrés; signatures a-n (a-(z, (aa-(cc. *Tome II :* 226 ff. non ch. signatures (A-(Z, (AA-(LL; *Tome III :* 312 ff. non ch.; signatures ?-? *Tome IV :* 258 ff. non ch.; signatures A-Z, AA-QQ; [138-140]

Tome I : F. 1*, *Titre :* Repertoriū totius summe || domini Antonini archiepi || scopi florētini ordinis predi. F. 2, *signé* a 2 : INcipit prologus in tabu- || las totius summe... F. 86*, 2° *col. :* Finiūt q̄ntuplices tabule summe totius dn̄i Antoñ. F. 87*, *titre :* Prima pars totius summe || maioris beati Antonini. F. 88*, *signé* (a 3 (*au lieu de* (a 2) : Incipit tabula generalis ||... F. 89*, *signé* (a 2 : Incipit prima pars sum- || me fratris Antonini de florentia... F. 259* v°, 2° col., *colophon :* Prima ps summe Antonini ordīs p̄dicato⁊

ANTONINUS

viri q̃ʒ || clarissimi archiepi florētini. solertiqʒ cura emendare. Fi- || nis extat p mgr̃m Iohem grüninger in inclita ciuitate || Argētina Anno natiuitatis dn̄ice. Mccccxcvj. Pridie ȷo nonas Septēbrium. F. 260 blanc.

Tome II : F. 1*, titre : Secunda pars totius sum || me maioris beati Antonini· F*. 2, signé (A 2 : INcipit proemiū secun- || de partis summe Claris- || simi ac doctissimi viri fratris Antonini... F. 3* v° : INcipit Tabula generalis ||... F. 5*, signé (A 5 : INcipit scda pars summe || beati Antonini archiepi || florentini... F. 225* v°, 2° col., colophon : Pars hec summe Secunda dn̄i Anthonini archian || tistitis florentin̄. preclarissimi. in nobili vrbe argētina || per magistrū Iohannē Grüninger accuratissime : niti || dissimeqʒ elaborata : et denuo reuisa Anno incarnatiōis || dn̄ice Millesimo. quadringētesimo nonagesimosexto. || Kalendarum vero Maij octauo. Finit feliciter. F. 226 blanc.

Tome III : F. 1*, titre : Tertia pars totius sūme || maioris beati Antonini. F. 2, signé a 2 : IN nomine sancte ac indi || uidue trinitatis. Incipit || prologus tertie partis summe beati Antonini archi- || episcopi... F. 4, signé a 4 : Incipit tabula tertie partis summe. Antonini que || habet titulos xxxij. F. 7*, signé a : INcipit tertia ps sūme be- || ati Antonini archiepi Florentini... F. 311* v°, colophon : Pars summe Tertia incliti Antonini Florentini || archiepiscopi... accuratissi || me per magistr̃ Iohānē Grüninger Argentinensis in- || coli. his ereis litteris impressa. haud sine ingenti labore || reuisa et denuo correcta. Anno christi domini salutifero || Millesimo quadringentesimononagesimosexto : pridie || vero nonas martij. Finit feliciter. F. 312 blanc.

Tome IV : . F4* titre : Quarta pars totius sum- || me maiorʒ beati Antonini. F. 2*, signé A 2 : INcipit Prohemiū ĩ quar || tam partem Summe Domini Antonini Archiepisco || pi... F. 3* signé A 3 : INcipit tabula generalis || quarte ptis Anthonini... F. 4, signé Aiiij : INcipit quarta ps sūme || maioris Antonini archipresulis florētini. In q̃ agit || de virtutibus ⁊ gr̃a ac donis spūssancti. F. 257* v°, 2° col., épitaphe de s. Antonin, puis le colophon : Anno incarnationis dn̄ice. Mccccxcvj. Augusti ȷo || ydus pridie. Pars summe quarta Anthonini archiepi || scopi florētini ordinis predicatorū eruditissimi. Argen || tine p magistr̃ Iohannē grüninger q̃ʒ vigilanti cura ĩ- || pressa Finit feliciter. F. 258* blanc.

Reliure en vélin blanc ; initiales rouges faites à la main ; exemplaire incomplet du tome III, dont la description a été donnée d'après Hain ; sur les ff. du titre des trois volumes se trouve un nom raturé, et une note ms. du XVII° s. : *Ex libris domūs S. Cyrici Congregationis missionis*. Sur le f. du titre du t. II on lit : *quam (secunda pars...) Iohannes bouchetus In curijs regalibus pictauis procurator cum ceteris partibus ipsius summe a Iohanne de marnef alias (?) duliege (?) librario Iurato xix* mensis decembris anni mille*ᵐⁱ *quingentesimi octauj emit*, signé : *Bouchet*. Plusieurs membres de la famille Bouchet occupèrent le siège de procureur à la cour de Poitiers, car on lit dans *Les généalogies effigies et épitaphes des roys de France*, par Jean Bouchet (Poitiers, J. et E. de Marnef, 1545) une épitaphe de « Pierre Bouchet, procureur en court laye à Poitiers, père de l'acteur. » Cf. Émile Picot, *Cat. des livres... du baron James de Rothschild*, t. I, pp. 319-320. J. Grüninger avait déjà donné une édition de la somme de s. Antonin en 1490. V. Panzer, I, 57 ; Hain, *1249.

18 — ANTONINUS (S.) Sans nom de lieu ni d'imprimeur et sans date. (XV° s.?) *Tome I* : 272 (?) ff. non ch. ; caract. goth. très petits ; 2 col.

de 69 ll.; signatures a-x (?); manchettes en caract. minuscules; titres courants; in-fol. (Les autres volumes manquent.) [121]

<blockquote>
F. 1*, *titre :* Prima pars totius sūme || maioris beati Antonini. F. 2, *signé* aij : Incipit prima pars sum- || me fratris Antonini de florentia ordinis p̄dicatorum Ar || chiep̄i florentini. in qua agiṫ de anima z de p̄tinentibus || ad ip̄am. || Incipit proemium totius operis. || qVaz magni || ficata sunt... F. 3*, *signé* aiij : Incipit tabula genera || lis, huius p̄me partis summe Antonini que habet titulos viginti :... F. 4*, *signé* aiiij : Incipit prima pars sum || me maioris Antonini archiep̄i Floreñ. In qua p̄te ponū || tur viginti tituli. Et est titulus p̄mus de aīa in cōmuni. F. 169* v° (le 7° du cahier x), *explicit :* Satis videṫ dici posse q̄ imputandum sit illi p̄pter iura.

Reliure moderne en veau brun; joli exemplaire bien imprimé, mais incomplet du 8° f, du cahier o et des derniers ff. (3 ou 7?); on a omis de faire à la main les initiales de couleur. Non cité par Hain ou du moins ce volume n'est pas compris dans les éditions où le nombre de lignes est indiqué.
</blockquote>

19 — **Summula confessionis.** — Sans nom de lieu, ni d'imprimeur et sans date. 144 ff. non chiffrés; caract. goth.; 27 ll. ll.; sans signatures ni titres courants; in-4°. [69]

<blockquote>
F. 1* : [I]Ncipiūt Rubrice super tractatū de instructiō || one seu directōne simpliciū ōfessorū. Et p̄mo. || De p̄tate cōfessoris in audiendo ōfessiones et absoluendo. 1. F. 3* v°, *ligne 14:* Circa infirmos. qd agendū sit. .49. F. 4*, *en gros caract.:* Prologus sup tractatū de instructi || one seu directōe simpliciū ōfessorū Edi || tū a dño Anthoio archiep̄o florētino. F. 139* : Explicit Sūma ōfessionū. seu introgato || riū pro simplicib3 Cōfessorib3. Editū Ab || Archep̄ō florentino. viz frē Anthonino ordinis predicatorū. F. 139* v° : Incipit Sermo btī Ioħis Crisostomi || de penitētia. F. 143* v°, *ligne 9, explicit :* p̄merebitur indulgentiā prestante vero dño || nostro ihu xp̄o in secula seculorū Amen. F. 144*, *blanc.*

Reliure moderne en veau fauve, fers à froid, tranche et plats dorés; à l'intérieur du premier plat, l'ex-libris de M. Madden; bel exemplaire bien qu'incomplet du dernier f. blanc; initiales rouges faites à la main; à la fin de la table le rubriqueur a écrit *Deo gratias.* M. Madden, *op. cit., VI° série,* pp. 40-47, décrit cette édition dont il existe deux genres d'exemplaires offrant entre eux des différences légères mais fréquentes; il attribue ces différences aux erreurs de deux apprentis typographes du couvent de Weidenbach à Cologne, composant sous la dictée d'un lecteur. Les caractères sont semblables à ceux attribués par les anciens bibliographes à Ulric Zell. Panzer, I, 326 (?); Hain, *1162 et *1163, décrit deux exemplaires se ressemblant, et auxquels le volume de la B. de Versailles (exemplaire A de M. Madden), ressemble aussi par le nombre de lignes et le nombre de feuillets, mais les abréviations et les coupures de lignes ne sont pas identiques.
</blockquote>

20 — — Sans nom de lieu ni de typographe et sans date. 144 ff. non chiffrés; caract. goth.; 27 ll. ll.; sans signatures ni titres courants; in-4°. [68]

F. 1* : [I]Ncipiūt Rubrice super Tractatū de instructione || seu directione simpliciū confessorum. Et primo || De ptāte cōfessoris in audiendo... F. 3* v°, ligne 14 : Circa infirmos. quid agendum sit. .49. F. 4*, en gros caract. : Prologus sup Tractatu de instructio || ne seu directioȝ simpliciū cōfessoɏ Editū || a dño Anthonino archiepō florētino. F. 139* in fine : Explicīt Summa ɔfessionū. seu Interrogato || rium pro simplicibus Cōfessorib⁹ Editū Ab || Archepō florētino. videlcȝ. frē Anthonino || ordinis predicatorum. F. 139* v° : Incipit Sermo beati Ioĥis Crisostimi || de penitentia. F. 143* v°, ligne 10 : nostro iħu xp̄o in secula seculoɏ bn̄dicto Amen || Explicit sermo De penitentia. F. 144*, blanc.

Reliure moderne en papier peigne ; à l'intérieur du premier plat, l'ex-libris de M. Madden. Notes marg. mss. de l'époque ; au f. 1 on lit, d'une écriture du XVIII° s. : *Ad bibliothecam PP. franciscanorum Ambergae*; au verso du f. 143 l'estampille des doubles de la B. royale de Munich. Second des exemplaires (exemplaire B) décrits par M. Madden, *op. cit.* VI° série, pp. 40-47 ; identique au volume décrit par Hain, *1162.

21 ARS moriendi. — Lugduni, Petrus Marechal, sans date. 20 ff. non chiffrés ; caract. goth. ; 36 ll. ll. ; signatures A-E ; sans titres courants ; lettres fleuronnées ; in-4°. [9]

F. 1* *manque*. F. 13*, *signé* D : SI agonizans loqui et vsum rationis habere po- || tuerit fūdat oratiōes deū primo Iuocādo vt ip̄ȝ || p ineffabilē mīaȝ suā... F. 20*, *ligne 21* : discat. Hec de arte moriendi dicta sufficiant. || Finis. || Impressum Lugduni a Petro Mareschal.

Reliure du XVIII° s., en veau marbré, tranche rouge ; cet exemplaire fait partie d'un recueil, et pour le mettre au format des autres opuscules on l'a trop rogné en tête ; il est incomplet des trois premiers cahiers, A-C. Non cité par Panzer et Hain.

22 ART et science de rhétorique (par Henri de Croy). — Paris, Antoine Vérard, 1493. 14 ff. non chiffrés ; caract. goth. ; ll. ll. de nombre variable, quelquefois 2 col. ; signatures a-b ; sans titres courants ; bordure gravée ; in-fol. [27]

E. 1* *titre* : Lart et science de rhethorique || pour faire rigmes et ballades. F. 2* : sEnsuit lart et science de rhetorique pour cōgnoistre tous les termes,... *La moitié supérieure de la page est occupée par une gravure : l'auteur, accompagné de plusieurs personnages, offre son livre à un personnage nimbé ; la marge est ornée d'une bordure gravée au trait.* F. 13* v°, *colophon* : Cy finist lart et rhetorique de faire rimes et bala || des imprime a paris de dixieme iour de may Ian || mil quatre cēs quatre vīgs et treize par anthoine verard libraire demourant a paris sur le pōt no- || stre dame a limage sainct ichan leuangeliste || ou au palais au premier pillier deuant la chapelle || ou len chante la messe de messeigneurs les presidēs. F. 14*, *une marque de A. Vérard, analogue à celle reproduite page 3.*

Reliure du XVIII° s., en maroquin rouge, filets et tranche dorés, garde peigne à l'intérieur du premier plat on a frappé en lettres dorées : GIRARDOT DE PREFOND ; au-dessous est un ex-libris gravé, aux armes de ce célèbre bibliophile, qui portait : *écartelé : au 1 et 4 de sable au chevron d'argent; au 2 et 3 d'argent au lion de sable.* (J. Guigard, Armorial du bibliophile, p. 237.) Exemplaire réglé et en bon état, mais impitoyablement rogné par le relieur, qui l'a réduit au format in-4° carré. Non cité par Panzer; v. Hain (au mot *Croy*) 5844; Brunet, I, 515, cite un assez grand nombre des éditions de cet opuscule ; Van Praet, *1er Cat.*, IV, 159, décrit l'exemplaire offert à Charles VIII et orné d'une miniature; il est conservé à la B. Nationale, Y 4326.

23 ASTEXANUS de Ast. Summa de casibus conscientiae. — Coloniae, Henricus Quentell, 1479. Deux volumes; caract. goth.; 2 col. de 56 lignes; sans titres courants; gr. in-fol. *Tome I* : 218 ff. non chiffrés; signatures a-o, (les cahiers b-f. ne sont pas signés) a-i; bordure gravée au f. 1. *Tome II* : 284 ff. non chiffrés; signatures A-Z, ꝛ, ā, b̄, c̄, d̄, ē, a, m̄. [10-11]

Tome I : F. 1* *Incipit* : [C]upiens ego frater || astexanus compi ||lator huius summe : ad || honorem dei vtilitati com || muni seruire. tabulā istā || ... *Bordure gravée composée de personnages et de rinceaux; la partie inférieure représente l'adoration des mages.* F. 12* : In nomine dñi amen. Incipit summa de casi || bus ad honorē dei cōpilata p fratrē astexanū || de ordine fratꝝ minoꝝ.vbi premittuntur litere || eiusdē frīs ad dñm Iohannē gaijetanū. sancti || theodori dyaconē cardinalē. ꝛ postea immedia || te l̃re eiusdē dñi. quas qn̄ recepit summā misit ad supradictū astexanum Iste sunt ergo li || tere predicti fratris. F. 13*, *2e col.* : Incipit liber prim⁹ ... F. 218* v°, *1er col. explicit* : De indulgencijs. xl. || De vnctione extrema. xlj. *Tome II* : F. 1*, *signé* A i : Incipit liber quintus Summe Astexani qui || tractat de virtute penitentie ti. primus. F. 261*, *signé* d 3, *ligne 55 et dernière :* De significatōnibus verboꝝ ti. xlj. F. 274*, *2e col., table.* F. 284*, *1e col.*, *colophon :* Preclarum ac studiosissimū Astexani op⁹ || de casibus : foꝝ anime seu ꝑscientie ꝑcernentibꝰ : || ex diuinis et humanis legibꝰ in vnā summam octo ptibꝰ distincta ꝑgestū. titubāti menti. mor || boqꝫ animi medelā afferens ac recte ꝑsulens in || sancta ac foelici ciuitate coloniā. p̄ puidum ꝛ || circumspectū virum Hinricum quentell. eius- || dem incolā et ciuem. Sub Anno dñi. M. cccc. || lxxix. secundo Kalendas septembris peruigili || cura impssum. Necnon de spectabilis et magni || fici viri p tempore rectoris alme ꝛ insignis vni || uersitatis Coloniensis speciali mandato. inda- || gine maturiori. lugubrationeqꝫ pspicaci visum || examinatū. digestum. admissum et approbatū || reiqꝫ publice vt suum afferat psidium in ꝑmuni || donatum. Ad omnipotentis dei laudē fideliūqꝫ || ꝑscientiarum serenationē ꝛ salutē : feliciter finit.

Demi-reliure ancienne, dos en veau ; le relieur a tellement rogné les marges, qu'il a dû replier le 1er f. pour conserver la bordure. Exemplaire incomplet de 12 ou 13 ff. selon Hain ; initiales rouges ou bleues faites à la main ; au commencement des livres sont de grandes initiales en or sur fond rouge et bleu ; au premier f. de chaque volume on lit : *Ex bb. ff. minorum pontisarentium*; notes marg. mss. de différentes époques. Hain, *1894 et *1895, décrit deux éditions de cette *Summa*, presque semblables l'une à l'autre, mais l'exemplaire de la bibliothèque de Versailles (ainsi que celui de la B. Nat. D 1124) offrent avec elles des différences notables dans les abréviations et la coupure des lignes; il en est de même pour les descriptions données par M. Ennen, *op. cit.* pp. 173-174; du reste, selon son habitude, M. Ennen n'indique pas le nombre des feuillets. Panzer, I, 286, ne cite qu'une édition. Le volume que nous avons sous les yeux a été imprimé sur du papier très fort et ayant une couronne pour filigrane; dans le tome II, les signatures e j, e 2, e 3, de la seconde série, sont placées à l'angle gauche de la première colonne; dans le tome II, le 2° f. du cahier K est signé k j et les quatre premiers ff. du dernier cahier sont signés a b, ff 2, ff 3, ff 4.

24 ASTEXANUS de Ast. — Sans nom de lieu, de typographe et sans date (Argentinae, Joh. Mentelin, 1471?) 434 ff. non chiffrés; caract. semi-goth.; 2 col. de 62 ll.; quelques signatures; sans titres courants; gr. in-fol. [69]

F. 1*, *en rouge, incipit:* [C]Vpiens ego fr̄ astaxan⁹ cō || pilator hui⁹ sūme ad hono || rem dei vtilitati cōmuni p̄ || uire. tabulā istā... *au bas de la col. commence la table alphabétique.* F. 10* v°, *blanc.* F. 11*, *incipit:* In nomine dn̄i amē. Incipit Sūma de ca || sibꝰ. ad honorē dei cōpilata p fratre astexanū || de ordr̄e fratꝬ mioꝬ vbi p̄mittunt litere eiusd̄ || fratris. ad dn̄m Iohānē Gayetanū. sācti theodo- || ri dyaconē cardinalē ꝛ postea immediate lite || re eiusdē dn̄i. q̄s qn̄ recepit sūmā misit ad suṗ || dictū astexanū. Iste sūt ergo lr̄e p̄dicati fr̄is. [V]Encrādo ꝑ xp̄o pr̄i... *ligne 33:* ... Incipiūt litere || p̄dicti dn̄i cardinalis ad ip̄m fratrem. *ligne 55:* Incipit p̄hemiū p̄sentis sūme de casibus. F. 413*, *blanc.* F. 414* : De sig'ficatiōibuꝰ ⋆boꝬ: ti 41° *(tables alphabétiques).* F. 433*, *1° col.:* Expliciūt rubrice diuersoꝬ voluminū iu- || ris ciuilis p̄m ordinem alphabeti a fratre Aste- || xano posite siue cōpilate. F. 434*, *blanc?*

Reliure originale en veau brun, fers à froid; traces de fermoirs; les marges des ff. sont jaunies par le temps et l'usage; initiales rouges faites à la main; notes marg. mss.; à l'intérieur du premier plat une table des divisions, puis l'ex-libris de M. Madden. A la marge supérieure du f. 1, on lit, d'une écriture contemporaine du volume: *donaui hunc librum d. Georgio heher formatus (?) et preparatus fratris manu propria — Et loco testamenti michi Ioanni Volract ad eod. Georgio Heher astripi⁰ est anno 1574.* La première de ces notes a été reproduite en fac-simile par M. Madden, *op. cit.* 2° série, p. 67. M. Madden signale aussi dans la suite de son article, les signatures étranges imprimées à la main qui se voient sur quelques cahiers de ce volume, elles sont placées à l'angle inférieur de la page, à 0ᵐ,075 de la dernière lettre de la 2° col.; les 9 premiers cahiers sont signés régulièrement, mais ensuite il n'y a que les ff. 173 et 177 qui sont signés f. et quelques ff. à la fin, signés a. Au verso du f. 433 et sur le f. de garde en parchemin qui le suit, on a écrit, au XV° siècle, une table des titres des chapitres. V. Panzer, I, 71; Hain, *1890; Brunet, 532.

25 AUCTORES octo. Opuscula cum commentariis. — Lugduni, (Johannes de Vingle), 1498. 186 ff. non chiffrés; caract. goth. de deux grandeurs; 2 col. de 44 ou 61 lignes; signatures a-z; titres courants; in-4°. [12]

F. 1* manque. F. 2*, signé a ij : Prohemium. || [S]Vmmi deus lar- || gitor premij via || constans fons refrigerij || terre vices. obtēperās... F. 7*, ligne 4 :... Hic incipit primus liber cathonis || bene... F. 27* v°, 2ᵃ col. : Expliciunt glosule cathonis. Incipit prologus || in theodolum. F. 56* v°, ligne 2 : ... Incipit phemium in facetum. F. 63*, dernière ligne : Incipit liber de contēptu mundi. F. 77* v°, 2° col. :... Incipit liber thobie. F. 129* v°, 1ᵃ col., dern. l. : Incipit phemium parabolaƶ. Alani. F. 141 v°, l. 5 : Incipit liber fabularum Esopi. F. 161*, signé x : nOmine floretus liber in || cipit... F. 186*, 2° col., colophon : Auctores octo opusculoƶ cuƶ comentarijs || diligentissime emēdati : videlicet cathonis : Theo- || doli : Faceti : Cartule : alios de contēptu mundi : Thobiadis : parabolarum Alani : Fabularum Esopi : nec || non Floreti finiūt feliciter. Impressi Lugduni An || no domini. M. cccc xcviij. Die vero. xij Aprilis.

Reliure moderne en veau brun, filets à froid; exemplaire incomplet des feuillets a¹ et a⁸; on a omis de faire à la main les initiales de couleur; sur le f. 2 on lit : Pro bb. ff. M. pontisarentium. Non cité par Hain et Panzer.

26 AUGUSTINUS (S. Aurelius). De arte predicandi. — Argentinae, Johannes Mentelin, sans date (1465?) 22 ff. n. ch.; caract. goth.; 39 ll. ll.; sans signatures, réclames ni titres courants; in-fol. [160]

F. 1* v° : Canon p recommendacõe huius famosi operis siue || libelli sequētis. de arte predicandi sancti augustini || Cum sit res. non solum nimis presūptuosa... F. 2*, ligne 7 en commençant par le bas : Qua ppter. cū nullo alio modo siue medio. id expedici⁹ fieri || posse iudicarē. discreto viro. Iohanni mentelin incole argētenēsi || impressorie artis mgro. moīs olbo psuasi q̄ten⁹ ip̄o assūmē dig'- || ret... F. 3* : A [H]Oc opus nostrū qd̄ inscribit̄ de doctrina xp̄iana. in || duo quodā fuerā p̄ma distribucõe partit⁹ ... F. 17* v°, blanc. F. 18* : Accēdit auditoƶ mentes. ardēter dicere siue p̄nūciare. patƶ sub || litis... F. 21 v°, explicit, ligne 7° : Virginitatis laus magnifica. B H. F. 22* blanc.

Reliure molle recouverte d'un fragment de parchemin imprimé en rouge et noir, provenant du canon d'un missel; la grande initiale T, sur fond noir, est ornée de deux figures d'anges portant les instruments de la passion. Très bel exemplaire, grand de marges. A l'intérieur du premier plat de la reliure on voit l'ex-libris de M. Madden, et des notes mss. de sa main : *Mes deux exemplaires ont toutes les pages d'une composition différente, même dans les tables.* Exemplaire de la première édition de Mentelin. Voir *Lettres d'un bibliographe*, II° série, pages 56 à 66, et V° série, pages 18 à 23. On trouvera au numéro suivant un autre exemplaire du même ouvrage qui offre quelques différences de composition, comme l'indique la note du savant bibliographe qui a décrit ces deux volumes. Ces différences l'ont d'abord engagé à croire qu'il y avait eu deux éditions successives du *de arte predicandi;* la plus récente serait celle commençant au recto du premier feuillet, et où quelques fautes de lecture avaient été corrigées. Plus tard, M. Madden revint sur cette opinion et pensa qu'il y avait eu deux éditions synchroniques où un lecteur aurait dicté le texte à deux compositeurs. V. outre les deux ouvrages cités plus haut : Panzer, I, 67; Hain, *1956; Brunet, I, 562; Dibdin, *op. cit.*, I, p. 181.

27 — — Ibid., idem, (1465?). 22 ff. non chiffrés; caract. goth.; 39 ll. ll. sans signatures, réclames ni titres courants; in-fol. [161]

F. 1* : Canon pro recommendacione huius famosi operis siue ‖ libelli sequentis. de arte predicandi sancti augustini. ‖ [C]Vm sit res. nõ solũ nimis presũptuosa. verũ etiã plurimũ ‖ piculosa... F. 1* v°, *ligne 33 :* Quia ppter. cũ nullo alio modo siue medio. id expediciu⁹ fieri posse iudicarē. discreto viro Iohanni mētelin incole argētinensi ‖ impressorie artis mg'ro. mo̅s oı̅bus psuasi... F. 2* v° *blanc*. F. 3* : A [H]Oc opus nostrũ qd̄ inscribit̃ de doctrina xp̃iana. in ƶ ‖ duo quedã fuerã p̃ma distribucõe partit°... F. 17* v° *blanc*. F. 18* : Accendit auditoƶ mentes. ardent dicē siue pnũciare. patƺ sub lit ‖ teris... F. 21* v° : Virginitatis laus magnifica. B H.

Reliure molle couverte de papier marbré ; exemplaire réglé à quelques pages, grand de marges, mais le f. 11* manque ; on a omis de faire à la main les initiales de couleur. A l'intérieur du premier plat de la reliure, l'ex-libris de M. Madden et des notes mss. de sa main : *Exemplaire de la seconde* (?) *édition de Mentelin. Le libraire Claudin, catalogue d'octobre* 1885, *offre un exemplaire de cette édition au prix de* 280 *francs*. Voir *Lettres d'un bibliographe*, II° série, pages 56 à 66 et V° série, pages 18 à 23. Au f. 18, en écriture du XVI° siècle, on lit: *Christoforus tomel;* ce nom est répété au verso du f. 21, où se trouvent quelques sentences en latin et le cachet illisible d'une bibliothèque. Au verso du f. de garde, note ms. : *heilige hofhaltung R. P. Nicolai Caussini Soc. J. (hlgi. thail T*..... (?) V. M. Madden, *op. cit.;* Panzer, I, 67; Hain, *1955; Brunet, 1, 562; Dibdin, *op. cit*, I, 179-181, décrit très soigneusement un exemplaire semblable à celui-ci, il rappelle que l'abbé Morelli en a donné aussi une description très détaillée dans sa *Bibliotheca Maphaei Pinellii*..... tome I, p. 87 n° 539.

B

BALBUS (Johannes). Voyez JANUA.

28 BERCHORIUS ou Berthorius (Petrus). Dictionarium seu repertorium morale. — Norimbergae, Anthonius Koberger, 1489. Trois volumes; caract. goth.; 2 col. de 70 lignes; titres courants; in-fol. *Tome I :* 1 f. non chiffré, ff. ch. : 1-CCXCVIII; signatures a-z, aa-zz, ɤɤ ꝑꝑ ꝶ. *Tome II :* Feuillets ch. : 1-CCCLXXXV; signatures A-Z, Aa-Zz, Aaa-Sss. *Tome III :* FF. ch. 1-CCXVI; signatures AA-ZZ, AAA-ZZZ, AAAA-CCCC. [91 et 26]

Tome I : F. 1* v° : Iohannes Beckenhaub Moguntinus Lectori Salutem. *In fine :* Ex officina impssoric Anthonij Koberger ciuis Nu- ‖ renbergensis. Anno xp̄i. j.4.8.9. mensis Februarij die quarto. ‖ Dictionarij ad lectorem epigramma. F. 1, *signé* a : In nomine trinitatis indiuidue. Repertoriū morale ‖ putile predicatoribo. Editū p fratrem Petrum bercho ‖ rij pictauien. ordinis sancti Benedicti. meritoq̃z Dicti ‖ onarius appellatū. qm̄ quodlibet vocabulum (saltez ‖ predicabile) ꝑm alphabeti ordinẽ dilatat. distinguit au ‖ ctoritates diuidit. applicatq̃z exempla naturalia. fign- ‖ ras ꝛ enigmata. Incipit feliciter. F. II : Prima pars Dictionarij : ordine alphabetico (vt p ‖ logo premissum est) incipit. Et primo de litera A. F. CCXCVIII v°, *1° col. :* Finit prima pars Dictionarij.
Tome II : F. I, *signé* A : Secunda pars dictionarij. De litera. E. ante. A. ‖ Incipit feliciter. F. CCCLXXXV, 2° *col. :* Explicit litera. O.
Tome III : F. I, *non signé (le premier du cahier AA) :* Incipit litera. P. ‖ [P]Actum ‖ Pacisci ‖ Nota cp pactū ‖ ... F. CCXVI v°, 2° *col. explicit :* ... dignet ille ‖ q̃ viuit ꝛ regnat p secula seculoꝝ Amen.

Reliure moderne en veau jaspé pour le premier volume et en veau brun pour le second; gardes marbrées; bel exemplaire, malgré quelques piqûres de vers; initiales faites à la main; incomplet du tome III, dont la description a été prise sur l'exemplaire de la B. Mazarine, 533.

J. Beckenhaub, auteur de la Préface et correcteur chez A. Koberger, à partir de 1489, avait été clerc d'abord, puis, en 1473, associé de Georges Hussner imprimeur à Strasbourg, et en 1484, correcteur du *Missale Ratisbonense*, édité par J. Sensenschmidt, à Ratisbonne. Koberger donna une nouvelle édition de ce *Repertorium* en 1499, à Nuremberg, et son fils Jean le fit imprimer une troisième fois, en 1517, à Lyon, chez J. Saccon, un de ses correspondants. (O. Hase, *op. cit.*, p. 84 et *passim*.) Panzer, II, 206; Hain, 2801; Brunet, I, 818; Ul. Chevalier, 291, au mot *Bersuire* = Bressuire.

29 BERNARDUS (S.) abbas clarevallensis. — Libri X florum. Parisiis, Philippus Pigouchet, 1499. Feuillets ch. : I-CX, et 6 ff. n. chiff.; caract. goth.; 2 col. de 50 lignes; signatures A, b-p; titres courants; in-8°. [49]

F. I, *titre :* Liber florū beati bernardi abbatis clareuallēsis. *Au-dessous, la marque de l'imprimeur P. Pigouchet, reproduite ici.* F. II, *signé* A. ij

Prefatio in libros florū be‖ati Bernardi abbatis clareuallen. si-‖ ue exceptionuʒ collectarū ex diuersis opusculis eiusdem. F. III : Incipit liber

primus floru ‖ siue... F. CX v°, 2° col., *colophon :* Habes lector suauissime
melli- ‖ fluos diui Bernardi flores : in quibus ‖ optima queque ex operibus
eius stu- ‖ diosissime excerpta recondūtur : pinde ‖ si omnia eius sanctissimi
viri scripta bo ‖ na sunt : hec optima esse equissimo iure ‖ dixeris Impressum est autem presens ‖ opus solerti opa Philippi Pigoucheti impensis vero cōmunibus eiusdem et ‖ Ioh. Parui alme vniuersitatis Pa ‖ risiensis
librariorum. Anno salutis no- ‖ stre. 1499. xij calendas decēbris. Sit ‖ omni-
potenti gloria. ‖ Florida melliflui Bernardi prata peragrūs. Hinc tibi necta-
reas collige ‖ lector opes. FF. 1*-6* *table.*

Demi-reliure ancienne ; exemplaire réglé, mais court de marges ; initiales
rouges faites à la main ; à la fin du volume, une table alphabétique manuscrite
des mots ; on a grossièrement enluminé la marque de P. Pigouchet, et gratté
dans le colophon son nom et celui du libraire. F. 140 v°, note ms. *Celesti-
norum de Parisius signatus s 652.* Édition non citée par les bibliographes.

30 — De planctu virginis Mariae. — Sans nom de lieu ni de typographe
et sans date. (Coloniae, Ulric Zell ?) 6 ff. non chiffrés ; caract. goth. ;
27 ll. ll. ; sans signatures, réclames ni titres courants ; in-4°. [58]

F. 1, *titre :* Tractat⁹ beati bernhardi de plāctu btē marie ‖ [Q]Vis dabit
capiti meo... F. 6* v°, *ligne 13°* : Exlicit tractatus beati Bernhardi de
plantu ‖ ctu Beate Marie.

Reliure moderne en toile chagrinée noire ; joli exemplaire avec une lettre
bleue faite à la main au début du texte ; à l'intérieur du premier plat de la reliure, l'ex-libris de M. Madden. Imprimé avec des caractères semblables à ceux
des éditions attribuées à Ulric Zell, mais il s'y trouve de nombreuses fautes de
composition. M. Madden, *op. cit.,* VI° série, pp. 48-50 ; Hain, I, *2907. Panzer, I,
327, signale cet opuscule sans reproduire les abréviations et les fautes typographiques, ce qui ne permet pas de reconnaître quelle édition il a vue.

31 — — Ibid., idem ? sans date. 6 ff. non chiff. ; caract. goth. ; 27 ll. ll. ;
sans signatures, réclames ni titres courants, in-4°. [57]

F. 1*, *titre :* Tractat⁹ beati bernhardi de plāctu btē marie ‖ [Q]Vis dabit
capiti meo... F. 6* v°. *ligne 13°* : Exlicit tractatus beati Bernhardi de
plāctu ‖ Beate Marie.

Exemplaire jauni, couvert en papier gris-bleu ; au début du texte, initiale
rouge faite à la main, et à l'angle inférieur de la première page, l'ex-libris de
M. Madden. La répétition des mêmes fautes de composition, y compris deux
lettres retournées *ca* dans le mot *unica,* f. 3, ligne 12°, fait croire M. Madden
op. cit., VI° série, pp. 48-50, à une contrefaçon où l'ouvrier aurait voulu reproduire même les erreurs de son modèle ; il me semble qu'on peut conclure aussi
à une seule édition où quelques exemplaires auraient été corrigés au cours du
tirage. Cette particularité n'est pas unique, car j'ai rencontré plusieurs fois des
incunables provenant de la même édition et où l'on trouve des fautes corrigées ;
de ce fait il résulte qu'il faut surtout s'attacher à la coupure des lignes pour
identifier les exemplaires d'une édition, puisqu'il peut y avoir des modifications
dans l'orthographe des mots. Les corrections qui distinguent plusieurs exem-

plaires entr'eux ont aussi pu être faites, une fois l'édition terminée, pour remplacer des lettres tombées. M. Ulysse Robert signale un fait analogue, à propos de la publication qu'il fit du manuscrit mérovingien du Pentateuque conservé à la bibliothèque de Lyon. L'ouvrier se sert alors de caractères qu'il imprime à la main sur chaque exemplaire. Un atelier de ce genre existe rue des Bons-Enfants, n° 30. Hain, *2906, cite cet opuscule, mais ne reproduit pas la faute *exlicit* du colophon.

32 BERNARDUS parmensis. Casus longi super decretales. — Lugduni, Claudius Giboletus, 1497. 204 ff. non chiffrés; caract. goth. de deux grandeurs; 2 col. de 52 lignes; signatures a-t, A-G; titres courants; nombreuses initiales gravées; in-4°. [45]

F. 1*, *titre* : Casus longi Bernardi || super decretales. *Au dessous la marque de C. Gibolet, reproduite ici.* F. 1*, v° : Incipit tabula || titulorum huius

operis... F. 3, *signé* [aiij : Casus longi super || quinq3 libros decretalium a domino bernar || do eorundem precipuo glosatore vtiliter com || pilati. F. 203* v°, 2ᵉ *col.* : Expliciunt casus longi || cum notabilibus dñi Bernardi sup quinq3 li- ‖ bros decretalium impressi Lugduni p Claudi- ‖ um Giboleti Anno dñi. M. ccccxcvij. die ve- ‖ ro. xxviij. mensis septembris. F. 204* *blanc?*

Reliure moderne en veau brun, exemplaire presque neuf, avec nombreux témoins, mais attaqué par les vers; on a omis de faire à la main les initiales de couleur; le dernier f. manque. Sur le f. du titre, note ms. : *Pro bb. ff. M. Pontisarentium.* V. Panzer, I, 553, et Hain, 2937, qui ne font qu'indiquer l'édition sans la décrire.

33 BERNARDINUS (S.) senensis. Sermones de evangelio aeterno. — Sans nom de lieu ni de typographe et sans date (1490?); 328 ff. non chiffrés; 2 col. de 54 ll.; caract. goth. de 3 grandeurs; signatures 1-2, a-z, aa-zz; titres courants; in-fol. [150]

F. 1*, *titre*: Sermones sancti Bernardi- ‖ ni de senis ordinis fratrum ‖ minorū de euangelio eterno. F. 2*, *signé 2*: Sūmariū breuissimū sermo- ‖ num de euangelio eterno Bern- ‖ ardini de senis sancti ordīs fra- ‖ trum minorum. ‖ iN prologo cō- ‖ tinet... F. 14*, *2ᵉ col.*: Finit tabula abcdaria p̄m ordinē ‖ alphabeti sermonū... F. 15* *blanc?* F. 2*, *signé* a 2: Incipiūt sermōes sancti Ber ‖ nardi de senis ordinis fratrū ‖ mino₂ de euangelio eterno. F. 327* v°, 2ᵉ col.: Expliciunt sermones de caritate siue de ‖ euangelio eterno sctī Bernardini de senis ‖ ordinis fratrū minorum. F. 328*, *blanc*.

Reliure molle du XVIᵉ s., en vélin; exemplaire en bon état, mais incomplet du f. 15 (premier du cahier a) qui était sans doute blanc. On a omis de faire à la main les initiales de couleur. Sur le f. du titre, note ms. : *Pro bb. ff. M. Pontisarentium;* quelques notes marginales. Panzer, IV, 95, ne donne que 318 ff. à cette édition; Hain, *2827; Brunet, I, 795.

34 BIBLIA latina. — Norimbergae, Ant. Koberger, 1475. 484 ff. non chiffrés, reliés en deux volumes; caract. goth.; 2 col. de 48 lignes; sans signatures ni titres courants; in-fol. [48 et 49]

F. 1*: Incip. epl̄a sctī hieronimi ad paulinū p̄sbi ‖ te₂: de oībo diuine historie libris. Ca. p̄mū ‖ [F]Rater ambrosiu⁹ tua mihi munuscula p̄fe ‖ rens. detulit simī & ‖ suauissimas lras: q̄ a ‖ principio. amicicia₂ ‖ fīdē. probate iam fi- ‖ dei: & veteris amici ‖ cie noua p̄ferebant. ‖ ..... F. 244* v°, 2ᵉ col.: Explicit psalterium. F. 245*, *incipit*: Epl̄a sancti hieronimi p̄sbiteri ad chro- ‖ maciū & eliodo₂ ep̄os d̄ libris salomōis. ‖ [I]Vngat epl̄a q̄s iūgit sacd̄oti ‖ um: immo cāta nō diuidat: q̄s ‖ xp̄i nectit amor. Cōmētarios ‖ ī osce. amos & zachariā... F. 386* v°, 2ᵉ col., l. 16: Explicit liber secundus machabeo₂. F. 387*: Incipit epistola beati ieronimi ad dama ‖ sum papam in quatuor euāgelistas ‖ [B]Eatissimo pape damaso ie- ‖ ronim⁹. Nouum opus me ‖ facere cogis... F. 482* v°, *explicit*: Et duodecim porte: duodecī margarite sūt p F. 483*, 2ᵉ col. *colophon*: Opus veteris nouiq3 testamēti. Impressum ‖ ad laude3 & gloriam sancte ac indiuidue tri- ‖ nitatis. Intemerateq3 virginis marie felicit finit. Absolutū consūmatumq3 est. In

24   BIBLIA

regia ǁ ciuitate Nurmbergeñ per Antoniũ Cober ǁ ger incolã ciuitatis eiusdeʒ. Anno incarnatõis dñico. M . CCCC . LXXV. Ipso die ǁ sācti Otmari
cõfessoris. XVI. Nouēbris.   F. 484* *blanc?*

Reliure moderne en veau fauve, fers à froid, fleurons et tranche dorés ; bel
exemplaire réglé ; lettres initiales rouges et bleues faites à la main, titres courants
mss. en rouge, notes marginales manuscrites ; sur le premier f. de chaque volume, on lit : *aux cordeliers de Pontoise*, et sur le premier f. du tome I est un
écusson dont les armes sont effacées ; au dessous les initiales A P et sur une banderole les mots : VIVVS SERMO DEI. Les deux derniers feuillets manquent et
le colophon a été copié dans la description donnée par Hain, *3056 ; ce bibliographe a vu un exemplaire incomplet de deux ff. dans la première partie, à
laquelle il ne donne que 242 ff. au lieu de 244, et dans sa description de l'*incipit*,
il a omis le signe de la coupure de ligne au mot presbi ǁ teℨ. Panzer, II, 174,
fait observer que cette édition de la bible est la première des *quatorze* éditions
de la Bible données par Koberger avant l'année 1500, et citées par M. O. Hase,
op. cit., p. 456. Brunet, I, 871. Au commencement du t. I on a placé deux feuillets imprimés contenant un mémoire de M. Leroi, bibliothécaire de Versailles
(1843-1873), publié dans les *Mémoires de la société des Sciences morales des
Lettres et des Arts de Seine et oise*, t. I (1847) ; ce mémoire donne une description
très détaillée de la Bible.

35 — Venetiis, Nicolaus Jenson, 1476. 470 ff. non chiffrés ; caract. goth. ;
       2 col. de 52 lignes, signatures a z, τρℨ, A-X ; titres courants (avec
       quelques erreurs) ; in-fol. [47]

F. 1*, *blanc*.   F. 2*, *signé* a 2 : Incipit epĩa sācti Hieronymi ad Paulinũ ǁ pbrʒ.
de oĩb⁹ diuine historie libris captʒ. I ǁ [F]Rater am ǁ brosius tua mi- ǁ hi
munuscula ǁ pferens… F. 5*, *signé* a 5 : Incipit liber genesis q dicitur
hebrai ǁ ce bresith. Capitulum primum. F. 340*, *blanc*. F. 341*, *signé* I :
Incipit epistola beati Hieronymi ad Damasũ papã Y q̃tuor euangelistas.
F. 424* vº, *colophon, en gros caract.* : Biblia impressa Venetijs ope ǁ ra atqʒ
impensa Nicolai Jen ǁ son Gallici. M cccc lxxvj. F. 425*, *signé* R : Incipiunt interpretationes he ǁ braicorũ nominum secũdum ǁ ordinem alphabeti. F. 469*, 2ᵉ *col.* : Expliciunt interpretatio ǁ nes hebraicorũ nominũ. ǁ
Laus deo. F. 470* : Registrum biblie (*sur 6 col.*,) *à la fin* : Explicit re ǁ gis-
trum bi ǁ blie.

Reliure du XVIIᵉ siècle en veau brun, filets à froid ; exemplaire bien conservé
de cette belle édition ; le premier et le dernier feuillet du texte sont jaunis et le
f. blanc du début manque, ainsi que le f. de la fin qui contient le répertoire des
cahiers ; celui-ci a été copié sur l'exemplaire de la B. Sᵉ Geneviève, Œ XVᵉ s.
nº 182. Initiales rouges et bleues faites à la main et un grand nombre de lignes
soulignées en rouge. Sur le f. 2*, on lit, d'une écriture du XVIᵉ siècle : *Ex dono
domini Petri Jouyn presbyteri*. Ce volume a dû appartenir à un couvent, car au
f. 180 (signé C) se trouve une note ms. : *A. P. A Kalen. nouembris… ad aduentum domini Ezechielem prophetam : Librumque duodecim prophetarum tam
in ecclesia quam in refectorio legimus* ; au verso du f. 469 un nom ms. : *Michel*

Perret. V. Hain, *3064 ; Panzer, III, 113 ; Van Praet, *1er Cat.*, I, 28, indique sept exemplaires sur vélin, la plupart enrichis de miniatures.

36 — Norimbergae, Antonius Koberger, 1477. 468 ff. non chiffrés; caract. goth.; 2 col. de 51-53 ll.; manchettes (dans la partie du Nouv. Test. seulement); sans signatures ni titres courants; gr. in-fol. [79]

    F. 1*, *blanc*. F. 2* : Incipit epla sancti hieronimi ad paulinũ || presbitoȝ de omnibȝ diuine historie libris || [F]Rater ambro || sius tua mihi || munuscla per || ferens. detulit simul || et... F. 4* v°, *1ro col.* : Insipit plogus in penthateucũ moysi. *Col. 2* : Incipit liber bresith. quem nos genesim || dicimus. Capitulum. .I. F. 234* v°, *2e col.* : Finit psalterium feliciter. F. 235*, *1o col.* : Epla sancti hieronimi psbiteri ad chroma || tiuȝ ɀ eliodorum epos de libris salomonis. *2e col.* : Incipit liber puerbioȝ. F. 367* : Incipit epla beati hieronimi psbitēi || ad damasũ papaȝ ɋtuor euāgelistas. F. 367* v°, *2e col.* : Explicit argumentũ. Incipit euan- || gelium secundum Matheum. F. 462* v°, *2e col., ligne 3, colophon* : Finit liber apocalipȿ beati iohānis apli. || Anno incarnatõnis dñice. Millesimoqua- || dringentesimoseptuagesimoseptimo. Au || gusti vero kł. tercio. Qȝ insigne veteris no- || niȝȝ testamenti opus. cum canonibȝ euan- || gelistaȝqȝ concordantijs. Attentis quibus || facile dinosciȶ apud quãcunqȝ relatõneȝ si || vnius (cũ x poniȶ numerisue canonũ sub || alys) aut plurinoȝ sit euangelistaȝ. Vcȝ || notato numero adiucto faciliusɋ capitu- || lo conscripto repienda est pcordantia ipa || numerũ p annotatũ ȷ |euangelij margine. || Ad laudē ɀ gloriam Sancte ac indiuidue || ɫinitatis. Intemerate virginisqȝ marie im- || pressum. In regia ciuitate Nurnbergũ p || Antonium Coburger ciuitatis eiusdeȝ in- || colam. cuius etiam industria ɋ diligentis- || simo fabrefactũ. finit feliciter. || Laus deo. F. 463* : [V]Enc̄abili viro dño iacobo || de yscnaco. Menardͻ solo || nołe monachus vtinā xp̄i || scruus... F. 466* v°, *2e col.* : Incipit tabula canonũ... F. 468* v° *explicit* : Et sic est finis.

Reliure originale en veau brun, fers à froid ; coins et clous en bronze, fermoir en fer forgé. Exemplaire bien conservé d'une édition fort rare ; grandes marges et nombreux témoins ; nombreuses initiales rouges faites à la main et quelques grandes lettres de plusieurs couleurs ; notes marginales mss. Sur le f. 1 on a écrit le titre du volume. A la marge inférieure du f. 2, un timbre à l'encre grasse : deux *C* enlacés surmontés d'une couronne de baron allemand ; M. Madden, d'après M. Ennen, bibliothécaire de la ville, à Cologne, attribue ces initiales au chanoine Coels (ou Cöls). A l'intérieur du plat de la reliure est l'ex-libris de M. Madden, et une note de sa main, relative au poids du volume qui est de 8 k. 300 gr. V. Panzer, II, 177 ; Hain, *3065, indique des titres de colonnes qui n'existent pas dans les exemplaires de la bibl. de Versailles ; Brunet, I, 871.

37 — Venetiis, Octavianus Scot, 1480. 458 ff. non chiffrés ; caract. goth.; 2 col. de 51-52 lignes (la table des noms hébraïques est à 3 col.); signatures a-z, ɀ ꝑ ȝ, A-K, aa-cc ; sans titres courants ; in-4°. [17]

F. 1* manque. F. 2*, signé a 2 : Incipit epla sancti Hieronymi ad pau ||
linum presbyterum. de omnibus diuine || historie libris capitulum primum.
|| [F] || Rater ambrosius tua mi || hi munuscula..... F. 4* v°, 1° col. : Explicit p̄fatio. Incipit liber genesis || qui [dicit hebraice bresith. Capim. I.
F. 211*, 1° col. : ..... Alleluia || Explicit Psalterium. || Epla sācti Hieronymi
p̄sbr̃i ad Chroma || tiū z Heliodoꝝ ep̄os :..... F. 338* v°, signé C 6 : Explicit
secundus liber Machabeorum. || Incipit epistola beati Hieronymi ad || Damasum papam ĩ quatuor euāgelistas. F. 422* v°, 2° col. colophon : Biblia
imp̄ssa Venetijs p Octauianū || Scotū Modoetiensem explicit feliciter. ||
Anno salutis. 1480. pridie kalēdas iunij. F. 423*, signé aa : Incipiūt interpretatiōes he- || braicorum nominuȝ p̄m ordi- || nem alphabeti. F. 456*,
3° col. : Expliciūt. inīpretatio || nes hebraicoꝝ nomluȝ. || Laus deo.

Reliure du XVIII° siècle en veau racine; gardes peigne, tranche rouge,
exemplaire trop rogné en tête, incomplet du premier f. et des ff. cc 3-4 (table),
mais le reste du texte semble complet avec 458 ff. bien que Hain, *3080, en
indique 465. Première édition sortie des presses de l'éditeur Octavien Scot de
Monza. Panzer, III, 158.

38 — Sans nom de lieu ni de typographe et sans date. 426 ff. non chiffrés; caract. romains à l'R bizarre; 2 col. de 56 ll.; sans signatures,
réclames ni titres courants; grand in-fol. [81]

F. 1* blanc. F. 2*, incipit : [F]Rater Ambrosi⁹ || tua mihi munus- || cula perferens : de || tulit simul & sua- || uissimas litteras. ||..... F. 214*, explicit
psalterium : laudate eum in cimbalis iubilacōnis : omnis spi || ritus laudet
dominum. Alleluia. F. 214* v° blanc. F. 215*, incipit : [I]Vngat epistola
quos iungit sacerdiū : ymo || carta non diuidat : quos Cristi nectit amor ||.....
F. 341* incipit Novum Testamentum : [B]Eatissimo papē damaso || iheronimus. Nouum o || pus me facere cogis ex || veteri :..... F. 426*, 1° col. explicit :..... Veni domine ihesu. Gracia || domini nostri ihesu xp̄i cū omībo
vobis amē.

Reliure du temps en peau de truie, plats en bois, traces de fermoirs; en
mauvais état. Exemplaire grand de marges; initiales rouges et vertes faites à
la main; titres courants manuscrits contemporains du volume; nombreuses
notes marginales de différentes époques; à l'intérieur du premier plat de la
reliure, et au verso du f. 340, notes manuscrites du XVI° siècle en allemand,
relatives aux affaires temporelles du possesseur de la bible. Les plats sont doublés de feuillets imprimés provenant du *Donatus* de Gerson, édition à 32 ll. ll.
par page; au bas du f. 2 est l'ex-libris de M. Madden. Cette bible fait partie
des onze éditions à l'R bizarre en caractères romains; Panzer, I, 76, l'attribue
à Mentelin; Brunet, I, 868, n° 4, indique un fac-simile des caractères qui existe
dans la *Bibliot. sussex.* II, pl. IV, n° 1; Hain, *3034; M. Madden, *op. cit.*,
IV° série, pp. 62-64, en fait la première œuvre typographique des clercs du couvent de Weidenbach, vers 1465.

39 — (Novum Testamentum tantum). Sans nom de lieu, d'imprimeur
et sans date. (Coloniae, Ulric Zell ? Conrad de Homborch ? 1463?)

138 ff. non chiffrés; caract. goth.; 2 col. de 42 ll.; sans signatures, réclames, ni titres courants; in-fol. [159]

F. 1* : Incipit epistola beati Ihero || nimi ad damasum papaʒ in quatuor euangelistas. F. 1* v°, col. 2 : Explicit epła. Incipit argumtū || r euāgeliū ꝓm matheū. F. 137*, col. 2, ligne 30 : ni dn̄o ihsu Grā dn̄i n̄ri ihsu xp̄i cū || omnib⁹ vobis amen. || Explicit liber apocalipsis bea || ti Iohannis apostoli. F. 138* blanc.

Reliure moderne en maroquin rouge, filets à froid, tranche dorée ; bel exemplaire ; initiales rouges et bleues faites à la main, titres courants en rouge et manchettes manuscrites ; le verso du f. 42 n'offre que 2 col. de 42 lignes chacune ; au bas de la page le rubriqueur a écrit : nichil deficit. Au verso du f. de garde, l'ex-libris de M. Madden ; on trouve dans les Lettres de ce bibliographe, II° série, pp. 1-16 et IV° série, pp. 183-193, une dissertation sur l'édition de la Bible à laquelle appartient le Novum Testamentum décrit ici. M. Madden fait remarquer que les caractères ne sont pas ceux d'Ulric Zell, bien qu'ils leur ressemblent beaucoup, et il conclut qu'ils doivent être ceux de Conrad Winters de Homborch, qui, selon lui, aurait été avec Ulric Zell, un des typographes du couvent de Weidenbach, à Cologne. Il s'appuie sur l'identité des caractères de cette bible et de ceux du Speculum morale de 58 lignes, de Vincent de Beauvais (Panzer, IV, 208. — Ulric Zell), que J. Holtrop, Catalogus..... Hagana, p. 356, attribue à C. de Homborch. V. Panzer, I, 387 ; Hain, 3039 ; Brunet, I, 869.

BIBLIA, voyez aussi LYRA (Nicolaus de).

40 BOCCACIUS de Certaldo (Johannes). Genealogia deorum libri XV, et liber de montibus, etc. — Venetiis, Bonetus Locatellum, 1494. FF. chiffrés : 1-162 ; 62 ll. ll., pour la première partie ou 2 col de 62 ll. pour le livre de montibus ; signatures a-u ; titres courants ; grandes lettres gravées au trait, ou blanches sur fond noir, nombreuses initiales sur fond noir, plusieurs gravures à page entière ; in-fol. [97]|

F. 1*, titre : Genealogiae Ioannis Boccatii : cum demonstrationi- || bus in formis arborum designatis. Eiusdem de || montibus & syluis. de fontibus : lacubus : || & fluminibus. Ac etiam de stagnis || & paludibus : necnon & de || maribus : seu diuersis || maris nomi- || nibus. F. 4* v°, sur 3 col. : Tabula. F. 6, incipit : Genealogiae deoʒ gētiliū Ioānis Boccacii de Certaldo ad Hugonē ꝭclytū Hierusalē & Cypri regē. Prohoemiū || SI satis ex relatis Domini Parmēsis..... F. 117 v°, sur 3 col. : Tabula. F. 132 v° : Ioannis Boccatii de Certaldo : de Mōtibus : Syluis : || Fontibus : Lacubus : Fluminibus... || .....Liber incipit fœliciter. F. 162, 2° col., colophon : Venetiis ductu & expensis Nobilis uiri. D. Octauia- || ni Scoti ciuis Modoetiēsis. M. CCCC. XCIIII. Septimo kalendas Martias finis ȷpositus fuit huic operi. || per Bonetum Locatellum. || Registrum huius operis. Ce registre donne les incipit des premières feuilles de chaque cahier, qui sont tous quaternions, excepté u qui a dix feuillets. A côté du registre, la marque sur fond noir d'Octavien Scot de Monza, qui fit éditer un grand nombre d'ouvrages par divers imprimeurs; elle est reproduite ici.

Demi-reliure du XVIII° siècle; à l'intérieur des plats on lit deux notes relatives au prix du volume? *5 fr.* et *14 fr.* V. Hain, *3321 ; Panzer, III, 349.

41 BOLLANUS (Domenicus). De conceptione virginis Mariae. — Sans nom de lieu ni de typographe et sans date. (Argentinae? J. Mentelin ? 1465 ?) 30 ff. non chiffrés; caract. romains à l'R bizarre; 35 ll. ll.; sans signatures, réclames, ni titres courants; in-fol. [162]|

    F. 1* : GLoriosissimo Principi & domino dño Nicolao || Marcello Serenissimo Venetiarum duci :. Do- || minicus Bollanº artiũ & philosophie doctor || debita reuerẽtia erga sublimitatem suam pre- || missa plurimum se commẽdat. F. 1* v° : Dominici Bollani artiũ & philosophie doctoris filii Ma || gnifici dñi Candiani in questionem de conceptione glorio- || sissime virginis Marie prohemium. F. 30* v°, *explicit :* vltimũ || vite nře ĩminũ volẽte deo & auxiliãte gloriosissima virgine || Deo gracie infinite.

Broché en papier gris ; exemplaire à grandes marges ; avec quelques mouillures à l'angle inférieur ; initiales rouges faites à la main. Les cahiers, tous quinternions, ont été signés a-c, à la main. A l'intérieur du premier plat de la reliure, on lit de la main de M. Madden : *Voir lettres d'un bibliographe, IV° série, page 58;* l'*ex-libris* de M. Madden est au bas du f. 1*. Les *Lettres d'un bibliographe* considèrent ce volume comme un exemplaire d'une des onze éditions attribuées aux Frères du couvent de Weidenbach, à Cologne ; Panzer, I, 78, en fait une des œuvres de J. Mentelin à Strasbourg. V. Hain, *3436 ; non cité par Brunet.

42 BONAVENTURA (S.) Centiloquium. — Zwollis, sans nom de typographe et sans date. 114 ff. non chiffrés ; caract. goth. ; 27 ll. ll. ; sans signatures, réclames ni titres courants ; in-4°. [61]

F. 1* *blanc.* F. 2* : Incipit libellus quidã editus a domino bona ǁ uentura seraphico doctore sacrosancte rõne ecclesie ǁ Cardinali dignissimo qui ab eodem Centiloquiũ ǁ siue Centilogium intitulatur. opus licet paruum ǁ tamen pfructuosum ; ǁ [E]Cce descripsi cam tibi..... F. 3*, *table.* F. 5*, *in fine* : Expliciunt Capitula. ǁ Incipit prima ps Centilogij bonauenture ǁ De malo culpe in gñali ; F. 114*, *colophon* : Explicit dñi Bonauenture centiloquium ǁ opus pntile Zwollis impressum. deo grãs. F. 114* v°, *blanc.*

Reliure originale en parchemin ; bel exemplaire à grandes marges, avec témoins ; lettres initiales rouges faites à la main ; le rubriqueur a folioté les feuillets en chiffres romains et les a signés à l'angle inférieur a-n ; les cahiers sont quaternions, excepté le dernier qui a 10 ff. et qui n'est pas signé. M. Campbell, *op. cit.,* 88, donne comme nom d'imprimeur Joh. de Vollenhoe ? Holtrop, *op. cit.,* p. 90, hésite entre ce typographe, J. van Os, et les Frères de la vie commune ; à la planche 89 [77] *a* il donne un fac simile du colophon. M. Madden, *Typologie Tucker,* t. IV, pp. 503 et 504, croit cette édition sortie, vers 1479, du couvent des Frères de la vie commune de Zwolle, sur lesquels il donne quelques renseignements historiques. V. Hain, I, 3496 ; Panzer, I, 366, indique par erreur 37 ll. à la page et donne le dernier mot du colophon grãs avec deux *a*, tandis que l'exemplaire de la bibl. de Versailles n'en a qu'un.

43 — Regimen conscientiae et varii tractatus. — Sans nom de lieu ni de typographe et sans date. (Coloniae, Ulric Zell, 1480?) 48 ff. non chiffrés ; caract. goth. ; 26 ll. ll. ; sans signatures, réclames ni titres courants ; in-4°. [61]

F. 1* : Incipit libellus qui appellatur re ǁ gimẽ cõsciẽtie. vel paruũ bonum. ǁ editus a fratre bonauẽture cardi ǁ nalis. F. 19* v° : Explicit libell⁹ editus a fratre bonauẽ ǁ tura cardinali qui appellatur regimẽ ǁ cõsciẽtie vel paruũ bonum. F. 20* : Incipit epistola sãcti Methodij epĩ ǁ pararẽ de regnis gẽtiũ et nouissimis tẽporibz certa demõstratio cristiana. F. 36* v° : Explicit pcĩa sãcti Methodij epĩ pa ǁ rarẽ de regnis gẽtium z nouissimis tẽ ǁ poribz certa demõstracõ xp̃iana. F. 37* : Incipit tractatus de preparacõe ad mis || sam dñi seāphici iohānis bonauēture. F. 47* v° : Amen || Explicit tractatus de p̄paracõe ad mis || sam dñi scraphici Iohānis bōuēture. F. 48* blanc.

Relié à la suite du Centiloquium du même auteur et folioté en rouge cxv-clxij. Imprimé avec les grands caractères d'Ulric Zell. Panzer, I, 327, n'indique pas le dernier f. blanc; Hain, *3498, a fait la même omission.

44 BONIFACIUS VIII, papa. Decretales. — Spirae, Petrus Drach, 1481. 164 ff. non chiffrés; caract. goth. de deux grandeurs, rouges et noirs; 2 col. de 52 ou 65 ll., le texte entouré par le commentaire; signatures A-X; sans titres courants; in-fol. [15]

F. 1* blanc ? F. 2*, signé a ij, en rouge : Incip̄ liber sext⁹ decreta- || liũ dñi bonifacij p̄pe. viij. En noir : [B]Onifacius episcopus ser- || uus seruorum dei. dilectis. F. 262* v°, 1° col., texte : quīto nonas marcij ponti || ficatus nostri anno q̄rto. 2° col., in fine, commentaire : ... iam || licet non nouiter inchoatos. Dñs Iohānes andree. F. 263*, en rouge, colophon : Decretaliũ liber sextus vnacum apparatu dñi || Iohannis andree in inclita Spirensium urbe || diligēter impressus. factore Petro Drach iu- || niore ciue inibi Anno domini. M. ccgclxxxi- || .xvij. mensis augusti finit feliciter. Au-dessous une petite marque sur fond rouge, composée de deux écussons dont l'un offre les armes parlantes de l'imprimeur, un dragon, (en allemand Drache); elle est reproduite ici.

Reliure moderne en veau jaspé, gardes peigne, tranche rouge. En reliant le volume, on a interverti l'ordre des cahiers et placé les cahiers K-N, entre les cahiers F et G; il manque à cet exemplaire, du reste bien conservé, les 2 ff. blancs du commencement et de la fin; initiales rouges faites à la main; sur le 1ᵉʳ f. de garde est une table ms. des chapitres, et sur le f. 2 l'ex-libris : Pro bb. ff. M. Pontisarentium. Panzer, II, 20; Hain, *3600, omet comme à l'ordinaire les 2 ff. blancs.

45 — — Norimbergae, Antonius Koberger, 1486. 118 ff. non chiffrés; caract. goth. de deux grandeurs, le texte entouré par le commentaire; rouge et noir; 2 col. de 80 ll. pour les petits caract. et de 62 ll. pour les grands; signatures a-q; sans titres courants; in-fol. [83]

F. 1*, *2⁰ col. texte, en rouge :* Incipit liber sextus decreta- || liu₃ dn̄i Bonifacij pape . viij. || [B]Onifacius episcopus seruus seruorum dei. Dilectis filijs. *1ʳᵉ col. commentaire :* [Q]Via preposterus est ordo prius humana subsidia || petere..... F. 217* v⁰, *en rouge, colophon :* Presens huius sexti decreta- liū. Bonifacij pape octaui p̄cla¾ || opus: vna cū apparatu dn̄i Iohānis Andree impēsis anthonij || koberger industrie Nuremberge ē cōsūmatū. Anno dn̄i mille- || simoquadringentesimooctuagesimosexto : xij ⋆o. kl̄s Iulij. F. 118* *blanc.*

Reliure du XVIᵉ siècle en veau brun, filets à froid. Bel exemplaire avec quel- ques notes marginales contemporaines; initiales rouges et bleues faites à la main ; au commencement du texte grande initiale B sur fond d'or. Hain, *3613 et Panzer, II, 202, n'indiquent que 116 feuillets.

46 BONIHOMINIS (Boninus). Dialogus inter Deum, christianum et ju- daeum. — Sans nom de lieu ni d'imprimeur et sans date. (Avi- gnon ? 1501 ?). Signatures a-b (par 6); caract. goth.; 2 col.; titres courants; frontispice, vignettes et initiales gravées; in-4⁰. [9]

F. 1*, *titre :* Dialogus in || ter deū christi || anū et iudeu₃ || cum sacra pa || gina hebraica || in latinum de || clarata. F. 2* : OPus nouum vnctio ate intitulatū..... Compositum per artium et medicine professorem. || Magis- trum boninum bonihoīs diocesis astensis || Alias de aqua viua de montis- grossy || ..... F. 12* : Finis.

Relié à la suite de la *Résurrection*..... décrite plus loin. Sur le titre sont gra- vées les armes de France et celles d'Avignon. Cité seulement par Panzer, IX, 167.

47 BRANT (Sebastianus). Expositiones omnium titulorum legalium..... — Basileae, Michael Furter, 1490. 168 ff. non chiffrés; caract. goth. de 3 grandeurs; longues lignes de nombre variable; signa- tures a-z ; titres courants; in-4⁰. [48]

F. 1* *titre :* Expositiones siue de || claratōes admodu₃ || necessarie ac peruti- || les oim̄ titulorū lega || liū exacta repetitaq₃ || opera ac diligētia in- || terpre- tatorum. F. 1* v⁰ : Ad Prestantissimū virum doctorem Andream || Helmut : Iuris et eloquētie monarcham : ... || ... Sebastia || nuus Brant... *(daté de Bâle en mai 1490).* F. 3*, *signé* a 3 : Rubrice ff. ve. Liber prim⁹. F. 168*, *quatre distiques latins au lecteur studieux, puis le colophon :* Impressum Basilee per Michaelem furter || opera et impensis prestantissimi viri do || cto- ris Andree helmut totius iuris || monarche. Anno salutifere || Icarnatiōis Millesimo || q̄tercētesimo nona || gesimo Kal̄e || dis octo || bri || b⁹.

Reliure du XVIᵉ siècle, défectueuse; sur les plats, un semis de fleurs de lys frappées à froid ; exemplaire taché; initiales rouges faites à la main; sur le f. du titre, note ms. : *pour les Capucins de Pontoise.* Hain, *3725 ; Panzer, I, 168.

48 BRANT (Sebastianus) — Basileae, Michael Furter, 1500. 152 ff. non chiffrés ; caract. goth. de deux grandeurs ; longues lignes de nombre variable ; signatures A-T ; manchettes ; titres courants ; grandes initiales gravées ; in-4°. [44]

> F. 1*, *titre :* Expositiones siue declara- || tiones omnium titulorum || iuris tam Ciuilis q̃z Cano || nici per Sebastianū Brāt. || collecte et reuise. F. 13* v° : Ad prestantissimum virum doctorē Andream || Helmut.. || .. Sebastia || ni Brant..... || ..... prefatio. F. 3*, *signé* A 3, *début du texte :* De iusticia et Iure. F. 15* v°, *4 distiques latins, puis le colophon :* Impressum Basilee per Michaelem furter || atq̃z per Sebastianū Brant (licet per || functorie) reuisum. Anno saluti || fere incarnatiõis. atq̃z au || rei iubile. i Millesi || mo quingēte || simo kaī. || septē || bri || b°. *Au-dessous la marque de M. Furter, reproduite ici.* F. 152*, *blanc.*

> Reliure ancienne en veau blanc ; on a omis de faire à la main les initiales de couleur. A l'intérieur du premier plat on lit plusieurs notes mss. : *xxvij nouemb. 1585* — *Dum spiro spero* — *Baudry* — *Terricy.* Sur le f. de garde : *Guillelmi..... et amicorum* — *Terricy Ad^{cat} 1624.* A la marge supérieure du f. 2 : *S^{ti} Martini Pontisarensis 1680.* Non cité par Hain.

49 BROCARDICA juris. — (Parisiis) Dionysius Roce, sans date (XV° siècle ?). 40 ff. non chiffrés ; caract. goth. ; 31 ll. ll. ; signatures a-e ; sans titres courants ; in-8°. [53]

> F. 1*, *titre :* Brocartica iuris. *Au-dessous la marque de D. Roce, reproduite à la page suivante.* F. 2*, *signé* a. ii : Incipiunt in nomine domini || Jesu xp̄i quedam brocardia correcta z practicis vt illa extracta a toto corpore iuris ciuilis z canonici sc̄dm or- || dinem litterarum alphabeti. Et primo || De littera. A. F. 40* : Opusculum quod brocardia iuris || intitulatur Feliciter Finit
>
>   Hochexatio libellus lectorem
>   Condit . . . .
>   . . . .
>   Landore exemplis queq̃z redderi michi.

Relié à la fin du *Modus legendi abbreviaturas*..... décrit plus loin, joli exemplaire avec nombreux témoins. Non cité par les bibliographes.

50 BURGO (Dionysius de). Commentarii in Valerium Maximum. — Sans nom de lieu, de typographe et sans date, (Coloniae, 1471 ?) 37 ff. non chiffrés ; caract. romains à l'R bizarre ; 36 ll. ll., quelques pages en ont 37 ou 38 ; sans signatures, réclames ni titres courants ; in-fol. (3 exemplaires). [125-127]

<blockquote>
F. 1*, *blanc*. F. 2* : Incipit epistola super declaracione Valerii Maxi- || mi. Edita. a fratre dyonisio de Burgo sancti sepulcri- || ordinis fratrum heremitarnm sancti Augustini. F. 371*, *ligne 34, explicit* : etna vita pmit- || tit. In secula seculorum. Amen. F. 372* *blanc* ?

Reliure originale en veau brun, fers à froid, plats en bois, traces de fermoirs ; exemplaire en bon état, à grandes marges, avec nombreux témoins ; on a fait à la main des initiales bleues et rouges, des signatures à quelques feuillets des cahiers qui sont tous chiffrés en rouge à la marge supérieure. Dans ce vo-
</blockquote>

lume les ff. 349 et 355 existent en double et prennent la place de deux autres ff., ce qui cause une lacune dans le texte; il y avait sans doute à la fin un f. blanc, qui a été enlevé dans les trois exemplaires. À l'intérieur du premier plat de la reliure, l'ex-libris de M. Madden; au dessus, celui du couvent des SS. Ulric et Afra, gravé au XVIII° siècle; il est orné de trois écussons et des figures des deux patrons du couvent. On y lit : PP. Benedictinoru lib. et Imp. Monasterij SS. Udalrici et Affrae Augustae Vindel. Au f. 2, note ms. : *Monasterii ss Udalrici & Afrae Augustae* et le cachet des doubles de la bibliothèque de Munich. Le second exemplaire est plus court de marges, la reliure réparée a été recouverte d'un f. de parchemin provenant d'un missel du XV° s. et offrant une partie du texte de l'évangile de la Passion. Sur la reliure, le possesseur a fait mettre ses initiales C S A C — 1643. A l'intérieur du premier plat, l'ex-libris de M. Madden; au f. 2, note ms. : *Monasterij Campililiensis* et au verso du f. 371, à l'encre rouge : *Iste liber comparatus est sub reverendo patre domino domino paulo abbate pro ij libris d. l xx v to*. Le troisième exemplaire a été relié à nouveau, au XVII° siècle, en veau fauve avec de jolis fers dorés, tranche dorée; quelques ff. ont des taches d'humidité, mais l'exemplaire est en bon état; on a omis d'y faire à la main les initiales de couleur; au verso du f. de garde, l'ex-libris de M. Madden; notes marginales mss. V. Panzer, I, 76; Hain, *4103; Brunet, I, 1404; ces trois bibliographes attribuent l'édition à un imprimeur strasbourgeois; Madden, *op. cit.*, 4° série, pp. 92-96; Fabricius.

51 BUTRIO (Antonius de). Lectura a titulo de translatione praelati usque ad titulum de officiis delegatis (Panormitani). — Norimbergae, Antonius Koberger, 1486. 68 ff. non chiffrés; caract. goth.; 2 col. de 70 ll.; sans signatures; titres courants; gr. in-fol. [51]

F. 1* *blanc*. F. 2*, *incipit* : Incipit lectura excelletissimi vtriusq3 iuris || interptis dñi Anto. de butrio a titulo de trãsla. || prela. vsq3 ad ti. de offi. dele. sup quibus titulis || dñs Abbas nõ scripsit. vel si scripsit reperire po || test nemo. || De translatione prelato%. Rica. || .... F. 42 v°, 2° col. : Explicit scriptũ d. Antonij de butrio vtri- || usq3 iuris doctoris sup titulis primi decretaliũ || sup quibꝯ nõ repitur dñi Abbatis scriptum. F. 42*, *incipit* : Secunda pars dñi Antonij. sup primo decre- || talium. Feliciter incipit. F. 67*, *colophon* : Lectura pcellentissimi vtriusq3 iuris interptis dñi Antonij de butrio. a titu || lo de transla. pla... || ... Sagacis attamen viri Antonij ko- || berger Nurembergen. alemanice ptis inibi ciuem et incolã. q3ponderoso labo || re. vigilantia ac fatigatione solertissime his metallicis literis elaborata emen || data atq3 exarata finem cepit. Anno salutis. M. ccccIxxxvj. iij. kls Februarij. || Indictione. iiij. De quo laudes nõ immerito referam° cunctipotẽti deo. || Regist% qternoꝝ. (*Sur 2 col. en donnant les incipit des premiers feuillets des cahiers.*) F. 68*, *blanc*.

Reliure moderne en veau brun (recueil). Bel exemplaire, bien que incomplet des deux ff. blancs du début et de la fin; il a appartenu à Frère Adam Bailly, minime; on a omis de faire à la main les initiales de couleur. Non cité par Panzer. Hain, *4173, ne compte pas les deux ff. blancs.

C

52 CAESARIUS cisterciensis monachus. Dialogus miraculorum. — Coloniae, Johannes Koelhoff, 1481. 268 ff non chiffrés; caract. goth.; 38 ll. ll., signatures a-z, A-I (tous les cahiers sont quaternions, excepté K et L qui n'ont que 6 ff.); sans réclames; titres courants; in-4°. [108]

F. 1*, *blanc?* F. 2*, *signé* a 2: Prologus Cesarij cisterciēsis monachi in Heis- || terbacho in dialogū miraculo⚹ Incipit feliciter. F. 2* v°: Explicit prologus Incipiunt capitula. F. 3*: Expliciunt capitula Incipit dialogus. F. 267 v°: Duodecime distinctionis dyalogi miraculo⚹ Cesarij monachi in Heys- || terbacho abbatia nō minima diocesis Colonien. ordinis Cysterciensis. || et per consequens totius dyalogi finis est feliciter. Impressi q3 || per me Iohannē koelhoff ciuem Colonie. Anno dñi. M.ccccIxxxi. zč. || Deo gracias. F. 268*, *blanc.*

Reliure originale, plats en bois apparents, dos en veau brun, traces de fermoirs en bronze; à l'intérieur du premier plat, l'ex-libris de M. Madden. Exemplaire grand de marges, mais taché; initiales de couleur faites à la main; le f. 1 du cahier a et tout le cahier c manquent. On a copié le texte du cahier c dès le XV° siècle, il occupe 9 ff. V. Panzer, I, 288, et Hain, I, 4231, qui on dû se copier, car ils indiquent tous deux 265 ff. et omettent le nombre des lignes Brunet, I, 1463.

53 — — Sans nom de lieu ni d'imprimeur et sans date. (Coloniae, Ulric Zell?) 310 ff. non chiffrés; caract. goth.; 2 col. de 35 ll.; sans signatures; titres courants; in-fol. [164]

F. 1* *blanc.* F. 2*: Prologus Cesarij cistercie̅ || sis monachi ĩ Heysterbacho || in dyalogū miraculorum Inci || pit feliciter. || [C]Olligite fragmēta || ne peant....... F. 1 v°: Expliū plog⁹. Incipi. capĩa. F. 310*, 1° *col.*: Duodecime distinctiōis dy || alogi miraculorum Cesarij Ci || stercie̅⚹ mōchi: et p cōsequē̅s || tocius dyalogi finis est felicit || DEO GRATIAS. || [C]Odicis exigui stilus au || torem reticiscens || Ingeror in medium: veluti no || ua verbula spargens. || Sicut mitis amor terat aspa: || mitius illa || Corrigat: ac mores addat no || ta vera salubres.

Reliure moderne en maroquin brun, gardes peigne; sur le premier plat l'ex-libris de M. Madden. Initiales bleues ou rouges faites à la main. M. Madden étudie cette œuvre typographique dans une lettre datée du 20 septembre 1887, faisant suite à ses *Lettres d'un bibliographe;* il parle des vers placés après le colophon et fait remarquer qu'en assemblant les lettres initiales de chaque mot on forme un vers pentamètre où l'auteur révèle son nom : *Caesarii munus sumat amica manus.* Panzer, I, 288, cite seulement l'édition de 1481, faite à Cologne, par J. Koelhoff; Hain, 4230.

54 CARACCIOLUS (Robertus) de Licio. Opus quadragesimale. — Coloniae, Ulric Zell, 1473. 360 ff. non chiffrés; caract. goth.; 2 col. de 37 ll.; sans signatures, réclames ni titres courants; in-fol.; [154]

F. 1*, *blanc.* F. 2* : Sacre theologie magistri ‖ necnõ sacri eloquij precoīs ce ‖ leberrimi fratris Roberti de Li ‖ tio ordinis Minorū professo ‖ ris : opus q̄dragesimale putilis ‖ simū qd̄ de penitentia dictū est ‖ Feliciter incipit. F. 357* v°, *col. 1, colophon :* Celeberrimi sacri eloquij p̄ ‖ conis frīs Roberti de licō opus : ‖ mirã nõmō facūdie ve⁊ et rei re ‖ dolētis suauitate : de pnīa cōfe ‖ ctū p Ulricū Zel de hanaw ar ‖ tis impssorie mgr̄m Colonie ī ‖ p̄ssum sīnē cepit optatū. sexto ‖ decīo kaī. mēsis februarij. M. ‖ cccc. lxxiij. ‖ Incipit tabula oīm p̄monū ‖ hoc in volumine cōtento⁊. F. 359*, *1° col. :* Tabula ōniū p̄monū ī hoc ‖ ope cōtētō⁊ explicit feliciter. F. 360* *et dernier, blanc.*

Reliure originale en veau brun réparée, plats en bois, exemplaire grand de marges, nombreux témoins; initiales rouges faites à la main, les ff. 303 et 344 manquent; à l'intérieur du premier plat de la reliure, l'ex-libris de M. Madden, et sur le f. 1, quelques notes mss. en hollandais, relatives à l'auteur et à l'édition. Le volume a été folioté et les cahiers signés à la main, à l'encre noire, avant la reliure. Cette édition est remarquable parce qu'elle porte le nom d'Ulric Zell, qui n'a signé que peu de volumes parmi les nombreuses éditions qu'on lui attribue. Les recherches et les observations de M. Madden sur l'imprimerie établie au couvent de Weidenbach, qui restituent à cet établissement un grand nombre de livres attribués à Ulric Zell, expliquent la cause de ces rares signatures; v. *op. cit.*, t. IV, pp. 1-12. Brunet, I, 1570; Panzer, I, 275; Hain, II, *4429, n'indique pas le dernier f. blanc.

55 — Opus quadragesimale. — (Venetiis), Vindelinus de Spira, 1473. 288 ff. non chiffrés; caract. semi-goth.; 48 ll. ll.; sans signatures ni titres courants; in-4°. [141]

F. 1*, *table.* F. 2*, *incipit :* Sacre theologie magistri necnon sacri eloquij preconis celeberrimi fratris Roberti de Litio ordinis minorū pfessoris opus quadragesimale putilissimum quod de penitentia dictum est. Feliciter incipit. F. 266*, *fin des sermons de carême et colophon :*

Vendelinus ego gentis ᴐgnomine spiere
Roberti haec caste purgata volumīa pressi
Sedis apostolice Romano praeside Sixto
Magnanimo ᴢ uenetū Nicolao prīcipe Truno
M. cccclxxiij.

F. 267* *blanc.* F. 268* *incipit :* Sermo in festo annūciatōis ⁊ginis marie ⁊ eiusdē Roberti cū duob⁹ || alijs sermonib⁹ sequētib⁹. s. de p̄destinato numero dānato⁊ ⁊ de cathenis. F. 288*, *explicit :* Finis triũ sermonũ fratris Roberti. s. de annũciatione virginis marie || de predestinato numero damnato⁊ ⁊ de cathenis.

Reliure du XVII⁰ siècle, en veau brun ; exemplaire grand de marges, mais incomplet des deux premiers ff. et du f. 207, qui ont été remplacés au XVII⁰ s. par des feuillets mss. ; initiales et foliotation faites par le rubriqueur, mais celui-ci a sauté le chiffre 90 et sa foliotation se termine par erreur au chiffre 287 pour 288. Nombreuses notes marginales et titres courants mss. de différentes époques ; signatures mss. au verso du 1ᵉʳ f. de chaque cahier ; table ms. sur le dernier f. de garde ; au f. 200 (pour 201) on lit un nom écrit au XVI⁰ s. : *fraterjohannes tiercelin.* Panzer, III, 94 ; Hain, 4430 ; aucun de ces bibliographes n'a vu le volume ; Brunet, I, 1570, dit que Vendelin de Spire avait fait une édition de cet ouvrage l'année précédente, avec les mêmes caractères gothiques dont il commençait alors seulement à se servir.

56 — Quadragesimale de peccatis. — Sans nom de lieu, Ludovicus de Venetia, 1488. 188 ff. non chiffrés ; caract. goth. ; 2 col. de 40 ll. ; signatures a-z, ⁊-ꝑ, A-L ; sans titres courants ; in-8°. [52]

F. 1* *manque.* F. 2*, *en rouge, incipit :* In nomine dn̄i Iesu christi : || Incipit quadragesimale de pec || catis scd̄m frēm Robertū cara- || cholū de licio : ordinis minoruʒ || ep̄m liciensem. Et primo dn̄ica || septuagesime : de numero dam- || nato⁊ propter eorum peccata. || Sermo primus. F. 179* v°, 2ᵃ *col. colophon :* Explicit quadragesimale de || peccatʒ ceptū in ciuitate litij : ibi- || qʒ cōpletum ad laudem ⁊ glīam || omnipotentis dei ⁊ ⁊ginis glo- || riose marie ac beatissimi patris || Francisci ⁊ noui sancti Bona- || uenture Amen. Finitū est anno || dn̄i M. cccc lxxxiij. die. ix mensis || octobris hora vespertina. Et || impressum per venerabilem vi- || rum Ludouicum de venetia An || || no domini. Mccccc lxxxviij. F. 180*, *à ll. ll. :* Ad reuerendissimum dominum Iohannem de aragonia sā- || cte Romane ecclesie. tt. sancti Adriani p̄sbyterum cardinaleʒ. F. 181* *signé* L. : Tabula sermonum ⁊ capitulo⁊ || Incipit. F. 188* *explicit tabula ?*

Reliure du XVII⁰ s. en veau racine ; exemplaire incomplet des ff. 1 et 187 et 188 ; initiales rouges ou bleues faites à la main ; notes marg. et quelques titres courants mss. de l'époque. F. 2, note du XVII⁰ s. : *ex bibliotheca conuentus magniacensis.* L'imprimeur et l'édition sont inconnus à Hain et Panzer.

57 — Sermones de laudibus sanctorum. — Parisiis, Georgius Wolf, 1489. 156 ff. non chiffrés ; caract. goth. ; 2 col. de 50 ll. ; signatures a-z, A-I ; titres courants en majusc. rom. ; in-4°. [26]

F. 1*, *blanc ?* F. 2*, *signé* a ij : In nomine dn̄i nostri iesu chri- || sti. Incipit p̄ma pars sermonū de || laudib⁹ scō⁊ scd̄m fratrē Robertū carazolū de Licio : ordinis mino⁊. || Ep̄m Aq̄natē. Sermo prim⁹ de laudib⁹ altissimi dei : cui⁹ excellētiā nobis declarāt p̄cipue tria nomina || quibus eum nominare solemus. F. 151* v°, 1ʳᵉ *col., colophon :* Clarissimi ac celeberrimi preco || nis

Fratris Roberti Carazoli de || Licio : Ordinis minorum : Pontifi || cis Aquinatis : opus de laudib⁹ san || ctorum accuratissime per Georgiū || UUOLF. Parisiis in sole aureo || vici sorbonici Impressum : Anno || a natali xp̄iano. M. cccc. lxxxix. || Quinto calēdas februarias. || Deo Gratias. F. 152*, *signé* I. iiii : tAbula pn̄tis opis : ... F. 156*, *1ʳᵉ col.* : Finit feliciter Tabula Sermonum || in hoc volumine contentorum.

Reliure du XVIIᵉ s, en veau brun ; exemplaire incomplet des deux premiers ff. et trop rogné en tête. Initiales rouges faites à la main et quelques notes marginales mss. ; au verso du f. de garde, on lit : *pro conventus pontisarensis ff. minorum.* Ce volume a été imprimé sur du papier extrêmement fin et blanc. L'*incipit* du f. 2* a été pris sur l'exemplaire de la B. sᵗᵉ Geneviève à Paris, Œ XVᵉ siècle, n° 782. V. Panzer, II, 291 ; Hain, 4479.

58 CARACCIOLUS (Robertus) de Licio. *Sermones per adventum et tractatus de divina caritate.* — Sans nom de lieu ni de typographe et sans date (Coloniae, 1472?) 173 ff. non chiffrés (174?) ; caract. rom. à l'R bizarre ; 35 ll. ll. ; sans signatures, réclames ni titres courants ; in-fol. (2 exemplaires). [152-153]

F. 1* : Incipit Tabula predicatōm de aduētu xp̄i Magr̄i Roberti || ordīs minoꝝ cū nōnīllis aliis p̄dicatiōibo in hoc libro ɔtētīs || Prima dn̄ica de aduētu... F. 6*, *blanc.* F. 7* : Ruberti de licio ex ordine minorū in theologia peritissi || mi : uerbi dei in hac etate oratoris eloquētissimi : predicatio || nes a prima dominica de aduētu quottidie inclusiue usq3 ad || quartā & de festiuitatibus a natiuitate dn̄i vsq3 ad Epipha || niam cū nōnullis aliis suis predicationibo felicit̄ incipit. F. 125*, *explicit* : ... q̄ nobis pmit || toī I cel ad quos nos pducat illo q viuit & regnat ı s. s. amē. F. 125* v°, *blanc.* F. 126* : Incipit tractatus de diuina caritate ɔpilatus per Reue- || rendū sacre Theologie doctorē magistrū Robertum de Li || tio ordinis minorum in quo ostenditur cū omni ueritate sa- || cre sancte scripture..... F. 173*, *explicit, ligne 18* : ... vt viuat cū christo hic || per gratiam & in futuro per gloriam. Amen.

Demi-reliure en veau brun ; exemplaire grand de marges, mais taché ; initiales rouges et bleues faites à la main. A l'intérieur du premier plat, l'ex-libris de M. Madden. Sur le f. 7, note ms. du XVIIIᵉ siècle : *Liber Carmeli baccaretensis. 1648. Frater Gabriel hibert a sᵗᵃ Anna carmelita Baccaretensis oriundus in urbe maceriensi* (Mézières?) *ad mosam in ducatu Rhetellensi.* Au dernier f. on lit un nom écrit au XVIᵉ siècle ? : *Bugnerij.* Dans ce premier exemplaire, la table manque ; le second dont il va être parlé, est défectueux du traité *de divina caritate.* Hain indique à la fin du premier cahier un f. blanc, dont on voit la trace dans le second exemplaire ; le 3ᵉ cahier n'a que 9 ff. imprimés, mais on voit encore entre le 1ᵉʳ et le 2ᵉ cahier du second exemplaire qu'un f. a dû être coupé ; cela se conçoit du reste : deux ff. blancs ont dû tenter bien des gens à une époque où le papier était rare. Le second exemplaire a conservé sa reliure originale à plats en bois apparents avec la trace d'un fermoir ; on a seulement recouvert le dos d'une bande de parchemin ; initiales rouges faites à la main ; il est court de marges. Au f. 1, note ms. : *Ex-libris monarij ?*

Arnoul? ord. S. Benedict. V. Madden, *op. cit.*, pp. 100-105; Panzer, I, 78; Hain, *4470, donne à l'*incipit* Roberti au lieu de Ruberti, qui se lit dans les deux exemplaires et dans Panzer.

59 CARCANO (Michael da) mediolanensis. Sermones per adventum et duas quadragesimas. — Basileae, Michael Wenssler, 1479. 274 ff. non chiffrés; caract. goth. de deux grandeurs; 2 col. de 60 ll.; sans signatures ni titres courants; in-fol. [95]

F. 1*, *blanc.* F. 2*: Incipit tabula ꝑmonū ꝯtentoꝝ in h̄ volum̄e. || Sermo. F. 3*, *en rouge :* Sacri eloquij p̄conis celeberrimi fra || tris Michaelis Mediolañ. ordīs mīo || rum regularis obseruāc̄ie opus ꝑutilis || simū ꝑ aduētum et q̄dragesimā de pec || cato in genere ꝛ de trib⁹ peccatis prī || cipalib⁹. s. superbia. auaricia. ꝛ luxuria. || Prologus. F. 174*, *2ᵉ col. explicit :...* se- || culoꝝ. Amen. Deo grās. F. 175* *v° :* Incipit tabula ꝑmonū ꝯtentoꝝ in isto secūdo || quadragesimali. Sermo p̄mus || ... F. 176*, *en rouge :* In noīe patris et filij ꝛ spūs scī. Amen || Incipit aliud q̄dragesimale predicto || ānexū de alijs q̄tuor vicijs capitalib⁹ || . s. gula. ira. īuidia. et accidia. Et p̄mo || de ipsis ꝛ alijs ī generali supradictis. || ... F. 273* *v°, 1ʳᵉ col., en gros caract. :* Explicit sermonariū triplicatū ꝑ aduē || tū. in quo tractat̄ de peccato in gene || rali. Et ꝑ duas quadragesimas : in q̄ꝝ || vna tractat̄ de trib⁹ pc̄tis prīcipalib⁹ || supbia videlicꝫ luxuria ꝛ auaricia cum || spēb⁹ et filiabus suis. In alia vero de || reliquis quatuor pc̄tis capitalibus. gu || la videlicet accidia ira ꝛ inuidia cū spe || cieb⁹ ac etiā filiab⁹ suis diffuse descri- || bit̄. Qđ quidē ꝯpilatū ē ꝑ venerabileꝫ || fratrē Michahelē de Mediolano ordi || nis mīoꝝ regularis obseruancie verbi || dei p̄dicatorē. Imp̄ssum vero Basılee || ꝑ Michahelē Wenſler artis īp̄ssorie in || geniosū mgr̄m quarto Kłs Iunij An || no. M. CCCC lxxix. feliciter ꝯsum || matum. F. 274* *blanc.*

Reliure du XVIIᵉ s. en veau brun, filets à froid; exemplaire fatigué et incomplet du premier et du dernier feuillet blancs, et du f. 175 (table); initiales rouges faites à la main; nombreuses notes marg. mss.; sur le f. 2 on lit : *De Conuentu bonae Domus*, et aux ff. 173 et 273 v°, le nom de *Raunay;* foliotation manuscrite. Panzer, I, 150, et Hain *4509, n'ont pas compté les deux ff. blancs.

CAROLUS VII. Voyez PRAGMATICA sanctio.

60 CHRONICARUM liber (per Hartman Schedel). — Norimbergae, Antonius Koberger, 1493. 20 ff. non chiffrés; ff. chiffrés: I-CCXCIX et 7 ff. non chiffrés, = 326 ff.; caract. goth.; nombre de lignes variable, 63 à 66 par page entière; sans signatures; titres courants; plus de 2500 gravures sur bois, dont plusieurs à pleine page; gr. in-fol. [36]

F. 1*, *non chiffré, titre :* Registrum || huius ope- || ris libri cro- || nicarum || cū figuris et ymagī- || bus ab initio mūndi. F. 2* : Tabula operis hui⁹ de tem- || poribus mundi... F. 20* *v° :* Finit registrum. F. I : Epitoma operū sex dierū de mūdi fabrica Prologus || [C]Vm apud doctissimos... FF.

CCLVIIII-CCLXI, *blancs, mais avec le titre courant et la foliotation impri-més.* F. CCLXVI, *colophon :* Completo in famosissima Nurembergensi vrbe Operi || de hystorijs etatum mundi. ac descriptione vrbium. fe- || lix imponitur finis. Collectum breui tempore Auxilio docto || ris hartmāni Schedel. qua fieri potuit diligentia. Anno xp̄i || Millesimo quadringentesimo nonagesimotercio. die quarto || mensis Iunij. || Deo igitur optimo. sint laudes infinite. F. 300* *v°* : ADest nunc studiose lector finis libri Cronicarum per || viam epithomatis z breuiarij compilati opus… Ad in || tuitū autem z preces prouidorū ciuiū Sebaldi Schreyer || z Sebastiani kamermaister hunc librum dominus Antho || nius koberger Nuremberge impressit. Adhibitis tamē vi || ris mathematicis pingendiq3 arte peritissimis. Michaele || wolgemut et wilhelmo Pleydenwurff. quarū solerti acu- || ratissimaq3 animaduersione tum ciuitatum tum illustrium || virorum figure inserte sunt. Consummatū autem duodeci- || ma mensis Iulij. Anno salutis nr̄e. 1493. F. 301*, *blanc.* F. 302* : De Sarmacia regione Europe. F. 306* *v°, une pièce de vers en actions de grâces à Dieu pour ce qu'il a fait pour Maximilien roi des Romains; in fine :* Laus deo.

Reliure du XVIII° siècle, maroquin rouge, filets et fers dorés ; le relieur a trop rogné les marges de ce bel ouvrage, et interverti l'ordre des feuillets ; les 20 ff. du commencement ont été placés à la fin, sauf le f. du titre qui manquait et a été remplacé par un titre manuscrit orné de quelques bordures gravées enlevées à un livre du commencement du XVI° s.; il manque aussi les ff. blancs chiffrés CCLXVIIII-CCLXI, et le f. blanc qui précède la description de la Sarmatie; cette description a été intercalée entre les ff. CCLXVI et CCLXVII; les 5 premiers ff. de la table sont manuscrits; notes marginales. V. Panzer, II, 212; Hain, *14508 ; Brunet, I, 1860, reproduit le titre gravé, réduit; M. O. Hase, *die Koberger*, Leipzig, Breitkopf et Härtel, in-8° de 462-CLIV pp. 2° éd., 1885, parle de ce merveilleux ouvrage à diverses reprises, tant au point de vue typographique qu'artistique ; il cite plusieurs auteurs qui l'ont étudié, et donne de nombreux détails sur les collaborateurs de Koberger.

61 CHRYSOSTOMUS (S. Johannes). Homiliae LXX in evangelium s. Matthaei Georgio Trapezuntio interprete. — Sans nom de lieu ni d'imprimeur et sans date, (Argentinae, Joh. Mentelin). 252 ff. non chiffrés ; caract. goth. de deux grandeurs ; 39 ll. ll.; sans signatures ni titres courants ; in-fol. [84]

F. 1*, *incipit :* Intrante autem jhesu. In capharnaū aduenit ei || centurio deprecans eum et dicens. Domine puer || meus iacet in domo paraliticus et male torquetur || [L]eprosus quidem ut audistis….. F. 128*, *blanc.* F. 130 *explicit :* Hic nlīs est deffect⁹. Sequit text⁹. F. 130 *v°, blanc.* F. 252*, *ligne 13° :* Georgius trapezuntin⁹ illustri senatori veneto francisco barbaro. || Sal….. *in fine :* Vale ex vrbe. v. k̄ls maias. || .Rubrica p̄tinēs ad principiū libri. || Traductio libroꝝ Sancti Iohannis crisostomi Super matheum || e greco ĩ latinū edita a Georio trapezoncio directaq3 Sanctissimo || presuli. Nicholao pape. v.

Reliure en peau de truie colorée en rouge, fers à froid, traces de fermoirs, plats en bois ; au verso du f. de garde, l'ex-libris de M. Madden ; bel exemplaire, grand de marges, quelques initiales rouges ou bleues faites à la main. Dans une lettre datée du 20 septembre 1887, M. Madden donne une description détaillée de cet incunable; on y lit qu'il y a 21 cahiers, dont 19 de 12 ff., un de 10 ff., c'est le onzième, et un de 14 ff., c'est le dernier; les trois pages blanches qui se trouvent à la moitié du volume, au f. 127 recto et verso et au f. 128 verso, semblent indiquer que le travail de la composition avait été partagé entre deux ouvriers, comme cela a encore lieu aujourd'hui et que le nombre de pages fourni par la première partie du texte ne s'accorda pas avec le nombre des cahiers. Au verso du dernier f. est une note ms. du XVᵉ s., relative aux écrits de s. Grégoire; à la fin on lit: *Hec basilee inforibus cellularum fratrum domus Carthusien.* Panzer, I, 67; Hain, *5034.

62 CICERO (Marcus Tullius). Epistolae ad familiares. — Romae, Conradus Sweynheym et Arnoldus Pannartz, 1467. 246 ff. non chiffrés; caract. goth.; 31 ll. ll.; sans signatures ni titres courants; in-4°. [128]

  F. 1* : [E]Go omni offitō ac potius pietate || erga te ceteris satisfatio ōnibus : || mihi ipē nunq̄ satisfatio... F. 9* *incipit* : & iocosum : altrū seuerū & graue... F. 245 v°, explicit :... inde ut pbarē possit || te nō peccasse. Plāe te rogo sicut olī matrē nos- F. 246* *colophon* :

    Hoc conradus opus suueynheym ordine miro
    Arnoldusq; simul pannarts una aede colendi
    Gente theotonica : romae expediere sodales.
     In domo Petri de Maxīo. M. CCCC. LXVII.

Reliure de la fin du premier empire, en maroquin vert, avec fers dorés. Exemplaire grand de marges, mais incomplet des vingt derniers feuillets; le colophon a été copié dans l'exemplaire de la bibliothèque nationale Z 560 (exposition). On a fait à la main, en rouge, les grandes initiales et les titres des lettres, mais on a omis de transcrire à la main les mots grecs dont la place était réservée pendant l'impression. Notes marginales d'une écriture contemporaine, et titres courants d'une écriture du XVIIᵉ siècle. A l'intérieur du premier plat, l'ex-libris gravé de M. Madden. Dans les *Lettres d'un bibliographe*, *VIᵉ série*, lettre I, M. Madden rappelle qu'un manuscrit de ces lettres fut trouvé par Pétrarque à Vérone, en 1340. Les imprimeurs italiens du XVᵉ siècle tinrent à honneur de multiplier ces Epîtres, et on compte au moins soixante éditions incunables italiennes. Celle qui est décrite ici, est l'édition princeps, mais elle offre de nombreuses fautes de lecture, et les lettres n'ont pas été imprimées dans l'ordre du manuscrit, ce qui a donné lieu à des interversions fréquentes. Hain, 5162; Panzer, II, 406, fait remarquer que ce volume est le premier signé par les deux typographes Sweynheym et Pannartz, imprimant à Rome dans la maison de Pierre de Maximis. Brunet, II, 40. Dibdin, *op. cit.*, p. 318-320 reproduit in extenso le texte de la dernière page, qu'il a chiffrée par erreur 244 pour 246; il donne aussi une liste fort longue des noms des bibliographes qui ont cité ou décrit ce très rare volume; Audiffredi, *Cat. rom. ed.*, pp. 7-8.

63 CLAVASIO (Angelus de). Summa angelica. — Venetiis, Georgius Arrivabene, 1492. 8 ff. non chiffrés, ff. chiffrés: 1-519, 1 f. non chif-

fré et 12 ff. chiffrés = 540 ff.; caract. goth.; 2 col. de 44 lignes; signatures a-z, A-X (le 1ᵉʳ et le dernier cahier ne sont pas signés); sans titres courants; in-8°. [50]

F. 1*, *titre :* Summa Angelica. F. 1* v° : Epistola. F. Hieronymi tornieli lectoris. Ad. R. p. F. Angelū de clauasio pñtis || operis Auctorē :..... F. 2* v°, *le prologue*. F. 3* v° -8*, *table*. F. 1, *signé* a : Incipit summa Angelica corre- || cta p̄m primuȝ exemplar ipsius Re. || Pa. Fra. Angeli eo qᵖ alie impresse || vsqȝ in presenteȝ vitio transscriptorū || in multis sunt diminute ⁊ corrupte. F. 519, *1ʳᵉ col. :* Registrum || a b c .... y z | A B .... M N || O P....X. Omnes sunt || sexterni exceptis a X et prima charta || in qua tabula ē descripta q sunt q̄terni. *2ᵉ col., colophon :* Explicit sūma angelica de casibᵒ cō- || scīe p fratrē Angelū de clauasio cōpila- || ta : maxima cū diligentia reuisa : ⁊ fideli || studio emēdata sicut ipsum opus p se sa || tis attestabit̄ : Venetiis ¦ pressa p Geor- || giū de arriuabenis Mantuanū : Anno dn̄i. M. cccc. nonagesimo. secūdo, || die vero quarto Iunij. *Au verso du f. la marque du typographe, reproduite ici.* F. 520* blanc. F. 1 : Rubrice iuris ciuil̄ ⁊ canoīc. ⁊ p̄ || mo rubrice. ff. 2⅟. ⁊ primo ff. veteris. F. 12 v°, *2ᵉ col. :* FINIS.

Reliure ancienne en veau brun; joli exemplaire réglé avec initiales bleues ou rouges faites à la main, mais trop rogné, sauf à la marge inférieure; sur le

f. du titre quelques noms raturés, deux sont encore lisibles, *Cusset* et *Ch. Rousseau* ; ce dernier se retrouve sur divers autres feuillets ; ils sont tous deux du commencement du XVI° s. V. Panzer, III, 320; Hain, *5396 ; Pennino, I, 384, où les premières éditions de cet ouvrage sont l'objet d'une notice raisonnée.

64 CLEMENS V papa. Constitutiones. — Spirae, Petrus Drach, 1481. 76 ff. non chiffrés ; caract. goth. de deux grandeurs, rouges et noirs ; 2 col. de 51 ou 65 ll., le texte entouré par le commentaire ; signature A-K ; sans titres courants ; in-fol. [14]

F. 1*, *blanc ?* F. 2*, *signé* A ij, *texte, en rouge :* Incipiūt ꝯstōnes cle. ꝑpe ǁ .v. cū apparatu. io. andree. ǁ *En noir :* [I]Ohannes eꝑs seruus ꝼuo ǁ rū dei. dilectis filijs. docto ǁ ribus... F. 76 v°, *1° col., colophon :* Clementinarum hoc op⁹ ꝑclarū in inclita Spi ǁ rensiū vrbe impressum. Factore Petro Trach ǁ inibi ciue. Anno dni. M. cccc. lxxxi. xxi. die mē ǁ sis septembris feliciter est ꝑsummatum. *2° col., table.*

Reliure en veau jaspé, gardes peigne, tranche rouge ; exemplaire incomplet du premier f., blanc ; initiales rouges faites à la main, et quelques signatures mss. pour suppléer à celles omises par l'imprimeur. Cet ouvrage était sans doute relié à la suite des *Decretales* de Boniface VIII, du même imprimeur, car il porte le même numéro d'ordre et il n'a pas d'ex-libris manuscrit. Panzer, III, 20; Hain, *5425.

65 — — Norimbergae, Antonius Koberger, 1486. 60 ff. non chiffrés ; caract. goth. de deux grandeurs, r. et n., le texte entouré par le commentaire ; 2 col. de 80-81 lignes et de 61 ll. pour le texte ; signatures a, B-G ; sans titres courants ; in-fol. [83]

F. 1* *blanc.* F. 2*, *col. 1, en rouge :* Incipiunt cōstitutiones cle- ǁ mentis pape quinti vna cum ǁ apparatu dñi Iohis andree. F. 57*, *colophon, en rouge :* Clementinarum opus putile enucleatius castigatū elima- ǁ tumq₃ impensa atq₃ industria singulari Antonij koberger ǁ nuremberge impssum feliciter explicit Olimpiadibus dñi ǁ cis. M. cccc lxxxvj. Marcij. F. 57* v°, *incipit regula s. Francisci :* [E]Xiui de padiso dixi rigabo ortum ǁ plantationū :... F. 59* v°, *2° col., explicit :*... beatoꝝ petri ⁊ pauli apłoꝝ ei⁹ se no ǁ uerit incursurum. F. 60* *blanc.*

Relié à la suite des *Decretales* de Boniface VIII. Initiales rouges et bleues faites à la main et quelques notes marginales manuscrites. Au verso du f. 59 on lit, d'une écriture du XV° siècle : *Pro Martino Thorel Curato de Joyaco in dioc. carnotensi.* Panzer, II, 200; Hain, *5435, indique seulement 58 feuillets.

66 CONCORDANTIAE bibliae, collectae per Johannem abbatem Nivicellensem. — Basileae, (Nicolaus Kessler?) 1489. 76 ff. non chiffrés ; caract. goth. ; 2 col de 44 lignes ; signatures A-M ; titres courants ; in-fol. [87]

F. 1*, *titre :* Concordantie Biblie ʐ Ca ‖ nonũ totiusqʒ Iurisciuilis. F. 2*, *signé* a : Concordantie au- ‖ toritatũ sacre scripture iuxta ordineʒ ‖ librorũ biblie. in quibus locis iurisca ‖ nonici reperiant per egregiũ virũ do ‖ minũ Iohãnẽ decretorũ doctorẽ di- ‖ gnissimũ Niuicelleñ. abbatẽ studiose ‖ collecte feliciter incipiunt. F. 75*, *colophon :* Biblie autoritatũ ʐ sententiarũ q̃ in decreto ⁊ ‖ ʐ decretaliũ totiusqʒ iuriscanonici libris reperi- ‖ unt ꝓcordãtie. p egregium magistrũ Iohannem ‖ Niuicelleñ. abbatem decretorũ famatissi ‖ muʒ studiose collecte. Et Basilee exactissime emẽ ‖ date et impresse. Anno domini. M. cccc. lxxxix. ‖ vltima ɫo mensis Ianuarij. feliciter expliciunt. F. 76* *blanc ?*

Relié à la suite de *Tabula... in libros... testamenti* de Nic. de Lyra, Coloniae, 1480, fol. ; exemplaire bien imprimé, mais trop rogné en tête par le second relieur, et incomplet du dernier feuillet blanc. On a omis de faire à la main les majuscules de couleur. Kessler avait fait, en 1487, une édition de cet ouvrage signée, dont le colophon est exactement semblable à celui de l'édition ci-desus, sauf l'absence de nom d'imprimeur ; il est donc probable qu'il a réimprimé la concordance, à moins qu'il n'y ait eu un contrefacteur qui ait à dessein imité le colophon. Panzer, I, 167 ; Hain, *9447.

67 CORDIALE quatuor novissimorum. — (Coloniae), Conradus Homborch, sans date (1480 ?). 68 ff. non chiffrés ; caract. goth. ; 27 ll. ll. ; signatures a-g, H-l ; sans titres courants ; in-4°. [54]

F. 1*, *manque.* F. 2* : [M]Emorare nouissima tua ʐ in ‖ eternũ non peccabis. Ecclesi. ‖ vij. F. 67* v°, *colophon :* Impressum est presens opusculum quod vo ‖ catur Cordiale quatuor novissimoruʒ per me ‖ Conradũ de homborch et admissum ac appro ‖ batum ab alma vniuersitate colonïẽsi ad lau ‖ dem et honorem dei qui est benedictus in secu ‖ la Amen. F. 68* *blanc ?*

Reliure moderne en papier jaspé ; incomplet du premier et du dernier ff. ; initiales rouges faites à la main ; un f. de garde ancien, placé humide dans le volume, a pris l'empreinte de la majuscule rouge M du commencement du texte ; notes marg. mss. sur le f. de garde on a écrit, au XVIIe s. : *Cordiale quatuor nouissimorum Joannis Nider S. S. Theologiae professori ordinis predicatorum ac summa edita a sancto thomae de aquino de articulis fidei & ecclesiae sacramentis.* D'après ce titre, il est probable que la reliure primitive enfermait les deux ouvrages, séparés ensuite. Sur le f. 2 on lit : *Georgij Schädl* et à la marge inférieure : *Ex conventus PP. Eremit. Discalc. S. P. Augustini Taxae ad Stellam B. V. M.* Double de la bibl. royale de Munich, dont il porte le timbre. V. Panzer, 1, 339 ; Hain, *5699, ne compte que 66 ff. et indique le 2e f. comme étant le premier ; Holtrop, *Cat... bibl. reg. hagana,* 1re partie, n°s 275 et 292, et 2e partie, nomme l'auteur Gérard Vliederhoven ; M. Campbell, *op. cit.*, n°s 582 et ss., l'attribue à Denys le Chartreux ; de même Brunet, IV, 1005 et ss.

D

68 DATUS sive Dathus (Augustinus). Regulae elegantiarum cum expositione Francisci Nigri, etc. — Parisiis, Thielman Kerver (1498). 92 ff. non chiffrés; caract goth. de deux grandeurs; ll. ll. de nombre variable (28 ou 60 ll. par page entière); signatures a-m; manchettes; sans titres courants; in-4° [6]

> F. 1*, *titre :* In hoc codice contenta. || Regule elegantiarũ Augustini dati cum duplici su || is locis explanatione, Iodoci Badii Ascensii in cun- || deʒ epithomata ʒ regule constructionis Ordinis Ve || nustatis ʒ diuersitatis suis locis posite. || Regule elegantiaruʒ Francisci Nigri Magistratuũ || Romanorum declaratio. *Au dessous la marque de E. G. de Marnef, reproduite ici.* Venduntur in Leone argenteo ʒ |in Pellicano || Vici sancti Iacobi.

F. 2, *signé* eti : Iudocus Clichtoueus Neoportuensis Theobaldo || Paruo insigni doctori Theologo. F. 3*, *signé* a iij : In augustinũ datũ Epithome Ascensiana. F. 90 v°, *explicit :* FINIS. F. 91* *1ʳᵃ col. :* Sequiť tabľa hui⁹ libelli... F. 92*, *2° col. :* In hoc libello continētur || Augustinu⁹ datus cũ familiari || cõmentario... Regule elegantiarum frãcisci || nigri facili expositione declarate. || Noĩa dignitatũ ingratuumqӡ || rhomanorũ breui declaratione dilucidata || Regule Ascensiane de ortho- || graphia in apicem adiecte. || Index ordĩe litterario notatu || in lcichthoueo dignissimorum. || Que oĩa diligētius ac castiga || tius impressit Thielmãn⁹ Keruer ĩ Incly || to Parrhisiorum gymnasio ad idus mar- || tias : hoc iubileo trigesimo Deo laus ʓ gĩia.
Au verso du f. la marque de Th. Kerver, reproduite ici.

Relié à la suite des *Elegantiae linguae latinae* de L. Valla ; joli exemplaire, quelques piqûres de vers aux derniers feuillets ; au-dessous de la marque de

Kerver, on lit, d'une écriture du XVI° s.: *Ludovicus De Lisle.* Panzer, II, 324 ; Hain, 6012 ; ces deux bibliographes indiquent seulement le titre et la date de l'édition, sans la décrire.

69 DIALOGUS creaturarum. (Nicolaus de Pergama?) — Antverpiae, Gerardus Leeu, 1491. 90 ff. non chiffrés ; caract. goth. ; 2 col. de 36-37 lignes ; sans signatures, réclames ni titres courants ; nombreuses gravures sur bois dans le texte ; in-4° [5]

F. 1*, *titre :* Dyalogus creaturarum. F. 1* v° : Prefatio in librū qui dici- || tur dyalogus creaturarū. || moralisat⁹ omni materie || morali iocūdo τ edificati- || uo modo applicabilis. || QVoniam sicut tes || tatur ysiddr⁹... F. 2* : Priā tabula insinuās naturas et || efficacias singla♉ creatura♉... F. 7* : Dyalogus creaturarū optime moralisatus. omni mate || rie morali iucūdo modo applicabilis : ad laudem dei τ edi || ficationem hominū Incipit feliciter. F. 90*, *2° col.*, *explicit :* Presens liber Dyalogus crea || tura♉ appellatus : iocūdis fabulis || plenus Per Gerardū leeu in opi || do antwerpiēsi inceptus : munere || dei finitus est Anno dñi M. cccc || xcj . xj die Aprilis. F. 90* v° : *la grande marque dont G. Leeu se servait à Anvers, représentant le château de la ville, au dessus duquel flottent deux bannières, l'une aux armes de l'archiduc Maximilien, l'autre aux armes du Saint-empire ; elle est reproduite à la page précédente.*

Reliure du XVIIᵉ siècle en veau brun, tranche marbrée ; exemplaire taché et trop rogné à la marge extérieure ; nombreuses notes manuscrites du XVIᵉ s. ; sur le f. du titre on lit : *Dormyr ne puys sy ne suys iure...* — *Ce pñt liure appartient à hyerosme massuau qui le trouuara le rendra...* Le même nom est répété au dessous du colophon. Ce petit volume est orné de gravures fort nombreuses représentant toutes les créatures imaginables, et malgré la naïveté du dessin, il y a parfois une expression très juste dans les poses et les physionomies ; la gravure du feuillet 87 n'a pas été imprimée dans cet exemplaire. V. sur Gérard Leeu, l'intéressant article de M. Holtrop *op. cit.*, p. 99 ; cf. aussi Panzer, I, 11 ; Hain, 6130 ; Campbell, n° 564 ; édition non citée par Brunet.

70 DIOGENES Laertius. Vitae et sententiae philosophorum. — Bononiae, Jacobus de Ragazonibus, 1495. FF. chiffrés : I-CVI (pour CXII avec plusieurs autres erreurs) ; caract. romains ; 42 ll. ll. ; signatures a-t ; titres courants ; grande lettre gravée au f. III ; in-fol. [46]

F. I, *titre :* DIOGENE LAERTIO. F. I v°, *incipit :* Benedictus Brognolus generosis patriciis Venetis Laurentio georgio : Iacobo || que Baduario. Sa. Plurimam. D. F. II, *signé* a ii, *l. 13 :...* Venetiis pridie idus Augusti. MCCCCLXXV. F. III, *signé* a iii : Laertii Diogenis uitae & sententiae eorum qui in philosophia pbati fuerunt. F. CVI (pour CXI), Tabula huius operis. F. CVI (pour CXII), *colophon :* Impraessum Bononiae per Iacobū de Ragazonibus || Anno domini. M. ccccIxxxxv. die xxx. Marci. || Registrum. a. b.... s. t. || Omnes sunt terni praeter. t. quae est duernus.

Relié à la suite du traité *De scriptoribus ecclesiasticis* de Trittenheim ; bel exemplaire, avec de grandes initiales rouges et bleues faites à la main. Panzer, I, 231 ; Hain, 6211 ; ces deux bibliographes citent l'édition sans la décrire ; Audiffredi, *cat. ital. ed.* p. 106-107, lui consacre une notice détaillée.

71 DUNS (Johannes) Scotus. Expositio in quartum librum sententiarum. — Parisiis, Andreas Bocard, 1497. FF. chiffrés : 1-292 et 24 ff. non chiffrés = 316 ff. ; caract. goth. de trois grandeurs ; 2 col. de

42 ou 55 lignes; signatures a-z, ꝛ ꝑ, A-M, A-C; manchettes; titres courants; lettres historiées gravées sur fond noir; in-fol. [116]

F. 1, *titre :* AVrea quarti sententiarū ‖ expositio cum questionibus ab ͥprimis subti- ‖ li doctore fratre Iohanne scoto ordinis diui ‖ francisci edita : cū eiusdē quarti textus debita ‖ insertione. Quā nuper a mēdis q̃ꝫplurimis doctissimi sa- ‖ cre theologie pfessores Iohānes grillot ꝛ Antonius ca ‖ pelli eiusdem ordinis emendauerūt diligenti admoduꝫ ‖ diligētia. Preposuerūt insuper singulis questionib⁹ bre- ‖ uem totius q̃stionis sentētiam : vt legentib⁹ facili⁹ quod ‖ quisqꝫ quesierit occurrat. Et toti operi tabulā ͦīm cōten ‖ torū indice exquisito ordine subdiderūt. Impressaqꝫ est ‖ q̃ꝫemendatissime parisiis Durandi Gerleri alme vniuer- ‖ sitatis bibliopole iurati cura atqꝫ impensis. *Au dessous, la marque du libraire avec les trois écussons : de France, de l'université et de la ville de Paris, reproduite ici.*

F. 2, *signé* a 2 : Incipit liber quartus de sacra ‖ mentis ꝛ signis sacramēta- libus. ‖ [S]Amarita ‖ nus enim vulne ‖ rato... F. 292, 2ᵉ col., *explicit :*..... qui est benedictus in ‖ secula seculorum Amen. F. 1*, (293) *signé* A :

Totius huius operis et sequentis || tabule ordinatio Ad lectorem. F. 24*, 2ᵉ col., colophon: Aurea diui Iohãnis Duns scoti in quartū sen || tentiarū expositio cū multis additionib⁹ τ emen || dationib⁹ nuper Parisius impressa p magistruʒ || Andreā bocard impensis vero Iohis richart Io || hānis petit τ Durandi gerleri Pariſ. ciuiū finit || feliciter. Die vero. xxiij. Nouēbris. M.CCCC. || xcvij.

Reliure moderne en veau jaspé, gardes peigne, tranche jaspée; de nombreuses piqûres de vers déparent cet exemplaire d'une belle édition; quelques initiales rouges faites à la main. Sur le f. du titre, note ms.: *Ex libris Minimorum Bonae Domus;* sur le f. 2, d'une écriture du XVIᵉ s.: *Ex libraria conuentus ambian. fratrum ordinis minimorum.* Cité brièvement par Hain, 6431, et Panzer, II, 316.

72 DUNS (Joh.) Scotus pauperum. — Sans nom de lieu ni d'imprimeur et sans date (Tolosae, 1486?) 206 ff. n. ch.; caract. goth.; 2 col. de 40-44 ll.; signatures a-z, aa-ff; titres courants; in-4°. [25]

F. 1*, manque. F. 2*, signé a ij: Scotus paupeʒ in quo || doctoʒ et scoti opiniones || in quattuor libris senten- || tiaʒ cōpēdiose elucidātur || Tholose editus p eximiū || artiū et sacre theologie p- || fessore Guillerinū gorris || arragonēsem ad pauperū || vtilitatē Feliciter incipit. F. 7*, 1ʳᵉ col.: [C]Irca pri- || mū distinctōʒ querit p̄mo Vtʒ obiectuʒ || p se fiuitōnis..... F. 193*, signé ee: Incipit tabula || Tabula p̄mi libri scoti paupeʒ in || q̃ ttis dr ordo..... F. 205*, 2ᵉ col., explicit: Fiuis tabule. Deo grās. F. 206* blanc.

Reliure originale en veau brun, plats en bois, traces de fermoirs; fers à froid; joli exemplaire, bien que incomplet du titre; on a omis de faire à la main les initiales de couleur. A l'intérieur du plat de la reliure on lit, d'une écriture du XVᵉ siècle: *Iste liber att magistrum Iohannem laurantij pertinet,* et au f. 205: *Ora pro fratre Iohanne Laurentij;* au f. 2: *Ex bb. ff. minor. pontisarensium.* Panzer, III, 50, et Hain, 6456, citent une édition qui peut être celle-ci; M. Desbarreaux Bernard, *Etablissement de l'imprimerie dans... le Languedoc,* Toulouse, 1875, in-12, pp. 345-47, indique une autre édition de cet ouvrage, comme étant un incunable de Toulouse.

73 DURANDUS (Guillelmus). Rationale divinorum officiorum. — (Venetiis), Perrinus Lathomi, Bonifacius Johannis, et Johannes de Villa veteri, 1494. 3 ff. non ch. et ff. ch.: 1-CCLXVII; caract. goth.; 2 col. de 47 lignes; signatures a-z, τ ꝓ ʒ, A-H; titres courants; initiales gravées sur fond noir; in-fol. [109]

F. 1*, titre: Rationale diuinorum officiorū. F. 2*, signé a ij: Rubrice rationalis diuino- || rum officiorum. F. 3* v°, 2ᵉ col.: Finis. F. I, signé a iiij: Incipit ratōnale diuinorū officioʒ editū || per Reuerendissimū in xp̄o patrē τ dominuʒ: || dominū Guillelmū durandi: dei et apostolice || sedis gratia presulē Mimaten. qui compo- || suit speculum iuris et patrum pontificale. F. CCLXVII v°, colophon: Finit rationale diuinoruʒ officiorum: quod antea mil || le locis deprauatum: obnixa elucubratiōe magistri Bone

DURANDUS 51

|| ti de locatellis bergomēsis correctum est : τ impressum per || egregium virum dñm Perrinum Lathomi : Bonifacium || Iohānis : et Iohānem de villa veteri : socios. Anno salutife- || re incarnationis .M . cccc . xciiij. Die. xxiiij. Aprilis. *Au dessous la marque des imprimeurs reproduite ici.*

Reliure du XVIIe siècle, en veau brun, filets à froid ; exemplaire incomplet du f. du titre ; sur le f. 2, note ms. : *pro Capucinis Montisfortis.* Hain, *6499 ; Panzer, III, 363, cite une édition in-fol. de la même date et des mêmes typographes, dans le colophon de laquelle se trouve le mot Venetiis.

E

74 EUSEBIUS Pamphilus. Chronicon a S. Hieronymo latine versum… (Mediolani), Philippus Lavania (1475?). 20 ff. non ch.; caract. romains; 35 ll. ll.; sans signatures ni titres courants; in-4°. [35]

F. 1* v° : Boninus Mombritius sequentium uoluminū lectori salutē.

. . . .
. . . . . tabulis impssit ahaenis
vtile Lauania gente Philippus opus.
Hactenus hoc toto rarum fuit orbe uolumen :
Q uix qui ferret taedia : scriptor erat.
Nunc ope Lauaniae numerosa uolumina nostri
Aere perexiguo qualibet urbe legunt.
. . . .

F. 2*, *incipit*. Adiuro te quicunq3 hos scripseris libros per dominū Iesum ‖ christum… *Ligne 7°:* Incipit liber cronica⅔ Euxebii Hieronymi cum superadditis ‖ diui hieronymi & Prosperi. Praefatio Hieronymi. F. 207*, *explicit :* Mediolanenses Laudem receperunt.

Reliure moderne en veau brun; exemplaire grand de marges; initiales rouges ou bleues, et au début du texte, initiale ornée or et couleur ; quelques notes marg. mss. Sur le f. 2 on lit : *Pro bb. ff. M. Pontisarentium*. Une épigramme de 10 vers, de l'éditeur Boninus Mombritius, donne le nom de l'imprimeur Phil. Lavania, qui exerçait à Milan de 1469 à 1489. Panzer, II, 94, indique cette édition comme la première; Hain, *6716; Brunet, II, 1108.

75 — — Venetiis, Erhardus Ratdolt, 1483. 182 ff. non chiffrés; caract. goth., excepté la préface, qui est en caract. romains; texte rouge et noir; 35 ll. ll. (pour la préface), ou 2 col. de 41-42 ll.; signatures a-x, (le premier cahier de 12 ff. n'est pas signé) ; sans titres courants; lettres gravées ; in-4°. [15]

F. 1* *blanc ?* F. 2* : TAbula ‖ operis ‖ huius ‖ Qđ Eu ‖ sebius ‖ diciť đ ‖ tēpori- ‖ bus….. F. 12* : C. J. L. H. Lectori Salutem. ‖ *Suivent 3 distiques, explicit :* Lege foelicissime. F. 13* *blanc.* F. 14*, *signé* a 2, *en rouge :*

EUSEBIUS

EVSEBII CAESARIENSIS EPISCOPI CHRONICON ID || EST TEMPORVM
BREVIARIVM INCIPIT FOELICI- || TER : QVEM HIERONYMVS PRAESBI-
TER DIVINO || EIVS INGENIO LATINVM FACERE CVRAVIT : ET VS ||
QVE IN Valentē Cęsarem Romano Adiecit Eloquio. Quē ET || Prosper deinde
Matheº palmeriº Qui ea quę cōsecuta sūt adiicere || curauere eidē postpo-
siti subsequunt... F. 181* vº, *colophon, en rouge :* Erhardus Ratdolt Au-
gustensis solerti vir ingenio maxima || cura plurimis vndiqȝ comparatis
exemplaribus Eusebij li- || bros chronicos ac reliquas in hoc volumine de
temporibᵒ || additiones : nō paruo studio impensisqȝ emendatissime im- ||
pressit Venetijs Duce inclyto Ioan. Moçenico Romano℣ || imperatore
Phrederico. iij. anno Imperij sui. 44. Anno Sa || lutȝ 1483. Idibus Septem-
bris. *A gauche de la dernière ligne on lit, imprimé en noir :* Gloria et à
droite : Deo. F. 182* *blanc.*

Reliure moderne, en veau la Vallière, fers à froid ; exemplaire incomplet des
ff. 1 et 13 ; sur le f. 2 on lit : *pro conventus ff. minorum pontisarentium* et au
verso du f. 182, on a écrit, au XVᵉ s., le répons de Pâques : *Regina celi letare
alleluya*..... V. Panzer, III, 188 ; Hain, *6717, n'indique que 180 ff., ainsi que
Brunet, II, 1109.

76 — De evangelica praeparatione. — Venetiis, Nicolaus Jenson, 1470.
142 ff. non ch. ; caract. romains ; 39 ll. ll. ; sans signatures, réclames, ni titres courants ; in-fol. [155]

F. 1* : [E]VSEBIVM Pamphili de euangelica praeparatione || latinum ex
graeco beatissime pater iussu. tuo effeci. || *etc.* F. 1* vº : [Q]VVM quid sit
cristianismus nescientibus aperire statuerim ! F. 142*, *explicit :* Antonii
Cornazani in laudem || Artificis Epigramma.

   Artis hic : & fidei splendet mirabile numen :
    Quod fama auctores : auget honore deos.

F. 142* vº :

  Hoc Ienson ueneta Nicolaus in urbe uolumen
   Prompsit : cui foelix gallica terra parens.
  Scire placet tempus ! Mauro christophorus vrbi
   Dux erat. aequa animo musa retecta suo est.
  Quid magis artificem peteret Dux : christus : et auctor !
   Tres facit aeternos ingeniosa manus.
    M . CCCC . LXX

Reliure moderne en veau fauve ; fers à froid ; exemplaire grand de marges,
excepté en tête. Le premier feuillet contenant l'épître de Georgius Trapezuntius à Nicolas V, manque ; on l'a remplacé par un f. où le texte a été copié
ligne par ligne, en caractères romains. Initiales ornées, et petites initiales
rouges ou bleues, faites à la main ; titres courants et titres des chapitres manuscrits ; notes marg. d'une autre main. Au verso du f. 143, note ms. presque effacée : *Iste liber est mei ludovici de boulonge quondam .... domini laurentii millesimo iiijº lxxxijº* .... *may*. Au dessous, les initiales L B et deux
vers (?) transcrits au XVIᵉ siècle :

   Quid enim vixisse diu ōesque lustrasse per auras
   Sola salus seruire deo sunt cetera fraudes.

V. Panzer, III, 69; Hain, *6699; Brunet, II, 1108; Madden, *op. cit.*, 2° série, pp. 126 et ss., où se trouvent quelques détails biographiques sur Jenson, qui était d'origine française; Van Praet, *1ᵉʳ Cat.*, I, 262, 366, décrit un exemplaire sur vélin, et en indique deux autres ayant appartenu à M. de Mac-Carthy et (tome VI, p. 39) aux chanoines de Padoue.

77 EUSEBIUS (Pamphilus). Historia ecclesiastica. — Argentinae, sans nom d'imprimeur, 1500. 160 ff. n. ch.; caract. goth.; 2 col. de 50 ll.; signatures 1, a-z, A-B; titres courants; in-fol. [44]

F. 1*, *titre :* Ecclesiastica Historia diui Euse- || bii : et Ecclesiastica historia gentis || anglorum venerabilis Bede : cuʒ || vtrarūqʒ historiarū per singulos || libros recollecta capitulorum an || notatione. F. 2*, *signé* 2 : Ecclesiasticæ histo || riæ p. xj. libros elegantissimo stilo dige || ste breuis annotatio :... F. 7*, *titre :* Ecclesiastica hystoria. F. 8*, *signé* a 2 : Incipit prologus Rufini p̄sbyteri in || hystoriã ecclesiasticã ad Cromaciū cp̄m. F. 95*, *signé* p : Incipit plogus venerabilis Bede in || ecclesiasticã historiã gentis Anglo₎. F. 160*, *2° col., colophon :* Libri ccetiastice historie gēt₎ Anglo₎ || imp̄ssi ĩ inclyta ciuitate Argentinen̄. dili || gēter reuisi ac emēdati finiūt feliciter. An || no salutis nr̄ē Millesimoq̄ngentesimo || xiiij. die Marcij.

Reliure moderne en veau brun ; on a omis de faire à la main les initiales de couleur. Sur le f. du titre, note ms. : *Pro bb. ff. M. Pontisarentium*. Hain, *6714 ; Panzer, I, 66.

F

78 FICINUS (Marsilius). Epistolae familiares. — Venetiis, Mathaeus Capcasa, 1495. 6 ff. non ch., ff. chiffrés ; I-CLXXXXVII et 1 f. non chiffré, = 204 ff.; caract. romains de deux grandeurs ; 44 ll. ll. ou 2 col de 62 ll. pour la table ; signatures AA, a-z, & ꝓ; titres courants ; nombreuses petites lettres fleuronnées et grandes initiales gravées ; bordures à quelques pages ; in-fol. [33]

F. 1*, *titre :* Epistole Marsilii Ficini || Florentini. *Au-dessous, gravure sur bois, un phénix au milieu des flammes, reproduite ici.* F. 1* v°, *bel enca-*

drement gravé : PRIVILEGIVM HIERONYMI BLONDI. F. 2*, *signé* AA ii : TABVLA... F. 6* v°, *même encadrement qu'au f. 1* v°* : PROHOEMIVM IN EPISTOLAS. || ..... *in fine :* XV. DECEMBRIS. M.CCCCLXXXIIII. || FLORENTIAE. F. I, *bordure gravée :* PROLOGVS. || Prohemium Marsilii Ficini Florentini in epistolas suas. S. in primum librum ad || Iulianum Medicem. V. Magnanimum. F. CLXXXXVII v°, *explicit :*... Deo gratias.

Amen. F. 198*, *colophon :* M. F. Florētini eloquētissimi uiri Epistolę familiares foeliciter finiūt: Impēsa ṗui ǁ di Hieronymi Blōdi Florētini : Venetiis cōmōrantis : Opa uero & diligētia Mathei ǁ Capcasae Parmēsis : impresse Venetiis : aequinoctiū Vernale Phoebo introeunte : ǁ As. ⚜ Die & hora Mercurii : Vigilia Diui Gregorii. Anno salutis. M cccc l xxxxv. ǁ Registrū operis. ǁ .... FINIS. *Le registre donne les incipit des premiers ff. de chaque cahier; ceux-ci sont quaternions, excepté ꝑ qui n'a que 4 ff. Au-dessous, la marque de l'imprimeur, reproduite ici.*

Reliure du XVII° s., en veau brun; exemplaire grand de marges, mais dont le premier et le dernier ff. sont jaunis. Dans quelques exemplaires de cette édition, le titre et la gravure du phénix sont imprimés en rouge. Sur le f. du titre, notes mss. de différentes époques : *Devuleos* (?) *Gabriel Naudé — Librorum Monasterij S. Martini Pontisarensis Catologo inscriptus — ordinis S. Benedicti congregationis s. Mauri in Gallia.* V. Panzer, III, 372; Hain, *7059; Brunet, II, 1244; Clément, *Bibl. instructive*, VIII, p. 316, donne une note sur la figure du lion qui suit le mot As. dans le colophon.

79 FICINUS (Marsilius). De triplici vita. — (Parisiis), Georgius Wolf, sans date. 140 ff. non chiffrés; caract. romains; 26 ll. ll.; signatures a-r, A ; titres courants; in-8°. [51]

F. 1*, *titre en gothique :* Marsilius Ficinus Florentinus ǁ de triplici vita. *Au-dessous, la marque de G. Wolf, imprimeur à Paris, reproduite à la page 57.*
F. 2*, *incipit :* Prohemiū Marsilii Ficini Florentini In librū ǁ De Vita Ad magnanimū Laurentium Medicē ǁ Patrię Seruatorem. ǁ [h]ACCHVM poetę,...
F. 136*, *explicit apologia, ligne 20° :* uitam producendam adhibitę, moriuntur. ǁ XVI .Septēbris. M. CCCC. LXXXVIIII. In agro ǁ Caregio. F. 137*, *signé* A : CAPITVLA PRIMI LIBRI QVI TRA - ǁ CTAT DE VITA SANA.
F. 140*, *explicit, ligne 3° :* rias mundana potissimū dona. cap. XXVI.

Reliure molle en parchemin ; exemplaire en bon état, mais à marges un peu courtes; initiales rouges faites à la main ; sur le f. du titre, note ms. raturée : *Ex libris Caroli De s*..... *1687.* N'est cité ni par Panzer, ni par Hain.

80 FLORES legum. — (Parisiis,) Enguilbertus de Marnef, sans date. 60 ff. non chiffrés; caract. goth.; 31 ll. ll.; signatures a-h; in 8°. [53]

F. 1*, *titre:* Flores legum. *Au-dessous, la petite marque de E. de Marnef, reproduite ici.* F. 2*, *signé* a ii : Incipiunt flores legum secundũ or || dinem

alphabeti. F. 60 v° : Finit tractatulus nūcupatus flores legum aut || congeries auctoritatum iuris ciuilis. In quo aucto || ritates ordinātur secundum ordinem alphabeti cū || allegationibus librorū ex quibus sumuntur z. l. et .§.

Relié à la suite du *Modus legendi abbreviaturas*, Paris, 1498. Non cité par les bibliographes.

G

81 GERSON (Johannes). Imitatio Christi. — Lovanii, Johannes de Westphalia, sans date (1486?). 90 ff. n. ch.; caract. goth.; 29-30 ll. ll.; signatures a-l; sans réclames ni titres courants; in-4°. [70]

F. 1* *blanc*. F. 2*, *signé* a 2 : Tabule capitulorum in libros sequentes. F. 4* v°, *signé* a 4 : Incipit liber primus Iohannis Gerson cancellarii || parisiensis. De imitatione xp̄i z de contemptu omniū || vanitatum mundi. ca.i. || [Q]Vi sequit me... F. 90*, *ligne 27, colophon :* Iohannis Gerson cancellarii parisiensis de contēp- || tu mūdi deuotum z vtile opusculum finit. Impressuʒ || per me Iohannem de westfalia.

Belle reliure moderne en maroquin rouge, fers dorés, exemplaire à grandes marges. Au verso du premier feuillet de garde, l'ex-libris de M. Madden. Sur le premier f. du cahier a, on a écrit au XVI° siècle un titre : *R. P. Thome a Kempis De imitatione Christi Libri IIII falso Joa. Gersoni adscripti.* Initiales rouges faites à la main. M. Madden, *op. cit.*, 2° *série,* pp. 72 à 90, décrit cette édition et celle de l'exemplaire catalogué plus bas; il pense qu'elles ont dû être synchroniques, le texte étant dicté à deux apprentis typographes. Hain, 9083, et Panzer, I, 519, n'indiquent tous deux que 89 ff. et mettent l'incipit du texte par erreur au f. 3 verso. M. Campbell, *op. cit.*, 803.

82 — — Ibid., idem, sans date (1486?). 90 ff. non chiffrés; caract. goth.; sans réclames ni titres courants; in-4° [60]

F. 1* *blanc*. F. 2*, *signé* a 2 : Tabule capitulorum in libros sequentes. F. 4 v° : Incipit liber primus Iohannis Gerson cancellarii || Parisiensis De imitatione xp̄i z de contemptu om || nium vanitatum mundi. Capi. i. F. 90*, *ligne 27, colophon:* Iohānis Gerson Cancellarii parisiensis de ɔtemp || tu mūdi deuotū z utile opusculū feliciter finit Impres || sum Louanii. In domo Iohānis de westfalia.

Reliure janséniste en maroquin vert foncé, tranche dorée ; exemplaire bien conservé, mais trop rogné en tête. Au verso du 1ᵉʳ f. de garde, l'ex-libris de M. Madden ; au bas du feuillet signé a 2, note ms. du XV° siècle : *frater thomas Le fort;* en plusieurs endroits, notes marginales de la même époque. Dans cet exemplaire le f. 90 manque. V. la note de l'exemplaire décrit plus haut, et M. Campbell, *op. cit.*, 804.

83 GERSON (Johannes). Opera — Coloniae, Joh. Koelhoff, 1483-1484. Quatre volumes, le dernier seul, conservé à la B. de Versailles, est décrit ici : FF. ch. j- CCCCxxix (avec quelques erreurs) et 1 f. blanc; caract. goth.; 2 col. de 39 lignes; signatures a-z, A-Z; Aa-Hh; titres courants; in-fol. [120]

 Tome IV: F. 1, *incipit* : Tractatus et libri sequentes doctoris consolato ‖ rij Egregij viri magistri Iohãnis gerson sacre the ‖ ologie professoris Cãcellarij q3 parisiensis in hoc ‖ volumine continent̃. F. ij, *signé* a 2 : Incipit sermo de vita ‖ clericoᛉ. ‖ [P]Enitemini et credi ‖ te euãgelio..... F. CCCC xxix v°, *2° col.*, *colophon* : Librorũ ac tractatuum ‖ doctoris consolatorij egregij viri ‖ Magistri Iohannis gerson Can- ‖ cellarij parisien̄ volumẽ quartũ stu ‖ diose elaboratoᛉ per me Iohãnem ‖ koelhoff de Lubeck felicj. Colonie ‖ ciuũ Anno gratie M. cccc. lxxxiiij. in ‖ vigilia Sancti matthie apostoli fi- ‖ nit feliciter. F. 430*, *blanc*.

 Demi-reliure du XVIII° s., dos en veau brun, fers dorés; exemplaire grand de marges, avec témoins, mais taché et incomplet des cahiers L-Q (44 ff.); cette lacune existait avant la reliure actuelle; lettres majuscules rouges et bleues faites à la main; sur le 1ᵉʳ f. on lit : *Ex libris S' Martini Pontisar. 1748.* La signature du cahier Y ressemble, sauf le point inférieur, à l'Y gravé dans les *Lettres d'un bibliographe*, 4° série, pp. 185, et faisant partie des caractères de Conrad Winters de Homborch. Panzer, I, 292 ; Hain, *7624, décrit très exactement les quatre volumes, mais il a omis de compter le dernier f. blanc du tome IV.

84 — Opera. — Sans nom de lieu ni d'imprimeur (Argentinae, Johannes Prüss?) 1489. Quatre volumes, dont le premier seul est présent à la B. de Versailles. Tome I : 292 ff. non chiffrés; caract. de deux grandeurs; 2 col. de 50 lignes; signatures A-F, a-z, z ɔ ꞇ ᛉ; titres courants; in-4°. [31]

 F. 1*, *titre* : Inuentariũ eorum que in ope- ‖ ribus Gersonis continentur. F. 1* v° : *gravure représentant l'auteur, selon Panzer, sous la forme d'un pèlerin; il porte un écusson sur lequel on voit une tête d'ange ailée, 5 étoiles, un croissant et un cœur orné de la lettre* T. F. 2*, *signé* A 2 : Inuentarium prom ‖ ptum corũ que in operibus z libris Iohã ‖ nis Gerson Christiani doctoris, vt tractã ‖ tur vel tangũtur. F. 52*, 2° *col.* : Finit. F. 53*, *titre* : Pars prima operũ ‖ Iohannis Gerson. F. 54*, *signé* a 2, *à longues lignes* : Iohãnes cancellarius parisien̄. Germano ‖ suo charissimo Iohanni ordinis celestinoᛉ. Ligne 17°, *explicit* :... Scriptũ ɔstantie p̃ma Ianuarij. 1416. *Suivent 17 vers en l'honneur de Gerson, et où il est question des emblèmes de l'écusson.* F. 57* : Incipiunt opa et tra ‖ ctatus magr̃i Iohãnis de Gerson, sacraᛉ ‖ litteraᛉ doctoris resolutissimi et xp̃ianissi- ‖ mi, ac cãcellarij parisien̄..... F. 292* v°, *1ʳᵃ col.*, *colophon* : Prima pars operuȝ ‖ magistri Iohannis de gerson, sacraᛉ litte- ‖ rarum doctoris resolutissimi, xp̃ianissimi- ‖ q3, complectens tractatus fidem ac p̃tatem ‖ ecclesiasticam concernentes, finit feliciter. ‖ Anno dominice natiuitatis. j489. menp̃ ‖ vero Decembris. x. kĩs.

Reliure moderne en veau jaspé, garde peigne ; exemplaire incomplet du f. a 1, où se trouve le titre de la première partie ; nombreuses piqûres de vers. On a omis de faire à la main les initiales de couleur. Sur le f. 2, on lit : *Ad Presbyteros missionis communitatis Insulae-Adami*, et au-dessous du colophon : *nepos quidam Iohannis de Gerson hunc librum habui anno millesimo octingentesimo quadragesimo septimo, die undecima mensis julii.* Vte P. de M. Panzer cite deux éditions non signées des œuvres de Gerson, 1488 et 1489, et il les attribue toutes deux à Jean Prüss, dont il reconnaît les caractères ; de plus, la gravure qui se voit dans quelques exemplaires se retrouve dans l'édition faite en 1494, à Strasbourg, par Martin Flach ; Hain, *7623, donne la description de trois volumes qui manquent à l'exemplaire de Versailles.

85 GERSON (Johannes). De passionibus animae. — (Coloniae, Ulric Zell, 1467?). 32 ff. non chiffrés ; caract. goth. ; 27 ll. ll. ; sans signatures, titres courants ni réclames ; in-4°. [63]

F. 1* *blanc*. F. 2* : Incipit tractatus nōbilis de passioībȝ || aīe. venerabilis magistri Ioh gerson. F. 27* : Explicit tractatus notabilis de passior- || bus aīe. Editus a mgrō iohāne gersō || cācellario parisiensi necnō professore || sacre theologie. F. 27* v° *blanc*. F. 28* : Incipit tractatulus bon⁹ eiusdē || de modo viuendi omniū fideliū. F. 31* v° : Expliciunt regule pulchre eiusdem de || modo viuendi omniū fidelium. F. 32* *blanc*.

Très bel exemplaire dans une reliure moderne en maroquin violet à fers dorés ; initiales rouges faites à la main. A l'intérieur du premier plat de la reliure, on voit l'ex libris de M. Madden et un autre exlibris armorié : *d'azur au lion passant de... au chef d'or chargé de 3 étoiles à 5 rais d'azur ; cimier : un lion de...* devise : RECTE FACIENDO SECURUS. M. Madden, *op. cit.*, IVe série, pp. 194-207, décrit minutieusement cette édition, qu'il attribue aux Frères de la vie commune, à Cologne ; elle est semblable à celle décrite plus bas, sauf quelques fautes de composition ; aussi bien le texte de Gerson est fort maltraité dans toutes deux. V. Panzer, I, 331 ; Hain, 7678, n'a pas vu l'édition, et omet de compter les deux feuillets blancs ; Brunet ne cite pas cet ouvrage.

86 — — (Ibid., idem, 1467?). 32 ff. non chiffrés ; caract. goth. ; 27 ll. ll. ; sans signatures, réclames ni titres courants ; in-4°. [64]

F. 1* *blanc* : F. 2* : Incipit tractatus nōbilis de passioni || bus aīe. venerabil mgr̄i Ioh. gerson. F. 27*, *in fine* : Explicit tractatus notabil de passioni || bus aīe. Edit⁹ a mgrō Iohāne Gerson || Cācellario parisiensi necnō professore || sacre theologie eximio. F. 27* v°, *incipit* : de male rādendo... et *explicit* : ī hospitio suo. *On a imprimé ici par mégarde le texte du feuillet 30 v° du traité suivant.* F. 28* : Incipit tractatulus bon⁹ eiusdē || de modo viuendi omniū fideliū. F. 31* v°, : Expliciunt regule pulchre eiusdem de || modo viuendi omnium fidelium. F. 32* *blanc*.

Demi-reliure moderne en basane violette ; exemplaire grand de marges, les ff. 17 et 24 ont été sans doute perdus dès l'origine et on a copié le texte avant de faire rubriquer le volume, car les initiales rouges faites à la main sont semblables à celles des ff. imprimés. Au verso du f. 31 se trouvent plusieurs notes mss., les unes datent du XVIIIe siècle : *impressum ante annum 1470* —

impressum Coloniae per Udabricum Zell de Hanau, circa annum 1467 — litteris sculptis non fusis. Une autre note du XV° siècle dit: *Pertinet liber iste fratribus in vijdenbach colon.* M. Madden fait remarquer (*op. cit.*, p. 205) que presque tous les livres où cet ex-libris se trouve ont été attribués à Ulric Zell ; cela ne prouverait-il pas que Zell était un des typographes du couvent de Weydenbach? A l'intérieur du premier plat de la reliure et sur le dernier f. de garde, on trouve une sorte de précis descriptif et critique de l'édition, écrit en allemand à la fin du dernier siècle, par un certain Barnheim ; le même a fait à la main un titre sur le f. 1 du volume. V. Hain, *7677.

87 GERSON (Johannes). Tractatus de simonia, etc. — (Coloniae, Ulric Zell, 1470?). 30 ff. non chiffrés; caract. goth.; 27 ll. ll.; sans signatures, réclames ni titres courants; in-4°. [64]

F. 1* : Incipit Tractatus de symonia Mgr̄i Iohan ǁ nis Gerson Cancellarij parisiensis. F. 10* : Explicit tractatulus... F. 10* v°: Incipit tractatus de probatione spirituum ǁ Mgr̄i Iohānis Gersō. Cācellarij parisiēn. F. 18* : Explicit tractatul⁹... F. 18* v°: Incipit tr̄tat⁹ de erudicōne pfessorum Mgr̄i ǁ Iohis Gerson. Cancellarij parisien. F. 25* v°: Et sic est finis huius Tractatuli. ꝛc. F. 26* : Incipit tractatus Mgr̄i Iohannis Gerson. ǁ de remedijs contra recidiuum peccandi a con ǁ fessoribus dandis. F. 29* v°, *ligne 4:* Et sic ō finis tr̄ctatuli de remedijs cōn recidiuū. ǁ ...... *ligne 17 explicit:* ... Tēp⁹ locus metus numer⁹ moā scīa etas.

Relié à la suite du second exemplaire du traité *de passionibus animae* du même auteur, mais ne fait pas suite à l'ouvrage précédent; la justification des lignes est différente, et le rubriqueur qui a fait les initiales était moins habile que son confrère. V. Panzer, I, 334 ; Hain, *7707. Ce dernier donne 30 ff. au texte et ne compte pas le f. blanc de la fin ; dans l'exemplaire décrit ici, où le texte est complet, il n'y a que 29 ff. imprimés et le 30° et dernier est blanc ; les cahiers sont quaternions, sauf le dernier qui est ternion.

88 GLANVILLA anglicus (Bartholomaeus). De proprietatibus rerum. — Argentinae, sans nom de typographe, 1491. 258 ff. non chiffrés; caract. goth., mais chiffres romains; 2 col. de 52 lignes ; signatures 1, a-z, A-R; titres courants; in-fol. [137]

F. 1*, *titre :* Liber de proprietatib⁹ re ǁ rū Bartholomei anglici. F. 2* *signé* 2 : Incipiūt titu- ǁ li librorum et capitulo℥ vene ǁ rabilis Bartholomei angli- ǁ ci de p̄prietatibɔ rerum. F. 7*, *signé* a : Prohemium de proprietatibɔ rerum fra ǁ tris Bartholomei anglici de ordine fratruȝ ǁ minoꝝ incipit. *Col. 2:* Incipit liber p̄mus de proprietatibus re ǁ rum... F. 257* v°, 2° *col., colophon:* Explicit liber de p̄prietatibɔ rerum editus ǁ a fratre Bartholomeo anglico ordinis fra ǁ trum minoꝝ Impressus Argentine Annō ǁ dn̄i. M. cccc. xcj. Finitus altera die post fe ǁ stum sancti Laurentij martyris. F. 258* *blanc.*

Reliure du XVIII° s. en veau jaspé, tranche rouge, garde peigne ; exemplaire attaqué par les vers ; initiales rouges ou bleues faites à la main. Nombreuse notes marg. manuscrites relatives à des recettes pharmaceutiques ; au-dessous du colophon, un nom raturé et sur le dernier f. blanc, une table ms. des principales abréviations du texte. Panzer, I, 46 ; Hain, *2509. Cette édition est peut-être sortie des presses de Martin Flach, dont quelques ouvrages sont datés comme celui-ci, du jour de la fête d'un saint, au lieu d'être daté par le quantième d'un mois ; Gruninger n'avait pas cette habitude.

89 — — Sans nom de lieu et d'imprimeur et sans date (Coloniae, 1470?). 248 ff. non chiffrés ; caract. goth. ; 2 col. de 55 lignes ; sans signatures, réclames ni titres courants. [76]

F. 1* : Incipit prohemiū de proprietatibus rerū || fratris bartholomei anglici de ordine fratrū || minorum. || [C]Vm proprietates || rer♃...F. 243*, 1ʳᵉ col. : Explicit tractat⁹ de ppetatibo re♃ edit⁹ a || frē bartolomeo āglico ordĩs frat♃ mino♃. 2ᵉ col., incipit : Auctores de q̄rū scriptis hic tractat sūt isti. F. 243* v°, blanc. F. 244*, table sur 3 col. : Incipiunt tituli libro♃ et || capitulo♃ venerabilis bertholo || mei anglici de ppetatibo re♃. F. 247* v°, col. 3ᵉ, ligne 14 : Expliciunt tituli librorū || et capitulorum bertholomei || anglici de pprietatibus rerū. F. 248*, blanc.

Reliure originale en veau brun, plats en bois, fers à froid, traces de fermoirs ; le dos a été réparé ; l'exemplaire est bien conservé et très grand de marges. A l'intérieur du premier plat on voit l'ex-libris de M. Madden, et des notes mss. de son écriture : 5 mai 73 6 k 5. — le libraire hermann Tross offrait en 1881 dans son catalogue n° XV un exemplaire de la présente édition au prix de 1000 fr. Voir lettres d'un bibliographe, deuxième série, pages 46 à 55. La première page du texte est entourée de trois côtés d'une bordure peinte, qui se rattache à une grande initiale fleuronnée ; à la marge inférieure, un écusson, dont le fond est jaune, offre une figure accompagnée des lettres ʀ ɖ ; cette figure est peinte en noir. Nombreuses initiales bleues ou rouges et titres courants faits à la main, en rouge. M. Madden, ainsi que le libraire Tross, attribuent cette édition à William Caxton, qui aurait appris son art à Cologne ; il y a un fac simile d'une partie du f. 242, à la page 49 des Lettres d'un bibliographe, 2ᵉ série ; W. Blades, dans Life and typography of William Caxton, London, Joseph Lilly, 1861, 2 vol. in-4°, maintient que Caxton a été l'élève de Colard Mansion à Bruges et classe l'ouvrage décrit ici parmi les œuvres apocryphes de Caxton. Hain, *2498, indique seulement Cologne, sans ajouter de nom d'imprimeur ; du reste les caractères ne ressemblent nullement à ceux d'Ulric Zell, auquel les bibliographes attribuent toute une série d'éditions non signées ayant des caractères identiques, de deux grandeurs différentes. Brunet, II, 1620 ; non cité par Panzer.

90 GREGORIUS IX, papa. Compilatio decretalium. — Lugduni, Johannes de Prato, 1491. 6 ff. non chiffrés ; ff. chiffrés : j-cclxxxvij et 1 f. blanc, = 294 ff. ; caract. goth. de 2 grandeurs, rouges et noirs, le texte encadré par le commentaire ; 2 col. de 80 lignes (la table est à 4 col.) ; signatures AA, a-z, τ ϸ ♃, A-K ; titres courants ; gr. in-fol. [13]

F. 1*, *titre? manque.* F. 2*, *signé* AA ij : Tabula omnium rubricarum cu
suis capitulis : omnia || per alphabetum posita z ad loca sua per ordine
remissa. F. 5* v°, 2° *col.:* Finis. F. 6*, *blanc.* F. cclxxxvij v°: Candid
lector habes argumēta singulis decretalibus ad || dita bñficio eximij iuri
vtriusqʒ doctoris dñi Hieronymi || clarij brixieñ. archip̄sbyteri Bidizolan
Riperie Brixiane || Benaci lacus : ex decretalib⁹ suis sic diligēter anno
tatis cū || adhuc eēt bononie scholaris : Diuo Barbacia preceptore. |
Registrum. || *Tous les cahiers ont 8 feuillets. Colophon:* Noua cōpilatio d
cretalium Gre || gorij. ix. cum summarijs finit felici || ter. Lugduni p Iohan
neʒ de Pra- || to. Anno salutis. M. cccc. xci. die || xxvi. Octobris. *Au-dessous
la petite marque de Jean Du Pré, semblable à l'écusson carré qui se vo
au centre de la marque historiée de l'article suivant. F. dernier, blanc*

Reliure du XVIIIᵉ siècle en veau jaspé, tranche rouge ; exemplaire incom
plet des ff. 1*, j et ij et du dernier f.; initiales rouges ou bleues faites à 1
main ; quelques notes marg. du XVIᵉ s. Au verso du f. 5* on lit : *faict un
moy Guillaume aulguille?* et d'une écriture plus récente : Pour les capucin
de Montfort. Cet ex-libris est répété au f. iii, ce qui prouve que le volum
était déjà incomplet des premiers ff. du texte, quand il fut inscrit au catalogu
de la bibliothèque conventuelle. L'ouvrage est bien imprimé, avec des carac
tères neufs ; la lettre K des signatures ressemble à un C auquel on aurait accol
un r. Non cité par Hain et Panzer. V. sur le commentateur *Jérome* de Brescia
et son professeur André *Barbazza,* Ul. Chevalier, *op. cit.*

91 **GREGORIUS IX**, papa. — Ibid., idem, 1495. 4 ff. n. ch. ; ff. ch.
I-CCCXX et 2 ff. n. ch., = 326 ff.; caract. goth. de 2 grandeurs
rouges et noirs, le texte entouré par le commentaire ; 2 col. de 8
lignes (la table est à 4 col.); signatures a, a-z, τ ꝑ ℣, A-O ; titres cou
rants ; gr. in-fol. [12]

F. 1*, *signé* a : Tabula titulo℣ seu rubrica℣ z cap̄lo℣ oīm decretaliū pe
ordinē alphabeti. || Auctoritate z vsu ||... F. I blanc. F. II, *signé* a ij
prologue: In nomine sancte trinitatis amē. || Cōpilatio decretaliū gre
gorii. ix. F. CCCXX v°, 2° *col., colophon:* Decretales cū sūmariis suis e
textuū || diuisiōibus cū sacrarū scripturarū cō || dordātiis : finīūt feliciter
Imp̄sse Lug || duni cura z arte. M. Iohānis d prato || Anno dñi. M. cccc
lxxxxv. die xxi. no || uēbris. F. 1* *registre des cahiers ; ils sont quater
nions, sauf* s, τ, C *et* O *qui sont quinternions et le premier cahier, où s
trouve la table, qui n'est pas indiqué et qui n'a que quatre ff. Au-dessous
la marque de J. Du Pré, reproduite à la page suivante.* F. 2*, *blanc.*

Reliure moderne en veau jaspé, tranche rouge ; exemplaire incomplet du f. I
et du dernier feuillet, tous deux blancs ; initiales rouges ou bleues faites à la
main. Notes marg. mss. du XVIᵉ s.; sur le premier f. de la table on lit : *Pro
bb. ff. M. Pontisarentium.* Cette édition diffère, au point de vue typographique,
de celle faite en 1491 par le même imprimeur ; elle est moins soignée, et quoique
plus récente et composée d'un plus grand nombre de feuillets, offre beaucoup
plus d'abréviations. Citée brièvement, comme la plupart des éditions fran
çaises, par Panzer, I, 547, et Hain, 8033.

92 GREGORIUS (S.) papa. Moralia in Job. — Venetiis, Reynaldus de Novimagio, 1480. 348 ff. non chiffrés; caract. goth.; 2 col. de 55 lignes; signatures a d, d^bis-r, r^bis-v, u-z, ꞇ ꝓ ⁊, A-I; titres courants; gr. in-fol. [113]

F. 1* v°, *incipit* : Reuerendissimus dominus dominicus episcopus Brixien. Summi pontificis || Sixti vicarius hanc prefationem moralibus beati. Gregorij pape inseruit. || Sactus Job exemplar patientie..... F. 2*, *signé* a 2 : Incipit registrum breue ⁊ vtile omnium pun || ctorum tactorum in moralibus beati Gregorij pa- || pe ſm ordinem alphabeti inferius annotatum. F. 15* v°, 2° *col.* : Explicit tabula moraliū Gregorij pape. FF. 16* et 17*, *blancs*. F. 18*, *signé* c 2 : Epistola beati Gregorii pape ad Lean- || drū eṗm in libros moraliū : sup Iob. .I. || [R] || Eucrātissimo atqʒ san || ctissimo fratri leādro || coepiscopo. Gregorius..... F. 19*, *signé* c 3, 2° *col.*, *préface*. F. 22*, 1re *col.* : Incipit liber primus. .I. F. 346* v°, 2° *col.*, *colophon* : Expletū est opus istud Moraliuʒ || beati Gregorij pape diligentissime cor || rectuʒ zemen-

datum per. d. Bartholo || meum Cremoñ. canonicuȝ regularem || Impressu
Venetijs p Reynaldum || de Nouimagio Teotcutonicuȝ Anno || domini Mille
simo quadringētesimo || octuagesimo quartodecimo Iunij. pre || sidēt
venetijs Inclyto duce Ioanne || Mozenigo. F. 347* : Registrum... *Le
cahiers sont quinternions, excepté* i, l, a-d, i, l-q, z, A, C, H, *qui sont qua
ternions et* 1 *ternion.* F. 348* *blanc.*

Reliure moderne en veau fauve, filets dorés et médaillons en or frappés su
les plats; exemplaire incomplet des ff. blancs 16 et 17; le relieur a interver
l'ordre des cahiers, il a placé les premiers, a et b à la fin du volume. Au f. c 2
petite bordure peinte et grande initiale R en couleur sur fond rouge ; au milie
est un écusson : *d'or à la croisette de gueules soutenue d'un croissant montan
de sable;* petites initiales rouges ou bleues faites à la main. Sur le f. c 2, not
ms. : *Pro bb. ff. M. Pontisarentium.* Cette belle édition est citée par Panzer, III
156; Hain, *7930; Brunet, II, 1724; Van Praet, 2ᵉ *cat.*, t. I, p. 174.

93 GRITSCH (Johannes). Quadragesimale. — Coloniae, Henricus Quen tell, 1481. 444 ff. non chiffrés; caract. goth. de deux grandeurs 40 ll. ll. pour le texte et 2 col. de 40 ll. pour la table ; signa tures A-D, a-y, A-Y, aa-kk; titres courants; in-fol. [124]

F. 1* *blanc.* F. 2*, *signé* A 2, *incipit :* [O]Peris egregij || antea negligen
effi- || giati miserꝯ. collectoris imo || ordīs sue pfessionis fauore id || ipsum
emendatū in palā || post || alios pduco... F. 32* *explicit :*...... re || gi.qua
dragesimoquarto. Q. F. 33* *blanc.* F. 34*, *incipit :* Quadragesimale fra
tris Iohis Gritsch ordinis frat𝔐 mi || norū. doctoris eximij p totum tpi
spaciū deseruies cum thema || tum euangelio𝔐 𝔷 epła𝔐 introductōnibo
tabula poptima .·. || Incipit feliciter .·. || [C]Vm Ieiunatis. nolite fiēi sicut ||
ypocrite tristes. Mathei vi. || A. Sedȝ naturales... F. 442* vº, *colophon*
Collegit ingenio Quadragesimale frater clarissimus ordinis || sancti fran-
cisci. magister Iohannes Gritsch de Basilea pfes- || sor sacre theologie exi-
mius. multis ex sacre theosis codicibꝯ nu || cleum quem in hoc volumine
tanꝗ in agrum euangelice disci- || pline cōscuit apis vti sagacissima ex-
quisitos de floruȝ varijs ge- || neribus suaues in alueolum sucos congessit :
deniqȝ ꝗ vigili cu || ra hoc vtile admodum quadragesimale impressum si
et ꝗ cc || lebriori digestione ꝗ antea ynꝗ emendatum oculi quibus || se
obiecerit testabuntur. Quod et procurante expendenteqȝ Hen || rico quente
ciue oppidi Coloniensis salubri fine consummatuȝ ē || Anno ꝣc. Mccclxxxj.
xj. Iulij Laus deo. FF. 443*-444* *blancs.*

Reliure originale en veau brun, fers à froid, traces de fermoirs en bronze ;
le dos a été réparé. Très bel exemplaire, grand de marges, avec témoins.
A l'intérieur du premier plat, l'ex-libris gravé de M. Madden; au premier f. on
lit, d'une écriture du XVᵉ siècle : *Sermones magistri io. gritsch pro domino
sibillino.* — *Sex albos pro planatura quamuis, secundum numerum quaterno-
rum octo pro albo computatis albis dedissent.* Cette note a été donnée en fac-
similé par M. Madden, *Lettres d'un bibliographe,* IVᵉ série, p. 219. L'auteur
y traduit le mot *planatura* par reliure, et donne des détails intéressants sur la
reliure et la fabrication du papier à l'époque des incunables. Au f. 2, un ex-
libris ms. a été en partie raturé, mais on lit encore : *Liber societatis Jesu
confluentiae,* (Coblentz). Cette note répétée au-dessous du colophon a aussi
été raturée. Dans le corps du volume, on rencontre quelques notes marginales

contemporaines; à l'avant-dernier f. de garde est une table manuscrite des béatitudes, des vertus cardinales, des peines de l'enfer, etc., etc., et au verso du dernier f. de garde une *tabula auctoritatum et sententiarum utriusque testamenti*. On a fait à la main, en rouge, les grandes initiales des divisions des sermons, et à l'encre noire quelques signatures de la seconde série des majuscules; les ff. 207 à 214, avec la signature manuscrite a, sont imprimés à 2 colonnes. M. Madden signale plusieurs particularités typographiques intéressantes de ce volume. Hain, *8068; ce bibliographe indique 25 éditions de cet ouvrage; non cité par Panzer.

94 — — Norimbergae, Antonius Koberger, 1483. 226 ff. non chiffrés; caract. goth.; 2 col de 53-54 lignes; sans signatures; titres courants; in-fol. [151]

F. 1*, *blanc?* F. 2, *incipit* : [O]peris egregij || antea negligēter effigiati miſsꝰ col- || lectoris. immo ordinis sue pfessio- || nis fauore idipm emendatū in palam pꝰ alios || pduco..... (*table*). F. 17* : Quadragesimale fratris iohis Gritsch or- || dinis fratrum minorum. doctoris eximij. per to || tum tpis anni spaciū deseruiens cum themat̄ū || euangeliorum ꝛ epistolarum introductionibꝯ ꝛ || tabula poptima Incipit feliciter. F. 226*, 2ᵒ *col.*, *colophon* : Quadragesimale venerabilis doctoris Iohā || nis gritsch de ordīe minoꝝ impēsis Anthonij || koburger Nurenberge poptime est cōsūmatū || Anno salutis. M. cccc lxxxiij. nonas marcias.

Reliure en parchemin; exemplaire réglé, mais incomplet du f. 1; jolies lettres ornées rouges ou bleues faites à la main; notes marg. mss. Koberger avait déjà donné deux éditions de cet ouvrage en 1479 et 1481, et il en donna encore deux autres, en 1489 et 1497; ce volume figure sur le catalogue-prospectus de la librairie ambulante de Koberger, reproduit par M. O. Hase, *op. cit.*, *planche* et p. 427. Panzer, II, 194; Hain, *8069.

95 — — Sans nom de lieu ni d'imprimeur, 1486. 264 ff. non chiffrés; caract. goth.; 2 col. de 47 lignes; signatures a-z, A-K; titres courants; in-fol. [92]

F. 1*, *titre* : Quadragesimale Gritsch vna || cū registro sermonū de tempo || re ꝛ de sanctis per circuluz āni || in fine libri cōtēto. F. 2*, *signé* a 2 : [O]peris egre || gij antea negligēter effi- || giati misertꝰ collectoris : || Imo ordinis sue pfessiōis || fauore idipm emēdatum || in palā post alios produ || cto. (*Table alphabétique.*) F. 18* vᵒ, 2ᵒ *col.* : Finit tabula. F. 19*, *signé* c : Quadragesimale || fratris Iohānis Gritsch ordīs fratꝝ mino- || rum doctoris eximij p totū anni spaciū deser || uiens cum themat̄ū euangelioꝝ ꝛ epistolarū || introductionibꝯ ꝛ tabula peroptima Incipit || feliciter. F. 245* vᵒ, *signé* H 3 : Registꝝ de euange || lioꝝ ꝛ epīaꝝ thematibꝯ..... F. 263* vᵒ, 2ᵒ *col.*, *colophon* : Explicit quadragesimale doctoris Iohā || nis Gritsch de ordine minorum. impressum || anno salutis nostre. M. ccccLxxxvi. in die san || cti Dyonisij. F. 264*, *blanc*.

Reliure du XVIIᵉ siècle en veau jaspé; exemplaire incomplet du f. o⁸, du cahier r, dont le texte a été copié au XVIIᵉ siècle, et du dernier f. blanc. Sur le f. 2 on lit: *Pro bibliotheca ff. minorum pontisarentium*. Panzer, IV, 39 Hain, *8071.

H

96 **HARENTALS** (Petrus de). Expositio psalmorum. — Coloniae, Joh. Koelhoff, 1487. FF. chiffrés j-cclxi et 1 f. blanc; caract. goth.; 2 col. de 45 lignes; signatures a-z, A-K; titres courants; in-fol. [110]

<blockquote>

F. 1*, *titre :* Collectarius siue expositio || libri psalmorum. F. ij, *signé* a ij : Expositio super || libruʒ psalmoꝛ regij prophete p reue || rendū ꞇ religiosum patrē : fratrē Pe- || trū de Harentals : priorē Floreffien- || sem Premonstratēsis ordinis : ex di- || uersis sanctoꝛ codicibus industriose || collecta : feliciter incipit. || pAtri reue || rendo dnoqʒ meo || charissimo dno Io || hani de Arkel : du || dū traiectensis ec- || clesie : nūc vero le- || odiensi epo... F. iiij v° : Hugo de sancto || victore libro de virtute orandi. F. v v° : Psalm⁹ primus || [B]eat⁹ vir || qui non || abijt ꙇ cō || silio..... F. cclxi v°, 2° *col.*, *colophon :* Finit Collectarius impressus p me || Iohannem koelhoff Colonie ciuem || Anno gře Millesimo cccc° lxxxvij°. F. 1* *blanc.*

Reliure moderne en veau fauve, fers à froid, gardes peigne, tranche dorée; initiales rouges et bleues faites à la main. Sur le f. du titre, une note ms. raturée, qu'on pourrait lire ainsi : *Emptus per me f. henricum..... theologum nauariensem;* puis, de deux écritures du XVI° siècle : *F. nicolaus hesselin doctor theologus s[ti] dionysii in francia religiosus. — Phs Ledoux?* Au f. 2, on lit : *F. Phil le Camus R. C. G. V. 1671,* et au verso du f. 261, au-dessous du colophon : Ιοάννης Ορχίν, *pro Ioanne orcin magistro arcium nauarre parisiensis anno Incarnationis 33 (1533?).* Notes marginales mss. Le f. 262 blanc, manque. V. Panzer, I, 296; Hain, *8366; Holtrop, *Cat. Hag.*, page 353. M. Ennen, *op. cit.*, p. 81, décrit cette édition, mais il a laissé passer plusieurs fautes d'impression : Flareffiensem au lieu de Floreffiensem et la date MCCCCXXXVII au lieu de MCCCCLXXXVII, et il indique 244 ff. chiffrés, au lieu de 261.

</blockquote>

97 **HEROLT** (Johannes). Sermones discipuli, de tempore et de sanctis cum promptuario exemplorum. — Sans nom de lieu et d'impri-

meur (Lugduni, Nicolaus Philippi), 1487. 440 ff. non chiffrés; caract. goth.; 2 col. de 51 ll.; signatures 1-3, a-y, AA, GG, aa-xx; titres courants; in-4°. [35]

F. 1*, *titre :* Sermones discipuli. F. 2*, *signé* i ij : Tabula presentis operis incipit. F. 25*, *signé* a : Sermones discipuli de tempore per cir- || culum anni incipiunt. Dominica prima || aduētus domini. Sermo primus de aduē- || tu xp̄i in carnem. F. 270* v° : Expliciūt sermones collecti ex diuersis san || ctoruʒ dictis z ex pluribus libris : qui intitu- || lant sermones discipuli... F. 271* v° : Tabula... F. 272*, *signé* aa ij : Prologus in sermones discipuli de san- || ctis per circulum anni incipit. F. 334* : Incipit registrum breue huius operis || ... F. 337*, *signé* ii : Incipit prologus in promptuariū. exem- || plorum discipuli secūm ordinem alphabeti. F. 417*, signé tt : Incipit tabula promptuarij..... F. 440*, 1ᵣᵃ *col., colophon :* Finit op⁹ putile sim || plicibus curam animarū gerentibus : per ve- || nerabilem et deuotum Iohānem herolt : san- || cti Dominici sectatorem professum : de tem- || pore et de sanctis cū promptuario exemplo- || rum atqʒ tabulis collectum Discipulus nun || cupatū. Impressum anno a xp̄i natali octua || gesimoseptimo : supra millesimum quaterqʒ || centesimum. || Laus deo. *Au-dessous, la marque de N. Philippe, reproduite ici.*

Reliure moderne en veau jaspé, gardes peigne ; exemplaire incomplet du feuillet ggˢ ; initiales rouges et bleues faites à la main et une grande initiale or et couleur au f. 25 ; nombreuses notes marginales ; sur le f. du titre on lit, d'une écriture du XV° siècle : *Istum librum contulit huic conuentui ponthisaren. dominus Johannes burnous (?) patruus fratris iohannis hallot quondam de allodijs regis vicarius Orate pro anima eius.* Le même imprimeur fit au moins trois éditions de ces *Sermones :* en 1485 (B. de Dijon), 1487 (B. de Versailles), 1488 (B. de Ste-Geneviève à Paris), avec sa marque typographique au monogramme N M; ce monogramme, d'après M. Claudin, pourrait signifier *Nicolaus* Philippi, de Bensheim, et *Marc* Reinhart dit Gruninger, de Strasbourg, qui exerçaient à Lyon comme associés. V. Panzer, IV, 44 (?); Hain, 8494; ces deux bibliographes ne font qu'indiquer brièvement le titre et la date de cette édition qu'ils n'ont pas vue.

98 HEROLT (Johannes). — Sans nom de lieu (Reutlingae?) ni de typographe et, sans date. 488 ff. n. ch.; caract. goth.; 2 col. de 50 ll.; sans signatures; titres courants; in-fol. [94]

F. 1* : Tabula p̄sentis opis jncīpit. F. 23* v° : Expliciunt inhibitiones a cōmunione || tempe pasche. F. 24* : Sermones discipuli de tempore p̄ cir || culum anni incipiunt. Dominica pri || ma aduentus domini. Sermo prim⁹ de || aduentu christi in carnem. F. 248* v°, : Finiunt feliciter. sermones discipuli || de tempore. || Sermones communes eiusdem omni || tempore predicabiles subsequunt̄. F. 249* : Sermo cxxxvij. De cogitatōnibus. F. 373* 2° col. : Sermones discipuli de sctīs finiūt. || Incipit registrum breue huius ope- || ris f₃m ordinem alphabeti... F. 375*, 2° col. : Explicit regist⁊ breue huius operis. F. 376* : Incipit plogus in p̄mptuariū exem- || plo⁊ discipuli f₃m ordinem alphabeti. F. 463* v°, 1ʳᵒ col. : Promptuariū exemplo⁊ discipuli || explicit. || Deo gr̄as. F. 464* : Incipit tabula p̄mptuarij exemplorū || discipuli s₃m ordinem alphabeti. F. 487*, 2° col. : Finit op⁹ putile simplicibus curam || ala⁊ ger̄etib⁹. p̄ venerabilē et deuotum || Iohannē herolt scr̄t Dominici sectatorē || p̄fessum. de tp̄e et de sanctis cū p̄mptu || ario onōplo⁊ atq̄₃ tabulis suis collectū. F. 488*, *blanc?*

Reliure originale en veau brun, mutilée; plats en bois; fers à froid, entr'autres une sirène tenant un miroir, et deux ours ? dont l'un pile quelque chose dans un mortier; traces de fermoirs. Initiales rouges ou bleues faites à la main. Exemplaire avec témoins, mais fatigué et incomplet des 248 premiers feuillets et de quelques feuillets à la fin; la mutilation du volume a dû avoir lieu dès le XVI° siècle, car on trouve au f. 249, qui est le premier de l'exemplaire, la signature du premier possesseur : *Frater andreas Lucas a conuentu pontiza*ʳᵉⁿ; cette signature est répétée à l'intérieur des plats de la reliure. F. *petrus Langloys* posséda ce livre après le frère Lucas, puis le donna à la bibliothèque du couvent, dont l'ex-libris se lit au f. 249 : *Ex bb. ff. minor. pontisarentium.* Au verso du f. 487 est une note du XVI° siècle, relative aux affaires domestiques de l'un des possesseurs : *Sensuit ce q̄ jay baille a la lauendiere — Premierement ij draps — Item ij chemises — Item vne nape.* Le cahier formé par les ff. 315-322, a été consolidé par une bande de papier imprimée en lettres gothiques, sur laquelle on lit entr'autres, ces lignes : *De la mercuriale ville danuers.* || *La mercuriale ville dauers Ara cest an louenge τ* || *honneur de plusieurs pour son fait singulier le senat τ* || ... Au recto du f. 361 de cet exemplaire, le titre courant est imprimé : ƆИUƎꙄ. Panzer indique plusieurs éditions de cet ouvrage, mais je n'ai pu en identifier aucune avec celle-ci; Hain, *8475, place par erreur le colophon au f. 488, au lieu du f. 487.

99 — — Sans nom de lieu et d'imprimeur et sans date (Coloniae, Ulric Zell, 1473?) 186 ff. n. ch.; caract. goth.; 2 col. de 34 lignes pour le texte et 36 ll. pour la table de la fin; sans signatures ni titres courants; in-fol. [96]

F. 1* v°: Incipit tabula ōniū ꝑmo ǁ nū in hoc ope cōtentoꝛ. ǁ De quouis sancto in cōmūi. F. 2*: Incipiūt Sermones per ǁ notabiles discipuli de sācti* ǁ per anni circulū. In quorum ǁ quolibz tria pulcherrime de ǁ ducūsatur membra. ǁ Sequit̕ ꝓlog⁹ in eosdē ǁ 2° colonne in fine: Sequitur Sermo ǁ generalis de sāctis. F. 146* v°, 1ʳᵒ col.: Expliciūt ꝑmōes pnota- ǁ biles discipuli de sanctis p ā ǁ ni circulū In ꝗꝛ ꝗlibet tria ǁ pulcherrime deducūt mēbra. F. 147*: Incipit registꝛ breue huius ǁ operis... F. 150* v°, 2° col., l. 7°: Explicit registꝛ breue ǁ huius operis. F. 151*: Incipit plogus in ꝑmptu ǁ ariū discipuli De miraculis btē ǁ Marie virginis. F. 184* v°, 1ʳᵒ col.: Explicit opus discipuli De ǁ miraculis btē Marie ꝟgīs ·:· F. 185*: Incipit tabula exemploꝛ ǁ ɪ tractatulo de exēplis glori ǁ se virginis marie otentorum. F. 186* v°, 1ʳᵒ col.: Explicit tabula exēploruꝛ ǁ in tractatulo de exemplis glo ǁ riose ꝟginis marie otentoꝛ.

Reliéà la suite du *Stellarium coronae B. V. Mariae* édité en 1501, par H. Gran, à Haguenau. Bel exemplaire d'une édition fort rare et très ancienne, non décrite par Hain et Panzer; elle a été imprimée avec les mêmes caractères et sur du papier avec le même filigrane que l'*Opus quadragesimale* de Caracciolus, imprimé en 1473 par Ulric Zell à Cologne. M. Ennen, *op. cit.*, p. 47, indique cette édition sous deux numéros 105 et 106, mais il a laissé passer plusieurs fautes d'impression, au sujet du nombre des feuillets et des coupures de lignes, ou bien les différents exemplaires d'une même édition sont dissemblables, comme cela arrive quelquefois; voir plus haut Astexanus de Ast, p. 46. On a omis de faire à la main les initiales de couleur.

100 HERP seu Herpf (Henricus de). Speculum aureum. — Moguntiae, Petrus Schoiffer, 1474. 406 ff. non chiffrés; caract. semi-goth. de deux grandeurs; 2 col. de 49 ll., ou 49 ll. ll. pour la table, qui est imprimée avec les gros caractères; sans signatures ni titres courants; in-fol. [147]

F. 1*, *incipit*: [A]bsolucō ab excōicacōe maiori. iiij. reꝗrit. v. ꝑcepto. ꝑ. xij. c. ǁ [a]bsolucōnē..... F. 11* v°: Explicit tabula decē ꝑceptorum. F. 12*, *en rouge*: Incipit Speculū aureū decē ꝑcepto- ǁ rū dei fratris Henrici herp ordīs mi- ǁ norū de obseruātia p modū sermonū ǁ ad instructōnez tam ꝓfessorū ꝗ ꝓdi- ǁ catorū. Et ꝑmo de multiplicitate ⁊ di- ǁ uersitate legum. Sermo primus. F. 406*, 2° col., *colophon*: Speculi aurei decem ꝑceptoꝛ dei fra- ǁ tris Henrici herp ordinis minoꝛ de ǁ obseruātia opus preclaruꝙ in nobili vrbe Magūcia quā imprimēdi arte ǁ ingeniosa gratuitoꝗꝝ dono gloriosus ǁ deus plus ceteris terraꝛ nationibo ꝑ- ǁ ferēs illustrare dig'tus ē. nō atramēto ǁ plumali ereaꝙ penna cannaue. ꝑ ad ǁ inuentione quadā perpulcra p hono- ǁ rabilē virū Petruꝝ schoyffer de Gerns- ǁ heym feliciter est consūmatū. Anno ǁ dominice incarnacōis Millesimoqua- ǁ dringentesimoseptuagesimoquarto. || mensis septembris Idus quarto. *Au-dessous, sur fond rouge, le double écusson de P. Schoiffer, reproduit ici.*

Reliure moderne en veau fauve, fers à froid; bel exemplaire réglé de cette première édition; les marges ont été rognées par le second relieur, qui a fait ainsi disparaître en grande partie les signatures manuscrites des cahiers; initiales rouges faites à la main. Sur le f. 1, on lit: *De conuentu Nigionis*, et au-dessous du colophon : *Specto mgro Iohannij Quintinj in theologia mgro canonico parisien. et penitenciario parisien.* Brunet, III, 130, indique 408 ff.; il est probable qu'il a vu un exemplaire commençant et finissant par un f. blanc; Hain, *8523, et van Praet, 1er *Cat.*, p. 314, ne comptent que 406 ff.; Von der Linde, *op. cit.*, p. 724, cite le colophon du Speculum de Herp, qui reproduit des souscriptions d'éditions antérieures faites par Schoiffer. M. Von der Linde tire des paroles d'actions de grâces de l'imprimeur, une preuve irréfutable de l'invention de l'art typographique à Mayence.

101 HIERONYMUS (S). Epistolae. — Moguntiae, Petrus, Schoiffer, 1470. 408 ff. n. ch. (deux tomes de 235 et 173 ff.); caract. goth. rouges et noirs; 2 col. de 56 ll.; sans signatures, réclames ni titres courants; grand in-fol. [65 et 66]

Tome I: F. 1*, *en rouge:* Introductoriū in Epistolare btī hieronimi im || pressionis magūtine facte p virū famatum in || hac arte Petrum schoiffer de gernſheym. || [O]Mnes christiane religionis homi- || nes! qui nō mō se legendis claris || auctoribʒ oblectare!.... F: 2*: Incipit registrum. F. 4* 1re *col.* : Epitaphiū beati ieronimi || doctoris ecclesie eximij. F. 4* v° *blanc.* F. 5* : Ad laudem beatissime trinitatis . exaltationem || vtis eccie z honorificentiā glosissimi leonimi || Incip lib Ieronimianus sic dictus eo q̄ eptas || btī Ieronimi ad diūsos et diuersorū ad ipm : sʒ || et felicē eius transitū ex hoc mūdo atʒ miracla || eius post mortē ipius meritis diuina *t*tute pa- || trata ptineat. Et ponūtur po epīe damasiane. || Damasus pp Ieronimo de quīqʒ q̄onibʒ epta. I. || [D] || Ormientē te et longo iam tpe.... F. 235, 2° col. *explicit:*... sed eterni- || tatis et celi. Sequitur distīncto septima.

Tome II: F. 1* (236°) *en rouge:* Distīncto septīa . in qua ptinētur epīe diūsoʒ || q̄onibʒ satisfactīo .. Iero . ad paulā z custochiū || de pa emēdacōe psalterij pm . lxx̄ . Epta prima. || [P]Salteriū rome dudū po- || situs emendarā : et iuxta || septuagintā interpſtes ... F. 173* (408°) v°, *colophon :* .... Est aūt pñs || opus arte impſsoria feliciter psūmatū p Petrū || schoiffer de gernſhem ī ciuitate nobili Mogū- || tina. Cuius nobilitati vir btūs Ieronimus scri- || bēs ad Agerutiā de monogamia testimoniū p- || hibet sempiīnā. multis milibʒ incolaʒ. eiusdē || in eccīa p fide catholica sang'ne pprio laureatis.

|| Huic laudatori. reddit moguntia vicem. || Tot sua scripta parās vsibus ecclesie. || Anno domini. M. cccc. lxx. Die septima mensis || septēbris que fuit vigilia natiuitatis Marie. || Da gloriam deo. *Au-dessous la marque de l'imprimeur, sur fond rouge, reproduite page 72.*

Reliure du XVII° s., en veau brun, dos orné de petits fers dorés, plats en bois, fermoirs en bronze. Très bel exemplaire, orné de grandes initiales bleues et rouges débordant sur les marges. Les initiales ordinaires, bleues ou rouges, ont été faites par un rubriqueur très habile ; au 5° f. du t. I, les deux col. sont séparées par un trait en or qui se termine par des arabesques de couleur ; dans la grande lettre D une miniature représente s. Jérôme en habits de cardinal ; une foliotation contemporaine de l'édition a été en partie enlevée à la seconde reliure ; sur le premier f. de chaque volume on lit : *Liber Carthusiae Confluentinae* (?) A l'intérieur des plats on voit l'ex-libris de M. Madden, accompagné dans le premier volume d'une note autographe : *Acheté à Tross le s^t Jérôme 540 frs ce 7 juillet 1874 — Exemplaire identique à celui de la bibliothèque nationale, n° 428.* Il y a deux sortes d'exemplaires de ces Epitres, différant par l'introduction, et par maint endroit du texte, si bien que Van Praet a cru à une réimpression de la fin de l'ouvrage. M. Madden a collationné les deux volumes et y a trouvé presque partout des dissemblances, qu'il attribue à la composition simultanée faite par deux ouvriers sous une même dictée. P. Schoiffer avait annoncé cette édition par un prospectus en latin, le plus ancien sans doute des opuscules de ce genre, dont un exemplaire a été vendu 100 thalers (375 frs) à la vente du libraire T. O. Weigel de Leipzig, en 1872. Il y a un grand nombre d'exemplaires sur vélin, cités par V. Praet. *1er Cat.*, t. I, pp. 274-273 ; v. aussi Panzer, II, 120 ; Hain, *8554 ; Madden, *op. cit.*, 3° série, pp. 81-87.

102 HOLKOT (Robertus). Quaestiones super quattuor libros sententiarum. — Lugduni, Johannes Trechsel, 1497. 194 ff. n. ch. ; caract. goth. ; 2 col. de 55 ll. ; signatures 1, a-o ; A-I ; manchettes ; titres courants ; in-fol. [115]

F. 1*, *titre :* Magistri Roberti holkot. || Super quattuor libros sententiarum questiones. || Quedam conferentie. || De imputabilitate peccati questio longa. || Determinationes quarūdam aliarum questionum. || Tabule duplices omniū predictorum. F. 1* v° : Iodocus Badius Ascensius. F. Marco Alexandreo de Beneuento celestinorū ordinis diui || Benedicti..... salutē dicit. *In fine :*... Ex Lugduno. xij. kalendas Maias : || Anno salutis christiane. Millesimo quadringētesimo nonagesimoseptimo. F. 2*, *signé* 2, *table.* F. 9*, *signé* a, *incipit :* Clarissimi et longe disertissimi viri magr̄i || Roberti holkot sacre theologie pfessoris emi- || nētissimi : et sacri ordinis predicato₽ obseruā- || tissimi ex britānia magna q̄ nūc anglia dicitur || oriundi : opus questionū ac determinationum || sup libros sententiarū feliciter incipit. F. 122* v°, *1re col.* : Finis. || ..... addituri q̄ sequunt de imputabilitate peccati || et determinatiōes eiusdē. Hui⁹ aūt editionis || ab a vsq₃ o sunt omnes quaterniones : o vero || quinternio. F. 123*, *signé* A : Incipit ciusdē magistri Roberti holkot de || imputabilitate peccati subtilissima disquisitio. F. 194*, 2° col. : Finis determinationum magistri Roberti || holkot..... Registrum. || Huius operis diligēter impressi Lugduni || a magr̄o Iohāne Trechsel alemāno. anno sa- || lutis nostre. Mccccxcvij. ad nonas Aprilis. || charte cōsignate huiuscemodi characteribus. || a. b. c. d. e. f. g. h. i. k. l. m. n. o. A. B. C. D. E. F. G. || H. et I connectēde sunt. o. z. l. quine. B. ter- || ne relique autem quaterne. *Au-dessous la marque de l'imprimeur, sur fond noir, reproduite ici.*

Reliure moderne en veau jaspé, gardes peigne; exemplaire incomplet de plusieurs ff. dans la première partie; les cahiers A-C manquent totalement; on a omis de faire à la main les initiales de couleur. Notes marginales mss. Sur le f. du titre on lit : *Ex bb. ff. minor. pontisarentium.* Panzer, I, 551; Hain, *8763.

103 HOMILIARIUS patrum. — Sans nom de lieu ni d'imprimeur et sans date. 438 ff. n. ch.; caract. goth.; 2 col. de 47 ll.; sans signatures (cahiers quaternions, sauf trois qui sont ternions); réclames et titres courants; in-4° [129]

F. 1* : Opus preclarū omniū Omeliarū || z postillarū venerabiliū ac egregiorū || doctoȝ Gregorij Augustini Ieronimi || Ambrosij Bede Herici Leonis Max || imini Iohānis epī atqȝ Origenis. in || tegrliter super euangelia dñicalia de || tempe et de sanctis p tocius āni circu || lum. Cum quibusdā corūdem : spar || sim interpositis sermonib⁹. hincinde || suis locis collectis et coaptatis tem || porib⁹ In partē Hiemalem ac Esti || ualem diuisum : Incipit feliciter. || Pars Hiemalis et prima. F. 183* v°, *1ʳᵉ col. explicit :* rum. Amen Tu autē domīe. miserere || nostri. Deo gratias. F. 183* *blanc.* F. 184* : Omelie et Postille venerabiliū || doctorū Gregorij Augustini Iheroni || mi Ambrosij Bede Herici Leonis et || Maximī Integrliȶ sup euāgelia p to || tū annū. Cū qbusdā ꝑmonibȝ corūdē || sparsim inȶpositis. Incipit feliciter || Pars Estiualis. F. 287* v°, *1ʳᵉ col., explicit :* miserere nostri. Deo grās.

F. 288* *blanc.* F. 289* : In natali sancte Agnetis Sermo || Maximi epi.
F. 437*, 2° *col.* : Expliciūt omelie sup euāgelia de || sanctis p totum annū
cum quibusdā || sermonib⁹ eorūdem. F. 438* *blanc.*

Reliure originale, défectueuse; veau brun, filets à froid, plats en bois, traces
de fermoirs. Très bel exemplaire malgré quelques taches; superbes marges
avec témoins; initiales rouges faites à la main. A l'intérieur du premier plat
de la reliure, l'ex-libris de M. Madden et quelques notes manuscrites, entr'autres, d'une écriture du XV° siècle : *iste liber pertinet monasterio de bethleem
prope louanium.* Le mot de *bethleem* a été répété à la première page, et au
f. 437, au-dessous de l'*explicit*, on lit encore : *iste liber pertinet monasterio
beate marie in bethleem prope louanium.* Il y a au commencement et à la fin
du volume 3 ff. de garde en papier. Non cité par Panzer, Hain, etc. M. Madden,
op. cit., 6° série, pp. 8 à 13, parle de ce beau volume, inconnu aux autorités
bibliographiques; il pense qu'il a pu être imprimé à Louvain vers 1470, et il
fait remarquer que les caractères ressemblent à ceux du *Florus* de A. Ther
Hœrnen.

104 HOSTIENSIS (Henricus de Segusio, episcopus). Summa super titulis
decretalium. — Sans nom de lieu ni de typographe (Eustadii,
Michael Reyser), 1478-1479. Deux volumes; caract. semi-goth ;
2 col. de 64 ll.; sans signatures ni titres courants; gr. in-fol.
Tome I : 254 ff. n. ch. *Tome II :* 328 ff. n. ch. [16]

Tome I : F. 1* : Incipit sūma sup titulis decretaliū a || dño archiepo ebredi-
neñ compilata. || qui et vulgatiori vocabulo hostiēsis || dicitur. Additis
quoqȝ in quibusdam || locis et alijs rubricellis. *A la fin de la col.* : Versus
quibus ad nomen || autoris pulcre alludit. et || littera ei⁹ diues pmēdatur.

   Cedite sūmarum scriptores cedite longe.
   Hostium qui pandit sacrati dogmate iuris
   Hostiēsis adest. en clarus et littera diues.
   Ergo lege felix et ore solare labores.

F. 2* : Incipit summa hostiensis super titulis decre || talium compilata.
additis in aliquib⁹ locis quibusdam alijs Rubricellis. F. 76* *blanc au recto.*
F. 134* v°, 2° *col.* : Explicit liber primus. F. 135* *blanc.* F. 136* v° : In-
cipiunt rubrice in lib℈ secundū decre || talium qui est de iudicijs. .....
F. 137* : Incipit secunda pars summe hostiensis in li || brū decretaliū se-
cundū. qui est de iudicijs. F. 254* v°, 2° *col.* : Super libro decretaliū
secūdo. finita est ps || summe hostieñ.secūda. M.CCCC.lxxvnj.
Tome II : F. 1* *blanc.* F. 2* v° : Incipiunt rubrice in lib℈ tercium. F. 3* :
Incipit liber tercius de vita et hone- || state clericorum. F. 116*, 2° *col.* :
Finis tercij. F. 117* *blanc.* F. 117* v° : Incipiunt rubrice in librum quar-
tum. F. 118* : Incipit quartus liber de sponsalibus. || et matrimonijs.
F. 179* v° : Incipiunt rubrice in librum quintum. F. 180* : Incipit liber
quintus..... F. 328* v°, 1ʳᵉ *col., explicit* :

   Monstrās obscuras iuris dissoluere curas
   Extricat antiquas hec noua sūma plicas.
   Pro summe summo sit regi gloria summo.

Desideratum huius summe hostiensis fi- || nem aduexit mensis februarij

76 HUNGARIA

dies decimus- || octauus. quo post virginee plis vagit⁹ dul- || cissimos Mil
quadringenti septuagintano || uem anni transiere.

Reliure moderne en veau jaspé, tranche rouge, gardes peigne. Bel exem
plaire à grandes marges avec témoins; on a omis de faire les initiales c
couleur; foliotation manuscrite avec quelques erreurs. Sur le f. 1 on lit : c
Conuentu nygionis. Hain, *8962, a vu un exemplaire auquel manquait le pr
mier f. blanc du tome II, et il indique seulement 327 ff. au lieu de 328 pour
seconde partie. Panzer, I, 385; M. Deschamps, *op. cit.*, 471, pense que cet o
vrage est le second sorti des presses du premier imprimeur d'Eichstadt;
aurait été précédé par deux éditions sans date (1470-1475) du *Mariæ dei gen*
tricis.... defensorium, petit in-4°. V. sur les sources à consulter au sujet c
l'auteur, Ul. Chevalier *op. cit.*, 1038, au mot *Henri de Suze*.

105 HUNGARIA (Michael de). Sermones dominicales. — Hagenoae, Hen
ricus Gran, 1499. 426 ff. non chiffrés; caract. goth.; 2 col de 44 ll.
signatures 1, a-z, A-Z, aa-hh; titres courants; in-4°. [39]

F. 1*, *titre :* Sermones domicales peru || tiles a quodā fratre Hūgaro || ordini
minorū de obseruan || tia coportati Biga salutis in || titulati feliciter inci
piunt. F. 2*, *signé* 2: Prologus. F. 3*, *signé* 3 : Tabula sermo || num..
F. 7*, *signé* a : Incipiunt ser || mones dominicales qui nuncupan- || tur Big
salutis. F. 426*, 2ᵉ *col., colophon :* Sermones dñicales perutiles Bi || g
salutis intitulati.| a quodam fratre || Hungaro in cōuentu Pesthien. fra-
trum mino℣ de obseruātia cōportati || Impensis q̄ȝ et sumptibus puidi vir
Iohañis rymman p̄ industriū Hen- || ricum Gran ȳ imperiali oppido Ha
genaw inibi incolā diligentissimo im || pressi ac emēdati finiūt feliciī. Ann
|| ab incarnatiōe dñi. M.cccc.xcix. in p̄- || festo sancti Michaelis.

Reliure du XVII° siècle, en veau marbré, filets à froid; exemplaire incom
plet des ff. 294-96 (O⁸, et P¹,²,); on a omis de faire à la main les initiales d
couleur; sur le f. du titre, notes mss. des XVI° et XVII° ss. *Sum ex libri*
claudi aubertinj carnoten. de vrbe prope drocae (Dreux, Eure et Loir) | *pr*
Johannes agontin carnutensis diocesis — Pour les Capucins de Montfort. Note
marginales nombreuses relatives au texte. Panzer, I, 451; Hain, *9053.

106 — Sermones praedicabiles. — Sans nom de lieu ni de typographe
et sans date (Lovanii, Joh. de Westfalia, 1478?). 128 ff. non chi
frés; caract. goth.; 30 ll. ll.; signatures a-q; sans réclames n
titres courants; in-4°. [62]

F. 1* *blanc?* F. 2*, *signé* a 2, *table :* Accidia. sermone decimo N. Iten
ser. xi. F. F. 11*, *signé* B : Explicit tabula tredecim sermonū vniuersaliun
ma- || gistri Michaelis de Vngaria. F. 12*, *signé* B 2 : Sermones xiii. vniuer
sales magistri Michaelis || de Vngaria incipiūtfeliciter. || *En gros caractères*
[S]Equitur humiliat dominus filiȝ || voca seruit....... F. 109* v°, *in fine*
Expliciunt tredeciȝ materiar℣ sermones notabiles. . F. 127* v°, *explicit*
.... Iacobi pri- || mo. Quam nobis concedat qui sine fine viuit z reg- || na
Amen. F. 128* *blanc?*

Reliure originale en daim, plats en bois, traces de fermoirs; exemplaire à grandes marges, mais dont les premiers feuillets ont été rongés sur les bords. Les cahiers sont quaternions, excepté o qui est ternion, et a quinternion; dans le volume décrit ici, le titre et le dernier feuillet manquent. A l'intérieur du premier plat, quelques notes mss. de différentes époques, et l'ex-libris de M. Madden. Sur le f. 2, signé a 2, on lit d'une écriture du XV° siècle: *Fr blondel Augustini Remensis conuentus — Emptus xv s. torn...* dans le cours du volume on trouve des notes marginales de la même époque, relatives au texte. M. Madden, *op. cit.*, 2° série, pp. 72 et ss., attribue cette édition au typographe de Louvain, Jean de Westphalie, d'après la comparaison des caractères d'impression. M. Campbell, *op. cit.*, n° 1249. Non cité par Hain, Panzer, Brunet.

J

107 JANUA (Johannes Balbus de). Catholicon. — Parisiis, Felix Baligault, 1499. 316 ff. non chiff.; caract. goth.; 2 col. de 70 lignes signatures a-z, A-R ; titres courants ; nombreuses lettres historiées ; grand in-fol. [25]

F. 1*, *titre :* Summa que catholicon appellatur || fratris Iohannis ianuensis sacri ordinis fra || trum predicatorum nuper parisijs diligenti || castigatione emendata per prestantem virum magi || strum Petrū egidium in vtroq iure licētiatum vna || cum multis additionibus cum castigatis tum plurimorum poetarum sentētijs apprime pro proposito || aductis et probatis. *Au dessous la marque de Félix Baligault, reproduite ici.* F. 2, *signé* a ij

Felix quem faciunt aliena pericula cautū
Est fortunatus felix diuesq3 beatus.
Felici monumenta die felicia felix
Preſſit et hec vitij dant retinēt verichil.

Incipit summa que voce || tur catholicon : edita a fratre Iohanne de ianua ordinis fra- || trum predicatorum. F. 316* v°, 2° col., *colophon :* Hic manus apposita est catholicon fratris iohannis ianuēsis || ordinis predicatorum diligenter castigatum per prestātem do || ctrina virum eximium magistrum Petrum egidium qui nõ du || xit indignum suis laboribus singulos quoq; codices immoue || ro singulas pagellas diligēter recognoscere et additiones acu || tas ex sua ingenij officina profectas aduertere : . . . . Impressum pa || risijs per magistrum felicem baligault ciuem parisiensem Y mõ || te sancte genouefe ad intersigne diui stephani concurrēte caus || sa miro caractere exarauit anno immense reparationis mille- || simo quadringentesimo nonagesimo nono sole vero nouem- || bris cludente octauam cum expensis honesti viri Simonis vo || stre commorantis Parisius in vico nouo beate marie ad inter || signe diui iohannis euangeliste.

Reliure moderne en veau brun, exemplaire réglé ; sur le f. 2, note en caract. gothiques : *Ex libraria conuentus Ambian. fratrum ordinis minorum.* Aucun bibliographe n'a décrit cette édition ; Panzer, II, 334, Hain, 2267, Brunet, III, 503, la citent brièvement.

108 — — Sans nom de lieu ni d'imprimeur, et sans date (Argentinae, Mentelin, 1470 ?) 371 ff. non chiff. ; caract. goth. (à l'R bizarre) ; 2 col. de 67 lignes, excepté le f. 230 qui a 68 ll. ; sans signatures, réclames, ni titres courants ; grand in-fol. [77]

F. 1* *blanc.* F. 2* : Incipit summa que vocatur catholicon, edita a || fratre iohanne de ianua ordĩs frat₴ p̃dicato₴. || [P]Rosodia quedam pars || grāmatice.... F. 66*, *col. 1 :* [A] Alma. interpretatur virgo || abscondita... F. 370* v°, *col. 2 :* Conclusio libri. || [I]mmensas omnipotente deo..... *ligne 22 explicit :* centia. virtus & potestas. regnum & imperium in || secula seculorum. Amen. F. 371* *blanc.*

Reliure originale en peau de truie gaufrée, filets et fers à froid, plats en bois, traces de fermoirs ; très bel exemplaire, non rogné à la marge extérieure ; nombreuses initiales rouges faites à la main ; à l'intérieur du premier plat de la reliure, deux ex-libris ; celui de M. Madden, et un autre gravé à la fin du XVIII° siècle, avec un écusson armorié : *coupé : au 1 d'azur à l'arc en ciel d'or, cantonné d'une colombe de... tenant dans son bec un rameau de sinople, au 2° de ... au lion rampant de ... appuyé sur une demi-roue dentée de ...* timbré d'une mitre accompagnée de la crosse et de l'épée, avec les initiales B A Z W. Les armoiries appartiennent à Bonaventure Brem, dernier abbé de Weissenau, 1794-1818 (*Freiburger diocesan Archiv*, t. XVIII, p. 253-54, liste des prévots et abbés de Weissenau). Les initiales peuvent se lire ainsi : *Bonaventura Abt Zu Weissenau.* Cette abbaye de Prémontrés était située près de Ravensburg dans le royaume de Würtemberg. (Note due à l'obligeance du R. P. dom Gabriel Meier, bibliothécaire à l'abbaye d'Einsiedeln.) Au verso du f. 1, note ms. du XV° s. : *dominorum meorum de capitulo*, et au f. 2, en écriture du XVII° s. : *Bibliothecae Minoraugiensis, a. d. 1630-1724.* M. Madden, *op. cit.*, 4° série, pp. 91-113, décrit cette édition, qu'il attribue aux Frères du couvent de Weydenbach. V. aussi Panzer, I, 79 ; Hain *2254 ; Brunet, III, 562 ; Van-Praet, *1ᵉʳ Cat.* t. IV, pp. 20-21.

JOHANNES (S.) Chrysostomus, voyez CHRYSOSTOMUS.

109 JORDANUS Nemorarius. Arithmetica et alii tractatus. — Parisiis Johannes Higmann et Wolfgang Hopyl, 1496. 72 ff. n. ch.; caract. goth. de 2 grandeurs; ll. ll. de nombre variable; signatures a-i nombreuses figures sur bois en marge et dans le texte; in-fo. [86]

F. 1ᵃ : In hoc opere contenta. || Arithmetica decem libris demonstrata || Mu sica libris demonstrata quattuor || Epitome ⁊ libros arithmeticos diui Seue rini Boetij || Rithmimachie ludus q̃ z pugna nũero⁊ apellat̃. || G. Gonteri Cabilonensis : in || laudẽ Arithmetices z Musices. (9 distiques). F. 1* v° Noua ₚmentatio in Iordanũ per Iacobum fabrũ stapulẽsem laborata || a clarissimum virum Ioannem de Ganay.... F. 2*, signé a 2 : Iordani Nemo rarij Clarissimi viri Elementa Arithmetica : cũ demõstratiõibus || Iacol Fabri Stapulensis..... F. 63* v° : Iacobus Faber Stapulẽnsis Magnifico dño Ioanni Stephano || Ferrerio designato Episcopo Vercellensi...... F. 72* v° Has duas Quadriuij partes et artium liberalium precipuas atq̃3 duces cu quibusdam ãmini- || cularijs adiectis : curarunt vna formulis emendatis sime mandari ad studiorum vtilitatem Ioannes || Higmanus, et Volgangu Hopilius suis grauissimis laboribus z impensis Parrhisij Anno salutis domini : qui oĩa in numero atq̃3 harmonia formauit 1496 absolutũq̃3 red diderunt eodem anno : die || vicesima secunda Iullij suos labores vbicunq valebunt semper studiosis deuouentes. Et idem quoq̃3 || facit Dauid Lauxiu Brytannus Edinburgensis : vbiq̃3 ex archetypo diligens operis recognito || Registrum presentis operis. || a b c d e f g h i || Omnes quaterni. Suiver les incipit des premiers feuillets de chaque cahier.

Reliure moderne en veau brun; bel exemplaire grand de marges; sur le f. d titre notes mss. : F. 1. Galli — Fr Nicolaus donyuel (?) me vtitur. — Pro Bl ff. M. pontisarentium. Panzer, II, 342; Hain, 9436.

110 JUSTINIANUS imperator. Digestum vetus, cum glossa. — San nom de lieu, ni de typographe, et sans date, (Lugduni, Johanne Syber, 148.?) Deux volumes: caract. goth. de deux grandeurs rouges et noirs; 2 col. de 73-74 ll. pour le commentaire qui en toure le texte, et 51 ll. pour le texte; titres courants; gr. in-fo Tome I : 436 ff. non chiff.; signatures a-z, ꝛ ꝑ ⁊, A-Y, aa-ee Tome II : 386 ff. non chiff.; signatures a-z, ꝛ ꝑ ⁊, A-N. [18-19]

Tome I : F. 1*, manque. F. 2*, signé a ij en rouge : In noĩᵃ dñi Iesu xp̃i Impator Iustinianᵍʰ : cesar. fla || uiᵍᵈ Alamanic⁹ : Gotic⁹ : Frã || chus : Ger manic⁹ : Attic⁹ : Af || fric⁹ : Vãdalic⁹ : Piᵍᵉ : Felixᵗ || Inclytᵍᵘ : Victorʰ a triũpha || torⁱ semp augustusᵏ Theophi- || lo et Dorotheo viris illustribᵇ || antecessoribᵍⁱ. Saluteᵐ F. 4* v°, 2° col., en rouge: In noĩᵃ dñi amen Iustini- || ani sacratissimi principis perpe || tuiʰ augustie iuris enucleatiᵈ e || omni veteri iure collectiᵉ dige || sto⁊ seu pandectarũ liber primᵒ || de ius ticia et iure incipit. F. 436* v°, explicit liber xxiiij De diuorcijs :... z

cōcubinam si || bi adhibuerit : idē erit pbanduʒ || vel dicendumᵘ. || Ad laudē
eius qui est trinus ɀ || vnus. Explicit liber secūdē par || tis digesti veteris
feliciter. *Au-dessous la marque typographique de Jean Syber, imprimeur
à Lyon, 1482-1498, (Silvestre nº 522) reproduite ici.*

Tome II : F. 1*, manque. F. 11*, *signé* b. (*liber xxxix de damno infecto*)
incipit : vsufructᵒ titie est : dāni infecti do || minū repromittere : aut titiā
satis || dare debere : qđ si in possessione || missus fuerit is :..... F. 386 vº
(*le 6ᵉ f. du cahier N*), *liber l de regulis iuris explicit :* sEruus: reipublice
causa || abesse non potest || .... Finis. || Tabula omniū rubricarum per ordinē
posita. || [D]E operis noui nūcia || tione (*sur 5 col.*) *A l'angle droit de la
page, la marque typographique de Jean Syber, comme à la fin du tome I.*

Reliure moderne en veau brun pour le tome I, le tome II est dérelié ; belle
édition, mais l'exemplaire a été mouillé à plusieurs pages ; incomplet du f. 1
du tome I et du cahier a du tome II ; il y a une lacune entre le livre 24ᵉ et le
livre 39ᵉ. Initiales rouges ou bleues faites à la main ; sur le f. a ij du tome I on
lit : *Pro bb. ff. M. Pontisarentium.* Panzer, VII, 534, et Hain. *9342, décrivent

une édition en trois volumes du *Digeste*, faite par J. Syber à Lyon; le nombre de pages des volumes diffère de celui des deux volumes de l'exemplaire de Versailles; ce dernier provient évidemment d'une autre édition non signée, mais ornée de la marque de l'imprimeur.

111 JUSTINIANUS Institutiones. — Basileae, Michael Wenssler, 1476. 106 ff. n. ch.; caract. goth. de deux grandeurs; 2 col. de 66-67 ll. pour le commentaire qui entoure le texte; sans signatures ni titres courants; gr. in-fol. [20]

F. 1 blanc. F. 1* v°, table. F. 2* en rouge, incipit* : [I] || N nomine dñi nřĩ iħu xp̄i || Impr cesar flau⁹ iustini || an⁹ alāmanič. franč. ger || manic⁹. actic⁹. guanda || licus. africus pi⁹ felix. ɪ || clit⁹ victor ac triūpha- || tor sp august⁹ cupide le || gū iuuentuti. Incipit || liber prim⁹ dñi. Iustini || an Impatoris Ïstitucio || num seu clementoruz. *F. 106* v°, en rouge, explicit* : Iustiniani Cesaris pre || clarissimuz institucionū || op⁹ in celebratissima vr || be Basilēesi. quaz aeris || clemētia agri. vbertas || et hominum industria || ceteris vrbibus prestan || ciorem facit terse niti- || de et emēdate impres- || sum est per Mihahelez || Wenssler. expletuz deni || qȝ anno nostre salutis || septuagesimo sexto p⁹ || millesimū et qūadringō || tesimum pridie kalen- || das Iunii. *Au-dessous du commentaire, en rouge, 8 vers* :

> Per catedras opus illud cat per pulpita celsa.
> Instituto⅔ Caesaris eximium
> Et doctos adeat lubet insignis Basilea.
> Vnde sibi et domino magnus honos redict.
> Hoc studiosa manus labor ingeniū Mihahelis
> Wensslers. exterse impresserat et nitide
> Mille quadringentos numerat sex setuaginta.
> Cum nostro maij codice finis erat.

Au-dessous, la marque du typographe, sur fond rouge, reproduite ici.

Reliure moderne en veau brun; incomplet du f. 1; initiales et titres courants rouges et bleus faits à la main, quelques notes marg. et sur le f. 2 : *Pro bb. ff. M. Pontisarentium.* Panzer, I, 147; Hain, *9499.

112 JUSTINIANUS (S. Laurentius). Opera. — Sans nom de lieu ni de typographe, et sans date. Feuillets chiffrés : I-XXXIIII — I-LXVIII — 1 f. n. ch., I-XXXIII — I-LXIIII — I-LXXXIII, et 1 f. n. ch. =

284 ff.; caract. romains; 41 ll. ll.; signatures a-e, AA-II, aa-ee, a-h, AaAaA-LlLlL; titres courants; in-fol. [145]

F. I, *titre* : OPVSCVLVM DE CON || TEMPTV MVNDI : F. II, *signé* a ii : Beatissimi Laurentii Iusti. opusculum de cōtemptu mundi : per Capi || tula. xxi. diuisum : quibus peragratis : q̃uilipendenda huius saeculi sit glo || ria : lectori cuilibet facilime constabit. F. I, *cahier* AA, *titre* : DE INSTITVTIONE ET REGIMINE || PRAELATORVM. F. 1*, *cahier* aa, *titre* : DIVI LAVRENTII IVSTINIANI PATRIAR- || CHAE VENETIARVM DE VITA SOLITARIA. F. I, *cahier* a, *titre* : DE DISCIPLINA : ET PER || FECTIONE MONASTI || CAE CONVERSA || TIONIS. F. I, *cahier* AaAaA, *titre* : SERMONES IN SANCTORVM || SOLENNITATIBVS. F. LXXXIII *explicit* : DIVI LAVRENTII IVSTINIANI VENETIA- || RVM PROTHOPATRIARCHAE SER- || MONES DE SANCTIS HIC FELI- || CISSIMVM SORTIVN- || TVR FINEM. F. LXXXIII v° : Tabula sermonū :.... F. 1* *et dernier blanc*.

Reliure recouverte d'une feuille de parchemin provenant d'un manuscrit liturgique du XV° siècle, qui a été tachetée avec de l'encre; bel exemplaire d'une édition, italienne probablement, réglé; grande initiales peintes sur fond or, et petites initiales blanches ou rouges; notes marginales mss. contemporaines du volume et mots soulignés à l'encre noire. Sur le f. du titre note mss. : *Ex libris PP. Recoll. conuent. versalliensis;* le mot versalliensis a été écrit sur un autre nom : *Paris*....? Non cité par Hain; Panzer, VI, 339 indique une édition faite par Brescia, par Aug. Britannicus, in-fol.; elle est aussi mentionnée par Brunet, III, 618; v. Ul. Chevalier, 1358, au mot *Laurent*.

L

LE GRAND (Jacques), voyez MAGNUS.

113 **LEO magnus** (S.). Sermones et opuscula. — Romae, Conradus Sweynheim et Arn. Pannartz, 1470. 134 ff. n. ch.; caract. romains; 38 ll. ll.; sans signatures ni titres courants; in-fol. [132]

F. 1* blanc. F. 2* : Iohannis Andree. Episcopi Aleriensis. Ad summũ || Pontificem. Paulum. II. Venetum. Epistola. || [S]I tua mihi pater beatissĩe Paule. II..... F. 2* v° : Sequuntur Rubrice totius operis p ordinem. F. 5*, *incipit* : Beati Leonis pape de assumptiõe sua ad || pontificatũ gratiaɋ actiõis sermo Primus. F. 13* *incipit* : & ad purificatione nostrã.... F. 134*, colophon :

> Aspicis illustris lector quincunq; libellos
> Si cupis artificium nomina nosse : lege.
> Aspera ridebis cognomina Teutona : forsan
> Mitiget ars musis inscia uerba uirum.
> Cõradus sueynheym : Arnoldus pannartzɋ3 magistri
> Rome impresserunt talia multa simul.
> Petrus cum fratre Francisco Maximus ambo
> Huic operi aptatam contribuere domum.
> . M. CCCC. LXX .

Reliure du XVII° siècle, en veau grenat, dos à filets dorés et pièces en maroquin vert, gardes peigne; à l'intérieur, l'ex-libris de M. Madden. Bel exemplaire de l'édition princeps des sermons de s. Léon; initiales de couleur faites à la main. Notes marginales et foliotation manuscrites. A la dernière page de chaque cahier, on lit comme une sorte de signature, le premier mot du cahier suivant; cette précaution du premier relieur a permis de reconnaître l'existence d'un feuillet blanc?, qui précédait le commencement du texte et qui n'a été indiqué par aucun bibliographe. Les onze premiers cahiers ont 10 feuillets et les trois derniers sont quaternions. On reconnaît l'inexpérience des premiers ouvriers typographes par l'irrégularité de la justification du côté droit des pages. Panzer, II, 419; Hain *10011; Brunet, III, 980; Audiffredi, p. 57.

114 LITTERA indulgentiarum. — 1 feuillet; caract. goth.; 18 ll. ll.; gravure sur bois; in-fol.; [166]

Incipit : Vniuersis presentes licteras inspecturis nos frater martinus dulcis sacre theologie || licenciatus gardianusq3 conuentus exolduni notum facimus..... *Explicit l. 15°.....* domus archiepiscopus bituricēn. xl. diebus || gcessit. Et quia deuot   in christo || de bois suis scdm ordnacionē dctī quēt⁹ gtribuit ideo mito dictis graciis gaudē debet || Datū sub sigillo ahoc ordīato die   mēsis   āno dñi mille° ccccxc°ii. .. (?)

Demi-reliure moderne, dos en maroquin brun. Deux exemplaires de cette lettre étaient collés à l'intérieur des plats de la *Pragmatica Sanctio* imprimée à Lyon par J. de Vingle, en 1497; on les a décollés et réunis dans une même reliure; malheureusement ils sont mutilés, et on n'a pu reconstituer la date. A la partie supérieure de l'un des exemplaires se trouve une gravure sur bois, au milieu, le Christ crucifié sur un arbre, à gauche, s. Jérome et son lion, à droite, un évêque, s. Bonaventure, auprès duquel est suspendu un chapeau de cardinal; sur l'autre exemplaire on voit encore les restes d'une bordure gravée sur bois. On y lit aussi une note ms.: *mathe conseiller*. Frère Martin Ledoux était gardien d'un couvent de cordeliers fondé dans un faubourg d'Issoudun par les seigneurs de Chauvigny.

115 LUDOLPHUS carthusianus. Vita Christi. — Parisiis, Felix Baligault, 1497(?) 296 ff. n. ch.; caract. goth.; 2 col. de 70 lignes; signatures a-z, A-O; manchettes; titres courants; in-fol. [54]

F. 1*, *titre* : Vita christi saluatoris nostri iuxta || seriem euangelistarū cum multa erudi || tione sanctaq3 doctrina diligēter ac succinte collecta a religiosissimo || viro ludolpho laudatissimi ordinis carthusientium. In cenobio argē || tinensi professo. Nuper cum summa castigatione annotationibus ac || etiam quotationibus Impressa est. *Au-dessous la marque de Félix Baligault imprimée en rouge, mais sa devise est imprimée en noir, v. p. 78.*
F. 2*, *signé* a 2, *incipit* : Prologus Ludolfi carthusiēsis viri de || uotissimi atq3 doctissimi in librum qui in || scribitur vita christi. || FVndamen || tum aliud.... F. 4*, *signé* a iiii, 2ᵉ *col.* : De diuina et eterna christi geneeatione.
F. 148* v°, 1ʳᵉ *col.* : Finit prima pars vite Iesu christi. || Sequŭtur rubrice capitulo4 sede partis. F. 383*, 2ᵉ *col.* : Finit secunda pars huius libri. || Sequitur registrum capitulorum huius libri || Secundū ordinem euangeliorū totius anni.

Reliure du XVIIIᵉ siècle, en veau fauve; sur les plats on a frappé à froid : CONVENTVS. CAPVCINEVS. MEDONENSIS. et l'ex-libris représentant les instruments de la Passion. Exemplaire incomplet des 3 derniers ff. contenant

la table, et dont le titre est mutilé; nombreuses notes marginales et sur le f. ?
on lit : *Capucins de Meudon*. Initiales rouges ou bleues faites à la main. Cit(
brièvement par Hain, 10297, et Panzer, II, 318.

116 LYRA (Nicolaus de). Glossae in universa biblia. — Venetiis, Joh. de
Colonia et Nicolaus Jenson, 1481. Quatre tomes ; caract. goth. de
deux grandeurs, le texte entouré par le commentaire ; 2 col. de
53 ll. pour les gros caract. et 65 ou 66 ll. pour les petits ; titres
courants ; in-fol. *Tome I* : 418 ff. non chiff., signatures a-z, ꞇ ꝑ ꝝ ?
A-T. *Tome II* : 417 ff. n. ch. (le cahier P a 11 ff.); signatures P-Z
aA-gG, aa-zz, ꞇꞇ ꝑꝑ ꝝꝝ. *Tome III* : 350 ff. non chiffrés ; signatures
AA-ZZ, AAA-III, Aa-Cc. *Tome IV* : 386 ff. non chiffrés ; signatures
Ee-Zz, Aaa-Fff, 1-14, 1. [59-60-61-62]

> *Tome I* : F. 1* v° : Francisci Moncliensis de Genua in sacrosanctā biblian
> epistola. *Dans cette épitre se trouve le nom des deux imprimeurs, J. de
> Cologne et Nicolas Jenson. In fine :* Accipe queso optime pater..... Fran
> cisce Sanson sacre theologie p̄ ‖ fessor celebrande : ac ordinis minor
> generalis hoc opus tuo nomini dedicatū : per venerandū fra ‖ trem magis
> trū Pauluȝ a Mercatello :..... F. 2*, *signé* a 2 : Prologus primus Venera
> bilis fratris Nicolai de lyra ‖ ordinis seraphyci Frācisci : in testament
> vet⁹ de cōmē- ‖ datione sacre scripture in generali incipit. F. 418* t
> (*cahier* O), *1ʳᵉ col. explicit :* Postilla frīs Nicolai de lira in libros regū c̄
> additioni ‖ bus pauli burgen. ꞇ replicis defensiuis Matthie doring fi- ‖ ni
> feliciter.
>
> *Tome II* : F. 1*, *signé* P : Expositio cōfratris cuiusdā de ordine postillatori
> ‖ in plogum libroꝝ palypomenon sequit̄. F. 309*, *blanc.* F. 310*, *signé* rr
> Expō plogi I puerbia salomonis Icipit. F. 417*, *explicit :* Postilla venerabi ‖
> lis fratris Nicolai de ‖ lyra super ecclesiasti- ‖ cum finit feliciter.
>
> *Tome III* : F. 1*, *signé* AA : Incipit prologus in Esaiam p̄phetam. ‖ nEmo c̄
> pphetas ꞇc̄ Iste plogus di- ‖ uidit̄ ī quinqȝ partes. F. 449*, 2° col. : Ex-
> plicit postilla nicolai de lyra sup vet⁹ testamentuȝ cū ex- ‖ positionibu
> britonis in prologos hieronymi : ꞇ cum addi- ‖ tionibus pauli ep̄i burgēsi.
> ꞇ correctorijs carundē additio ‖ num editis a mathia doringe ordinis mino
> rum. F. 450* *blanc ?*
>
> *Tome IV* : F. 1* *blanc ?* F. 2*, *signé* Ee 2 : Incipit postilla sup matthes
> fratris nicolai de lyra ‖ ordinis fratꝝ minoꝝ. ‖ [Q]Vatuor facies vni Eȝech
> j. ‖ sedȝ ꝗ scribit b̄ is grego.... F. 378* *colophon, à ll. ll. :* Exactum es
> venetijs insigne hoc : ac inusitatum opus biblic vna cum postillis vene
> randi ‖ viri ordinis minorum fratris Nicolai de lyra : cūqȝ additionibu
> per venerabileȝ episcopū ‖ Paulum burgensem editis : ac replicis magistr
> Matthie dorinck eiusdem ordinis minoruȝ ‖ fratris ꞇ theoligi optimi : cha
> ractere vero Ipressum habes iucundissimo : impensaqȝ : curaqȝ ‖ singulari
> optimorum Iohannis de colonia Nicolai ienson : sociorumqȝ : Olympiadi
> bus ‖ dominicis : anno milesimo quodringentesimo octuagesimo prime
> pridie calendas sextiles. F. 378* v° : Francisci moncliensis.... Epistola

F. 379* à 380* : Registrum charta℥. F. 380* *la marque du typographe sur fond rouge, reproduite ici.*

F. 381* : Incipit libellus editus per mgr̃z Nicolaũ de lyra or- || dinis mino℥ theologie pfessorē : in quo sũt pulcherri- || me qões iudaicā pfīdiā Y catholica fide Yprobātes. F. 386* v°, 2° col., *explicit :* Et sic est finis. Laus deo.

Reliure du XVII° siècle, en veau fauve; sur les plats on a frappé à froid l'inscription : CONVENT⁹ CAPVCINOR. MEDONENSIS, et l'ex-libris du couvent, une croix avec les instruments de la Passion. Exemplaire bien conservé, mais un peu rogné par le second relieur; il lui manque deux ff. blancs, le dernier du t. III et le premier du tome IV; jolies initiales rouges et bleues faites à la main; sur le f. de garde du t. I, on lit: *Franciscus Alligretus — pour le lieu de Paris*, et, d'une écriture plus récente : *Capucins de Meudon 1615;* quelques notes marg. mss. Il est probable qu'on avait gravé des bois qui devaient être imprimés dans le texte, car on trouve parfois des espaces blancs ne correspondant pas à la fin d'un chapitre. V. sur cette belle édition, Brunet, III, 1255 (au mot *Lyra*); Hain, *3164 (au mot *Biblia*), décrit un exemplaire où la division des deux premiers tomes a été faite différemment de celle de l'exemplaire de Versailles; Van Praet, *1ᵉʳ Cat.*, t. I, p. 54; non cité par Panzer.

117 LYRA (Nicolaus de). Glossae in universa biblia. — Venetiis, Oct. Scot,
1488. Trois tomes; caract. goth.; 2 col. de 59 ll.; titres courants;
in-fol. *Tome I* : 418 ff. n. ch.; signatures 1-42. *Tome II* : 354 ff.
n. ch.; signatures aa-AA. *Tome III* : 324 ff.; signatures a.....
Deux exemplaires. [57-58]

Tome I : F. 1*, *blanc*. F. 2*, *signé* j, *incipit* : Primus prologus Nicolai de
lira de ‖ pmendatione sacre scripture in generali. ‖ [H]Ec omnia liber ‖ vite.
Eccle. 24. Scđm qđ dic̄ ‖ bea⁹ Greg. omel. 35. euāgelio⁊ ‖ tp̄alis vita.....
F. 417* v°, *2ᵉ col.* : Explicit postilia. N. de lira super ecclesiasticū. F. 418*,
blanc?

Tome II : F. 1*, *signé* aa : Postilla venerabilis fratris. Nicolai đ Li- ‖ ra super
psalterium incipit feliciter. ‖ [P]Ropheta ma $^{gn^9\ sur}_{rexit\ \Upsilon}$ ‖ nobis. Luce. 7....
F. 110* v° (*le dernier de l'exemplaire et le 10° du cahier* ll, *explicit* : ʒ ad
dignitatē regni pmouendo. q. d. pp ista ʒ F. 118*, *2ᵉ col.* : Explicit postilla
fratris Nicholai de lira sup ‖ librum psalmorum. F. 119*, *blanc?* F. 120*,
signé AA 2 : Nicolai de lira sup esaiā ad lfam expositio. F. 354*, *2ᵉ col.* :
Explicit postilla. N. de lira. super prophetas.

Tome III : F. 1* *blanc?* F. 2*, *signé* a 2 : Fratris nicolai de lira ordinis fratrum mi ‖ no⁊ ʈ quattuor evāgelia. Prologus incipit. ‖ [Q]Vattuor facies
vni..... F. 324* v° : Explicit postilla frīs Nicolai de lira ordīs ‖ minoruʒ
in apocalypsim Impressa Venetiis. ‖ opera ʒ impensa Octauiani Scoti Mo-
doetiō- ‖ sis. Anno salutifere incarnatiōis. M°. CCCC. ‖ LXXXVIII. Quinto
idus Augusti.

Reliure moderne en veau fauve; exemplaire incomplet de la fin du
tome I et du tome II, et de tout le tome III; la description des parties man-
quantes a été empruntée à celle de Hain, *10365; notes marginales manuscrites. Au f. 2 on lit : *Pro bb. ff. M. Pontisarentium*, et au f. 186 du t. I : *Ce
present liure appartient a Jacques Leduc*....... Initiales bleues ou rouges faites
à la main. Le second exemplaire incomplet aussi, se termine au f. 118 du
tome II. Il a conservé sa reliure originale en veau brun avec plats en bois,
fers à froid, et traces de fermoirs; on a omis de faire à la main les initiales
de couleur. Sur le f. 2, note ms : *Pro bb. ff. M. Pontisarentium*, et à l'intérieur
du plat de la reliure : *die primo junij an° 1578.*, et plus bas un ex-libris ms. :
Franciscus. Fitzherbart. Anglus... V. Panzer, III, 252.

118 — — Norimbergae, Antonius Koberger, 1497. Quatre tomes :
caractères gothiques de deux grandeurs; le texte entouré par
le commentaire; 2 col. de 71 ll. ou 57 ll.; titres courants;
foliotation en chiffres romains; manchettes; quelques figures
dans le texte. *Tome I* : FF. ch. : I-CCCCXXIIII; signatures Aa-Az,
Ba-Bz, Ca-Cg. *Tome II* : FF. ch. : I-CCCXXXVIII; signatures Da-
Dz, Ea-Et. *Tome III* : FF. I-CCCXVII et 1 f. blanc; signatures A-Z,
AA-RR. *Tome IV* : FF. : I-CCCLI; signatures a-z, aa-xx. [88-90]

Tome I : F. I, *titre :* Prima pars Lyre. || Libri biblic cum || postillis. additio || nibus et replicis || p̄tenti in p̄ma pte || Lyre || .... F. II, *signé* Aa 2 : Prologus prim⁹ Venerabilis fratris Ni- || colai de lyrą ordinis seraphici Francisci : in te || stamentū vetus de cōmendatiōe sacre scriptu || re in generali incipit. || [H]Ec omnia li || ber vite zc. || Eccłi. xxiiij.... F. XXII, *2ᵉ col.*, *texte :* Incipit liber Genesis q̄ || dicit hebraice Bresith. F. CCCCXXIII, *2ᵉ col.*, *texte :* Explicit oratio Manas- || ses regis iuda. *Commentaire :* Explicit oŕo regis || Manasses.

Tome II : F. I, *titre :* Secunde pars Lyre. || Libri biblie cū postil || lis.... cōtenti in sc̄da pte Lyre. F. I, *v°*, *texte :* Incipit p̄fatio bt̄i Hiero || nymi p̄sb̄ri in librū Esdre. || [V]Trū... F. X *signé* D b 2, *texte :* Incipit liber Neemie. || Capitulū I. F. CCCXXXVIII : Explicit liber || Ecclesiastic⁹.

Tome III : F. I, *titre :* Tercia pars Lyre. || Libri Biblie cū postil || lis : additōibus z repli || cis cōtenti ɪ tercia pte || Lyre || .... F. I *v°* : Incipit prologus in Esaiam p̄phetam. || [N]Emo cum p̄phetas zc..... F. CCCXVII *v°*, *2ᵉ col.* : Explicit postilla Nicolai de lyra sup vetus testamentū || cū expositionib⁹ britonis in p̄logos Hieronymi. z cū ad- || ditionib⁹ Pauli ep̄i burgeñ. z correctorijs earundē additi || onum editis a Mathia doringk ordinis minorum. F. 1*, *blanc*.

Tome IV : F. I, *titre :* Quarta pars Lyre. || Libri totius no || ui testamenti cū || postillis additi- || onib⁹ z replicis || cōtenti in quar- || ta parte Lyre || ..... F. II, *signé* a 2 : Incipit postilla sup Matheū fratris Nicolai de lyra || ordinis fratrum minorum. || [Q]Vatuor facies vni Eze. || j p̄m. q̄ scribit. b. Gre.... F. CCCXLV *v°*, *signé* xx ; *colophon*, *à longues ll. :* Exactū est Nuremberge insigne hoc : ac inusitatū opus || biblie illustratū cōcordantijs vtriusq3 testamēti vnacū po- || stillis venerādi viri ordinis minoɀ fratris Nicolai de lyra || cūq3 additionibus p venerabilē episcopū Paulū burgen- || sem editis : ac replicis magistri Mathie dorinck eiusdē or- || dinis minoɀ fratris z theologi optimi : charactere ɣo im- || pressuɀ habes iucūdissimo ; impēsisq3 Anthonij kobergers || prefate ciuitatis incole. Anno incarnate deitatis. M. cccc || xcvij. die ɣo sexta Septembris. De quo honor inuictissi- || me trinitati necnon intemerate virgini Marie Iesu christi || gerule : Amen. F. CCCXLVI : Incipit libellus editus p magistrū Nicolaū || de Lyra ordinis minoɀ theologie pfessorē : in || quo sunt pulcerrime q̄stiones iudaicā pfi- || diam || in catholica fide improbantes. F. CCCXLVIII *v°*, *2ᵉ col.* : Et sic est finis. Laus deo. F. 1* *blanc*.

Reliure moderne en veau brun, tranche dorée ; exemplaire incomplet du tome II, dont la description est donnée d'après un exemplaire de la B. de la Ville à Lyon ; nombreuses piqûres de vers. Les ff. des titres ont servi à faire des tables manuscrites ; quelques notes marg. mss. Ces volumes n'ont pas d'indication de provenance, mais ils ont appartenu au XVIᵉ siècle à un allemand, qui a écrit quelques notes sur le 1ᵉʳ f. du tome I ; elles sont relatives au texte. Hain, *3171.

119 — **Postilla super psalterium.** — Parisiis, Udalricus Gering, 1483. 409 ff. n. ch. (le cahier b a 9 ff.) ; caract. romains de deux grandeurs ; 39 ll. ll., le texte entouré par le commentaire ; signatures a-z, A-P ; sans titres courants ; in-4° [20]

F. 1*, *manque*. F. 2*, *signé* a. ii : Postilla venerabilis fratris Nicolai de ‖ Lyra super psalterium feliciter incipit. F. 5* v°, *texte :* Incipit plog⁹ btī hiero. psbr̄i ĩ ps. ‖ [P]Salteriū rome..... F. 407* v°, *le colophon et une note manuscrite reproduits ici*.

Explicit postilla suꝑ libru͂ psalmoꝝ edita a fratre Nicolao de lyra ex ordine minoꝝ sacre theologie doctore excellēti͂ssimo Impressūꝗ in celeberrima vrbe Parisiēsi in vico sācti iacobi ad intersignū solis aurei per mgr͂m vdalricū gering. Anno dn̄i M°. cccc°. lxxxiii. die quinta nouembris. *Quaq́ui͂d postillam dictus n̄r fr̄ valdricus donauit priori et fratribus sancte crucis conuictūs parisiēsis intuitu caritatis in pura elemosina quatenus fratres dicti [...] in posterū teneantur orare pro se suisꝗ omibus viuis et defu͂ctis. Anno dn̄i 1485. mēsis decembris die feria. //*

Iste liber ptinet fr̄ibus sancte crucis conuictūs pisie͂n̄ Ihīus maria. Sancti augustini. Sctūs Ludouicus. Sāncta helena.

Ꝑ tale sign͂u. D. 12. signatū ē h′volumen.

F. 408*, *sur deux col. :* Incipit tabula adinueniēdū ‖ ꝑm alphabeti ordinem.... F. 409*, *1er col., explicit :* Voce mea ad do. cla. .cxli.

Reliure moderne en veau jaspé, gardes peigne; joli exemplaire mais trop rogné en tête par le second relieur, et incomplet du f. 1; quelques grandes initiales argent sur fond de couleur et petites initiales rouges ou bleues, faites à la main. Sur le f. 2 on lit : *Pour les Capucins de Chartres.* Panzer, II, 284 et Hain, 10378, indiquent brièvement cette édition ; Chevallier, *op. cit.*, p. 69.

120 LYRA (Nicolaus de). Postilla super psalterium. — Sans nom de lieu ni d'imprimeur, et sans date. 166 ff. n. ch.; caract. goth. de deux grandeurs; 57 ll. pour le commentaire qui encadre le texte; signatures a-x?; sans titres courants; initiales gravées sur fond noir, de plusieurs grandeurs; in-4°. [21]

F. 1*, *titre ? manque.* F. 2*, *signé* a ij : Postilla venerabilis fratris Nicolai ‖ de lyra super psalteriū feliciter ĩcipit. ‖ PRopheta magnus surrexit ĩ nobis Luc. vij. Quāuis liber psalmo- ‖ rum...... F. 156* : Explicit postilla suꝑ librum psalmorum edita a fratre Nicho- ‖ lao de lyra ordine minoꝝ : sacre theologie doctore excellētissimo. F. 156* v°, *sur 2 col. :* Incipit tabula..... F. 157* v°, *texte :* Incipiū͂t cantica canticoꝝ. Esaie. xij. ca. (*Le volume se termine avec le* 7e *f. du cahier* x, *au verso duquel commence le Magnificat.*

Reliure ancienne en veau brun, filets à froid; cet exemplaire est incomplet du premier feuillet, du 8e f. du cahier x et de plusieurs autres ff. sans doute, mais je n'ai pu trouver l'édition à laquelle appartient ce volume, et compléter sa description. La justification est de 192mill sur 122mill. Sur le f. 2, notes mss. du XVIe siècle; celle dont l'écriture est la plus ancienne dit : *ex libris Joannis Jumeau . et amicorum*, l'autre : *Pour les Capucins de Chartres*. Non cité par Hain et Panzer.

121 — Repertorium in totam bibliam. — Memmingae, Albertus Kunne, 1492. 124 ff. non chiff.; caract. goth.; 2 col. de 47 lignes; signatures a-r; sans titres courants; in-fol. [55]

F. 1*, *titre* : Repertorium famosi et egregij doctoris || domini Nicolai de Lyra super bibliam. F. 2*, *signé* a 2 : Famosissimi atq3 doctissimi || viri domini Nicolai d lyra or || dinis fratrum minorū Reper- || torium super bibliam incipit fe || liciter. Genesis. F. 123* v°, 2° *col.*, *colophon* : Repertorium famosi z egregij || doctoris domini Nicolai de || lyra super bibliā finit feliciter. || Impressu3 Mēmingen p Al- || bertum kunne de duderstat. || Anno domini. 1492. F. 124* *blanc*.

Reliure du XVIIIe siècle, en veau fauve; sur les plats, frappés à froid, l'exlibris des Capucins de Meudon, la croix et les instruments de la Passion, et les mots : CONVENTº. CAPVCINOR. MEDONENSIS. Joli exemplaire, un peu court de marges; initiales rouges et bleues faites à la main; sur le f. du titre, note ms. du XVIe siècle : *pour le lieu de Paris*. Panzer, II, 105; Hain, *10397; Deschamps, *op. cit.*, p. 833, donne quelques détails sur Albert Kühn, qui fut le premier imprimeur de Memmingen; il fait remarquer que Panzer cite plus de 60 ouvrages sortis des presses de cette ville avant 1520, portant tous le nom de Kühn, ou du moins imprimés avec les caractères de ce typographe.

122 — — Sans nom de lieu ni d'imprimeur, et sans date. 122 ff. n. ch.; caract. goth.; 2 col. de 48 lignes; signatures a-p; sans titres courants; in-fol. [87]

F. 1* *blanc?* F. 2*, *signé* a-ij, *en gros caract.* : Famosissimi atq3 doctissimi || viri dñi Nicolai de lyra ordinis || fratru3 minorū Reptoriū super || bibliam incipit feliciter. || Genesis. || [A]Bimelech pepegit fed9 cū || abrahā..... F. 121* v°, 2° col., ligne 19°, *en gros caractères, colophon* : Repertorium famosi et egre || gii doctoris domini Nicholai de || lyra super biblia3 Finit feliciter. F. 122* *blanc?*

Relié à la suite de Mollenbecke, *Tabula in postillas....;* exemplaire en bon état, mais trop rogné par le second relieur; on a omis de faire à la main l'initiale A du commencement du texte. Papier sans filigranes. Non cité par Hain et Panzer.

M

123 MAGNUS (Jacobus). Sophologium. — Sans nom de lieu ni de typographe et sans date. 219 ff. n. ch.; caract. romains (à l'R bizarre); 35 ll. ll.; sans signatures, réclames ni titres courants; in-fol. (2 exemplaires). [102-103]

> F. 1* : Capitula tractatº p̄mi . libri p̄mi Incipiunt. F. 3 v°, *incipit :* [I]Llustrissimi principis regis francorum || denotissimo confessori domino Michae || li diuina prouidencia seu prouidēte gra || cia episcopo Antisyodorensi. humilis sui || patrocinii capellanus : frater Iacobo mag || ni ordinis fratrum heremirarum sancti Augustini...... *ligne 30 :* Tractatus primus huius primi libri :... F. 217*, *explicit :* Zophilogium editum a fratre Iacobo magni de Pari || sius : ordinis heremita₵ sancti Augu. finit foeliciter. FF. 218* et 219* *blancs*.

Reliure originale en bois, dos en veau brun, en mauvais état; bel exemplaire à grandes marges, initiales bleues ou rouges faites à la main. A l'intérieur du premier plat de la reliure, l'ex-libris de M. Madden. F. 1 on a écrit à la marge supérieure le titre, et à la marge inférieure : *Collegij societ. Jesu Coloniae 1648 compactum 1649*. Le second exemplaire a une belle reliure moderne en maroquin rouge, tranche dorée; notes marginales mss. du XV° siècle. Sur le 1ᵉʳ f. de garde, l'ex-libris de M. Madden. Cet auteur, *op. cit., IVᵃ série*, pp. 69 à 85, décrit cet ouvrage dont il possédait cinq exemplaires qu'il a donnés à la bibliothèque de Versailles; il pense qu'ils appartiennent à deux éditions synchroniques faites au couvent de Weidenbach à Cologne, sous la dictée d'un lecteur. Il croit aussi que Nicolas Jenson, l'imprimeur de Venise, a été un des typographes de cette maison, et qu'il y a gravé l'R bizarre. Dans tous ces exemplaires le cahier 5, qui devrait être quinternion, n'a que 9 ff., bien que le texte soit complet. V. Panzer, I, 78; Brunet, III, 1300 et Laire, I, 146, attribuent cette édition à Mentelin, de Strasbourg; Hain, *10472, la fait originaire de Cologne; il ne lui donne que 217 ff., ne comptant pas les deux ff. blancs du dernier cahier, quaternion. Daunou, *Cat. ms. autographe....* n° 44, rapporte qu'on connaît (en 1810?) jusqu'à treize éditions du *Sophologium*, faites au XV° siècle.

124 — — Mêmes indications bibliographiques que pour l'édition précédente (3 exemplaires.) [104-106]

F. 1* : Capitula tractatus p̄mi. libri p̄mi Incipiūt. F. 3* v° : [I]Llustrissimi principis regis francorum ‖ deuotissimo confessori domino Michae ‖ li diuina prouidentia seu prouidēte gra ‖ tia episcopo Antisyodorensi........ F. 217* v°, *explicit :* Zophihlogium editum a fratre Iacobo magni de Pari ‖ sius. ordinis heremitaȜ sancti Augu. finit feliciter. FF. 218* et 219*, *blancs*.

Reliure originale en veau brun, fers à froid, traces de fermoirs, en mauvais état ; exemplaire à grandes marges mais taché. Initiales bleues faites à la main ; au f. 3 verso, la première page du texte est entourée d'une bordure ornée, couleur et or. A l'intérieur du premier plat de la reliure est l'ex-libris de M. Madden, et une note ms. : *Christian Leiste est verus possessor huius libri anno 1637*. Cette note est répétée au f. 1. Le second exemplaire, dans une reliure originale en daim, avec fers à froid, est très bien conservé ; il a des initiales rouges faites à la main et au f. 3 verso une bordure peinte probablement par le même enlumineur que celle du volume précédent. A l'intérieur du 1er est l'ex-libris de M. Madden. Le troisième exemplaire a été relié au XVIIIe siècle? avec un morceau de parchemin provenant d'un manuscrit noté qu'on a noirci imparfaitement, il n'a pas été terminé par le rubriqueur ; une note ms. au crayon apprend que l'on a corrigé dans le texte des fautes qui existent dans les autres exemplaires ayant le même *explicit*. Panzer, I, 78, Brunet, III, 1300, Madden, *op. cit.*, 4° série, pp. 69-84 ; Hain, *10471 ; voyez aussi la note sur l'édition précédente.

125 MAMMOTRECTUS super bibliam. (Auctore Joh. Marchesino, ordinis minorum) — Venetiis, Nicolaus Jenson, 1479. 260 ff. non chiff. ; caract. goth. ; 2 col. de 38 lignes ; signatures A-C, a-y, 1-7 ; titres courants ; in-4°. [19]

F. 1*, *blanc*. F. 2*, *signé* A 2 : Incipit tabula principaliū uo ‖ cabuloȜ in Mamotrectū secū ‖ dum ordinem alphabeti. F. 26*, 1re *col.* : Explicit tabula. ‖ Laus deo. F. 27*, *signé* a : Prologus autoris ĩ mamotrec ‖ tum. F. 167* v°, 2e *col.* : Expliciunt expositiones z cor ‖ rectiones uocabuloȜ libri qui ‖ appellatur Mamotrectus. su ‖ per totā Bibliam. F. 168* : Incipit tractat⁹ d ōthographia. F. 259* v°, 2° *col.*, *colophon* : Actum hoc opus Venetijs an ‖ no dñi. 1479. nonas kalendas ‖ octubris per inclytum uirum ‖ Nicolaum Ienson gallicum. F. 260* : Incipit tabula.... F. 260* v°, 2° *col.* : Explicit tabula.

Demi-reliure ancienne, dos en veau brun ; jolie édition, mais l'exemplaire est incomplet du f. 1 ; nombreuses initiales ornées ; f. 2, notes mss., un nom effacé, puis de deux écritures : *Magister fr. Guillelmus Bordin 1489 doctor parisiensis sorbonicus conventus ponthesarae alumnus 1489*. — *Pro bb. ff. minorum Pontisarensium*. Panzer, III, 145 ; Hain, *10559 ; Brunet, III, 1352, signale la première édition de cet ouvrage, faite en 1470, à Beromünster, en Argovie ; M. Schiffmann, bibliothécaire à Lucerne, a publié un mémoire au sujet de cette édition et de l'introduction de l'imprimerie en Suisse; Fossi, II, 127; Pennino, II, 14, donne quelques détails sur l'époque où vécut l'auteur, J. Marchesino, vers l'an 1300 environ.

126 MARTINUS Polonus (Frater). Sermones de tempore et de sanctis. — Argentinae, sans nom d'imprimeur, 1488. 264 ff. n. ch.; signatures a-z, A-L (incomplètes); caract. goth.; 2 col. de 48 ll.; titres courants; in-4°. [74 bis]

>F. 1*, *titre :* Sermones Martini ordinis p̄dicatoȝ || penitentiarij dn̄i pape de tempore et de sanctis sup || eptas et euangelia cū pmptuario exemploȝ. F. 2* : Incipit tabu || la p̄sentis operis. F. 4*, *explicit :* [Y]Dropic⁹. || sermone. clvi. *Le verso est blanc.* F. 5*, *signé* a v : Incipiunt sermones || de tpe ꝫ d̄ sanctis sup eptas || ꝫ euangelia. editi a fratre mar || tino ordinis p̄dicatoȝ peni- || tentiarij dn̄i pape cum pm- || tuario exemploȝ. || Dn̄ica prima in aduentu || dn̄i de epistola. F. 140* v°, *1ʳᵉ col. :* Expliciunt sermones || de tempore super epistolas et euange || lia fratris Martini ordinis p̄dicatoȝ || penitentiarij domini pape. F. 141*, *signé* t : Incipiūt sermones de || sāctis fratris Martini ordinis p̄dicato || rū Penitentiarij dn̄i pape. || De sancto Andrea aplo. F. 243*, *signé* I : Incipit promptuariū || exemploȝ. F. 160* (L°) v°, *explicit :* quas omnes virtute christi superauit. F. 263* v°, *2ᵉ col., colophon :* Expliciunt Sermo || nes de tpe et de sanctis sup epistolas || et euangelia fratris Martini ordinis || predicatorū Penitentiarij dn̄i Pape || cum promptuario exemplorum. Im || pressi Argentine Anno domini. M. || ccccxxxviij. F. 264* *blanc ?*
>
>Reliure du XVIII° siècle, en parchemin jaspé ; exemplaire incomplet des 3 premiers et des derniers feuillets ; le titre et le colophon ont été copiés dans la description donnée par Hain. Initiales rouges faites à la main. Sans indication de provenance. Panzer, I, 29 ; Hain, *10856.

127 MER (La) des histoires. — Paris, Pierre Le Rouge, 1488. Deux volumes. Caract. goth.; 2 col. de 50 lignes; signatures; titres courants; nombreuses gravures sur bois, bordures et vignettes; gr. in-fol. *Tome I :* 12 ff. non chiffrés; ff. ch. i-ii°lvii et 1 f. n. chiffré = 270 ff.; le premier cahier, duernion, n'est pas signé, les autres sont signés ã, a-z, ꝫ, aa-hh. *Tome II :* FF. chiffrés : i-ii°lxxi, et 37 ff. non chiffrés = 308 ff.; signatures A-X, AA-NN, ã ē ī ō, ss; manchettes aux ff. de la table. [42-43]

>*Tome I :* F. 1*, *titre :* La mer des histoires. *La majuscule L, gravée sur bois est reproduite à la page suivante, réduite de moitié.*
>F. 2*, *grande lettre P. historiée occupant le tiers de la page.* POur es- || mouuoir || les coura || ges des || humains || et les en || cliner a vi || ure uertu || eusement || et eulx || gouuer || ner sage || ment est || escript ou || xiiii° cha || pitre de ecclesiastique, que lomme est bien cureux qni || fait sa demourāce, ꝫ sarreste en lestude || ... F. 5*, *signé* ã i : en ce liure sōt vj aages || dont la premiere contient trē || te chapitres. F. ii°lvii v°, *colo-*

phon : Ce premier volume fust acheue a || paris par Pierre le Rouge imprimeur || du Roy. Lan Mil iiij ͨ iiij ˣˣ et viij. ou || mois de Iuillet. *Au-dessous, la marque de P. Lerouge, reproduite page 96. F. 1ˢ non chiffré, blanc.*

Tome II : F. I, titre : La mer des hystoires. *F. II vº, grande lettre S historiée, occupant le tiers de la page :* SElond || les escri || ptures || ancien- || nes

La v⁰ || aage || ... F. ii⁽ᶜ⁾lxxi v⁰, *explicit :...* Et genera||lement de toute la chose publique. amē. F. 1*, *non chiffré, blanc*. F. 2*, *signé* ā i : Cy apres sensuit le martiro- || loge des sainctz.... F. 29* v⁰, 2⁰ col., *colophon :* Ce present volume fust acheue ou || mois de Feurier pour Vincent cōmin || marchant demourant a lenseigne de la || rose en la rue noeufue de Nostredame || de paris, et īprime par Maistre Pierre || le Rouge libraire z Imprimeur du Roy || Nostresire. Lan Mil. CCCC. iiij*ˣˣ* || et viij. *Au-dessous, la marque de Pierre Le Rouge, reproduite ici*. F. 30*, *signé* ss i : Cy commence la table.... F. 37*, *1ʳᵉ col., ligne 14⁰ explicit :* Feuillet xliij.

Reliure du XVIIᵉ siècle, veau brun, filets dorés; bel exemplaire, bien que le f. du titre du t. I ait été mutilé et que celui du t. II manque entièrement; initiales rouges ou bleues faites à la main; dans le martirologe, une note ms. illisible relative à s. Eutrope (30 avril). Au dernier f. du t. II, on lit d'une écriture du XVᵉ s. : *Cest liure apparthient a sʳ nicol perieroy Le presbre...... de st simplice*. Plus haut, un monogramme gothique : un G dans lequel est inscrit un d, sur le 1ᵉʳ f. de chaque vol. on lit : *Ex libris recollectorum S. Germani in laya 1677*, et d'une écriture du XVᵉ s. : *Rudimentum novitiorum*; en effet la *Mer des histoires* est à quelques changements près, la reproduction du *Rudimentum...* imprimé pour la première fois à Lubeck, en 1475. V. Brunet, III, 1640 et IV, 1449; non cité par Hain et Panzer. Van-Praet, *1ᵉʳ cat.*, *V*, 7, décrit un exemplaire sur vélin de cette première édition, orné de superbes miniatures; il avait été offert à Charles VIII.

128 MISSARUM OPUS. — Sans nom de lieu et d'imprimeur, 1493. 10 ff. non chiffrés pour le calendrier et 8 ff. n. ch. pour le Canon; ff. chiffrés : I-XCIIII et I-CXXVI, (avec de nombreuses erreurs, car il y a en tout 218 ff.); caract. goth. de 3 grandeurs, rouges et noirs; 2 col. de 29 à 31 ll., le canon a 16 ll. ll.; signatures A-P, a-p (le premier cahier et celui du canon, ne sont pas signés); sans réclames ni titres courants ; in-fol. [130]

F. 1*, *titre, en rouge :* Speciale opus missarum || de officijs dominicalibus || per anni circulum. de summis festiuitati || bus. deqʒ patronis. adiunctis principali || oribus sanctis. vna cū cōmune sancto⁊. F. 2* : Ordinata est hec || tabula ĩ qua om- || nia et singula ĩ presenti opus- || culo p ordinē sub foliorum nu || mero sunt collata.... F. 3* : In diebus dñicis exor || zismus salis. F. 4* v° à 10*, *calendrier.* F. 10* v°, *blanc.* F. I, *signé* A, *en rouge :* In nomine dñi. Inci- || pit Speciale missaruʒ || De officijs dominica- || lib° p anni circulū..... F. 80*, *canon missae en gros caractères.* F. 85* v°, *fin du canon.* F. I *de la seconde partie, signé* a, *incipit* : in collo eius : et demer- || gaī..... F. XI *signé* b : Incipit speciale de || tempore necnō de san || ctis :.... F. CXXVI, 2° *col., en rouge :* Opus hoc quāpreclaʒ || dñice natiuitatis anno || Millesimo quadringē- || tesimo nonogesimoter || tio. Idibus deniqʒ : No || uembris consumatum. || Explicit feliciter.

Reliure originale en peau de truie, plats en bois, traces de fermoirs; fers à froid ; à l'intérieur du premier plat, l'ex-libris de M. Madden ; exemplaire fatigué; la gravure du canon manque. Lettres majuscules faites à la main; les marges sont couvertes de notes mss., complétant ou corrigeant le texte imprimé, suivant les changements qui eurent lieu dans la liturgie; au verso du dernier feuillet, trois séquences; l'une en l'honneur de s⁺ Anne, commence ainsi : *Nardus spirat in odorem....* l'autre à s. Antoine de Padoue, débute par ce vers : *Ad honorem christi passus.......* et voici le commencement de la dernière, à s. Louis : *Pleps fides iubilat que sidus rutilat non claritatis.* M. Madden, *op. cit., t. VI,* pp. 133-137, décrit les particularités typographiques de ce missel, qu'il croit sorti, comme le *Psalterium,* des presses du couvent de Weidenbach, à Cologne ; Panzer le cite brièvement, IV, 57, et Hain, *11250, le décrit très exactement. Cet exemplaire a été acheté à Malines par les soins du libraire Tross.

129 MODUS legendi abbreviaturas. — Parisiis, Georgius Mittelhuss, 1498. FF. ch. : j-lxxv (avec quelques erreurs) et 1 f. blanc; caract. goth.; 32 ll. ll.; signatures a-k; sans titres courants; in-8°. [53]

F. i, *titre :* Modus legēdi ab- || breuiaturas in vtroqʒ iure ab his || que olim tum di minute tum sup || fluc in eo posita fuere. exactissima || nuper diligentia emendatus. Pro Georgio Mittelhutz. F. 1* v°, *préface de 17 lignes.* F. ij, *signé* a ij : Incipit liber dans modum legen || di abbreuiaturas in vtroqʒ iure. F. xiiij : De littera A || Albe id ē albericus scilicet de rosate.......... F. lxxv v° : Explicit libellus docens modū studēdi ⁊ legēdi || contenta ac abbreuiata vtriusqʒ iuris tam canonici || ꝗ ciuilis in se continens titulos siue rubricas eius- || dem iuris. Parisius Impressus per Georgium || Mittelhuſ. Anno dñi. M. CCCC. xcviij. die vero || xxv. mensis Iunij. F. 56* *blanc.*

Reliure en veau brun, fers à froid, traces de fermoirs, plats en bois; on a omis de faire à la main les initiales de couleur; quelques notes marginales;

sur le f. du titre on lit : *Communitatis ord. Praem. Gaudij vallis*, 1663 ; (couvent des Prémontrés de Valjoyeux.) Au recto du f. de garde, d'une écriture d XVIe s. un nom : *De Lille*, répété sur le dernier feuillet : *Ludouicus de Lille* Non cité par Panzer, Brunet et Hain.

130 MOLITOR (Ulricus). Tractatus de lamiis et phitonicis mulieribus — Sans nom de lieu ni de typographe, et sans date. 28 ff. n. ch. caract. goth.; 32 ll. ll.; signatures a-d ; sans titres courants 3 gravures sur bois ; in-4°. [9]

F. 1*, *manque*. F. 2*, *signé* a 2 : Tractatus ad illustrissimū principē do- ‖ minū Sigismundū archiducē Austrie : Stirie : Carin ‖ thie. τc. De lanijs phitonicis mulierib⁹ p Vlricum ‖ molitoris de Cōstantia : studij Papień decretoȠ do- ‖ ctorē : z curie Cōstantień causaȠ patronū ad honorē ‖ ciusdē p̄ncipis ac sub sue celsitudīs emōdatiōe septⁱ⁹. ‖ [E]piscola. ‖ [E]xcellētissime....· F. 28*, *ligne 10 :*... Ex Constan̄. Anno dn̄i ‖ M. cccc. lxxxix. die decima Ianuarij. ‖ Tue celsitudinis humilis consiliarius z seruulus ‖ Vlricⁱ molitoris de Cōstātia decretoȠ doctor. τc.

Relié à la suite de l'*ars moriendi ;* exemplaire incomplet des ff. 1, 11 (b. 3), 16 (c 2). Non cité par Hain ; Panzer indique une édition qui pourrait être la même que celle décrite ici ; il l'attribue à Henri Gran, de Haguenau ; Brunet, III, 1815, parle d'une édition à 32 ll. ll., mais lui donne 30 feuillets.

131 MOLLENBECKE (Petrus). Tabula in postillas Nicolai de Lyra. — Sans nom de lieu ni de typographe, et sans date (1480 ?). 210 ff. non chiff. ; ¦caract. goth. ; 2 col. de 39-41 ll. ; signatures a-z, A-C ; sans titres courants ; in-fol. [87]

F. 1*, *blanc ?* F. 2*, *signé* a 2 : Tabula vtilissima in libros veteris ac noui testa ‖ menti doctoris famosissīmi Nicolai de lyra directiua p deuotā ac reuerē ‖ dum patrē fratrem Petrum mollenbecke ordinis mi̅no̅Ƞ ac egregij con ‖ uentus Colonienp̄ lectorem edita anno. M. ccccºlxxx feliciter incipit. F. 209* v°, *2° col., ligne 38° explicit :* Historia vtȠ sit vera pl. dan̄. b ‖ Finis tabule sup lyrā. F. 210* *blanc ?*

Reliure moderne en veau jaspé, gardes peigne ; exemplaire attaqué par les vers et incomplet des ff. 1 et 210, blancs ; initiales rouges faites à la main. Sur le f. 2 on lit deux fois : *P. Lescuyer*, et d'une écriture plus récente : *Pro bb. ff. M. Pontisarentium*. Le papier a divers filigranes ; celui qui domine est la tête de bœuf reproduite par M. Desbarreaux-Bernard, *op. cit.* pl. XXV, nᵒˢ 23 ou 23 bis, l'y à queue contournée, pl. XXI, n° 35 ; puis un écusson lozangé pl. XX, n° 13 ; un autre à une fleur de lys et un lambel en chef, et surmonté d'une croix, pl. XX, n° 14 ; puis un troisième écusson, écartelé au 1ᵉʳ et au 4° d'une fleur de lys, au 2° et au 3° d'une figure que je n'ai pu reconnaître ; enfin il y a un f. vers la fin, marqué d'un personnage coiffé d'une tiare ? les papiers marqués de ces filigranes sont classés par M. Desbarreaux-Bernard parmi les papiers français. Panzer, I, 288, indique Cologne comme lieu d'impression ; Hain, *11541, ne fait aucune attribution de ce genre.

N

132 NIDER (Johannes). De contractibus mercatorum. — Sans nom de lieu ni de typographe, et sans date (Esslingae, Conrad Fyner d'après Hain). 16 ff. non chiffrés; caract. goth.; 36 ll. ll.; sans signatures ni titres courants; in-fol. [135]

F. 1* : Incipit tractatus de ptractibus Mercatorum Reuerendi p̃ris fratris || Iohãnis Nider sacre theologie pfessoris ordinis p̃dicato℞ || [C]Vm mercato℞ officiũ tot suspectis ptractibus circum || uolutũ..... F. 5*, ligne 6° : De p̃dicõibp sc̃dm quas valor rei vendende potest ɔgnosci || Cap̃m sc̃dm. F. 15* v° : Explicit tractat9. de ptractib9 mercato℞. Reuerendi p̃ris f̃ris. || Iohãnis nider..... F. 16* v°, explicit : Et sic Est finis Hui9 opis.

Cartonné; exemplaire à grandes marges, bien conservé, sauf une légère mouillure à la marge inférieure; initiales rouges ou bleues faites à la main. Un des doubles de la bibliothèque de Munich, dont il porte l'estampille au début et à la fin du texte. A l'intérieur du plat, l'ex-libris gravé de la bibl. de Munich, orné de l'écusson aux armes de Bavière, supporté par deux lions couronnés. V. Panzer, I, 384; Hain *11823.

133 — Formicarius. — Sans nom de lieu ni de typographe et sans date. (Coloniae, Joh. Guldenschaff? vers 1475?) 128 ff. n. ch.; caract. goth.; 2 col. de 36 ll.; signatures a-q, (les cahiers sont quaternions); sans réclames; titres courants; in-fol. [108]

F. 1*, col. 1 : Incipit prologus formicarij iuxta || edificacõem fratris Iohis Nyder || sacre theologie pfessoris eximij. q̃ || vitam tempore concilij ɔstancienp̃. || basiliensisqȝ duxit in humanis fe- || liciter. 2° col. : Capitula primi Libri. F. 3*, 2° col., in fine : Explicit Tabula Capitulorum... || Incipit Lber Primus. F. 121* v°, blanc. F. 122* recto, blanc. F. 126*, 2° col., in fine : Explicit quintu ac totus formica || rij liber iuxta edificacõem fratris || Iohannis Nyder sacre theologie || pfessoris eximij q̃ vitã tempoɔ cõ || cilij ɔstanciẽp̃ Basiliẽp̃qȝ duxit in || humanis feliciter. FF. 127* et 128*, blancs.

Relié à la suite du *Dialogus miraculorum* de Caesarius. Exemplaire grand de marges avec témoins ; initiales rouges faites à la main ; les six pages blanches qui se trouvent dans le dernier cahier, n'existent pas dans la plupart des exemplaires de cette édition, car la Bibl. Nationale en possède sept où cette faute a été corrigée. Hain, *11830, ne compte que 125 ff. ; M. Madden, *op. cit.*, 3ᵉ série, pp. 20-26, et 6ᵉ série, pp. 29-39.

134 NIDER (Johannes). Manuale confessorum et tractatus de lepra morali. — Parisiis, Martinus Crantz, Udal. Gering et Mich. Friburger, 1477. 150 ff. n. ch. ; caract. romains ; 31-29 ll. ll. ; signatures a-p ; sans réclames ni titres courants ; in-4°. [67]

F. 1*, *blanc*. F. 2*, *signé* a 2 : Eximij sacre theologie pfessoris fratris Iohānis || nyder ordinis p̄dicato%, manuale pfessorū, ad in- || structionē spiritualiū pasto%/ feliciter incipit. F. 60* v°, *explicit* : Eximij sacre theologie pfessoris, fratris Iohānis || nyder ordinis predicato%, manuale confessorū ad || spiritualiū pastorū instructionē/ feliciter finit. || Impressum Parisius in sole aureo. F. 61* *blanc*. F. 62*, *signé* g 2 : Eximij sacre theologie pfessoris fratris Iohānis || nyder ordinis fratrū predicato%, tractatus de le- || pra morali/ feliciter incipit. F. 148* v°, *colophon* : ..... Qui completus est || parisius per Martinū crantz, Vdalricum gering || et Michaelem friburger. Anno dominice natiui- || tatis Millesimoquadringentesimoseptuagesimo- || septimo, die quinta mensis aprilis.

Reliure originale en daim, plats en bois, traces de fermoir. Exemplaire trop rogné en tête et auquel manquent le f. signé f 1 et les 6 premiers ff. du cahier m. Lettres initiales rouges faites à la main. A l'intérieur du premier plat de la reliure, l'ex-libris de M. Madden, et des notes mss. du XVᵉ siècle ; sur le premier f. on lit le titre, d'une écriture contemporaine de l'édition, et : *quod pertinere videtis michaeli burnodo presbitero geben. diocesis parrochie sappeti qui hoc emit precio septem solidorum sabaud, a egregio Johanne gurquini notario.* Au f. 2, note ms. : *Ad usum capucinorum conuentus a. p ..sis* M. Madden, *op. cit.*, 5ᵉ série, pp. 217-223, décrit soigneusement ce volume, qui est le premier où Gering et ses associés employèrent les signatures d'un bout à l'autre ; il en reproduit le colophon. Brunet, IV, 73, cite la première édition faite par Gering en 1473 ; Hain la décrit sans l'avoir vue, III, 11844 ; v. aussi Panzer, II, 279.

135 — — Parisiis, Johannes Bonhomme, 1489. 54 ff. n. ch. ; caract. goth. ; 36 ll. ll. ; signatures a-g ; titres courants ; in-4°. [33]

F. 1*, *blanc*. F. 2*, *signé* a 2 : Eximii sacre theologie pfessoris fratris iohīs nyder || ordinis predicato% manuale confesso%. ad instructionē || spiritualiū pastorum : Feliciter Incipit. F. 51* v°, *signé* g 3, *colophon* : Explicit manuale confessorū iohānis nyder ordinis || predicatorū impressū parisius per Iohānem bonhōme || librarium vniuersitatis parisiēn. Anno dñi. Millesimo || CCCC°. lxxxix°. F. 52* : Sequūtur capitula siue rubrice..... F. 53*, *l. 15°*, *explicit* : .... de seducentibus || virgines et similibus. F. 54* *blanc*.

Relié avec le traité *De lepra morali*, Paris, 1490; exemplaire incomplet du f. 1; on a omis de faire les initiales de couleur. Sur le dernier feuillet on lit plusieurs fois le nom de *Beranger*. Panzer, II, 190; Hain, 11842.

136 — De lepra morali. — Parisiis, Johannes Bonhomme, 1490. 78 ff. n. ch.; caract. goth.; 36 ll. ll., signatures a-i, A; titres courants; in-4°. [33]

F. 1*, *titre :* De lepra morali Iohānis Nyder. F. 2*, *signé* a 2, *incipit :* Eximii sacre theologie professoris fratris Iohannis ‖ nyder ordinis fratrū predicatoꝶ tractatus de lepra mo ‖ rali : feliciter incipit. ‖ oLim deum legimus in leuitico :.... F. 71*, *colophon :* Religiosi doctissimiq̉ viri fratris. Iohannis. Nyder ‖ sacrarū litterarum professoris dignissimi, ordinis predi ‖ catorū : tractatus de Lepra morali cuilibet cōfessori per- ‖ necessarius, omnia. vitiorum genera breuissime exami ‖ nans : feliciter finit. ‖ Impressusq̉ parisius per. Iohānem Bonhōme. Anno ‖ dñi. Mº CCCCº lxxxxº Die xxx mensis Iulii. F. 72* blanc. F. 73*, *signé* A i : Sequitur capitula siue rubrice huius libri nūcupati ‖ liber de lepra morali Iohānis nyder qui quideꝫ liber di ‖ uiditur in quinqꝫ partes. F. 76* vº, *signé* A 4, *explicit :* Finit tabula. FF. 77*-78* *blancs.*

Reliure moderne en veau jaspé, gardes peigne; exemplaire attaqué par les vers et taché; on a omis de faire les initiales de couleur; incomplet du f. gˣ, et du f. 72 blanc; la table, ff. 73-76, a été reliée par erreur à la fin du volume, après le traité *Manuale confessorum*. A la suite de ces 4 ff. imprimés se trouvent 2 ff. blancs, qui semblent faire partie du cahier A; ils sont couverts de notes mss. peu lisibles ou peu importantes, excepté celle-ci, d'une écriture du XVº siècle : *Mes tres honores seigneurs des nouvelle de la les mont enuoyes en court qui sont telles* [le sixiesme *jour du moys de may dernier passe le seigneur Rance ursin* [Renzo de Ceri degli Orsini] *qui auoyct en sa compaignye toute la fleur des enfant de Romme et ace quon dict en Ladicte notre sainct pere le pape clement* [VII] *cest incontinent retire et sauluc en son chasteau et forteresse de Romme auēc grant nombre de cardinaulx et gens domestiques et ace quon dict lons* (?) *vmoe* (?) *trayer* (?) *dedens ledict chasteau et forteresse de Romme amen.* Sur le f. du titre, on lit : *Liber fratrum ecclesiam de triello regentium actum anno dni mille xxxjº die xiiijª februarij.* — *Iste liber est ex libris mgri geruasij vallin pbris.* — *Iste liber est ex libris mgri lamberti benard vir...... triellen. vel de triello.* Une note à la fin du volume apprend que « maistre gervais benard demeurait près l'église de tricl. » Cité brièvement par Panzer, II, 293, et Hain, 11819.

137 — — Coloniae, Conradus Homborch, sans date (1480?) 102 feuillets n. ch.; caract. goth.; 27 ll. ll.; signatures a-n; sans réclames ni titres courants; in-4°. [65]

F. 1*, *signé* a i. : Incipit tractatus venerabilis magistri io ‖ his nider ordinis predicatoꝶ de morali lepra. F. 102* vº, *colophon :* Explicit tractatus de morali lepra fratris ‖ Iohannis nider sacre theologie pfessoris or ‖ dinis predicatorum. Impressus autem p me ‖ Conradum Homborch. ε admissus ac appro ‖ batº ab alma vniuersitate Colonien. ad lau ‖ dem et honorem dei qui est benedictus in secu ‖ la. Amen.

Demi-reliure du XVIII° siècle, exemplaire en très bon état et grand de marges; une petite déchirure au premier f. a été raccommodée. Initiales rouges faites à la main; à l'intérieur du premier plat de la reliure, l'ex-libris de M. Madden, et quelques notes mss.; au-dessous du colophon on lit: M. IVm. 58. Au f. 2, on voit un exemple peut-être unique d'une lettre couchée sur la forme; cette particularité a été décrite par M. Madden; *op. cit., IV° série*, pp. 230 et ss. V. Panzer, XI, 318; Hain, III, *11817; Brunet cite quelques éditions de l'ouvrage de Nider, mais ne parle pas de celle-ci.

O

138 OCKAM (Guillelmus). Decisiones octo quaestionum de potestate summi Pontificis. — Lugduni, Joh. Trechsel, 1496. 42 ff. n. ch.; caract. goth.; 2 col. de 55 ll.; signatures aa-ff; manchettes; titres courants; in-fol. [119]

> F. 1* *titre* : Magistri Guilhelmi de ockam || sup potestate summi pōtificis || octo questionum decisiones. F. 1* v° : Iodocus Badius Ascensius. F. Marco Alexandreo de Beneuento : celestinoჄ ordinis || .... || ... salutem dicit. *In fine* : ... Ex Lugduno ad calendas octobrias Anno salu- || tis nostre. Mccccxxvi. F. 2*, *signé* a ij : octo questionū sup potestate ac dignitate papali || opusculi argutissimi quod. M. Guilhelmo de ockam || ascribit : incipit ipsius autoris prefatio in qua institutū || ac intentum suū explanat. F. 42*, 2° *col.*, *colophon* : Deo gratias. || Impressum est hoc opusculū quāta maxima || p exēplarioჄ penuria atq3 mendositate fieri || potuit diligētia. M. Iohānis Trechsel alc-.|| māni in ciuitate Luguneñ. Anno salutჄ nr̄e || Mccccxcvi. die ꝓ octauo octobris. Cuius || aa. bb. ee. sunt quaterna. cc. dd. ff. terna.
>
> Relié à la suite de *Dialogorum libri VII adversus haereticos*, du même auteur. Initiales rouges et bleues faites à la main. Les feuillets aa ij et cc ij manquent dans cet exemplaire. V. Panzer, I, 549; Hain, *11952.

139 — Dialogorum libri septem adversus haereticos et compendium errorum Johannis XXII. — (Lugduni, J. Trechsel, 1494). 10 ff. n. ch., ff. chiffrés : I-CCLXXVI et 12 ff. n. ch.; caract. goth. de deux grandeurs; 2 col. de 56 ll.; signatures 1, a-v, A-O; manchettes; titres courants; in-fol. [119]

> F. 1*, *titre* : Dialogus magistri Guillermi de ockam doctoris famosissimi. F. 1* v° : Io. Ba. Ascensius. Religiosissimo atq3 doctissimo viro : ioāni de trittenhem : ..... salutem plurimā dicit. *In fine* : Ex Lugduno pridie ydus septembrias : huius anni. M. cccc. xciiij. F. 2*, *signé* 2 : Sequunt

questiones p̄ncipales que in pri || ma τ tertia partibus discutiunt̄. In secunda || autem parte sine questionibus : de erroribus || Ioh. xxij, disputatur. F. 3* : Incipit tabula alphabetica.... F. 9* v° : Explicit tabula p̄m ordinē alphabeti. F. I, *signé* a : iN omnibus || curiosus existis nec me de || sinis infestare..., F. CCLXXVI, *1ᵣᵉ col., explicit :* talis. Et hec de tertia parte dialogoꝫ pro || nunc tibi sufficiant. F. 1*, *titre :* Compendium errorum. F. 2*, *signé* AA2 : Incipit compendiū errorū Iohānis pape || xxij. editū et compilatum a fratre Guillermo || ockam de ordine fratrū minorum. F. 12*, 2° *col. explicit :* Compendij errorum Iohan- || nis vicesimisecundi finis.

Reliure du XVII° siècle ; dos en veau brun avec fers dorés, plats recouverts en papier jaspé ; exemplaire incomplet du f. du titre et du 10° feuillet du premier cahier ; lettres rouges et bleues faites à la main ; sur le f. de garde on a écrit le titre ; sur le f. 2, note ms. : *Pro bb. ff. m. Pontisarentium.* Hain, *11938 et *11946, fait deux articles distincts de cet ouvrage, qu'il m'a semblé devoir réunir en un seul numéro, puisque l'auteur de la table indique qu'il sera parlé dans la seconde partie des erreurs de Jean XXII. V. Panzer, I, 547, 549.

140 OCKAM (Guillelmus). Opus nonaginta dierum. — Lugduni, Joh. Trechsel, 1495. 152 ff. n. ch.; caract. goth.; 2 col. de 54 ll.; signatures 1, a-s ; manchettes ; titres courants ; in-fol. [119]

F. 1*, *titre :* Sūmaria seu epitomata || CXXIIII Capitulorū opis || XC dierum M. Guilhelmi || de ockā diligēter collecta. F. 2*, *signé* 2 : Summaria seu epitomata opis nonagīta || dierū M. Guilhelmi de ockam. F. 11*, *signé* a : Sexti tractatus tertie partis dyalogi magistri Guil || lermi ockam : quē ideo opus nonaginta dierū nūcupat ||... F. 138*, 2° *col. :* Explicitū est opus nonaginta dierū cor- || respondens sexto tractatui dialogi M. Guil || helmi de ockam. Sequītur libelli fratris mi- || chaelis de Cezena. In quib⁹ gesta eius de ḡ || bus idem ockam Ɫ preallegato loco se tracta- || turū promiserat plurima continentur : vt pa- || tebit eosdē diligenter lecturis. F. 139*, *signé* r : Littere rooitatorie gestoꝫ fratris michae- || lis de Cezena. edite vt in fine earū patebit sb || scriptōe et suffragio henrīci de chalhem : Frā || cisci de osculo. τ Guilhelmi de ockam τ alioꝫ || ei adherentiū ex monacho ad capitulū mino- || rū in parpiniano aut auinione congredādū. || Anno dn̄i. M.CCCxxxi. F. 152*, 2° *col. colophon :* Finis quarūdā lr̄arū siue ep̄larū Fratris mi || chaelis de Cezena olim m̄tstri gn̄alis ordinis || diui τ seraphici cōfessoris sctī Frācisci. In ḡ- || bus (sicut etiā in supiori ope nonagīta dierū || Guilhelmi de ockam) plurima de gestis τ fa- || ctis dicti fr̄is Michaelis continent. de ḡbus || idē Guilhelm⁹ de ockā se locuturū Ɫ dyalogo || suo spospōderat. Cui ḡdeꝫ dyalogo p magr̄m || Iohem Trechsel artis imp̄ssorie solertissimū || diligēter imp̄sso : hm̄oi additioēs : quāta maxi || ma fieri potuit accuratōe castigate : adiuncte || sunt Lugduni. Anno dn̄i. M.CCCC.xcv. || Die. xvi. Iulij. || Iodoci Badij ascensij ad lcōres epigrāma............ (*4 distiques.*)

Relié à la suite de *Dialogorum libri VII adversus haereticos* de G. Ockam ; bel exemplaire, bien qu'un peu rogné à la seconde reliure ; initiales rouges ou bleues faites à la main ; quelques notes manuscrites. Panzer I, 547 ; Hain, *11935 ; ce dernier indique 10 ff. non chiffrés, 124 ff. chiff. et 14 ff. non chiffrés ; il s'est trompé au sujet des feuillets chiffrés, où le titre courant donne le numéro des chapitres, et en effet le dernier f. avant les lettres de Michel Cezena, a comme titre courant : Capitulum CXXIIII.

141 OVIDIUS Naso (Publius). Fastorum libri cum commentariis Pauli Marsi. — Venetiis, Baptista de Tortis, 1482. 192 ff. n. chiff.; caract. romains de 2 grandeurs, le texte encadré par le commentaire; 60 lignes; signatures a-z, & ɔ ℞; sans titres courants; in-fol. [28]

F. 1* v° : PAVLVS MARSVS PISCINAS POETA .CL. GENEROSO IVVENI GEORGIO ∥ CORNELIO. M. CORNELII EQuITIS. F. SALVTEM ∥ PRAEFATIO IN FASTOS. F. 2*, *signé* a ii : OVIDII VITA PER PAVLVM MARSVM..... F. 3*, *signé* a iii, *texte* : [T]EMPORA CVM CAVSIS LATI ∥ VM DIGESTA PER ANNVM. F. 189* v°, *signé* ℞ iii : FINIS INTERPRETATIONIS FASTO- RVM...... F. 191*, sur 2 col. : CALENDIS IANVARIIS. ∥ festum Iunonis : & Aesculapii. F. 192*, *colophon entouré d'un cadre formé de deux traits*: RELLIGIOSAE ∥ LITTERARIAESODALITATIVIMINALI ∥ ET VNIVERSAEACADEMIAE LATINAE ∥ AD VIVENTIVM POSTEROR. Q. VSVM ∥ PAV. MARSI PISCI. POE. ROMANI ∥ FIDELISS. FAST. INTERPRETATIONEM ∥ BAPTISTA TORTIUS A NEOCASTRO ∥ VENETIIS IMPRIMENDAM CVRAVIT ∥ ANNOSALVTIS MDDDDLXXXII ∥ ET A CONSTITVTA SODALITAte AN. IIII ∥ D. R. CAR. DIVI CLAEMEN. PROTECTORe ∥ PONT. FIRMAN. ET NESTOREMALVIS. ∥ PRAEFECTIS ∥ POMPONIO LAETO. P. ASTREO ET PAVLO MARSO CENSORIB. ∥ IX CAL. IANVAR. F. 192* v° : Registrum. *Les cahiers* a-s *sont quaternions, et les cahiers* t-z *&* ɔ ℞, *ternions*. [F]INIS.

Reliure moderne en veau fauve; exemplaire fatigué et couvert de notes mss.; initiales de couleurs faites à la main. Sur le feuillet du titre on lit : *Est magistri Antonii bucquel*, et sur le feuillet 2 : *Communitatis s. Mariae gaudij vallis ord. Praemonsta. 1659*. Panzer, III, 185; Hain, 12238; les deux bibliographes citent brièvement cette édition, qu'ils n'ont pas vue sans doute, car ils n'indiquent pas le nom de l'imprimeur. A la fin du volume sont 32 feuillets contenant l'*Arte Amandi* d'Ovide, copié au XVᵉ siècle, avec un commentaire marginal et interlinéaire. Voici les premiers et les derniers mots de cette copie : *Si quis in hanc artem*..... explicit : *ignotum est ignotj nulla cupido*.

142 — Heroides epistolae, Sappho, opuscula de pulice, de remedio amoris, de medicamine faciei, et lib. de nuce, etc., cum commentariis. — Venetiis, Baptista de Tortis, 1481. 92 ff. n. ch.; caract romains de deux grandeurs, le texte entouré par le commentaire; 38-56 lignes; signatures a-l (les 2 premiers ff. ne sont pas signés); sans titres courants; in-fôl. [28]

F. 1* v°, *incipit* : ANTONII VOLSCI PRIVERNATIS AD LVDOVICVM DIAEDVM FRANCISCI ∥ FI. PATRICIVM VENETVM IN HEROIDAS. P. OVIDII NASONIS PELIGNI. F. 2* v° : OVIDII VITA PER ANTONIVM VOLSCVM. F. 3*, *signé* a, *texte* : PVBLII OVIDII NASONIS EPISTOLA ∥ RVM HEROI-

DVM LIBER PRIMVS. || PENELOPE VLIXI. P. 67*, *signé.* i : GEORGIVS Alexandrinus praeclaro patricio Marco Antonio Mauroceno salutem. F. 91* v° : PVBLII OVIDII NASONIS DE || NVCE LIBELLVS EXPLICIT. F. 92* : Registrum. *Les cahiers sont quaternions, excepté* 1 *qui a 10 feuillets; il y a aussi deux ff. non signés au début du volume. Colophon :* Venetiis per Batistam de Tortis. || M. cccclxxxi. die. xv. || Decembris.

Relié à la suite des *Fastorum libri,* de 1482, décrits dans l'article précédent; exemplaire grand de marges, mais taché et couvert de notes manuscrites des XV° et XVI° siècles. Au f. 88, on lit : *Monseigneur mon pere le preuost de melun en la rue de la ieunes mars,* et sur le f. 2, de la même écriture : *Jehan viuers* (?) *demourant a Melun en la rue des aignos aupres de lautel de sant quant tu voudras....* Panzer, III, 173; Hain, *12213.

P

PALLADINI (Jacobus) de Ancharano ; voyez TERAMO.

143 PARATUS. Sermones. — Sans nom de lieu ni de typographe, et sans date (Norimbergae, Ant. Koberger, 1490?) 232 ff. non chiffrés ; caract. goth. ; 2 col. de 46 lignes ; signatures a-z, A-F ; titres courants ; in-fol. [93]

> F. 1*, *titre :* Sermones parati de ‖ tempore z de sanctis. F. 2*, *signé* a 2 : Tabula sermonuz ‖ parati de tempore z de sāctis ꝑm anni cur ‖ sum continēs dies. initia. z numeꝔ corun ‖ dem sermonū in hoc libro contentoꝔ inci- ‖ pit feliciter.... F. 4*, *signé* a 4, *1re col.* : Explicit tabula sermonum parati de tē ‖ pore.... F. 5* : Paratus de tempore continens cuan- ‖ geliorum de tempore expositiones : necnō ‖ de tempore epistolarum sermones. incipit ‖ feliciter. ‖ pAratus est ‖ iudicare.... F. 153*, *signé* v : Paratus continens sermones de san ‖ ctis p circulum anni incipit feliciter. F. 231*, *2° col., explicit :* Paratus continens sermones de san- ‖ ctis per anni circulū finit feliciter. F. 232* *blanc.*
>
> Reliure moderne en veau brun ; exemplaire incomplet des trois derniers ff. du cahier D ; on a omis de faire à la main les initiales de couleur, sauf la première ; sur le f. 2 on lit : *ex bb. ff. minor. pontisarentium ;* quelques notes marginales. Ce recueil de sermons est anonyme, et le nom de *Paratus,* sous lequel il est généralement catalogué, est tiré du premier mot du texte. V. Panzer, IV, 171 ; Hain *12406. A. Koberger a fait plusieurs éditions de ce recueil, signées et datées (1493 et 1496) ; il est probable que ce volume sans colophon, mais dont les caractères ressemblent à ceux de Koberger, est antérieur aux volumes datés.

144 PELBARTUS (Oswald) de Themeswar. Sermones pomerii de sanctis et de tempore. — Hagenoae, Henricus Gran, 1499. Deux volumes : caract. goth. ; 2 col. de 50 lignes ; titres courants ; in-4°. *Tome I :* 238 ff. n. ch. ; signatures j, a-z, aa-ff. *Tome II :* 280 ff. n. chiff. ; signatures j, A-Z, AA-LL. [36]

> *Tome I :* F. 1*, *titre :* Sermones pomerii fratris ‖ Pelbarti de Themeswar di ‖ ui ordinis sancti Frācisci de ‖ Sanctis incipiunt feliciter. F. 2*, *signé* j : In nomīe do- ‖ mini Iesu incipit Tabula cōtentaꝔ ma- ‖ teriaꝔ.....

F. 9* v°, prologus. F. 10*, signé a 2 : Incipit Po- || meriū sermonum de sanctis quo ad par- || tem p̄mam sc҃z hyemalem. F. 237*, 2° col., explicit : Fiuit pars prima Pomerij sermonū || de sanctis.

        Finis est partis : laus christo glia sctīs
        Amen sit cordis deo sit opis simul oris
        Bis sepcēt act҃ ocdenis ter tribo ānis.

F. 238* blanc.

Tome II : F. 1*, titre : Pars estiualis sermo || nū Pomerii de sctīs. F. 2*, signé j : In nomine do || mini Iesu sequit̄ iam tabula p̄m ordinem || alphabeti..... F. 9*, signé A : In noīe domi || ni Iesu ad laudē z gloriaz omniū sancto || rum post partē hyemalē Sequit̄ ps esti || ualis Pomerij sermonū de sanctis. F. 277*, 2° col., colophon : Sermones Pomerij de sanctis cō- || portati p fratrē Pelbartū de The- || meswar : professum diui ordinis san- || cti Francisci : impressi ac diligenter || reuisi p industrium Henricū Gran || fin imperiali oppido Hagenaw : ex- || pensis ac sumptibus pnidi Iohā- || nis rymman Finiunt feliciter : An- || no ab incarnatiōe dn̄i millesimo q̄- || terq3 centesimo uonagesimonono : || vigesima die Februarij. F. 277* v° : Vita sancti Io || hannis elemosynarij..... F. 279* v°, explicit : et glia p eterna secula. Amen. F. 280* blanc ?

Reliure du XVII° siècle, en veau jaspé ; exemplaire court de marges ; on a omis de faire à la main les initiales de couleur ; nombreuses notes marg. mss. Sur le f. du titre on lit : *Aux capucins de meudon*. Panzer, I, 461 ; Hain, *12555.

145 **PERALDUS** (Guillelmus). **Summa virtutum ac vitiorum.** — Lugduni, Nicolaus de Benedictis, 1500. 18 ff. non chiff., ff. ch. : 1-226, 1-186 = 430 ff. ; caract. goth. ; 2 col. de 48-50 ll. ; signatures 1, a-z, z ꝑ ꝫ, A-Z, aa-bb ; manchettes ; titres courants ; in-4°. [34]

F. 1*, titre : Sūmarium Sūme virtutū || z vitiorum Per figuras. F. 2*, signé 1, incipit : fIdes generat || Victoriam || Iusticiam || Gloriam. F. 18*, 2° col. : ... camelū zc. || Finis. F. 1, titre : Summa virtutum ac vitiorum || Guilhelmi Paraldi Episcopi || Lugdunen̄. de ordine p̄dicatoꝫ. F. 2, signé a ii : Sequentis operis titulo Sūme vir || tutuz.... F. 5, incipit : Reuerendissimi ac eximij sacre theo- || logie doctoris fratris Guilhelmi paral- || di Episcopi Lugdunensis : ex sacro or- || dine predicatoꝫ in librum primum qui || summa virtutum appellatur. || Prologus. F. 226 v°, 2° col. : Explicit summa virtutum.... F 1, signé C : Secundus liber qui appellatur Sum || ma vitiorum : diuiditur in nouem tra- || ctatus. F. 6 v°, incipit : Reuerendissimi.... || .... Guilhelmi paldi || ... || .... Sūma vitioꝫ : feliciter incipit. F. 186, colophon : Explicit opus summe virtutū z vitio || ruu Reuerendissimi patris ac dn̄i Guil- || helmi Peraudi episcopi Lugdunensis || Impressum p magistrū Nicolaum de be || nedictis. Anno a natali christiano. M. ccccc. die xxviij. nouēbris. || a b c .... s t || v x y z z ꝑ ꝫ || A B......K L M...... X Y || Z aa bb. || Omnes sunt quaterni preter B. z bb q || sunt quinterni.

Reliure moderne, en veau jaspé, gardes peigne ; joli exemplaire ; on a omis de faire les initiales de couleur. Sur le f. du titre, notes mss. : *Ex cartusia parisiensi.* — *Rond. hannier parisiis* — *Delavernade Minor conuentus Ponthi-*

sarae; ce nom est répété au-dessous du colophon. Non cité par Panzer; Hain, *12392, a vu un exemplaire où les ff. non chiffrés étaient placés à la fin.

146 PERSIUS (Publius Aulus). Satyrae. — Lugduni, Johannes de Vingle, 1500. Feuillets chiffrés avec quelques erreurs : j-xcij ; caract. goth. de deux grandeurs; 25 ou 52 ll. ll.; signatures a-m; manchettes; initiales gravées ; titres courants ; in-4°. [55]

F. 1*, *titre :* P.Auli Persij familiaris explanatio Cum || Ioan. Britannici eruditissima interpretatione. *Au-dessous, la marque de J. de Vingle, analogue mais plus petite, à celle reproduite page 119.* Argumenta satyrarum ac prefationis || Persiane per Iodocum Badium. (*Suivent 7 vers :*)

Preludendo docet Satyram se scribere posse
. . . .

F. ij, *signé* a ij : Iodocus Badius Ascensius Leuino Mauro z Guilhelmo Diuiti... ||... S. D. *In fine :* Ex officina nostra Lugdunēsi. Anno || a natali Saluatoris nostri. Mccccxcix. Ad sextum Calen. Febru. F. ij v° : Index rerum.... F. iiij v° : Philippi Beroaldi oratio.... F. xiij, *signé* c : P. Auli Persij Flacci in satyras prefatio. F. xcij, *colophon :* Persius cum duplici commento finit feliciter. Lugduni solerti opera Iohannis || de vingle. Anno salutis. Millesimo quingentesimo. vij. Augusti.

Reliure en veau raciné, fin du XVIII° siècle; filets et tranche dorés ; le f. xij, blanc sans doute, manque. Notes marginales mss ; sur le f. du titre, on lit d'une écriture du XVII° siècle : *Claud. Bapta Amey S. T. Doctor,* et au verso du 1ᵉʳ f. de garde : *Ex dono Ed. Schereri 23 mai 1887.* V. Panzer, I, 557, Hain, 12734; non cité par Brunet, qui fait allusion aux nombreuses éditions de Perse imprimées au XV° siècle, ce qui prouve l'étude assidue qu'on faisait de ce poëte dans les écoles de tous les pays.

147 PEROTTUS (Nicolaus). Cornucopiae. — Parisiis, Udalricus Gering, et Bertoldus Rembolt, 1496. 16 ff. n. ch., ff. chiffrés : 1-CCXLVI = 262 ff.; caract. romains et grecs ; 61-66 ll. ll.; signatures aa-bb, a-z, A-H ; manchettes en caract. goth. ; titres courants ; in-fol. [24]

F. 1*, *titre :* Cornu copie. || Iohannis Francisci philomusi pisavrēsis tetra- || stichon in cornu copiae Perottaci laudem. || ...... F. 1* v°, *pièces de vers latins, l'alphabet grec et la marque de Rembolt, reproduite à la page suivante.* F. 2*, *signé* aa ii, *table des mots sur 5 col..* F. 15* v° :.... PROHEMIVM. F. I, *signé* a : Nicolai Perotti Cornucopiae : Siue Commentariorū Linguae Latinae Ad illustrissimū Principem Federi || cū Vrbini ducem : & Ecclesiastici Exercitus Imperatorem Inuictissimum. Liber Primus. F. CCXLVI, *colophon :* Explicit praeclarų opus Nicolai Perotti eruditissimi viri Cornucopię seu cōmentarioᵣų linguae || latinae. Vna cū cōmētariis seu expositionibus ipsius Nicolai in Caii Plynii secūdi proœmiū : sūma || diligētia emēdatū, Parisii impressum per Vdalricū Gering & mgrͫ Berchtoldū Rembolt socioᵣ. || Anno ab incarnatione domini. M.CCCC.XCVI. Vicesima tertia Aprilis.

Reliure du XVIIe siècle en veau jaspé; exemplaire bien conservé, mais court de marges; on a omis de faire à la main les initiales de couleur. Sur le f. du titre, note ms.: *Pour les Capucins de Montfort.* Panzer, II, 310, Hain, 12703, Brunet, IV, 506, citent cette édition sans la décrire.

148 PETRARCHA (Franciscus). Librorum Impressorum annotatio. — Basileae, Johannes de Amerbach, 1496. 390 ff. n. ch.; caract. romains de deux grandeurs; 49 ou 55 ll. ll.; signatures A-C, A-E, a-q, a-c, F, a-g, aa-bb, A-M, a-b, A-C; titres courants; manchettes; in-fol. [34]

> F. 1*, *titre:* Librorum Francisci Petrarchae Basileae || Impressorum annotatio || Bucolicum Carmen per duodecim Aeglogas distinctū. || De Vita solitaria: Libri. II. || De Remedijs utriusq3 Fortunae: Libri. II. || Libri quem Secretum: siue de Conflictu curarum tuarum || inscripsit: Colloquium trium dierum. || De vera sapientia: Dialogi. II. || De Rebus memorandis: Libri. IIII. || Contra medicum obiurgantem: Inuectiuarū libri. IIII. || Epistolarum de Rebus familiaribus: libri: VIII. Epistolarum sine titulo: Liber. I. || . || Ad Charolum quartum Romanoȥ regem: Epistola. I. || De studiorum suorū successibus ad Posteritatē: Epīa. I. || Septem Psalmi poenitentiales. || Epitoma illustriorū uirorum ad Franciscū de Carrharia.

‖ Eiusdem Epitomatis : post obitū Francisci Petrarchae ; Lor ‖ bardi de Siricho supplementum. ‖ Bencuenuti de Rombaldis Libellus qui Augustalis dicit. F. 1* v°, *carmen Seb. Brant.* F. 2*, *signé* A 2 : Clarissmi & insignis iuri Frācisci Petrarchae Ro- ‖ mae nuper laureati : Bucolicū Carmē in duodecim ‖ Aeglogas distinctū...... F. 23*, *titre :* Franciscus Petrarcha : De Vita Solitaria. F. 57*, *titre :* ... de Re- ‖ medijs utriusq; Fortunae. F. 169*, *titre :* Secretum Francisci Petrarchae. F. 189*, *signé* F : ...... ‖ ... in quo de Vera Sapientia disputatur : Focliciter incipit. F. 193*, *signé* a : Tractatuū ac capitulorū primi libri de Rebus Memorandis : .... F. 247*, *titre :* .... Quattuor Libri ‖ Inuectiuarū contra quendā Medicū. F. 265*, *titre :* Opus epistolarum. F. 351* : .... Psalmi ‖ Poenitentiales Incipiunt. F. 368* *in fine :* Explicit Liber Augustalis : Bencuenuti de Rambaldis cum pluribus alijs opusculis ‖ Francisci Petrarchae : Impressis Basileae per Magistrum Ioannem de Amerbach : Anno ‖ salutiferi uirginalis partus : Nonagesimosexto supra millesimū quaterq; centesimum. F. 369* : Principaliū sententiarū ex libris Francisci ‖ .... Annotatio. F. 389* v° : Finis. F. 390* blanc.

Reliure du XVIII° siècle, en veau fauve, filets à froid. Exemplaire taché et incomplet entr'autres, des 2 premiers feuillets et de toute la partie qui se trouve après le colophon, ff. 369-390 ; on a placé au début le f. 57, où se trouve le titre *de Remedijs....* ; on a omis de faire à la main les initiales de couleur ; nombreuses notes marginales. Sur le f. signé A 3 des églogues, on lit : *Ex-libris congregationis Missionis Domus beate Mariae Versalliensis.;* l'ex-libris gravé de la Congrégation est à l'intérieur du premier plat de la reliure ; on y voit un écusson : *d'azur semé de fleurs de lys d'or, chargé en cœur d'une étoile de même rayonnante.* Panzer, I, 180 ; Hain, 12749 ; Brunet, IV, 565 ; A. Hortis, *op. cit.* pp. 1-3.

149 — De remediis utriusque fortunae. — Sans nom de lieu et de typographe et sans date (Argentinae, Henricus Eggesteyn, 1472?) 191 ff. n. ch. ; caract. goth. ; 39 ll. ll. par page entière ; sans signatures, réclames ni titres courants ; in-fol. [133]

F. 1*, *table sur 2 col. :* [D]E etate florida z spe vite ‖ longioris capitulum pmū ‖ De forma corpis eximia ij. F. 2 v°, 2° *col. :* Ecplicit liber iste d remedys ‖ vtriusq; fortune dñi francisci ‖ petarche laureati poete zc. FF. 3*-6* *blancs.* F. 7*, *incipit :* [C]Vm res fortunasq; hominū cogito, incertos z subitos ‖ rerū mot?, nichil fōme fragili? mōtaliū vita z nichil in ‖ q̄cci? ꝛuenio.... F. 57* v°, *ligne 10 :* Vacat Nec Vicio Nec defectu (*le reste de la page est blanc*). F. 70* v°, *ligne 14 :* Vacat Nec Vicio Nec Defectu Sequit E Caerere zc (*le reste de la page est blanc*). F. 191*, *ligne 10, explicit :* Ageres tuas curam hanc linque viuentibus. Deo. gracias ‖ Laus deo pax viuis. Requies eterna defunctis.

Reliure originale en peau de truie gaufrée, plats en bois, traces d'un fermoir ; bel exemplaire, initiales et titres des chapitres faits à la main à l'encre rouge. A l'intérieur des plats sont deux fragments d'un manuscrit du XV° siècle, provenant sans doute d'un commentaire sur l'évangile du mauvais riche ; on y voit aussi deux gravures (ex-libris?) de l'époque de la renaissance allemande; il s'y trouvait des écussons qui ont été grattés. A l'intérieur du 1ᵉʳ plat est l'ex-libris de M. Madden, et un autre raturé : E stift Merseischen || Bibliothek || Cons. || Compact. || Au f. 2, note ms. : *F fortuna R remedium G gaudium D dolor I ira*, et d'une écriture du XVIIIᵉ siècle : *Ad maiorem Vrsinensem bibliothecam*. M. Madden, *op. cit.*, pp. 91-103, indique le nombre des ff. des cahiers : 6, 10, 10, 10, 10, 10, 14, 10, 12, 10, 10, 10, 10, 11, 10, 10, 10, 8, 10; le nombre impair des ff. des cahiers s'explique par la présence de plusieurs cartons ; il y a de nombreuses fautes dans le texte, ce qui arrivait souvent dans la première édition d'un ouvrage, composée d'après un manuscrit plus ou moins facile à lire. V. Panzer, 1, 85 ; Hain, *12790 ; Brunet, IV, 567.

150 PETRACHA (Franciscus). De vita solitaria. — Sans nom de lieu ni d'imprimeur et sans date. (Argentinae, Mentelin ? ou : Augustae, in monasterio SS. Ulrici et Afrae ?) 1472 ? 89 ff. n. ch.; caract. rom. (à l'R bizarre); 34 ll. ll. excepté au f. 67 v°, qui en a 36; sans signatures, réclames ni titres courants; in-fol. [158]

F. 1* : Capitula in librum Francisci petrarchae de vita soli || taria Incipiunt. F. 2* v°, *incipit* : [P]Aucos homines noui . quibus opusculo || rum meoʒ tanta dignacio : tantusqʒ sit || amor quantus tibi fidentissime.... F. 89*, *ligne 27* : Explicit liber secundus Francisci petrarche || Poete Laureati de Vita Solitaria.

Reliure moderne, en maroquin brun foncé ; tranche dorée; exemplaire grand de marges, mouillures à quelques feuillets ; on a omis de faire à la main les initiales de couleur. Au v° du f. de garde, ex-libris de M. Madden. Celui-ci décrit cet exemplaire, *op. cit.*, *4ᵉ série*, pp. 85-92, et y fait remarquer deux particularités typographiques : le f. 74 v° a été imprimé deux fois, et au-dessous de l'*explicit* du f. 90, on voit l'empreinte sèche des 5 lignes (retournées) qui terminent le f. 88; le nombre impair des ff. est expliqué par l'irrégularité du 7ᵉ cahier ; M. Madden, avant de faire relier à nouveau le volume, a pu compter les ff. des cahiers et il donne les chiffres suivants : 10, 10, 8, 8, 10, 10, 11, 8, 8, 6. Il attribue l'impression de ce « rare opuscule » aux frères de la vie commune du couvent de Weidenbach, à Cologne ; Hain, 12796, Panzer, 1, 76, Brunet, IV, 566, en font une édition de Mentelin à Strasbourg ; A. Hortis, *op. cit.* p. 173, le croit sorti des presses du monastère S. Ulric et Sᵗᵉ Afra, à Augsbourg.

151 PHILELPHUS (Franciscus). Epistolae libri XVI, cum quibusdam orationibus. — Parisiis, Felix Baligault, 1498. Feuillets chiffrés j-ccxxvij (pour 230) et 8 ff. n. ch. = 238 ff.; caract. goth.; 40 ll. ll.; signatures a-z, A-G ; titres courants; in-4°. [10]

F. 1*, *titre* : Epistole Francisci philelfinu || per lima acriori castigate cū || quibusdam orationibus videlicet diui Ambrosij vignati sabaudie legati || alaniqʒ aurige de bello gallico. cum aliis eiusdemqʒ opta de miseria cu- || rialium et de egressu caroli regis ex vrbe parrhisia superadditis. *Au-*

dessous, en rouge, la marque de J. Petit, reproduite ici, avec la légende en noir : Felix quē faciūt aliena picula cautū. F. ii, *signé* a 2: Francisci Philelfi

epistolarum Liber primus. F. ccxxv (*pour* 227) : Francisci Philelfi epistolarum Finis || Oratio diui Ambrosij vignati.... F. 237* v°, *colophon :* Quoniam primi codices nō satis emendati videbantur aliquibus || litteris superfluis : transpositis aut deficientibus. Liber diligenti || ac noua castigatione recognitus est. Nōnulla etiā que adiūctione || digna visa sunt prout congruū visum est adiecta fuere. Impressus || est a felice baligault. Opera et impensis Iohannis petit in vico || sancti iacobi ad intersigne leonis argentei cōmorantis. Anno dñi || M. cccc.nonagesimo octauo die vltima mensis aprilis. F. 238* v°, *la marque de F. Baligault, reproduite p.* 78, *accompagnée de la légende :* Ingratus ne sis iuuenis quin pe- || ctore toto || Felici grates qui tibi pressit agas. *Puis en gros caractères :* Venales reperiūtur in vi || co sancti iacobi ad intersi || gne : Leonis argentei.

Reliure originale en veau brun, fers à froid, traces de fermoirs; plats en bois; joli exemplaire, malgré quelques notes marginales; grande initiale rouge faite à la main, au début du texte; sur le f. du titre, un nom ms. du XVIe s. : *Ludouicus de Lisle;* et de deux écritures du XVIIe s. : *Joyenual — Communitatis S. M. Grandisval. ord. Praem. 1663;* au verso du dernier f. : *Loys de Lisle.* V. Panzer, II, 325, et Hain, 12946, qui citent l'édition sans la décrire; on trouve cependant dans ces deux auteurs une longue liste d'éditions de ces lettres, faites en Italie et en Allemagne au XV° siècle. Ul. Chevalier, 1772; etc.

PICCOLOMINI (Æneas Sylvius), voyez l'article suivant.

152 PIUS II (Æneas Sylvius Piccolomini). Dialogus contra bohemos. — Sans nom de lieu, de typographe et sans date (Coloniae, Ulric Zell, 1470?) 32 ff. n. ch.; caract. goth.; 27 ll. ll. (quelques pages en ont 28); sans signatures, réclames ni titres courants; in-4°. [61]

F. 1*, *incipit :* Dyalogus eloquētissimi atq3 reuerēdi pa || tris dn̄i Enee siluij poete laureati atq3 epī se || nensis postea pii pape secūdi p̄tra bohemos || atq3 thaboritas habitus de sacra c̄munione || corporis xp̄i feliciter incipit. F. 29* : ... Ex noua ciuitate. xij kl. Septem || bris. Sub ān̄o dn̄i Millesimo q̃dringentesimo || quinquagesimop̄mo. || Explicit dyalog⁹ eloqūtissimi atq3 reuerē || di p̄ris dn̄i Enee siluij poete laureati atz Ep̄i || senensis postea Pij pape secūdi contra Bohe || mos atq3 thaboritas habitus de sacra c̄mu- || nione corpis xp̄i. F. 30*-32* *blancs*.

Relié à la suite du Centiloquium de s. Bonaventure; très bel exemplaire grand de marges, folioté par le rubriqueur : clxiij-cxciiij. Panzer, I, 325 et Hain, *209, qui attribuent tous deux cette édition à Ulric Zell, n'ont pas compté les trois feuillets blancs du dernier cahier. M. Madden, dans une note manuscrite qui occupe l'intérieur du premier plat de la reliure, croit que l'imprimeur est Conrad Winter de Homborch.

153 — Epistola ad Turcarum imperatorem Mahumetem. — Sans nom de lieu ni d'imprimeur et sans date. (Coloniae, Ulric Zell, 1463?) 54 feuillets non chiff.; caract. goth.; 27 ll. ll. (excepté quelques pages qui en ont 28); sans signatures, réclames ni titres courants; in-4° [72]

F. 1* *incipit :*

D Qui te pollio amat. velat quo te q̃3 gaud3
Mella fluāt illi . . . .

F. 1* v° *blanc*. F. 2* : Pius papa secūdus eloqūtissimus. q̃ obijt || Anno. M.cccc.lxiiij. in Anchona. dū proficisci || p̄posuerit contra turcos. c̄oposuit τc̄. || [P]Ius Ep̄us seru⁹ seruo2/ dei.... F. 54*, *ligne 23, explicit :* .... z tu more hoīm reuersus in || cinerē totus moriels. Xp̄s regnabit in eternū || cui est honor z gloria in seculo2/ secula Amen.

Reliure moderne, en chagrin rouge, fers dorés; bel exemplaire grand de marges ; initiale rouge faite à la main au début du texte. Au verso du premier f. de garde est l'ex-libris de M. Madden ; à la marge inférieure du f. 1, note ms. du XV° siècle : Τελωσ *finis bucolicorum virgilii poete clarissimi medicique expertissimi*. Ce premier feuillet qui manque dans les deux exemplaires décrits plus bas, contient en effet les 24 derniers vers de la 3° églogue de Virgile; ce fragment est sans doute, dit M. Madden, *op. cit., 1ʳᵉ série*, p. 6, la première page de Virgile qui ait été imprimée, puisque l'édition princeps de ses œuvres a été faite à Rome en 1469. M. Madden pense qu'il y eut trois éditions simultanées de la lettre de Pie II, faites à Cologne par les Frères de la vie commune du couvent de Weydenbach, en 1463, *op. cit.*, 1re *série*, pp. 34 et ss. Brunet, I, 66; Graesse I, 25; Hain *171. Ce dernier n'indique que 53 ff., parce que le f. de l'églogue de Virgile manquait à l'exemplaire qu'il avait vu, comme cela arrive du reste communément.

154 — — Ibid., idem, 1463? 54 ff. non chiffrés; caract. goth.; 27 ll. ll. (excepté quelques pages de 28 ll.); sans signatures, réclames ni titres courants; in-4° [59 et 73]

> F. 1* *manque*. F. 2*, *incipit*: Pius papa secūdus eloqnētissimus. q̃ obijt || Anno. M.cccc.lxiiij. in. Anchona. dū pficisci || pposuerit contra turcos. cōposuit. zc. || [P]lus Epūs scru⁹ seruorū dei.... F. 54*, *ligne 25, explicit*: cui ō honor z gloria in seculoȥ secula Amen.
>
> Demi-reliure, dos en parchemin blanc, exemplaire un peu jauni; on a omis de faire à la main l'initiale P au début du texte. Provient de la bibliothèque royale de Munich, dont il porte l'estampille au f. 2; à la marge inférieure de ce f. il y a un second cachet : DVPLVM BIBLIOTHECAE R. MONAC. A l'intérieur du premier plat de la reliure, l'ex-libris de M. Madden. V. la note relative à l'imprimeur, qui fait suite à la description du premier exemplaire. Hain, *172, le cite, mais indique par erreur 25 lignes par page.
>
> La bibliothèque de Versailles possède un second exemplaire de cette édition en très bon état, en demi-reliure moderne, dos et coins en maroquin rouge ; au verso du premier f. de garde, l'ex-libris de M. Madden.

155 — — Ibid., idem, 1463?. 54 ff. n. ch.; caract. goth.; 27 ll. ll. (excepté quelques pages de 28 ll.); sans signatures, réclames ni titres courants; in-4°. [74]

> F. 1* *manque*. F. 2* *incipit*: Pius papa secundus eloqnētissim⁹ q̃ obijt || Anno. M.cccc.lxiiij in Anchona dū proficisci || proposuerit contra turcos. conpossuit zc || [P]lus Epūs scru⁹ seruoȥ dei.... F. 54*, *ligne 23, explicit*: ... z tu more hoīm reuersus in || cincrē totus morieris. Xp̄s regnabit in eternū || cui est honor z gloria in seculoȥ secula Amen.
>
> Reliure moderne, en veau fauve; filets à froid; bel exemplaire grand de marges, mais dont les caractères semblent plus fatigués que ceux du volume décrit plus haut; initiale bleue et rouge au début du texte. A l'intérieur du premier plat de la reliure l'ex-libris de M. Madden. Voyez, pour l'attribution typographique, la note du premier exemplaire. Non cité par Hain.

156 — Epistolae et opuscula. — Sans nom de lieu ni de typographe et sans date; (Argentinae, Joh. Mentelin? 1472?); 216 ff. non chiffrés; caract. romains (à l'R bizarre); 37 ll. ll.; sans signatures, réclames et titres courants; in-fol. (3 exemplaires). [71-73]

F. 1* v° : [O]Mnibus & singulis humanitatis studio deditis : se || quŏtesq̃ʒ
eptas inspecturis Nicolaus de vuile sacri || lateranēsis palacii auleqʒ impe-
rialis consistorii Co || mes Salutem p̃imam dicit. F. 2*, *ligne 4°:* Epistole
Enee siluii Poete lauriati Incipiunt feliciter. F. 116*, *l'histoire de Lucrèce
et d'Euriale.* F. 150* v°, *Dialogus contra bohemos.* F. 213* v° : Descriptio
vrbis viennensis per Poetam Eneam || Siluium edita. F. 215*, *ligne 35,
explicit :* ...... duces & p̃latos & proceres || veluti reges in comitatu habent.
F. 216* *blanc.*

Reliure originale, plats en bois apparents, dos en veau brun avec fers à
froid; en mauvais état; exemplaire grand de marges mais taché; on a omis
de faire à la main les initiales de couleur. A l'intérieur du premier plat de la
reliure, l'ex-libris de M. Madden ; sur le recto du f. 1, note ms. en écriture du
XVII° siècle : *Ex libris Caroli Tronthelii?* Au bas du f. 2 on lit : *declina a
malo et fac bonum M. A L. S.* Le même personnage a écrit sur le f. 215 : *Quid-
quid agis prudenter age respice finem : M. A. S. L. 1492.* Le second exemplaire
a une reliure moderne en maroquin rouge, tranche dorée; le rubriqueur a
fait les initiales, et un contemporain a numéroté les lettres à l'encre noire, et
écrit en marge les sommaires. Le troisième exemplaire a conservé sa reliure
originale, ornée de coins et de clous en bronze avec deux fermoirs ; sur le plat
supérieur, dans le petit cadre en bronze, se trouve une pièce en parchemin avec l'inscription : Enee siluij Poete epistole qui et Pius papa secundus
dicitur. Première édition de ces lettres. V. Panzer I, 79; Hain, *160, ne compte
pas le dernier f. blanc; Brunet, I, 71 ; *Madden, op. cit.,* pp. 98 et 99.

157 PLINIUS Secundus (Caius). Historia naturalis. — Venetiis, Bartholomaeus de Zanis, 1496. 240 ff. n. ch.; caract. romains; 62 ll. ll.;
signatures a-z. & ꝯ ꝝ, A-D ; titres courants ; in-fol. [22]

F. 1*, *titre* : C. Plynius Secundus De Naturali || Hystoria diligentissime || Cas-
tigatus. F. 2°, *signé* a ii, *incipit* ; C. Plynius secundus Veronēsis natus sub
Tiberio :...... F. 4* v° : CAII PLYNII SECVNDI NATVRALIS HYSTORIAE
LIBER. PRIMVS. F. 239* v°, *colophon :* Caii Plynii Secundi de naturali
hystoria opus foeliciter absolutum est : quā diligentissimae castigatum :
|| Imp̃ssum Venetiis accuratissime p Bartolameū de Zānis de portesio
āno nr̃i saluatoris. M.ccccIxxxxvi. || die. xii mensis Decēbris. || REGISTRVM.
Les cahiers sont quaternions, excepté a,͏ *qui a 6 ff., et* D, *qui en a dix.*
F. 240* *blanc.*

Relié à la suite des *Rusticae rei scriptores*, Regii, 1499 ; exemplaire bien conservé, mais court de marges ; on a omis de faire à la main les initiales de couleur. Panzer, III, 394 ; Hain, *13100. Cette édition est une des nombreuses
éditions vénitiennes signalées par Brunet, IV, 715.

158 PLUTARCHUS. Vitae illustrium virorum. — Romae, Udalricus Hahn,
(1470). Deux volumes; caract. romains ; 45 ll. ll.; sans signatures ni titres courants ; in-fol. *Tome I:* 308 ff. non chiffrés.
Tome II : 304 ff. n. ch. [85]

Tome I : F. I : [C]AMPANVS Francisco Piccolominio cardinali Senensi meo Sa-‖ lutem ‖ etc. F. 1* v°, *table*. F. 2*, *explicit :*
  Anser Tarpeii custos louis : unde : q alis
  Constreperes : Gallus decidit : ultor adest.
  Vdalricus gallus : ne quem poscantur in usum
  Edocuit pennis nil opus esse tuis
  Imprimit ille die : quantum non scribitur anno.
  Ingenio : haud noceas : omnia uincit homo :
F. 3* : [P]RISCOS PHILOSOPHOS TAM GRAECOS.‖ .... FF. 176* et 260* *blancs*. F. 308*, *explicit :* fastigium euasisse.
Tome II : F. 1* *incipit :* [C]VM PER MVLTA SINT LITTERARVM ‖ studia Hemrice princeps..... F. 8* : [L]VCII LVCVLLI AVVS FVIT VIR CONSV- ‖ laris :.... F. 304*, *ligne 25, explicit :* .... post Caroli mortem ‖ diligentissime : ac sanctissimeq3 reseruauit.

Reliure du XVIII° s., en veau brun, fers et filets dorés ; gardes marbrées ; bel exemplaire, malgré quelques piqûres de vers aux premiers feuillets ; le dernier f. est mutilé. Le second volume seul est à la bibliothèque de Versailles. A l'intérieur du plat de la reliure, l'ex-libris de M. Madden. Le savant bibliographe rend compte dans sa lettre du 20 septembre 1887 (*Typologie Tucker, 1888*), des particularités typographiques de ce bel incunable. Panzer, II, 414 ; Hain *13125 ; Brunet IV, 736 ; Audiffredi, *Cat. rom. ed.*, p. 35-36.

159 — — Sans nom de lieu ni d'imprimeur, et sans date. 2 tomes en un volume ; 274 et 238 ff. non chiffrés ; caract. romains (à l'R bizarre) ; 49 ll. ll. ; sans signatures ni réclames ; grand in-fol. [63]

Tome I : F. 1* : [C]AMPANVS Francisco Piccolominio Cardinali Senensi meo Salutem ‖ Collegi nuper dispersas grecorū Latinorūq3 principū vitas a Plutarcho ‖ scriptas grece :..... *Au bas de la page est la table des vies avec le nom des traducteurs.* F. 2* : Plutarchi Historiographi greci liber De viris clarissimis. E greco sermone in La ‖ tinum Diuersis plurimorū interpretationibus viro℞ illustrium translatus Incipit. F. 274*, *explicit :* .... & ambos deorū ‖ suffragiis in tam sublime glorie fastigium euasisse.
Tome II : F. 1*, [C]VM GRECE apud plutarchum Nicie Atheniensis M. ‖ q3 crassi uitas lectitarem... F. 238*, *explicit vita Caroli magni :* .... Que omnia Ludouicus eius filius ac successor ex commentario ‖ post Caroli mortem diligentissime : ac sanctissimeq3 reseruauit.

Reliure en peau de truie gaufrée du XVI° siècle, très bien conservée ; plats en bois, fermoirs, tranche rouge. Exemplaire en bon état, mais quelques mouillures à la marge inférieure ; notes marginales de différentes époques, titres courants et foliotation écrits avant la reliure actuelle, qui a enlevé quelques chiffres de la foliotation ; d'après ceux qui sont restés intacts, on doit supposer que le tome I débutait et finissait par un feuillet blanc sans doute, enlevé par le second relieur. Sur le plat intérieur on voit les ex-libris de M. Madden et de « Georgius Kloss M. D. Francofurti ad Moenum » ; à la marge inférieure du 1er f. du texte, un timbre à l'encre grasse : *J. F. Schefold*. M. Madden, *op. cit.*, 4° série, pp. 65-68, attribue cette édition aux frères de la vie commune du couvent de Weidenbach, et démontre par les fautes de lecture que cette édition est postérieure à celle faite par Ul. Han, à Rome, vers

1470. Brunet, IV, 735, se rencontre avec M. Madden pour l'époque de l'édition ; il pense aussi qu'on ne doit pas suivre l'opinion des anciens bibliographes, qui ont attribué « sans beaucoup de certitude » à Mentelin toutes les impressions à l'R bizarre. V. Panzer, I, 97 ; Hain *13124.

160 PRAGMATICA sanctio, Caroli VII. — Lugduni, Nicolaus Philippi, 1488. 192 ff. non chiffrés ; caract. goth. de deux grandeurs, le texte entouré par le commentaire ; 2 col. de 50 ll. pour le commentaire ; signatures a-z, ꝝ ; sans réclames ni titres courants ; in-4°. [16]

F. 1* v°, *préface :* dOctorū patrum decreta semp ‖ sunt studijs adiunāda..... F. 2*, *signé* aij, *texte :* c ‖ Arolus dei gratia franco℣ rex. **Commentaire :** cArolus. Hoc prohemiū potes ‖ diuidere in sex partes. F. 9*, *signé* b, *incipit textus :* delphinatu p̄decesorū nostro ‖ rum... F. 190* v°, 2ᵃ col.: Finiūt decreta Basiliensia necnō Bitu ‖ ricēsia que pragmatica sanctio intitulant. ‖ glosata p magistrū Cosmā guymier vtrius ‖ q₃ iuris licentiatū. Impssaq₃ Lugd. partiū ‖ francie amenissima vrbe : p Nicolaū philip ‖ pi alemanū : artis impssorie magistrū. An- ‖ no dn̄i. M.ccccl xxxviij. die xo sexta septē- ‖ bris feliciter sunt cōsummata. F. 191* : Rubrice pragmatice. 21. *Au bas de la page, la marque typographique, sur fond rouge, de N. Philippi, reproduite page 69.* F. 192* blanc?

Reliure du XVIIIᵉ siècle, en parchemin jaspé ; piqûres de vers qui traversent tous les feuillets ; sur le f. 1 titre manuscrit : *Caroli Francorum regis Pragmatica sanctio...* et note ms. d'une écriture du XVIIᵉ siècle : *Probb. ff. M. pontisarentium.* Cette marque se rencontre aussi sans nom d'imprimeur dans deux éditions des *sermones discipuli*. Panzer I, 538, et Hain, *4630, citent une édition de la *Pragmatica sanctio*, Lugduni, 1488, mais sans nom de typographe, et avec une marque aux initiales I. G. Non cité par Brunet.

161 — Lugduni, Johannes de Vingle, 1497. 192 ff. n. ch.; caract. goth. de 2 grandeurs ; le texte encadré par 2 col. de commentaire de 50 ll.; signatures a-z,ꝝ .; sans titres courants; lettres grises et une gravure au début du texte ; in-4°. [46 et 47]

F. 1*, *titre :* PRagmati ‖ ca sanctio. F. 1* v° : DOctorum patrū ‖ decreta semper ‖ sunt studijs.... F. 2*, *signé* a ij, *commentaire :* RArolus. Hoc phemium potes ‖ diuidere in sex ptes.... *Au milieu de la page, une gravure assez grossière d'exécution, le roi assis et entouré de plusieurs personnages.* F. 9*, *signé* b, *incipit textus :* delphinatu p̄decessoruꝫ no ‖ stro℣.... F. 190* v° : Finiunt decreta Basiliensia necnon ‖ Bituricensia : que pragmatica sanctio in- ‖ titulantur : glosata per magistrum Cosmā ‖ guymier vtriusq₃ iuris licentiatū. Impres- ‖ saq₃ Lugduni partium francie amenissima ‖ vrbe per Iohannem de vingle artis impres ‖ sorie magistrū. Anno domini. M.ccccxvij. ‖ die vero septima aprilis. F. 191* : Rubrice pragmatice. xxi. *Au verso du feuillet, la grande marque sur fond noir, de J. de Vingle, reproduite à la page suivante.* F. 192* blanc?

Reliure originale en veau brun, défectueuse, fers à froid, plats en bois, traces de fermoir ; exemplaire attaqué par les vers. Au f. du titre, note ms. du XVIᵉ siècle : *Sum anthonij brunet presbiterj canonicj sanctj dionysij de passu in ecclesia parisiens.* Il y a un second exemplaire, incomplet du f. 191, où se trouvent la table et la marque de l'imprimeur, et du f. blanc ; au XVIIᵉ s. on lui a donné une nouvelle reliure en veau brun, et les marges ont été trop rognées. Notes marg. mss. contemporaines. Sur le f. du titre on lit, de deux écritures du XVIᵉ s. : *Pragmatica sanctio dicitur causa in consistorio principis ventilata coram proceribus sacrj palatij — lex ultima C. de Assessoribus. — Brochard*, et une note du XVIIIᵉ s. : *Ex libris sᵗⁱ Eligii de Longo jumello.* Non cité par Panzer et Hain ; Brunet, IV, 855.

162 PSALTERIUM. — Sans nom de lieu, de typographe, et sans date. (Coloniae? 1482?) 8 ff. n. ch. et 164 ff. chiffrés avec quelques erreurs; caract. goth. de deux grandeurs et notation musicale, rouges et noirs; 24 ll. ll. pour le texte (sauf quelques pages qui en ont 25 ou 23); ou 8 ll. de plain-chant; signatures a-x,) le premier cahier, quaternion, n'est pas signé); sans réclames; titres courants au verso des ff.; au f. II, grande lettre D gravée; in-fol. [82]

F. 1*, *titre en rouge*: PSalterium cum hymnis et ‖ vigiliis summa cum diligen ‖ tia emendatū descruiens vtri- ‖ usq3 sexus personis Romanū ‖ ordinarium colentibus. F. 2*, *calendrier*: KL. Ianuarius hab3 dies. xxxj. F. I, *signé* a, *en rouge*: Hymnus isto dicitur ad noctur̄. a prima dn̄ica ‖ post octauā ephie vsq3 ad primā dn̄icam. xl. et ‖ kalend. octobris. vsq3 ad aduentum domini. F. 172 *chiffré par erreur* CLXIII, *ligne 18, explicit*: quant. Qui vi. ℣ Requiē et. do. ℟ Et lux ppe. ℣ ‖ Requiescant in pace. ℟ Amen.

Reliure moderne en veau fauve, fers à froid; exemplaire jauni, et réparé à plusieurs ff. A l'intérieur du premier plat, l'ex-libris de M. Madden; et sur le 1ᵉʳ f. de garde on a collé une partie d'un des anciens ff. de garde, où sont écrites trois hymnes, de s. Nicolas et de la fête de la Trinité; on a aussi fait à l'aquarelle! en 1857 les initiales dont la place était restée vide. Les cahiers sont quaternions, excepté b et c qui ont 9 ff. et g, s, t, qui sont ternions. Les grandes initiales dans le texte, sont gravées sur bois. M. Madden, *op. cit., 4° série*, p. 179, donne un fac-simile de ces lettres, et p. 145, il reproduit le titre. Il attribue cette édition aux frères du couvent de Weidenbach à Cologne. Hain cite ce psautier, IV, 13462, sans l'avoir vu; M. Madden, *loc. cit.*, pp. 123-180.

R

163 RABANUS maurus (Magnentius]. Opus de universo. — Sans nom de lieu et de typographe et sans date. 170 ff. non chiffrés; caract. romains à l'R bizarre; 2 col. de 56 ll.; sans signatures ni titres courants; gr. in-fol. [67 et 68]

F. 1* *blanc.* F. 2*, *incipit :* Epistola Rabani ad ludouicum regem || inuictissimū &c. incipit foeliciter. || [D]OMINO excellē || tissimo.... F. 2* v°, 2° *col.:* Incipit epistola Rabani ad hemmonē epi || scopum. F. 3*, 2° *col.:* Incipiunt capitula.... F. 4* v°, 2° *col.:* [P]RIMVM apud he- || breos dei. nomen.... F. 168* v°, 2° *col. explicit :* patri . sancte tamē trinitatis vnum velle vnā || potestas vna cooptio est. FF. 169* et 170* *blancs*.

Reliure originale en peau de truie estampée, défectueuse, plats en bois. A l'intérieur du premier plat, l'ex-libris de M. Madden; bel exemplaire; initiales rouges faites à la main; sur le f. 2 note ms. : *Bibliothecae Steingadens. 1787.* D'après M. Madden, *op. cit. 4° série,* pp. 58 et 64, cette édition serait l'œuvre des frères du couvent de Weidenbach à Cologne, vers 1465; dans la description que le savant bibliographe fait du volume, il indique le nombre des cahiers : dix quinternions, huit quaternions et un ternion ; le recto du f. 53° a 57 ll. par colonne; pour fixer la date, il cite une note ms. qui se trouve au verso du dernier f. de l'exemplaire conservé à la B. Nationale, et datée de 1467 (à Paris). Il y a un second exemplaire avec une demi-reliure du XVIII° siècle, dos en peau de truie blanche; bel exemplaire réglé, mais incomplet du premier et du dernier feuillets, blancs; initiales bleues ou rouges faites à la main ; on a omis celle du commencement du texte; sur le f. 2 est collée une petite bande de papier portant ces mots imprimés : Bonaventura Abbas Minoraug. C'est l'abbé dont il a déjà été question page 79. On voit à l'intérieur du plat l'ex-libris de M. Madden; un ex-libris plus ancien a été enlevé. Panzer, 1, 78, attribue cette édition à Mentelin, de Strasbourg, ainsi que Brunet, IV, 1035 ; Hain, *13669, n'émet aucune opinion à ce sujet.

164 RAMPIGOLLIS (Antonius de). Biblia aurea. — (Argentinae), Joh. Gruninger, 1496 ? Feuillets chiff. (avec quelques erreurs) 1-120 et 2 ff. n. ch.; caract. goth.; 2 col. de 37 ll.; signatures a-z, ɀ; titres courants; in4°. [18]

F. 1*, *titre :* Biblia aurea cū suis histo- ‖ rijs necnon exemplis Ve- ‖ teris atq3 Noui Testamenti. F. 2*, *signé* a ij : Incipit liber ‖ manualis ac ʃ ‖ troductorius ĩ biblic historias ‖ figurasq3 veteris ac noui testa ‖ menti peroptimus Aurea bi- ‖ blia vocitatus. ‖ [R]Eligiosis ‖ atq3…. F. 120* v°, 2° col. *colophon :* Peracta est Biblia aurea ve ‖ teris ac noui testamenti magna ‖ cum diligētia. et fideli studio re- ‖ uisa. Impressaq3 per magistrū ‖ Iohānem Grüninger. ‖ Dominice natiuitatē anno. M.ccccixvj. ‖ Octauo deniq3 Idibz Decem- ‖ brium. Finit feliciter. F. 1* (121ᵐ) : Incipit tabu- ‖ la 1ᵐ ordinez alphabeti…. F. 2* : Finis perfaustus huiᵒ tabule.

Reliure du XVIᵉ siècle en veau brun fers à froid, tranche rouge ; les plats sont doublés avec des feuilles de parchemin provenant d'un manuscrit de droit du XIIIᵉ s.; exemplaire incomplet du 1ᵉʳ f., et trop rogné lors de la seconde reliure ; au f. 2 note ms. : *aux cordeliers de pontoise;* au-dessous du colophon, d'une écriture du XVIᵉ s. : *frater Adrianus Le Bouteillier a Gonsseuille* (Gonseville ou Gonneville en Normandie). Panzer, I, 56 ; Hain *13687, ne donne pas le nombre des ff., mais renvoie cette édition à l'année 1516, à cause de la faute d'impression dans la date ; Brunet, I, 246 (au mot *Ampigotius*) est moins affirmatif pour la correction de la date ; Holtrop, *Cat…. Hagana,* 2ᵉ partie, lit 1496 ; M. Charles Schmidt, le savant bibliographe alsacien, est de l'avis de Holtrop.

165 RAYMUNDUS (S.) de Pennaforti. Summula sacramentorum. — Coloniae, Henricus Quentell, 1498. 1 f. non ch., ff. ch. : i-cxlviij et 7 ff. n. ch. = 156 ff.; caract. goth. de deux grandeurs ; 46 ll. ll.; signatures a-z, aa-dd ; titres courants ; in-4° [30]

F. 1* *titre :* Sūmula clarissi- ‖ mi iuriscōsultissimiq3 viri Ray ‖ mūdi demū reuisa ac castigatissime correcta. breuissimo cō- ‖ pēdio sacramētoɽ alta cōplectēs mysteria. de sortilegis. simo ‖ nia. furto. rapina vsura. etq3 varijs casibus (que in pluribus ‖ iuris codicū voluminibus cōfusa indistinctaq3 multiplicatio ‖ ne dispguntur) resolutiones abunde tradens. pastoribz. sacer ‖ dotibus. omnibusq3 psonis diuino charactere insignitis sum- ‖ me necessaria. F. primo, *signé* a ij : [C]Irca initiū summu ‖ le Raymūdi de summa. F. cxlviij v°, *colophon :* Explicit summula Raymūdi diligēter correcta et denuo emenda- ‖ ta. oībus clericis perutilis. Impressa Colonie p Henricum Quentell ‖ Anno. M.cccc.xcviij. tercio idus februarij. F. 1*, *signé* ee iiij : Incipit tabula libri radioɽ minoris mundi….. F. 7* : Explicit tabula questionum ‖ et notabilium totius libri.

Reliure moderne en veau fauve, filets dorés ; quelques grandes initiales rouges et bleues faites à la main ; notes marginales ; sur le f. du titre, un nom ms. : *D. Auroux,* et sur le dernier f. : *Io. Charpentier* et *J. Martin.* Panzer, I, 316 ; Hain, *13709. H. Quentell fit trois éditions de cet ouvrage, de 1495 à 1500.

166 RÉSURRECTION (La) de Nostre-Seigneur. — Paris, Jean Trepperel, sans date. FF. ch. : i-li et 1 f. n. ch.; caract. goth.; 2 col.; titres courants ; 2 gravures ; in-4°. [9]

F. 1* titre : SEnsuit la Resurre || ction de nostre Sei || gneur iesuschrist par personnaiges || Cõment il sapparut a ses apostres || et a plusieurs autres, τ cõmẽt il mõta es cieulx le || ... F. li v°, signé K iij : Cy finist le mistere || de la Resurrection de nostre seigneur ihesucrist par persona- || ges Nouvellement imprime a Paris par la veufue feu Iehã || trepperel demourant en la rue neufue nostre Dame a l'ensei- || gne de Iesu de France. F. 1*, table.

Reliure en veau marbré; titre mutilé; note ms. au-dessous du colophon : iste liber pertinet ad me qui vocor Thomas Girardus. Brunet, IV, 1974, cite une édition de cet opuscule faite par J. Trepperel, sans date et dans le t. V, 1249, une édition faite par la veuve de J. Trepperel et Jehannot....; cette dernière a le même nombre de ff. que l'exemplaire de la B. de Versailles, mais le colophon est différent.

167 REUCHLIN (Johannes) Capnio dictus. De verbo mirifico. — (Basileae, Johannes de Amerbach, 1494). 50 ff. n. ch.; caract. romains; 50 ll. ll.; signatures a-g; titres courants; in-fol. [46]

F. 1*, titre, en goth. : De Verbo mirifico. F. 1* v° : In laudem disertissimi atq3 trium principaliũ linguarũ peritissimi uiri Ioannis || Reuchlin Phorcensis... || ... Epistola. || Conradus Leontorius: Iacobo Vinphelingo. S. P. In fine : ...... Spirae. xj. kal. Maias. M. cccc. xciiij. F. 2*, signé a 2: IOANNIS REVCHLIN PHORCENSIS IN LIBROS || CAPNION VEL DE VERBO MIRIFICO PRAEFATIO. F. 50*, explicit : IOANNIS REVCHLIN PHORCENSIS CAPNION VEL DE || VERBO MIRIFICO LIBER TERTIVS FINIT FOELICITER.

Relié à la suite du traité De scriptoribus ecclesiasticis de Trittenheim; bel exemplaire à grandes marges; quelques initiales rouges et bleues faites à la main. Panzer, I, 174, attribue cette édition aux presses de Joh. de Amerbach à Bâle, et son opinion est confirmée par le fait de la reliure simultanée de cet ouvrage et de celui de Trittenheim, imprimé par le typographe bâlois; du reste les caractères sont identiques, tant pour le texte que pour les titres, qui sont tous deux en gothique. Hain, *13880.

168 ROLEWINCK (Werner). Fasciculus temporum. — Sans nom de lieu ni de typographe, et sans date. 6 ff. n. ch., ff. chiffrés : I-LXXXVII (par erreur pour XCI) et 3 (?) ff. n. ch.; caract. goth.; ll. ll. de nombre variable, la table est à 3 col. de 47-50 ll.; signatures a, a-m; titres courants; figures en bois dans le texte; in-4°. [14]

F. 1*, titre : Fasciculus temporum omnes antiquo || rum hystorias complectens. F. 2*, signé a ij : Tabula breuis τ vtilis sup li || bro illo q̃ dicit fasciculus tẽ || po⅜.... F. 6* v°, 3° col., ligne 15° : Finis tabule. F. I, signé A : [G]Eneratio et generatio laudabit ope || ra tua τ potentiã tuã pnunciabũt scribit p̃s. clxiiij. Cũ nõ sine multa di- || ligentia... F. LXXXIX v° :...... || Anno xp̃i. M.CCCC.LXIIII || Iste pius elect⁹ est ãno dñi. m.cccc.lviij. τ vocabat eneas vir clo || ques.... F. chiffré LXXXVII (pour XCI) explicit : Isto eodem tẽpore fuit Frater iohãnes burgois ordinis sancti frãcisci honeste vi || te qui sua cōuersatione multos instruxit. reformādoqʒ ꝓplurīma monasteria. sepultus || lugduñ. i. mōasterio nouo. qđ fundatū est suis p̄cibʒ nūcupatū nostre dāme des angis. F. 92* *blanc?*

Reliure molle en parchemin; exemplaire incomplet des ff. M. j (87) M iiij (90) et du 3 dernier f. du cahier M, qui était sans doute blanc. Sur le f. du titre, notes mss. de différentes époques — du XVIII° s. : *Ex libris cong. Miss. domus nouiodunensis* — du XVI° s. : *Ce liure est attribué par aucuns a uuerner Rolvinck* — d'une autre main : *Gawbiad* (?) *L'atribue a wernner;* signature raturée : *Du Say ?* XVIII° s. : *Emp. parisijs 20* 7^{bris} *1635*, signé *Roussy ?*

S

169 SABUNDE (Raymundus de). Theologia naturalis. — Argentinae, Martinus Flach, 1501. 162 ff. n. ch.; caract. goth.; 2 col. de 50 ll.; signatures 1, a-z, ꝛ ꝑ; manchettes; titres courants; in-fol. [165]

> F. 1*, *titre* : Theologia naturalis siue li ‖ ber creaturarum specialiter ‖ de homine et de natura eius in quantum homo : et de his que ‖ sunt ei necessaria ad cognoscendum seipsum ꝛ deum. et omne ‖ debitū ad quod homo tenetur et obligaȶ tam deo q̄ȝ pximo. F. 2*, *signé* 2 : Incipit Tabula huius libri. F. 6* : Finit tabula F. 7*, *signé* a i : Incipit Theologia naturalis siue li- ‖ ber creatura{2}/{4}: specialiter de hoīe ꝛ de na ‖ tura ei⁹ inq̄ntuȝ homo. ꝛ de his q̄ sunt ei ‖ necessaria ad cognoscendū seiꝑm : ꝛ deū ꝛ om̄e debitū : ad qd̄ homo tenei̯ ꝛ obliga- ‖ tur tam deo q̄ȝ pximo. cōpositus a vene- ‖ rabili viri magistro Raymundo de Sa- ‖ bunde . in artibꝓ et medicina doctore : I sa- ‖ cra pagina egregio pfessore ‖ Prologus. F. 162*, 2° *col.*, *colophon* : Liber creaturarū seu theologia natu- ‖ ralis : specialiter de hoīe ꝛ de natura eius inq̄ȝtum homo : p quē alie creature facte ‖ sunt : ex cui⁹ cognitiōe hō in dei ꝛ creatu- ‖ rarū cognitionez assurgit : Finit feliciter ‖ ex officina Martini Flach iunioris ci- ‖ uis argōtiñ. Anno dn̄i Millesimoq̄ngē ‖ tesimoprīmo : septimo Kalēdas februarij.
>
> Reliure moderne en veau brun. Exemplaire grand de marges, mais avec de nombreuses piqûres de vers, et le f. 7 est mutilé. On a omis de faire les initiales bleues et rouges. Sur le f. du titre, notes mss.: *Ex libris minimorum Bonae Domus;* au-dessous, d'une écriture du XVI° s. : *Pro me ludouico Lasserre prouisore Regalis* (?) *Collegij campanie alias Nauarre parisius.* — *Sum nunc gualtherij emptus 10 st.* Nombreuses notes marginales mss. Panzer, VI, 26; Martin Flach avait déjà fait une édition de cet ouvrage en 1496.

170 SAINT GELAIS (Octavien), et André de la Vigne. Le verger d'honneur. — Paris, Jean Trepperel, sans date (vers 1500). 182 ff. n. ch.; caract. goth. ; 2 col. de 44-45 ll.; signatures A-X, y z, ꝛ, AA-FF ; sans titres courants; lettres ornées et nombreuses gravures sur bois; in-4°. [7]

> F. 1* LE ‖ vergier dōneur nouuellement ‖ imprime a paris. De l'entreprinse ꝛ voyage de naples. Auquel est ‖ comprins commēt le roy Charles huitiesme

de ce nō a banyere des-‖ployee passa et rapassa de iournee en iournee depuis. Lyon iusques‖a Napples. ʒ de napples iusques a lyon. Ensemble plusieurs aul-‖tres choses faictes ʒ composees Par revered pere en dieu monsieur‖Octouien de sainct-Gelais euesque dangoulesme. et par. Maistre‖andry de la vigne secraitere de la Royne et de monsieur le duc de sa‖uoye avec autres ⋰. F. 1* v°: Lacteur‖AV point du iour...... F. 67* v° (M. i.): LA complainte et epitaphe du feu‖Roy Charles dernier trespasse Cō‖posee par messire Octouien de sainct gelais‖Euesque Dangoulesme. F. 181* v°: Cy fine le vergier dhonneur nouuellement imprime a paris par ichan‖trepperel Libraire demourant a paris en la rue neufue nostredame a lensei-‖gne de l'escu de France. F. 182*, *gravure à page entière, deux personnages près d'un pupitre; l'un d'eux lit, l'autre écrit; au-dessus d'eux un ange tient une banderole; au verso du feuillet la marque de J. Trepperel, reproduite ici.*

Reliure du XVII° s. en veau brun ; exemplaire court de marges et taché ; sur le f. du titre, plusieurs timbres à l'encre rouge, l'un d'eux aux armes de France avec la légende : BIBLIOTHECAE REGIAE, l'autre avec les mêmes armes et la légende : DOUBLE VENDU. Plus bas, un nom d'une écriture du XVII° s.? *G. Colletet*. La grande lettre L, gravée sur bois est semblable à celle employée par Vérard dans *Lancelot du Lac*, entr'autres. On trouve du reste la marque de Vérard dans quelques exemplaires, à la place de celle de Trepperel (V. Brunet). *Le Vergier d'honneur*, recueil fort curieux de pièces presque toutes en vers, est surtout l'œuvre d'André de la Vigne, bien que les bibliographes le placent en général sous le nom de Saint-Gelais ; celui-ci, en effet, est seulement l'auteur de la complainte sur la mort de Charles VIII (ff. 67-73); Brunet, V, 43 ; Goujet, *Bibl. française*, X, pp. 226-299 ; Du Verdier, I, 22, II, 199 ; M. E. Picot, *Cat... Rothschild*, t. 1, n° 479, à propos d'une édition faite par Philippe Le Noir, décrit l'ouvrage lui-même et donne « un relevé de noms propres qui se rencontrent, soit dans les acrostiches, soit dans le texte de la seconde partie. » Non cité par Hain et Panzer.

171. SALICETO (Nicolaus de). Antidotarium animae. — Lovanii, Johannes de Westphalia, sans date (1485?) 4 ff. n. ch., ff. ch. : i-cclxxvi (pour 287) et 1 f. blanc, = 292 ff.; caract. goth.; 2 col. de 42 ll.; signatures ... a-x, A-P ; titres courants ; in-fol. [146]

F. 1* *blanc*. F. 2* : Tabula alphabetica in libꝛ subsc ǁ quētez Anthidotariū aīe appellatū vt ǁ vnūquodqꝫ capitulū et materia ɪ eo tractata facilis a lectore inueniri que ǁ at numeroꝛ couꝛ ītia ānotabū ǁ tur exceptis quibusdam capitulis q ǁ numero folioꝛ illis quinternuli nota ǁ bn̄t qui hac lr̄a. x. subsignaꞇ ꝫ de orō ǁ ne dn̄ica t̄itulat̄. Feliciter incipit. F. 1 v°, *signé* a ; *1r° col.* : Explicit tabula. F. 2 : Incipit liber aureus qui antido- ǁ tarius animaꞇ dictus est. Non mo- ǁ do doctoribus aut predicatoribus ue ǁ rum etiā cunctis xp̄ifidelib₉ perutilis ǁ simus ac summe necessarius. Quia in ǁ eo de preseruatiōe ꝫ reparatione aīe ǁ peccatricis tractat̄. Quem quideꝫ ita ǁ emendatuꝫ impressi ut quicquid hoc ǁ in libro dicit̄. sacris auctoritat₉ rati ǁ onib₉ naturalib₉, pulcherrimisqꝫ ap ǁ probat atqꝫ corroborat exemplis. ǁ Incipit prologus libri qui in qua- ǁ tuor diuiditꝛ capitula. F. vii : Incipit tractatus primus sex con ǁ tinens capitula. F. *chiffré* cclxxvi v°, *2° col.*, *l.* 30, *colophon* : Liber quo Antidotariū aīe uocāt̄ ǁ pdicatorib₉ ac etiā ꝓtēplationi insis ǁ tere volētibus perutilissimus correc ǁ tus et sollicite emēdat₉ Impressusqꝫ ǁ in alma vniuersitate louanīesi in do- ǁ mo Iohānis de westfalia.

Reliure moderne en veau brun ; exemplaire incomplet des 4 premiers ff. et du dernier f., blanc ; on a omis de folioter le cahier x qui a 10 feuillets, ce qui a donné une erreur notable dans la foliotation, sans compter le f. E¹°, qui est chiffré cxcx ; on a donné le chiffre cc au f. signé F, ce qui a causé une erreur de 11 ff. entre la foliotation imprimée, et le nombre réel des feuillets. L'*incipit* de la table a été copié dans l'article de M. Campbell. Au verso du f. 276, on lit d'une écriture du XV° s. : *Pro ludouico gallj*. Jolie édition décrite par M. Campbell, *op. cit*., n° 1495 ; M. Holtrop, pl. 49 (87) *d* et *b*, donne des fac simile des caractères employés par J. de Westphalie dans cet ouvrage ; Hain, 14155, décrit l'édition sans l'avoir vue ; Panzer, I, 521, et IX, 244, cite deux éditions qui, d'après M. Campbell, n'en feraient qu'une seule et même.

SCHEDEL (Hartmann), voyez CHRONICARUM liber.

172 SCRIPTORES rei rusticae, Collumella, Cato, Varro, etc. — Regii, Franciscus de Mazalis, 1499. 244 ff. n. ch.; caract. romains de deux grandeurs; 44 ou 54 ll. ll.; signatures aa, a-z, & ↄ ꝫ, A-D; manchettes; titres courants; nombreuses lettres gravées; in-fol. [22]

F. 1*, *titre :* Opera agricolationum : Columellae : || Varronis : Catonisqʒ necnon || Palladii : cum exscriptio || nibus & commēta || riis. D. Philip || pi Beroal || di. F. 1* v° : GEORGIVS Alexandrinus Petro Priolo. M. filio veneto. S. ...... PRILIPI Beroaldi epistola. F. 2*, *signé* aa ii : ENARRATIONES BREVIS- || SIMAE PRISCARVM VOcū || MARCI CATONIS. F. 10* *blanc.* F. 11*, *signé* a, *en rouge :* MARCI CATONIS PRISCI DE RE RVSTICA || LIBER PRIMVS. || EST INTERDVM PRAESTARE MERCA || turis rem quaerere.... F. 30*, *signé* c iiii : MARCI TERENTII VARRONIS..... F. 65* v° : LVCII IVNII MODERATI COLVMELLAE.... F. 158* v° : IVNII POMPONII FORTVNATI INTERPRETATIO IN CARMINIBVS || COLVMELLAE. (*Le texte est entouré par le commentaire.*) F. 194*, *signé* & iiii : PALLADII RVTILII TAVRI.... || DE RE RVSTICA... F. 243* v°, *colophon :* Opera agricolationum Columellae : Varronis. Catonisqʒ || necnon Palladii : cū exscriptionibus. D. Philippi Bero || aldi : cōmētariisqʒ. Impressa Regii impēsis Frācisci Ma || zali Regien. Imperante diuo Hercule Estē. || MCCCCLXXXXVIIII. Die XX. Nouembris. F. 244*, *in fine :* REGISTRVM. || a a est quinternus. a b...... o p || q r s x y z & ↄ ꝫ A B C. Omnes sunt quaterni || t u D. sunt terni. *Au-dessous, la marque de l'imprimeur, sur fond noir, reproduite ici.*

Reliure moderne en veau jaspé; gardes marbrées; bel exemplaire, incomplet cependant du f. du titre et du f. 10 blanc. Panzer, II, 394; Hain, 14570; Brunet, V, 245.

SEGUSIO (Henricus de), voyez HOSTIENSIS.

173 SENECA (Lucius Annaeus). Epistolae ad Lucilium. — Sans nom de lieu ni de typographe, et sans date. (Argentinae, Joh. Mentelin?) 214 ff. n. ch.; caract. romains (à l'R bizarre); 35 ll. ll.; sans signatures, réclames et titres courants; in-fol. (2 exemplaires). [156 et 157]

    F. 1* *blanc*. F. 2*: Lucii Annei Senece Cordubensis ad Lucillium epi-|| stole Feliciter Incipiunt. || Prima. De colligenda & sistenda fuga temporis. & || φ pauper non est... F. 9*, *incipit* : quomodo amicum facturus sit dicam.... F. 210* v°: Lucii Annei Senece Cordubensis epistole ad Luciliū || finiunt foeliciter. Incipiūt epistole pauli Senece. F. 213*, *explicit* : Epitaphium Senece.
        Cura labor meritum sumpti pro munere honores.
        Post hac solicitate animas.
        Me procul a vobis deus euocat : & licet actis.
        Rebus terenis hospita terra vale.
        Corpus auara tamen solemnibus accipe saxis.
        Nanqʒ animam celo reddimus ossa tibi.
    F. 214* *blanc*.

    Reliure originale, en peau de truie, fers à froid, ais en bois, traces de fermoirs en bronze; exemplaire à grandes marges, avec nombreux témoins ; on a omis de faire à la main les initiales de couleur, mais on a souligné en rouge les titres des chapitres, et signé les cahiers à l'encre noire, à l'angle inférieur des marges. Ces signatures faites sur l'exemplaire en feuilles, ont été enlevées en partie par le relieur. A l'intérieur du premier plat de la reliure, est l'ex-libris de M. Madden, et une note ms. : *Ex-libris bibliothecae academiae basiliensis 1559;* cet ex-libris est répété au verso du 1er f., et au bas du f. 2 est le cachet de la bibl. publique de Bâle. Le second exemplaire provient de la bibliothèque de Munich; il a été relié au XVIIIe siècle, en cuir de Russie, et les marges ont été diminuées de moitié; sur les plats est frappé en or un ex-libris, offrant deux écussons accolés, surmontés d'une couronne fermée et entourés du collier de l'ordre de ... A l'intérieur, l'ex-libris de M. Madden. Les initiales bleues et rouges ont été faites à la main. Panzer, I, 77; Hain, *14597; Brunet, V, 282; Madden, *op. cit.*, 4e série, pp. 96 et ss.

174 — — Tragoediae, cum commentario Gellii Bernardini Marmitae. — Lugduni, Antonius Lambillon et Martinus Sarrazin, 1491. 240 ff. n. ch.; caract. romains de deux grandeurs, le texte encadré par le commentaire; 48 lignes; signatures a-z, & ꝑ ꝶ, A-D; sans titres courants; in-fol. (2 exemplaires). [30 et 31]

    F. 1*, *titre* : Tragoediae Senecae || cum commento. F. 1* v° : GELLIVS Bernardinus Marmita parmiensis : Eminentissimo ac hu-||manissimo. D. D. Guielmo de rupeforti magno Cancellario francie. S. D. F. 3, *signé* a iii

texte : LVCII anaei senecae cordubēsis: hercules furēs ‖ tragedia prima incipit. F. 9*, *signé* b i, *incipit :* ambiciosus quid faciat. ☾ Mobile..... F. 240* v°, *colophon :* Hbes amice lector commentaria in aureas. L. Anei Senecae tragoedias tāto ‖ uitae bono......... uale ‖ Impressum lugduni per Anthoniū lambillon : & Marinū sarazin socios : ‖ Explicit feliciter. die nouēbris. xxviii. Anno millesimo.CCCC. lxxxxi. ‖ Registrum. ‖ a b c...... y z & ⁊ ꝝ A B C D. ‖ Omnes sunt quaterni & signati per ordinem alphabeti sicut ibi patet. *Au-dessous, la marque des deux imprimeurs associés, reproduite ici.*

Reliure en veau fauve, fers à froid, gardes en papier marbré; exemplaire court de marges; notes marg. mss.; initiales rouges et bleues faites à la main. Sur le f. du titre on lit : *Pro bb. ff. M. pontisarentium.* et au-dessous du colophon : *Guy petit est acorde a marye marier fille de Jehan marier le mardy troys^me jour de Jehanvier mil v° quatre xx et quatorze.* Le second exemplaire est relié de la même façon; il est incomplet du cahier a; au verso du dernier f. on lit : *Conuentus bethunien.* Panzer, I, 544; Hain, *14665; Brunet, V, 285.

175 SILVATICUS (Matthaeus). Liber pandectarum medicinae. — Sans nom de lieu ni de typographe, et sans date. 308 ff. non chiff. ; caract. romains à l'R bizarre; 2 col. de 55 lignes; sans signatures, réclames ni titres courants; grand in-fol. [64]

F. 1*. *blanc.* F. 2*, *incipit :* Matheus moretus Brixiensis : Ad reue- ‖ rendissimum in christo patrē ac dominuꝫ ‖ Dominum Franciscū de gonzaga

Cardi ‖ nalem Mantuanum ac Bononie legatū. ‖ [N]On te latere arbitror ‖ ....
F. 2* v°: Tabula capitulorum.... F. 6* *ne contient qu'une col. de 18 ll. et
le verso est blanc.* F. 7*: Liber pandectarum medicine omnia ‖ medicine
simplicia continēs : quem ex om ‖ nibus antiquorum libris aggregauit
exi ‖ mius artium & medicine doctor Mathe ‖ us siluaticus ad serenissi-
mum sicilie regē ‖ Robertum. F. 308*, 2° *col., explicit :* ɔdro. idem quod
supra. ‖ ɔdisi quid est. lege literam condes.

Reliure originale en veau brun; filets à froid, plats en bois, fermoirs; un des
plats est séparé du dos. Très bel exemplaire à grandes marges, avec témoins;
initiales bleues ou rouges faites à la main. Sur le 1ᵉʳ f., une note ms. du
XVᵉ siècle : *Pandecta*, et l'ex-libris de M. Madden. Dans ses *Lettres d'un bibliographe, IVᵉ série, pp.* 115-119, M. Madden donne une idée du texte de ce
curieux ouvrage médical; il ajoute une dissertation sur le rang chronolo-
gique que cette édition doit occuper parmi les onze éditions signalées par
Hain. Les grandes marges, le petit nombre de lignes de chaque page du texte,
et un passage de l'épitre dédicatoire où Moretus dit que le livre avait déjà
presque péri par l'impéritie des copistes, le font conclure à une édition princeps, qu'il attribue aux presses du couvent de Weidenbach (vers 1472?).
V. Brunet, V, 388; Panzer, I, 79, n'indique que 306 ff.; il est possible que
dans l'exemplaire qu'il a vu, le 6ᵉ f. presque entièrement blanc avait été uti-
lisé et qu'il ne se soit pas aperçu de la lacune à la fin de la table. Hain, *15192.

6 SONGE (Le) du Vergier. — Paris, Le Petit Laurens, sans date. 144 ff.
non chiffrés; caract. goth.; 2 col. de 50 lignes; signatures a-z, ɀ;
sans titres courants; lettres fleuronnées et initiales blanches sur
fond noir; frontispice et plusieurs gravures; in-fol. [17]

F. 1* *titre :* Le songe du vergier lequel ‖ parle de la disputacion du clerc et
du chevalier. *Au-dessous, une des anciennes marques de Jean Petit, analogue à celle reproduite p.* 110. *Au verso du feuillet, une grande gravure
montre l'auteur endormi; près de lui, le roi de France est assis entre deux
femmes personnifiant la puissance séculière et la puissance spirituelle.*
F. 2*, *signé* a ii : Cy cōmence le premier liure : in ‖ titule le songe du ‖ vergier : Du ‖ clerc et du cheualier. F. 93*, *signé* q i, 2° *col. :* Cy commence le
second liure du songe du ‖ vergier. *Au verso, même gravure qu'au verso
du titre.* F. 140* v°, *une gravure où l'auteur offre son livre au roi Charles V,
entouré de plusieurs seigneurs.* F. 143* v°, 2° *col.,* colophon : A lōnneur ɀ
a la louēge de nostre seigneur ‖ iesucrist et de sa tresdigne mere et de
toute la ‖ court celestielle de paradis. a este fait cestuy ‖ liure appelle le
songe du vergier q̃ parle de ‖ la disputation du clerc et du cheualier. Et
im ‖ prime a paris par Le petit laurens pour ve- ‖ nerable homme Ichan
petit libraire demou ‖ rant a paris en la rue saint Iacques a lensei ‖ gne
du lyon d'argent. F. 144*, *une gravure à page entière représente l'auteur
assis près d'un pupitre, et entouré de tables couvertes de livres.*

Reliure ancienne, en vélin blanc; exemplaire incomplet du f. du titre et du
dernier f. On y a ajouté au XVIIᵉ siècle un titre manuscrit et trois ff. de table
manuscrite à 2 col. A la fin de cette table on lit la note suivante : *In autogra-
pho exemplari quod quondam fuit in Bibliotheca Senonensis ecclesiae sub
finem ita scriptum erat. Anno dni M CCC LXXVI° die decima sexta mensis*

maij qua etiam die illustrissimus princeps rex Franciae duobus annis revolutis inter agentes in rebus domus suae et in consiliarium me quamuis indignum motu proprio duxit eligendum. D'une autre main : *Carolus de Louviers m' chrestien aduocat m'a baillé ce dessus disant l'auoir eu de m' le con" Gillot tellement quil estime led. de Louviers auoir esté l'autheur du liure intitulé le Songe du Vergier qu'aucuns ont attribué a Ocham. vj sept. 1607.* Au-dessous, on lit de deux écritures différentes : *Renati Michaelis Rupemallei parisini a Patre et auo. De la Rochemaillet 1658.* — *Renatj le Clerc ejus ex sorore nepotis anno 1699.* Ce *Le Clerc* a écrit son nom, entr'autres, dans un exemplaire de l'*Histoire... de la guerre de Flandre* par G. Chappuys, Paris, 1633, conservé à la b. de Versailles (J, 31 c.) Sur le f. 2, on lit : *Monsieur Michel*, et plus bas : *Ex-libris s^{ti} Eligii de Longo jumello.* Au-dessous de la gravure f. 140 v°, est une seconde note relative à Ch. de Louviers conseiller du roi en 1378. Celui-ci est probablement l'auteur du *Songe du Vergier*, ouvrage très remarquable, dit Brunet, V, 439-40, composé dans le but de défendre la juridiction royale contre la juridiction ecclésiastique. On a aussi attribué ce livre à Raoul de Presles, à Philippe de Mézières et à plusieurs autres. Il en existe une édition en latin ; on ne sait si elle est l'édition originale, ou une traduction. V. Panzer, II, 347 ; Hain, 16005.

177 SPECULUM aureum animae peccatricis (Dionysius Leewis, carthusianus?) — Sans nom de lieu ni de typographe et sans date (vers 1490?). 24 ff. non chiffrés ; caract. goth. ; 35 ll. ll. ; signatures a-c ; sans titres courants ; in-4° [9]

F. 1*, *titre :* SPEculum aureum ‖ anime peccatricis. F. 3*, *signé* a iij, *incipit :* nudus pl'mis necessitatib⁹ subdit⁹ ignoras ītroitū ɀ exitū ‖ meum miser ɀ mortalis..... F. 23 v°, *ligno 27, explicit :* ɀ regnat per infinita secula seculorum Amen ‖ Speculum aureum anime ‖ peccatricis finit feliciter. F. 24* blanc.

Relié à la fin du recueil où se trouve l'*ars moriendi;* exemplaire très défectueux ; il lui manque les ff. 1 et 2, le cahier b sauf deux ff., et le f. 24. On a omis de faire les initiales de couleur. Au-dessus du colophon, on lit d'une écriture du XVe s. le même nom qu'à l'*Ars loquendi* d'Albertanus ; *fr. nicolaus despeyreris ord. diuj augustinj*. Non cité par Hain et Panzer. M. Holtrop, *Cat. Hag.* p. 374 n° 317, indique un exemplaire qui a 24 feuillets comme celui-ci, mais 36 ll. ll. au lieu de 35 ll. ; il l'attribue à Quentell ; il me semble que l'édition décrite ici serait plutôt l'œuvre d'un typographe lyonnais, Pierre Maréchal ?

178 SPECULUM exemplorum. — Argentinae, sans nom de typographe, 1495. 286 ff. n. ch. ; caract. goth. ; 2 col. de 52 ll. ; signatures i-4, a-z, A-Q ; titres courants ; in-fol. [144]

F. 1*, *titre :* Speculum exemplorum omnibus ‖ christicolis salubriter inspiciendum ‖ ut exemplis discant disciplinam. F. 2*, *signé* j : Incipit tabula exem ‖ plo₉ libri seq̄nt᷒ in q̄ illud ē aīaduertendū ‖ ꝙ p̄or q̄deɀ nūcr⁹ distinctionū posterior ⁎o ‖ singulo₉ exemplo₉ quotas repsentat. F. 29*, *signé* a :

Incipit prologus.... F. 30*, *signé* a 2 : Incipit Speculum exemplo⅄ ex diuer || sis libris in vnum laboriose collectum. Et || primo ex dyalogo Gregorij pape. F. 285* *v°*, *2° col.*, *colophon :* Ad laudem et gloriam sempiterne indiui || ducq3 trinitatis. beatissime Marie ✝ginis. || omniū sancto⅄ ꞇ ange-lo⅄ finitū est ꞇ cōple- || tum hoc speculū exemplorū in ciuitate Ar- || gen-tina Anno dñi. M. cccc. xcv. in die san- || cte Barbare ✝gis gloriose. F. 286* *blanc?*

Reliure moderne en veau jaspé, gardes peigne ; exemplaire en bon état, auquel il manque seulement le dernier feuillet blanc. On a omis de faire à la main les initiales de couleur ; notes marg. mss. Sur le f. 2 on lit : *Ex bb. ff. minor. pontisarensium*. Au f. 3, le titre courant est imprimé : Taubla exemplorum. Panzer, I, 54 ; Hain, *14919 ; Brunet, V, 476, dit à propos de cette compilation, qu'elle mérite d'être recherchée, parce qu'elle nous conserve des passages d'ouvrages encore inédits. Elle fut imprimée quatre fois à Strasbourg, en 1487, 1490, 1495 et 1497. Les trois premières éditions décrites par Panzer et Hain offrent toutes trois un colophon analogue terminé par la mention de la fête d'un saint, à la place du jour du mois. Les caractères ressemblent à ceux employés quelquefois par Martin Flach.

179 STELLA clericorum. — Sans nom de lieu ni de typographe et sans date. 10 ff. n. ch.; caract. goth. de deux grandeurs ; 46 ll. ll.; signatures A-B ; sans titres courants ; in-4°. [163]

F. 1* *blanc?* F. 2*, *signé* A ij : Tractat⁹ qui stella cleri || co⅄ inscribitur. feli-citer || incipit. || [Q]Vasi stella matutina in medio nebulo || id est... F. 7*, *signé* B i, *incipit:* moratione. id est ob mei amoris memoriā.... F. 9* *v*^e : Finit stella clericorum feliciter. F. 10*, *8 distiques :* In laudem libelli
    Aspice presentis O clerice dicta libelli
    Nomen pastoris. .ˑ. . . . .
. . . .
    Verus pastor oues ad summū ducat ouile
    Terrenos cum artus spiritus exuerit.

Demi-reliure moderne, dos en maroquin brun ; joli exemplaire, quoique incomplet du premier feuillet ; quelques initiales rouges faites à la main, mais on les a omises pour la plupart. M. Madden (*Typologie Tucker* du 15 septembre 1887, p. 699), trouve le nom de l'imprimeur parisien Antoine Caillaut dans les premières lettres de chacun des 8 distiques à la fin de l'opuscule ; il pense que l'édition décrite ici, et non citée par Hain et Panzer, a pu être faite par cet imprimeur français et être copiée, texte et distiques, dans les autres éditions citées par le bibliographe allemand, pour la plupart sans nom de lieu ni de typographe. M. Campbell, *op. cit.*, indique 16 éditions néerlandaises.

180 STRABO. De situ orbis. — (Venetiis) Johannes Vercellensis, 1494. 16 ff. n. ch., ff. ch. : i-cl ; caract. romains ; 4 col. pour la table et 61 ll. ll. pour le texte ; signatures i, a-z, & ; manchettes ; titres courants ; in-fol. [45]

F. 1*, *titre :* STRABO DE SITV ORBIS. F. 2*, *signé* i, *table.* F. 16* v° : Ant. Mancinellus inclyto uiro Iustino Carosio..... *in fine.* Datum Venetiis quinto nonas || Maias. M.cccc.xciiii. F. 1, *signé* a : Christophori Nigri carmen ad Io. Franciscum || Dandulū de miseria uitae saecularis. F. ii : Ad Paulum secundū Pont. maximū : Ioannis Andreae Aleriensis Episcopi epistola. F. v : Strabonis Gnosii Amasini scriptoris caleberrimi de situ orbis libri. xvii. e graeco Traducti Grego- || rio Typhernale : ac Guarino Veronense Interpretibus. F. cl, *colophon :* Strabonis Amasini Scriptoris illustris geographiae opus finit : qđ Ioānes Vercellēsis ppria īpēsa uiuē || tibus posterisqʒ exactissima diligētia īprimi curauit. Anno Sal. M.ccccxxxxiiii die. xxviii. Ianuarii. || aiii biii..... p. iii || qiii...... ziii & iii.

Reliure moderne en veau vert foncé ; fers dorés, tranche jaspée, au dos, frappées en or, les lettres enlacées : *J. M. C.* Exemplaire bien conservé, avec des notes marginales manuscrites, le dernier feuillet a été doublé ; une fiche de M. Leroy, bibliothécaire de Versailles (de 1845 à 1873), dit que ce volume a été donné par Mʳ de Sᵗ Germain. Panzer III, 354, et Hain *15090, décrivent une édition semblable pour le nombre de feuillets et la date de l'année, mais terminée le 24 avril ; il y a peut-être là un indice de contrefaçon, comme pour les *opera varia* de Pic de la Mirandole, imprimés à Bologne en 1496 (V. Mercier de S. Léger, *Journal des savants*, 1790, p. 159) et les Satyres de Perse, Venise, 1494 (*Cat. des incunables de Dijon*, p. 99).

181 SUMMA in virtutes cardinales. — Parisiis, Ulricus Gering et Georgius Maynyal, 1480. 306 ff. n. ch. ; caract. romains ; 2 col. de 46-50 ll. ; signatures a-z, A-G ; titres courants ; in-fol. [142]

F. 1* *blanc.* F. 2*, *signé* a. ii : Summa in virtutes cardinales et || vitia illis ptraria, eorūqʒ remedia || ad partem tertiā libri de natura- || libus exemplis : feliciter incipit. || [E]Go sum alpha et o. prin- || cipiū..... F. 3* v°, 2ᵉ *col. :* De quattuor virtutibus cardinalibus in || generali. Tractatus primus. Ca. j. F. 298* v°, *1ʳᵉ col., colophon :* Sūma de quatuor virtutibus Cardina || libus et vitiis illis ptrariis, finit felici- || ter. Exaratūqʒ est hoc opus studiosissi || me ī vrbe pisiana celeberrima p magi || strū Vlricū Gering. et. G. Maynyal. || Anno ab incarnatione xpi. 1480. die || vero. 16. Augusti. F. 209*, *signé* G. 1 : Registrū de q̄tuor virtutibus cardina- || libus..... F. 305* v°, 2ᵉ *col. :* Finit tabula feliciter. F. 306*, *blanc.*

Reliure moderne en veau jaspé, gardes peigne ; exemplaire imcomplet des deux ff. blancs ; quelques piqûres de vers au commencement du volume ; initiales bleues ou rouges faites à la main, celle du f. 1 est en or et couleur. Sur le f. 2, note ms du XVᵉ siècle : *Ex libraria conuentus nygionis ;* ce dernier mot a été raturé au XVIIᵉ siècle et on a ajouté : *Minimorum Bone domus.* V. sur cette édition très rare, Panzer, II, 282 et Hain, 15173. L'un des deux livres connus portant le nom de George Maynyal, associé à celui d'Ulric Gering.

182 SUMMENHART (Conradus), de Calw. Septipartitum opus de contractibus pro foro conscientiae. — Hagenoae, Henricus Gran,

1500. 432 ff. n. ch.; caract. goth.; 2 col. de 51 lignes; signatures AA-EE, a-z, aa-ll, A-Y; titres courants; in-fol. [111]

F. 1*, *titre:* Septipertitū opus de contractibus || pro foro cōscientie atqʒ theologico per Conradū sūmenhart de Calw artiū ac sacre || theologie professorem in alma vniuersitate Tubingensi ordinarie legentem cōpilatū : || z per centum questiones digestum ac per eundem quo ad pregnantium questionum || atqʒ difficultatem habentium vberiores articulos ibidem disputatum. || Hexastichon heinrici || Bebelii Iustingēsis || Ad lectores

   Vos quibus ĩcombit Christi pastoria cura
   Et vos custodes catholiciqʒ gregis
   Discite contractus varios dispendere iusta
   Lance. queant plebis nescia corda regi
   Q si pastor oues duces per deuia tesqua
   Cum pecore infernos experiere lupos.
       Telos.

F. 1* *v°:* Contenta in hoc || septipertito opere. F. 2*, *signé* AA 2 : Incipit sūmarium a compilatore subse || quātis opis sup eodem : loco alphabetico || tabule..... F. 38*: Explicit summariuʒ..... F. 39* *v°:* In hoc plogo septem agi lector videbis. F. 44*, *2° col.:* Questio I. F. 431*, *2° col., colophon:* Explicit septipartitū opus de cōtracti- || bus pro foro cōscientie et theologico per || magistrum Conradū Summenhart de || Calw...... Im- || pressūqʒ in imperiali oppido Hagenaw || per industrium Heinricū Gran : impēsis || et sumptibʒ prouidi Iohānis Rynman : anno salutis nostre Millesimo quingē || tesimo. xiij. die mensis Octobris. F. 432* *blanc?*

Demi-reliure ancienne, dos en veau brun; exemplaire avec quelques feuillets tachés, et incomplet du dernier f. blanc. Sur le titre, note ms : *Pro bb. ff. M. Pontisarentium.* Panzer, I, 453; Hain, *15179; H. Gran avait déjà donné une édition de cet ouvrage trois années auparavant, en 1497.

T

183 TARTARETUS (Petrus). Expositio super logicam et metaphysicam Aristotelis. — Lugduni, Nicolaus Wolff, 1500. Deux tomes. Caract. goth. de trois grandeurs; 2 col. de 61-62 ll.; manchettes; titres courants; figures sur bois dans le texte; in-4°. *Tome I :* 1 f. n. ch., ff. ch.: I-CXXVII (pour 126) et 3 ff. n. ch., = 130 ff.; signatures a-q. *Tome II :* 1 ff. n. ch., ff. ch. : I-CXLVI, et 3 ff. n. ch., = 150 ff.; signatures A-T. [2]

Tome I : F. 1*. *titre? manque.* F. VIII, *signé* b, *incipit :* mero et nõ nisi spẽ igitur zč. Sed p maiori || declaratione.... F. CXXVII v°, *explicit :* ... pposi || tio : z propositio vna. F. 1* : Celeberrimi viri magistri Petri || tatareti in totaȝ logicam cũ questio || nibᵒ luculẽta expositio Finit feliciter. *Suivent 8 vers latins.* F. 1* v° : Tabula questionũ et dubioruȝ.... F. 3*, *1ʳᵒ col., explicit :* Finit tabula.

Tome II : F. 1*, *titre :* Clarissima singularisqȝ totius || philosophie necnon meta || phisice Aristotelis. || magistri Petri || Tatareti || exposi || tio. F. I, *signé* a 2 : Questiones ad modũ subtiles et || vtiles cũ medulla totius materie ar || tium quattuor librorȝ sententiarȝ et || quolibetoruȝ doctoris subtilis scoti || in suis locis quotate Magistri Pe || tri tatareti parisiensis sup tota phi- || losophia naturali z metaphisica ari- || stotelis cũ textus clarissima exposi- || tione ac dubiorum seu difficultatuȝ || ordinatissima determinatione felici- || ter incipiunt. F. CXLVI, *colophon :* Fructuosum facileqȝ opus introductorium || in logicam philosophiã necnon metaphisicam || aristotelis doctissimi viri magistri Petri tatare || ti diligentissime castigatũ cũ quotationibᵒ oĩm || dubiorȝ nouit additȝ finit felicit. Impressuȝ ƥo || cura z industria Nicolai vvolff alemani. Anno || xp̄iane salutis. 1500. die vero. 10. decembris. F. CXLVI v° : Sequitur tabula.... F. 2* v°, *1ʳᵒ col. :* Et sic est finis tabule totius || phĩe naturalis necnõ metaphisice. *Au-dessous, la petite marque de N. Wolf, sur fond noir, reproduite ici.* F. 3*, blanc ?

Reliure du XVIII° siècle en veau marbré, pièce rouge au dos; exemplaire incomplet du cahier a du t. I, et du dernier f. du t. II; on a omis de faire à la main les initiales de couleur; nombreuses notes marginales manuscrites; au f. XV° du t. I, un nom raturé et un autre du XVI° s.: *Frater Renatus*; au verso de l'avant-dernier f. quelques notes insignifiantes et : *F' petrus Durandus*, 1643. Cité brièvement par Panzer, I, 557, et par Hain, 15345; Fabricius, *Bibl. latina*.... Patavii 1754, t. VI, 219, dit qu'une partie de cet ouvrage fut traduite en hébreu.

184 TERAMO (Jacobus Palladini de) seu de Ancharano. Consolatio peccatorum seu Lis Christi et Belial. — Sans nom de lieu ni d'imprimeur, 1484. 92 ff. n. ch.; caract. goth.; 2 col. de 42-43 ll.; signatures a-n; sans titres courants; in-fol. [143]

F. 1* *blanc?* F. 2*, *signé* a ij : Reuerendi patris domini Iacobi ‖ de Theramo Compendium pbreue ‖ Consolatio peccatorum nuncupatū. ‖ Et apud nonnullos Belial vocitatū ‖ ad papā Vrbanum sectum conscrip- ‖ tum. Incipit feliciter. F. 92*, *2° col.*, *ligne 31* : seculorum. AMEN. ‖ Explicit liber belial nūcupat⁹ ais ‖ peccato⁊ consolatio. Anno dñi M°. ‖ ccccclxxxiiij.

Reliure moderne en veau jaspé; gardes peigne; exemplaire incomplet du f. 1; initiales rouges faites à la main. Sur le f. 2 on lit : *Pro bb. ff. minorum pontisarentium*. Panzer, IV, 33; non cité par Hain.

185 — — Sans nom de lieu ni d'imprimeur et sans date. 96 ff. non chiff.; caract. goth.; 2 col. de 36 ll.; sans réclames, signatures ni titres courants; in-fol. [107]

F. 1* : Lis cristi ⁊ belial iudicialit co- ‖ rā salomone iudice. a sede diui ‖ na dato agitata super spolio ⁊ ‖ violencia. per cūdē xpm̄ ĩ infer ‖ no ōmissū singularē practicā cō ‖ tinens incipit feliciter. F. 96*, *2° col.*, *explicit* :... cōsolatus es me ad vitā ‖ perhennem. Amen...
. Versus .
Vt gaudere solȝ fessus iam nau ‖ ta labore. Desiderata diu litora ‖ tuta vidēs. Haud aliter pressor ‖ huius iam fine libelli. Exultat ‖ viso lassus ⁊ ipse quidem. Laus ‖ cristo detur fluit a quo quicq̇d ‖ habetur ....

Reliure moderne, en veau fauve, fers à froid; exemplaire grand de marges avec quelques mouillures, le premier f. a été raccommodé; initiales rouges ou bleues faites à la main. A l'intérieur du premier plat, l'ex-libris de M. Madden. Notes marginales du XV° siècle, donnant les sommaires des chapitres. M. Madden, *op. cit.*, p. 41, et Ennen, *Cat. der Inkunabeln der Stadt-Bibliothek zu Köln*, attribuent cette édition à Goiswin Gops de Euskyrchen qui exerceait à Cologne vers 1472. Les caractères du *Lis Christi* sont identiques à ceux du *Sermo ad populum... in festo presentationis*, imprimé en 1475 à Cologne par Gops, cité par Panzer, IV, 272, et Holtrop, *Catalogus*...... *Hagana*, p. 356, n° 213. On peut placer cette édition vers 1473, entre celles faites par Jean Schussler à Augsbourg, en 1472, et Jean Veldener à Louvain, en 1475. Panzer I, 347; Madden, *op. cit.*, II° série, pp. 37-45, où se trouve une reproduction de la dernière col. du texte; non cité par Hain.

186 THOMAS (S.) de Aquino. Confessionale. — Sans nom de lieu ni d'imprimeur, et sans date. 36 ff. non chiffrés; caract. romains; 26 ll. ll. (excepté la table qui a 27 ll.); signatures a-e; sans réclames ni titres courants; in-4°. [71]

>F. 1* blanc. F. 1* v°, table : [C]Onfessio dz esse pura et nō supflua Capl̄. i. F. 2*, signé a ii : Incipit libellus Magistri Thome de Ac- || q̄no de modo pfitendi. & de puritate pscīe. || [Q]Voniam fūdamentū & ianua | virtutū....
>F. 36*, ligne 23 : Explicit Libellus Magisti Thome de || Acquino De modo confitendi. & de puri || tate consciencie Amen.

>Reliure janséniste, en maroquin rouge, tranche dorée, exemplaire bien conservé, mais un peu court de marges; on a omis de faire à la main les initiales de couleur; le recto du f. 15 est resté blanc par une faute de l'imprimeur; v. à ce sujet M. Madden, op. cit. IV° série, pp. 215-217. Panzer ne cite pas cette édition; Hain *1343.

187 — Glossa super quatuor Evangelistas. — Norimbergae, Antonius Koberger, 1475. 434 ff. n. ch.; caract. semi-goth.; 2 col. de 57 ll.; sans signatures ni titres courants; gr. in-fol. [9]

>F. 1* incipit : Diui Thome aquinatis continuum || in librum euangelij p̄m Matheum. || [S]Anctissimo ac || Reuerendissimo || p̄ri dn̄o Vrba- || no......
>F. 154* v° : Incipiunt Capitula euāgelij mathei p ordinē. || Primum nativitas..... F. 155* v° blanc. F. 156* : [R]Euerēdo in xp̄o || patri dn̄o am- || baldo. Basilice. || xij. Apostolo℣ || ..... (Glose sur s. Marc). F. 205* v°, 2° col. ligne 26° explicit : & operum gloria AMEN. || Feria tercia post dominicam.... (Table.) FF. 206* et 207*, blancs. F. 208* : Sup euāgelio sancti luce. || Continuum sancti thome. || [I]Nter cetera īcar || nationis christi || misteria.... F. 329* v°, table. F. 330* : Beati thome aquinatis. Continuū || in euangelium sancti iohannis. || [D]Iuine visionis || sublimitate illu || strat⁹ esaias..... F. 433* v°, 2° col., table. F. 434*, 2° col., colophon : Beati Thome de Aquino || Glosa continua super quatuor || Euangelistas feliciter finit || Impressa Nurmberge p p- || uidum virum Anthonium || Coberger. Anno dn̄ice Incar. || natōnis. MILLE . CCCC. || . LXXV . DIE . VIII . AVGV .

>Demi-reliure ancienne, dos en veau brun; exemplaire incomplet de 24 feuillets, dont 10 dans l'évangile de s. Marc, 2 ff. blancs qui précèdent l'évangile de s. Luc et 10 feuillets dans cet évangile; le second relieur a maladroitement rogné les grandes marges de ce beau volume, et transposé plusieurs ff. au début de l'évangile de s. Mathieu, comme l'indique une note ms. au f. 2; grandes lettres majuscules ornées bleues et rouges, celle du 1ᵉʳ f. représente un dragon sur fond or; petites lettres rouges ou bleues; le texte des évangélistes a été souligné par le rubriqueur, qui a aussi écrit des titres courants en majuscules et signé les cahiers à l'angle supérieur des feuillets. Au f. 1, on lit : Pro bb. ff. M. Pontisarentium. M. O. Hase, op. cit., p. 49, nous apprend que les caractères qui ont servi à cette édition sont les mêmes qui furent employés par Koberger pour son édition de Walter Burley, Vitae philosophorum.... Poggii facetiae, Honorii Augustodunensis, de imagine mundi (1471) Alcinoii epitoma disciplinarum Platonis, 1472, Boetii liber de consolatione philosophiae, 1473

et Raynerii de Pisis *Summa theologiae.* Panzer, II, 173, indique 431 ff. seulement ; Hain, *1331, d'après lequel j'ai donné le nombre des feuillets ; Brunet, V, 824.

188 — Opus super quarto libro sententiarum. — Venetiis, Nicolaus Jenson, 1481. 310 ff. n. ch.; caract. goth.; 2 col. de 56 ll.; signatures a-z, A-H ; sans réclames ; titres courants ; in-fol. [131]

F. 1* *blanc?* F. 2*, *signé* a 2 : Sancti Thome de Aquino ordinis predicato℞ || super quarto libro sententia℞ preclarum opus fe || liciter incipit. F. 302* v°, *1ʳᵉ col., colophon :* Opus p̄cla℞ sacre pagine doctoris eximij san- || cti Thome de aquino super quartum sententia℞ || impendio Iohannis de Colonia : Nicolai Ienson || socior̄uq3 summa cū diligētia Venetijs imp̄ssum || finit : Anno salutis dn̄ice. Mccccxxxj. octauo ca- || lendas Iulij. || Laus deo. *Au-dessous, la marque typographique de Jenson, imprimée en rouge, reproduite page 87.* F. 303*, *signé* H 3 : Incipit tabula huius libri. F. 309* v° : Finis tabule. F. 310* : Regstrium chartarum.

Reliure originale en veau brun, plats en bois, fers à froid, coins et clous en bronze et deux fermoirs, bien conservée. Exemplaire grand de marges, excepté en tête ; grande initiale ornée au commencement du texte et majuscules rouges faites à la main. A l'intérieur du plat de la reliure, l'ex-libris de M. Madden ; au verso du dernier f., note ms. du XVI° siècle : *D — Io tegler.* V. Panzer, III, 163 ; Hain, *1484, n'indique que 309 feuillets.

189 — — Venetiis, Bonetus Locatellus, 1497. FF. chiff. : i-264 ; caract. goth. de deux grandeurs ; 2 col. de 52 ou 66 ll.; signatures A-Z, AA-KK ; titres courants ; nombreuses lettres grises ; in-fol. [98]

F. j, *titre :* Sanctus Thomas de Aquino super || quartum libr̄u magistri sententia℞. F. 2, *signé* A 2 : Incipit liber quartus sententiarum de sacra- || mentis z signis sacramentalibus. || Distinctio. Prima. a. F. 258, *signé* KK 2, *2° col., colophon :* Opus p̄cla℞ sacre pagīe doctor℥ eximij scī Thome de || Aquino sup q̄rtū sentētia℞ īpēdio nobilis viri dn̄i Octa- || uiāi scoti ciuis Modoeciēsis sūma cū diligētia Venetijs || īpressu3 fuit. Anno salut℥ dn̄ice septimo z nonagesimo su || pra millenariū z q̄dragenariū. Decimo kalēdas Iunias || Per Bonetū locatellū Bergomēsem. Deo gratias. F. 258 v° : Incipit tabula huius libri. F. 264, *2° col. :* Finis tabule. *Au-dessous, la marque de l'éditeur Oct. Scot de Monza, sur fond noir, reproduite p. 28.*

Reliure en parchemin provenant d'un manuscrit dont l'écriture a été effacée. Exemplaire bien conservé (sauf le f. du titre qui est jauni), mais trop rogné par le second relieur. Sur le f. du titre il y avait plusieurs notes mss. qui ont été lavées ; la plus ancienne peut se lire ainsi : *Ad vsum fratris petri chupardi ordinis fratrum predicatorum conventus bonorum virorum ? atessuni ?? est istud quartum sancti Thome sententiarum.* Au-dessous : *ex communi bibliotheca fratrum predicatorum rhedonensium.* Panzer, III, 407 ; Hain, *1485 ;

190 THOMAS (S.) de Aquino. Quaestiones de anima. — Sans nom de lieu ni de typographe, 1472. 62 ff. n. ch.; caract. romains; 36 ll. ll.; sans signatures, réclames, ni titres courants; in-fol. [21]

F. 1* v°, *table des questions* : Vtϟ anima hūana possit esse forma & hoc aliquid .q.i. F. 2* : Questiones dignissime de aīa edite ab angelico dīnoqȝ doctore Sancto || Thoma de aquino. almi ordinis fratϟ predicatoϟ feliciter incipiunt. || [Q]Vestio ē de aīa...... F. 62*, *ligne 15, colophon :* Questioēs de aīa sancti Thome || de Aquino feliciter expliciunt. || .M. CCCC.LXXII.

Reliure du XVIIe siècle, en veau brun, bel exemplaire, bien que le premier et le dernier feuillets soient tachés; sur le 1er f., une note manuscrite relative aux dates de la naissance et de la mort de s. Thomas; au-dessous, une inscription raturée : *Gabrielis alberici liber. soldi. 20.*; foliotation manuscrite en chiffres romains; le rubriqueur a omis de peindre les initiales, qui ont été écrites plus tard à l'encre noire, mais il a fait en rouge le titre de la première Question. Le caractère d'impression qui a servi pour cette édition, est très délicat et presque neuf; il est identique à celui que Hain et Panzer attribuent à Fr. de Hailbrunn, dans le *Quadragesimale aureum* de L. de Utino, dont la Bibl. de Versailles possède un bel exemplaire; le papier très blanc, a pour filigrane la tête de bœuf reproduite par M. Desbarreaux-Bernard, *op. cit.* pl. V, n° 5, parmi les papiers d'Italie. Non cité par Panzer et Brunet; Hain, *1522, n'indique pas de nom d'imprimeur.

191 — Summa secunda, pars prima. — Maguntiae, Petrus Schoiffer, 1471. 175 ff. n. ch.; caract. goth,; 2 col. de 61 ll.; sans signatures, réclames ni titres courants; grand in-fol. [78]

F. 1* : Incipit prima pars secunde edita a fratre || Thoma de Aquino. Questio prima. || [Q]Via sic de- || mascenus || dicit...... F. 172*, *1re col. :* ..... Explicit. || Sequitur tabula. *2e col. :* Quaestio p̄ma de vltimo fine hoīnis in p̄ūi. F. 175* v°, *2e col., colophon :* Preclarū hoc opus prime secūde sancti tho || me de aquino. Alma in vrbe moguntina. in- || clite nationis germanice. quā dei clementia || tam alti ingenij lumine. donoqȝ gratuito. ceto || ris terraϟ nacoibȝ p̄ferre illustrareqȝ digna- || ta ē. Artificiosa quadā adinuencōe impme- || di seu caracterizandi absqȝ vlla calami exara || tione sic effigiatū. et ad eusebiā dei industrie || est consumatū, p petrū schoiffer de gernss- || hem. Anno dn̄i millesimoquadringentesimo || septuagesimop̄mo. Octaua die nouembris || Sit laus deo. *Au-dessous, la marque d'imprimeur de P. Schoiffer, reproduite p. 72.*

Belle reliure originale en veau brun, plats en bois, fers à froid, clous et fermoirs en bronze. Superbe exemplaire, grand de marges; initiales bleues ou rouges faites à la main. A l'intérieur du premier plat, l'ex-libris de M. Madden et celui du marquis de Mühlen, gravé au XVIIIe siècle; ce dernier représente un écusson ovale : *de gueules à 3 bandes ondées de* ..... *timbré d'une couronne de marquis*; légende : AD BIBL. I. l. ZUR MUHLEN. Sur le premier feuillet, note mss. du XVIIIe siècle : *Liber sororum ord. Aug. in coesfeldia.* (Coesfeld, ville du diocèse de Münster, en Westphalie.) Ce volume serait complet, selon Hain et les autres bibliographes, mais il est probable qu'il lui manque le f. 176 *blanc*. qui serait le dixième du dernier cahier, car tous les cahiers sont quinternions. Une note ms. sur une feuille volante, fait remarquer la ressemblance des caractères employés dans cette édition, avec ceux du *Rationale* de Durand, que Schoiffer publia en 1459. Van Praet cite 10 exemplaires sur vélin, tant à la Bibliothèque du Roi que chez des particuliers, v. *1er Cat.*, I, 291, VI, 41. Schoiffer avait l'habitude, sans doute pour mieux imiter les manuscrits, dont la copie avait été son premier gagne-pain, d'imprimer sur vélin un grand nombre des exemplaires de ses éditions. V. Brunet, V, 825; Panzer, II, 121; Hain, I, *1447; Madden, *op. cit.*, *3e série*, pp. 71-401.

192 — Summa theologica pars tertia. — Venetiis, Bernardinus de Tridino, 1486. 232 ff. n. ch.; caract. goth.; 2 col. de 70 ll.; signatures a-r, aa-mm; titres courants; in-fol. [118]

F. 1*, *blanc*. F. 2, *signé* a 2 : Incipit tertia pars summe sancti Thome de || Aquino. Questio prima de conuenientia incarna || tionis. || qVia saluator || noster..... F. 129* v° : Explicit illud qd habetur de tertia parte summe || sancti Thome de Aquino ordinis fratrum predica- || to℥ qui preuentus morte eã perficere nõ potuit. F. 130*, *table*. F. 132* v° : Explicit tabula..... REGISTRVM. || a b c ..... q r. Vna- || queq҄з harum litterarum quaternum comprehendit || dempta q et r. quorum quelibet ternũ denotat. F. 131*, *signé* aa : De ptibus pñte in speciali :.... F. 228* v°, *2° col.*, *colophon* : Expliciunt additiões tertie partis Summe sancti || Thome de Aquino de ordine fratrũ p̃dicato℥. Im- || p̃sse venetijs ductu ac ĩpẽdio puidi viri Bernardini de tridino ex monteferrato anno salutis dominice || M. cccc. lxxxvi. die ɟo decimo. mensis aprilis. || aa bb...... ll mm || vnaqueq҄з predicta℥ littera℥ quaternũ cõprehẽdit. F. 229*, *table sur 3 col.* F. 232* v°, *2° col.* : Expliciunt rubrice additionum.

Reliure ancienne en vélin ; exemplaire incomplet des ff. 229 et 230 ; quelques piqûres de vers aux premiers feuillets. On a omis de faire à la main les initiales de couleur ; notes marg. mss. Sur le f. 2, on lit, d'une écriture du XVe siècle : *Ex bibliotheca fratrum predicatorum parisiis (?) commorantium*, et d'une écriture du XVIIIe siècle : *Pour les capucins de Montfort*. Panzer, III, 231 ; Hain, *1470, a dû voir un exemplaire incomplet, car il n'indique que 229 feuillets.

193 TRITTENHEIM (Johannes de) abbas spanhemensis. De Scriptoribus ecclesiasticis. — Basileae, (Johannes de Amerbach), 1494. 66 ff. n. chiff., ff. ch. : j-j40 et 2 ff. n. ch. = 148 ff.; caract. romains; 51 ll. ll.; signatures A, a-u; titres courants; in-fol. [46]

F. 1*, *titre en goth.* : Liber de Scriptori- || bus Ecclesiasticis. F. 1* v° : Docto ac praestanti uiro domino Iohanni de Amerbach in artibus liberalibus || Parisiensi magistro : Frater Iohannes de Lapide monachus ordinis Carthusien.. || .... eiusdẽ studij professor : plurimã in domino salu || tem optat. *In fine* : Vale frater amatissime. Ex Domo Carth. Basil. v. Calend Septembris || Anno Domini Mill. CCCC.XCIIII. F. 2*, *signé* A 2 : Annotatio scriptorum in hoc opere..... F. 6* v° : Τέλος. F. j, *signé* a : Disertissimi ..... dñi Iohãnis de Trittenhem abbatis || Spanhemensis : ad..... dominũ Iohannem de ||

TRITTENHEIM

Dalberg episcopū Vuormaciensem : Epistola. F. 2, *signé* a 2 : ..... Liber de Ecclesiasticis scriptoribus Foeliciter incipit. F. 140* v°, *colophon* : Explicitus est liber de Scriptoribus ecclesiasticis disertissimi patris domini Io- || hannis Trittĕhem abbatis Spanhemĕsis : Basileae : Anno domini Millesimo qua || dringentesimo nonagesimoquarto. F. 1* : Reuerendi patris dñi Iohānis de Trittenhem..... ad uenerān- || dū... : patrē Albertum Morderer Epistola responsiua :..... F. 2* *blanc*.

Reliure du XVIII° siècle, en veau brun, fers à froid, tranche rouge, gardes peigne. Bel exemplaire de l'édition *princeps*; initiales rouges ou bleues faites à la main. Sur le f. 2, note ms. : *Ex libris sancti hyeronimi* (ce mot est raturé) *Bartholomei Nouiomensis*. Au verso du f. 6* on lit, d'une écriture du XV° siècle : *Sum librarie fratrum alborum mantellorum ordinis diui guillelmi parisius*. A l'intérieur du plat de la reliure et sur le f. du titre, deux étiquettes portent l'inscription : *St Louis 1790;* le volume faisait sans doute partie de la bibliothèque de l'église de Versailles, quand il fut catalogué par les commissaires du gouvernement en 1792. Panzer, I, 175; Hain, *15613.

U

194 ULRICUS Ulmer. Fraternitas cleri. — Sans nom de lieu, de typographe et sans date (Ulmae, Joh. Zainer, 1474?) 87 ff. n. ch.; caract. romains de deux grandeurs; 40 ll. ll.; sans signatures, réclames et titres courants; in-fol. [100]

> F. 1* v° : Registrum in fraternitatem cleri. F. 2* : In primis deo gratias agemus : sicut sui ordinis celsitudo ɛ ‖ beneficii ipsius multitudo meret : cuius misericordie sup omnes ‖ ꝓphetas eius existunt : qui nos vincere fecit in dño nostro Ihesu ‖ xꝓo nazareno crucifixo : cuius hoc suauissimum nomen optataʒ ‖ salutez presignat. Fraternitas cleri cum quibusdam documentis ‖ eius incipit feliciter. ‖ Prologus. F. 2* v° : De institutiõe fraternitatis Ca. primum. F. 87* v° : Fraternitas cleri per doctorem Vlricum ‖ edita : qui vulgo Vlmer in Vlma vocatur ‖ finit feliciter.

> Reliure originale en veau brun gaufré, plats en bois, traces d'un fermoir; exemplaire grand de marges. On a omis de faire à la main les initiales de couleur; nombreuses notes marginales. A l'intérieur du premier plat, l'ex-libris de M. Madden; au-dessus, on en voit un autre formé par un cadre circulaire en feuilles de laurier; un ange soutient deux écussons armoriés, sans émaux, l'un : de ... à une croix pattée de ... à la bordure de ... chargée des lettres B A; l'autre : de ... au cheval gai ? de ... et à la bordure de. Au f. 2 on lit un nom écrit au XVIII° siècle : *Thierhaupten*. Avant le dernier cahier, qui est un ternion, on voit le talon d'une feuille enlevée, ce qui porterait à 88 les ff. des exemplaires complets; Panzer, III, 542, en indique 87 seulement; Hain ne cite pas cet ouvrage. V. Madden, *op. cit.*, 4° *série*, pp. 205-206.

195 UTINO (Leonardus de). Quadragesimale aureum. — Sans nom de lieu ni de typographe (Venetiis, Franciscus de Hailbrunn) 1471. 202 ff.; caractères romains; 36 ll. ll.; sans signatures ni titres courants. [99]

F. 1* : Quadragesimale aureū editum p̄ egregiū excellentissimū ac famosissimum ‖ artiū & sacre theologie doctorē frēm Leonardū de Vtino almi ord̄is frūm ‖ predicatorū ac doctrine anglici acutissimū defensorē feliciter incipit. ‖ [T]V AVTEM CVM IEIVNAS VNGE CAPVT ‖ tuum..... F. 201* v°, explicit : ..... Deo gratias. ‖ M. CCCC. LXXI. F. 202*, table, 14 ll. ll., puis 2 col. de 21 ll., explicit : De Resurrectione d̄ñi.

Demi-reliure moderne, dos en vélin ; bel exemplaire, avec témoins, initiales rouges faites à la main, ainsi que l'indication des féries. Cette édition *princeps* a été faite avec les beaux caractères qui ont servi à F. de Hailbrunn à imprimer en 1472, les Sermons de Robert de Licio, ainsi que les *Questiones de anima* de s. Thomas d'Aquin, dont la Bibl. de Versailles possède un superbe exemplaire. V. Panzer, III, 84 ; Hain, *16124 ; Brunet, V, 1022.

196 UTINO (Leonardus de) Sermones aurei de sanctis. — Sans nom de lieu et de typographe, 1473. (Coloniae, Ulric Zell?) 470 ff. n. ch.; caract. goth.; 2 col. de 36 ll.; sans signatures, réclames, ni titres courants; in-fol. [134]

F. 1*, *table* : Incipit regist2 p̄ntis ope ‖ ris in quo nōnūq̄ fit remissio ‖ ad sermonē tm̄ : F. 25*, *1re col.*, *explicit* : Et sic est finis tabule ‖ huius operis. F. 26* *blanc*. F. 27* v° : Hec est tabula oīm Sermo ‖ nū ꝑtento2 in hoc volumine. F. 28* : Sermones aurei de sanctis ‖ Fratris Leonardi de Vtino ‖ sacre theologie doctoīs ordi ‖ nis p̄dicato2. Prologus. F. 469*, 2° col. : Explicīut Sermones aurei ‖ de sanctis per totū annum ‖ q̄s compilauit magister Leonā ‖ dus de Vtino sacre theologie ‖ doctor ordinis fratrum predi ‖ catorum Ad instantiam ꝫ cō ‖ placentia3 magnifice cōllatis ‖ Vtinensis ac nobiliū virorū ‖ eiusdem. M. cccc. xlvi. in vigi ‖ lia beatissimi p̄ris nostri Do ‖ minici cōfessoris Ad laudem ‖ ꝫ gloriam dei omnipotentis ‖ ꝫ totius curie triumphantis. ‖ M. cccc. lxxiij. F. 470* *blanc*.

Reliure originale en veau brun, défectueuse, fers à froid, plats en bois, traces de fermoirs ; exemplaire grand de marges, à peine rogné en tête, avec nombreux témoins ; les plats avaient été doublés de feuilles en parchemin provenant d'un manuscrit liturgique du XVᵉ siècle ; elles ont été enlevées, mais l'encre des caractères a adhéré aux ais en bois. M. Madden y a collé son ex-libris et une note relative à l'achat du volume : *Tross 20 avril, 1857, 30 frs*. Au verso du f. 138 on lit, en caractères très nets du XVᵉ siècle : *Istum librum disposuit Johannes de alen confrater in wydenbach pro se suisque fratribus*. Cette note a été photographiée, et reproduite en tête des *Lettres d'un bibliographe*, 3ᵉ série, où M. Madden relate ses recherches et ses conclusions relatives à l'existence de l'imprimerie des frères de la vie commune du couvent de Weydenbach à Cologne, et où il donne le fac-simile d'autres notes écrites par ce même J. Alen, dans plusieurs ouvrages imprimés tantôt par l'imprimeur anonyme, tantôt par Ulric Zell ou par Guldenschaff, et conservés à la bibliothèque de la ville de Cologne ; la teneur de ces notes établit que J. Alen occupait une place de correcteur ou de directeur dans une imprimerie, où Zell et Guldenschaff travaillaient. V. Panzer, I, 276 ; Hain, *16128 ; Brunet, V, 1022.

197 — Sermones quadragesimales de legibus. — Ulmae, Johannes

Zainer, 1478. 380 ff. non chiffrés; caract. goth.; 2 col. de 60 ll. ll.; sans signatures et sans réclames; titres courants; in-fol. [80]

F. 1* *blanc?* F. 2* : Excellentissimi viri : sacraꝝ lr̄arum interpretis || subtilissimi : mg'ri Leonardi de Vtino diuini || ordinis fratrum predicatoꝝ quadragesimales || sermones de legibus : etiam dominicales Ita || doctorum quorundam hoim̄ studio atq3 indu- || stria per tabulam ꝑm alphabeti ordinem regi || strati : vt quisq̄s vel mediocriter doctus de sin || gulis dn̄icis sermones per integrum annum || facillime decerpere possit : incipiunt feliciter. F. 350* *v°*, *2° col.* : Theologie doctoris ꝓcipui Leonardi de vtino || diui ordinis fratrū predicatoꝝ q̄dragesimales || sermones ad ppl̄m. per doctum quendaȝ homi- || nem secundū alphabeti ordinem mirifica indu || stria sic registrati. vt quacunq3 de re : et quo- || cunq3 tempore quis predicaturus sit : vberem || materiam facillime inuenire possit : emēdatissime impressi Vlme per Iohannem Zainer fini- || unt feliciter. Anno a natali christiano. 1478. F. 351* *blanc.* F. 352*, *1re col.* : VEnerabili ac religioso pa- || tri : lodouico fuchs theolo || gie doctori precipuo : ac || digno priori vlmensis cō || uentus ordinis predica- || toꝝ. Frater felix sacraꝝ lit || teraꝝ lector indignus : et eiusdem conuentus filius. Salutem dicit... *Col. 2°* : Incipit tabula feliciter. F. 379* : Quadragesimalium sermonū Leonardi de || vtino Theologie doctoris ordinis predicatoꝝ || tabula : et illa quidem eiusmodi : vt non facile || cuiq̄3 materia occurrere possit : cuius resolucō p || ipsam non iudicetur : impressa vlme cum eisdē || ꝑmonibꝫ p Iohannē zainer finit feliciter ad se || ptimū Idus Marcias anni a natali christiano || Millesimi q̄dringentesimi septuagesimioctaui || Qui cā fecit sit felix iuxta nomē suū qđ est felix. F. 380* *blanc.*

Reliure originale en veau brun, fers à froid, coins en bronze ornés d'une inscription en lettres gothiques : *o. florens. voca mater comun spes.* Bel exemplaire grand de marges, mais dont les premiers et derniers ff. ont quelques piqûres de vers. Les trois ff. blancs manquent. Au f. 2, grande initiale sur fond or et demi-bordure; majuscules rouges faites à la main. A l'intérieur du premier plat de la reliure, une table manuscrite des sermons, écriture du XVe siècle, et une note de la même époque : *iste liber comparatus est per me vdal. poll. pro ij florenos et duodecim den.* Ex-libris de M. Madden. A la marge inférieure du 2e f., note ms. du XVIIe siècle : *ad biblioth. sti francis. Ingolst.* Panzer, III, 533; Hain, *16119, décrit un exemplaire où la table a été reliée au début du volume; il n'indique pas le feuillet 380e, blanc.

V

198 VALLA (Laurentius). Elegantiae linguae latinae. — Parisiis, Udalricus Gering et B. Rembolt, 1495. 194 ff. n. ch.; caract. romains; 38 ll. ll.; signatures a-y, A-B; manchettes; titres courants; in-4°. [6]

F. 1* *titre en caract. goth.;* Laurentius Valla in elegantiis nup cmē ǁ datus et reuisus cum tabula per quā dili- ǁ genter atqȝ bene ordinata. F. 2*, *signé* a. ii : Laurentii Vallensis viri clarissimi : et de lingua latina bene- ǁ meritis ad Ioannē Tortelliuȝ aretinū : cui opus elegantiarum ǁ linguae latinae dedicat: Epistola. F. 4* v° : Laurentii Vallę, Elegantiarū Liber p̄mus fœliciter incipit. F. 180* v°, *colophon* : Laurentii Vallę in elegantias latinę linguę liber, emenda- ǁ tus nuper ac recognitus : cū tabula perq accurate collecta, diligē ǁ terqȝ admodū alphabetica serie litteratim ordinata : Parrhisiis ǁ in sole deaurato vici Sorbonici per. Vdalricum gering. et. M. Bertholdū renbolt. socioȓ īpressus : xix. decēbris. Anno a nata ǁ li Christi Millessimo quadringētesimo Nonagesimo quinto. F. 181* : Elegantium vocabuloȓ... F. 193* v°, *explicit* : τέλοσ. F. 194*, *la marque de B. Rembolt, reproduite ici, un peu différente de celle reproduite plus haut.*

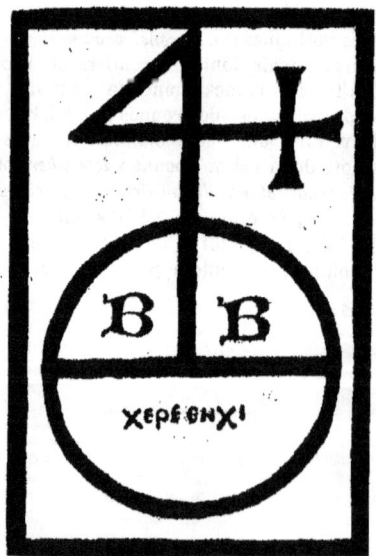

Reliure moderne en veau fauve, fleurons dorés et filets à froid; on a omis de faire dans cet exemplaire les initiales de couleur. Sur le f. du titre, notes mss.: *Joyenual — Communitatis S. M. Gaudij vallis. ord. Praem. 1689.* Au verso du f. 194 on lit, d'une écriture du XVᵉ s. :

> Lan m cccc nonant et
> dauril des jours
> mourut charles chacun le
> de son règne deux foys
> et de son age vingt et
> quel domage nul ne le
>
> vij

Panzer, II, 307, cite seulement cette édition; Hain, *15819, la décrit.

199 VALTURIUS (Robertus). De re militari. — Veronae, Johannes Veronensis, 1472. 262 ff. n. ch.; caract. romains; 37 ll. ll.; sans signatures ni titres courants; nombreuses et belles gravures sur bois à page entière et dans le texte; in-fol. [23]

F. 1* : [E]LENCHVS ET INDEX RE- || rum militariumquę singulis codicis huius I || uolumibus continet.... F. 4*, *fin de la table.* F. 5* *et* 6* *blancs.* F. 7* : [C]REDO EQVIDEM NEC SVM || nescius Dux & imp. inclite sigismunde pā- || dulfe: Tanta est liuoris & inuidiae nostri hu || ius seculi malignitatisqʒ.... F. 93* : [H]ACTENVS SIGISMVNDE Pā- || dulfe de instruēda acie...... F. 261* v°, *ligne 16ᵉ, commencent 32 vers :*

> Valturri nostrę princeps cultissime linguę
> Cuiqʒ etiam graias donat apollo fides.

F. 262* : . . . .

> Teqʒ sequi o scriptor nos iuuat usqʒ grauis.

Colophon : Iohannes ex uerona oriundus: Nicolai cyrurgię medici filius: Artis || impressorię magister: hunc de re militari librum elegantissimum: || litteris & figuratis signis sua in patria primus impressit. An. M. || CCCCLXXII.

Reliure du XVIIIᵉ siècle, en veau jaspé. Cet exemplaire n'a que 239 ff.; il lui manque le f. 1 du texte, les ff. blancs 5 et 6, et dans le courant du volume plusieurs ff. de gravures; grandes initiales ornées bleues et rouges, et petites initiales rouges ou bleues; les titres des divisions, laissés en blanc comme dans presque toutes les éditions italiennes, ont été écrits à différentes époques, ainsi que les notes marginales; la première moitié des ff. a été chiffrée à la main, et il y a des signatures de cahiers, manuscrites, enlevées en partie par le second relieur. Au-dessous du colophon on lit un nom : *Chatillon*. Brunet, V, 1066, signale cette édition comme très rare, et très remarquable par les belles gravures sur bois au nombre de 82, qu'elle renferme, et qui ont été faites d'après les dessins de Matteo Pasti; elles représentent pour la plupart les engins de guerre employés dans l'antiquité et au moyen âge. Brunet indique plusieurs exemplaires ayant appartenu à de célèbres collectionneurs. V. Panzer, III, 501; Hain, *15847; Dibdin, IV, n° 793, décrit un exemplaire sur vélin.

200 VINCENTIUS bellovacensis. Le miroir historial. — Paris, Antoine Vérard, 1495-1496. Cinq volumes; caract. goth.; 2 col. de 47 ll.;

manchettes; titres courants; gravures sur bois; in-fol. *Tome I*: 10 ff. n. ch. pour la table, et ff. ch. : i-CCCxi (pour CCCxii, parce que le f. CClx a été chiffré deux fois) = 322 ff.; signatures A, a-z, aa-rr. *Tome II*: 12 ff. non chiff., ff. ch. : i-CCCliii (pour CCClii, le f. CCxlix ayant été omis) = 364 ff.; signatures AA-NN, AAA-XXX, AAAA-LLLL. *Tome III*: 12 ff. n. ch., ff. ch. : i-cclxxx = 292 ff.; signatures A, b, a-g, A-X, AA-oo. *Tome IV*: 10 ff. non ch., ff. chiffrés : i-CClxxvi = 286 ff.; signatures a-b, aaaa-zzzz, zzzz-9999, AAAA-HHHH. *Tome V*: 8 ff. non chiff., ff. ch. : i-CCxcix (pour CCCiiii) = 312 ff.; signatures vA. aaaaa-zzzzz, zzzzz-99999, vA-vN. [37-41]

Tome I: F. 1*, *titre en grosses lettres de forme en bois*: Le premier volu ‖ me de vincent ‖ miroir historial ‖ Nouuellement imprime a Paris. F. 10* v°: Sensuit le repertoire des cayers du premier ‖ volume de vincent hystorial. Et primo. F. i, *grande gravure sur bois, au-dessous*: [C]y commence le premier ‖ volume du miroir hy- ‖ storial translate de latī ‖ en frācois, selon lopinion frere vī- ‖ cent qui en latin le compila. 2° col.: Le prologue du translateur. F. CCCxi (pour 312), *colophon*: Cy finist le premier volume De ‖ vincent hystorial. Imprime nou- ‖ uellemēt a paris lan mil CCCC ‖ quatre vingtz z quinze : Le xxix° ior ‖ de septēbre. Pour Anthoine verard ‖ libraire Demourāt sur le pōt nostre ‖ dame a lymage saint Iehan leuan- ‖ geliste : ou au palays au premier pili- ‖ er devant la chappelle ou on chante ‖ la messe de messeigneurs les p̃sidēs.

Tome II: F. 1*, *titre en lettres de bois*: Le second volume ‖ de vincent mi ‖ roir historial ‖ Nouuellement imprime a Paris. F. 12*: Registre des cayers.... F. I, *signé AA, grande gravure, et au-dessous*: Icy commēce le deuziesme volume ‖ de vincent historial:.... F. CCClIII (pour 352) v°, 1ʳᵉ col.: Cy finist le xv° liure du miroir ‖ hystorial. Et commēce le xvi°.

Tome III: F. 1*, *titre en grosses lettres de bois*: Le tiers volume ‖ de vincent mi ‖ roir historial. ‖ Nouuellement imprime a Paris. F. 11* : Sensuyt le Repertoire des cayers..... F. 12* *blanc*. F. i, *signé a i, gravure sur bois, et au-dessous*: Le xvi° luire na nulle certainete de ‖ temps,... F. CClxxx v°,: Cy finist le vingt z deuziesme ‖ liure du miroer hystorial.

Tome IV: F. 1*, *titre en grosses lettres de bois*: Le quart volu ‖ me de vincent ‖ miroir historial ‖ Nouuellement imprime a Paris. F. 10*: Registre des cayers z feuilles.... F. i, *signé aaaa i, grande gravure sur bois, et au-dessous*: Sensuit le vingt z troisiesme ‖ liure du miroer historial,... F. CClxxvi 1ʳᵉ col.: Cy fine le. xxvii. liure ‖ du miroir hystorial.

Tome V: F. 1*, *titre en grosses lettres de bois*: Le present volume de vincent mi ‖ roir historial ‖ Nouuellement imprime a Paris. F. i, *signé* aaaaa i, *grande gravure sur bois, et au-dessous*: Les choses contenues au. xxviii. li- ‖ ure du miroir hystorial. F. ch. CCxix (pour CCCiiii), 2° col., *colophon* : A lhonneur et louenge de nostre- ‖ seigneur iesucrist et de sa glorieuse ‖ z sacree mere, et de la court celeste ‖ de paradis fine le xxxii. et derre- ‖ nier liure de Vincent miroir histo ‖ rial. Imprime a Paris le vii. iour ‖ du moys de May mil quatre cens ‖ quatre vingz z seize, par Anthoine ‖ verard

libraire demourant sur || le pont nostredame a lymage saint || Iehan teuã-
geliste, ou au palaiz de- || uant la chapelle ou on chante la || messe de mefʳs
les presidens. *Au verso du feuillet est la marque de A. Vérard, reproduite
p. 3.*

Reliure du XVIIᵉ siècle, en veau fauve, filets dorés; bel exemplaire réglé, auquel il manque cependant le titre du tome I, et les trois derniers ff. de ce même tome, qui ont été copiés à la main, au moment de la seconde reliure sans doute. Cette compilation a été traduite en français par Jean du Vignay, frère hospitalier de S. Jacques du Haut-Pas à Paris, par le commandement de Jeanne de Bourgogne, femme de Philippe V ou de Philippe VI, rois de France. V. sur l'auteur et le traducteur : Daunou dans *Hist. litt. de la France*, t. XVIII, p. 464 et ss., et Lacroix du Maine et du Verdier *Bibl. franç.* (1772-73) t. 1, 605-6, t. III, 556. Brunet, V, 1255, cite cette édition, *fort rare*, et la première de cette traduction. « C'est l'ouvrage français le plus volumineux qui jusqu'alors eût été mis sous presse; et chose bien remarquable, quoique ces cinq gros volumes aient été imprimés dans le court espace de huit mois, ils sont d'un tirage si beau et si égal, qu'il ne pourrait être surpassé par les imprimeurs modernes les plus habiles. » Van Praet, *1ᵉʳ Cat.*, pp. 258-300, décrit deux exemplaires sur vélin, et rappelle qu'un volume séparé, enrichi de miniatures fut détruit dans l'incendie de la bibliothèque de S. Germain des Prés en 1794. Cité brièvement par Panzer, II, 310, qui attribue par erreur à Vincent de Beauvais un *Miroir historial* imprimé à Lyon par Barth. Buyer, 1497; cet ouvrage n'est que la traduction du *Fasciculus temporum* de Rolewinck; il omet d'autre part de citer l'édition faite par Nicolas Couteau, Paris, 1494. Omis par Hain, qui donne imparfaitement la lettre V.

201 VINCENTIUS bellovacensis. Speculum doctrinale. — Sans nom de lieu ni de typographe et sans date. 404 ff. n. ch.; caract. romains à l'R bizarre; 2 col. de 67 ll. (la table alphabétique des mots au 4ᵉ cahier est sur 4 col.); sans signatures ni réclames; grand in-folio. [8]

F. 1* blanc? F. 2* : Speculū doctrīale Vincentij beluacensis frīs || ordinis p̄dicatoꝝ incipit. Et primo plogus de cau || sa suscepti opis et eius materia Capitlm I. || [Q]Voniã mītitudo li || brorum. Et tempis || breuitas..... F. 5* v°, *table des chapitres.* F. 16* *est blanc au recto; au verso, fin de la table.* F. 17* : .I. Secundus liber incipit. || [H]Omo cū in honore esset nō in || tel-lexit: quia contra veritatē ||..... F. 25*, *table alphabétique des mots, sur 4 colonnes.* F. 37* : Liber terciᵘ⁹ Icipit..... F. 403*, 2° *col., explicit :*... Qua || si quidaꝫ quippe ā fluuius (vt ita dixerim) planus || & altus in quo & agnus ambulet et elephas natet. F. 404* *blanc?*

Reliure originale, parfaitement conservée; peau de truie blanche gaufrée; plats en bois, tranche rouge; l'intérieur du volume a de nombreuses piqûres de vers aux premiers et derniers feuillets, mais on voit qu'il a peu servi, tant le papier est blanc et fort. Les cahiers qui se distinguent très bien, grâce au dos souple de la reliure, permettent de constater qu'il a dû y avoir au commencement et à la fin un feuillet, blanc sans doute. Lettres initiales bleues ou rouges faites à la main ; sur le plat intérieur de la reliure, est l'ex-libris de M. Madden;

sur le f. de garde on a écrit le titre de l'ouvrage en attribuant l'édition à Mentelin, d'après Panzer, Braun et Helmschrott, cités au-dessous du titre. A la marge inférieure du 1ᵉʳ f. de texte on lit, d'une écriture du XVIIᵉ siècle : *sum religiosorum fratrum in Rottenbuech*. M. Madden, *op. cit.*, pp. 44 et ss., et 107 et ss. attribue ce volume aux presses du couvent de Weidenbach, à Cologne ; il est d'accord avec M. Desbarreaux-Bernard, *Etudes bibliogr. sur le Speculum quadruplex...* Paris, 1872, in-8°, pour fixer la date de cette édition vers 1470, après celle du *Speculum naturale* et du *Speculum doctrinale* de 66 lignes par colonne, et avant celle signée par Mentelin. Van Praet, *1ᵉʳ Cat.*, t. IV, p. 292, décrit ce volume, mais ne lui donne que 400 ff. V. Daunou, *Hist. litt. de la France*, t. XVIII, pp. 449 et ss.; Brunet, V, 1253-1255 ; Panzer, I, 19 ; etc.

202 VINCENTIUS bellovacensis. Speculum historiale. — Sans nom de lieu et de typographe et sans date. *Tome I* : 155 ff. non chiffrés ; *tome II* : 176 ff. n. ch.; *tome III* : 175 ff. n. ch.; *tome IV* : 191 ff. n. ch. Caract. goth.; 2 col. de 67 ll.; sans signatures, réclames ni titres courants ; gr. in-fol. [5-6]

Tome I : [S]Ecundũ augustinũ. xix. || libro de ciuitate dei or- || do est pariũ dispariũq3 || sua cuiq3 loca tribuēs... F. 2* v°, *1ʳᵉ col., ligne 27, explicit :* Zorobabel cũ sociis ĩ hierusalẽ reuertiť. iiii. li. xv. F. 3* : Speculum hystoriale Vincentij beluacensis fra- || tris ordinis p̃dicatorum incipit. Et primo plog⁹ || de causa suscepti opis & eius materia. Primũ. F. 7* v°, *col. 2, table.* F. 26*ˊ : l Epilogus de vnitate diuine substantie. F. 155*, 2° *col., ligne 6, explicit :* Primũ volumen speculi || historialis finit.

Tome II : F. 1* : Incipit tabula secũdi uoluminis. speculi histo || rialis. F. 4*, *col. 2 :* De promotõne claudij ad imperium. || Comestor. F. 176*, *col. 2, ligne 12 :* sic & cogitationes clause. || Explicit sc̃da pars speculi historialis vincẽtij.

Tome III : F. 1* : [O]Bscruet lector qd̃ in plogo p̃mi vo- || lumĩs extat annotatũ. vt si qd̃ quesie || rit nõ statim occurerit in initijs capi || tulo⁊..... *ligne 9 :* Incipit tabula tercij volumĩs speculi historiať. F. 3* .... || I. De cõtemporalitate. ix. regnorũ || & primo de regno romano⁊. Actor. F. 175* v°, *col. 2 :* Tercium volumen speculi historialis vĩcentij || ordinis predicatorum explicit.

Tome IV : F. 1* *incipit :* [A] Ygoland⁹ Ĩpugnat xp̃ia. || nos. xxv. li. ix..... F. 2* v°, *col. 1 :* .l. De imperio karoli magni et forma || eius ac robore. Sigibertus. F. 191* v°, *col. 1, ligne 12, explicit :* videre non valeant. || Speculum vincentij historiale explicit.

Reliure en veau brun, plats en bois ; clous et fermoirs en bronze. La reliure du premier volume a été mal réparée et les fermoirs manquent. Les deux volumes ne doivent pas provenir d'un même exemplaire, car dans le premier volume, les initiales ornées et les lettres rouges ont été faites par un rubriqueur plus habile ; exemplaire grand de marges, mais dont plusieurs feuillets sont jaunis et tachés. A l'intérieur du premier plat, l'ex-libris de M. Madden. Van Praet, *1ᵉʳ Cat.*, t. IV, pp. 294-295, décrit très exactement ces volumes et donne les *incipit* de chaque tome ; il attribue cette édition à Mentelin, mais n'indique pas de date ; v. Brunet, V, 1254 ; Daunou, *op. cit.*; Desbarreaux-Bernard, *Etude bibliogr. sur le speculum quadruplex de Vincent de Beauvais*, Paris, 1872, in-8°; Madden, *op. cit.*, 4° série, pp. 44 et ss. et 107 et ss.; non cité par Hain et Panzer.

203 — Speculum Morale. — Sans nom de lieu ni d'imprimeur et sans date. (Coloniae, Conrad Winters de Homborch, 1476?) caractères goth.; 2 col. de 58 lignes; sans signatures, réclames ni titres courants; in-fol. Tome I: 280 ff. non chiffrés; *tome II*: 226 ff. n. chiff. [74-75]

Tome I: F. 1* *incipit*: [S]Equitur tabula breuis alphabetica || demōstrās. quoto libro quota Par || te quotaqꝫ distinctione. queqꝫ ꝯ hoc || volumine principaliter tractata in || ueniri debeant. F. 3* v°, *col. 1*: Explicit tabula moraliū vincentij. F. 4*, *blanc.* F. 5*, *incipit*: Speculi moralis dñi vīcentij doctoris egre || gij ordinis aūt p̄dicatoꝝ in quo Moraliter ꝫ || pulchre narrantur omni statui cōuenientia || liber p̄mus incipit feliciter. F. 280* v°, *ligne 23°*: Vincentij Speculi Moralis Liber Secundº || in quo de quatuor nouissimis disseritur. || Finit || feliciter.

Tome II: F. 1*: Incipit tercius liber speculi moralis. || [E]Xpeditis per dei g' || ciam duobº libris || huius voluminis. F. 226*, *col. 1, ligne 55, explicit*: rū secula benedictus deus. || Speculum morale Finit.

Reliure en veau brun, XVIII° siècle; sur les plats on a frappé en or l'ex-libris du couvent des frères mineurs de Chaillot: leur devise CHARITAS est entourée d'une gloire rayonnante et surmontée de la couronne royale de France; autour de la gloire on lit: CONVENTUS NIGEONENSIS MINORUM. Bel exemplaire, bien conservé, à l'exception des premiers ff. qui ont quelques taches; on a omis de faire à la main les initiales de couleur. A l'intérieur des plats de la reliure, l'ex-libris de M. Madden, et sur le premier f. de chaque volume, une note ms.: *De bibliotheca nigeonensi ordinis minorum.* Sur le f. du tome I on lit; en caractères du XV° siècle: *Petrus Cesaris me dedit oretis pro benefactoribus.* M. Madden, *op. cit.*, 5° série, p. 225, fait remarquer que les caractères de cette édition sont semblables à ceux que Conrad Homborch a employés dans le traité *de lepra morali* de Nider qu'il a signé, et qu'on y trouve entr'autres un R de forme singulière, différent de celui connu sous le nom de R bizarre. M. Holtrop, *Catalogus .... Hagana*, p. 356, n° 215, restitue aussi à ce même imprimeur le *Speculum morale*, que Panzer, IV, 208. et Kloss, 3948, attribuent à U. Zell. Cet ouvrage n'est pas dû à Vincent de Beauvais, ainsi que le démontre le savant Daunou, dans son article *Hist. litt. de la France*, t. XVIII, pp. 440 et ss. Non cité par Hain et Brunet.

204 — Speculum naturale. — Sans nom de lieu, d'imprimeur et sans date. *Tome I*: 368 ff. n. ch.; *tome II*: 328 (?) ff. n. ch.; Caract. goth.; 2 col. de 66 ll.; sans signatures, réclames ni titres courants. [7]

Tome I: F. 1*: Incipit speculū naturale Vincētij belvacēſ. || fratris ordinis p̄dicatorum. Et primo plogus d || causa suscepti opis et eius materia Primū. || [Q]Voniā mītitudo li || brorum :..... F. 5*, *table.* F. 21* v° col. 1°

VORAGINE

explicit : De innouatione mundi et luminariū celi. cvi. F. 22*, *incipit :* De diuersis mūdi acceptionibus. Ex ‖ libro qui dicitur imago mundi. F. 367* v°, 2° col., *ligne 12°, explicit :* quo pacto simul omes eo quo venerant agmine ‖ redeunt. F. 368* *blanc?*

Tome II, manque : il est décrit ici d'après Van Praet : F. 1*, *table.* F. 9* : .ij. De opere sexte diei. Et primo de anima ‖ libus. Guillerinus de conchis. ‖ [P]Iscibus itaqʒ et ‖ auibus effectu ‖ superioꝝ ex aq̄ ‖ creatis :..... F. 327* v°, 1ʳᵉ *col.. l. 26 :* prestricta sunt. sed latiore in fine speculi hysto- ‖ rialis. ppascunt. Amen.

Reliure moderne en veau olive, filets à froid; bel exemplaire, grand de marges; grandes initiales ornées et petites initiales bleues ou rouges; titres courants faits à la main en rouge; le dernier f., blanc, manque. À l'intérieur du premier plat de la reliure, l'ex-libris de M. Madden, et au verso du f. 367, note ms. du XVᵉ siècle : *Philippi (?) de brunnen.* M. Madden, *op. cit., 4ᵉ série,* pp. 107-110, attribue cette édition aux frères du couvent de Weydenbach, Panzer, I, 18, croit qu'il a été imprimé par Mentelin, mais il le dit imprimé en *caractères ronds,* ce qui ne se rapporte pas bien au volume décrit ici, qui est en semi-gothique. Van Praet, *1ᵉʳ Cat.,* IV, pp. 290-291, décrit exactement les *incipit,* mais ne donne que 318 ff. au premier volume, au lieu de 368; il en fait l'œuvre de Mentelin, et Brunet V, 1253, ne fait que citer l'opinion de Van Praet.

205 VORAGINE (Jacobus de). Sermones de sanctis. — Sans nom de lieu ni d'imprimeur et sans date (Norimbergae, Antonius Koberger?) 14.. 242 ff. non chiff.; caract. goth. de deux grandeurs; 2 col. de 47 ll.; signatures A-Z, 1-7 (le premier cahier de 6 ff. n'est pas signé); titres courants; in-fol. [148]

F. 1*, *titre :* Registrum in sermones Ia- ‖ cobi de voragine de sanctis. F. 7*, *signé* A, *incipit :* Sermones pulcerrimi varijs ‖ scripturarū doctrinis referti d ‖ sāctis p ānī totiꝰ circulū cōcur- ‖ rentibꝰ : editi a venerabili viro ‖ Iacobi voraginis ordinis p̄ ‖ dicatoꝝ quondā epō Ianuēsi ‖ Incipiunt feliciter. ‖ Sermo primus de ‖ sancto Andrea. F. 240* v°, *(le 8ᵉ du cahier 7) 2ᵉ col. explicit :....* patri ‖ p oblationē q̄ p nob Itercedit. In diebo. F. 242* *explicit :* Finiūtur ſmones eximij sacre ‖ theologie professoris Iacobi de voragine de sanctis p circu- ‖ lum anni feliciter.

Reliure du XVIIᵉ siècle, en veau brun; belle édition, mais l'exemplaire est incomplet du f. H 1, des 6 premiers et des deux derniers feuillets, qui ont été remplacés par des ff. manuscrits; on a aussi fait une table des matières et des sermons, sur le premier f. de garde. Le texte a été rétabli d'après l'exemplaire de la B. Nationale, D 2778. A la reliure on a interverti l'ordre des cahiers G et H ; lettres majuscules rouges et bleues faites à la main; quelques notes marginales. Sur le f. 1 on lit : *Ex bb. ff. minor. pontisarentium* et au f. 32 : *Johannes le Gaigneur.* Non cité par M. O. Hase, Panzer, Hain.

Cette édition des sermons de J. de Voragine débute par les *sermones de tempore,* qui manquent dans l'exemplaire de la B. de Versailles ; comme elle n'est pas décrite dans Hain, il peut être utile de donner ici la description de cette première partie :

216 ff. n. ch.; signatures a-y, aa-cc (les 14 premiers ff. ne sont pas signés); le reste comme dans la seconde partie.

F. 1*, *titre :* Registrum in sermones Iacobi de voragine de tempore. F. 2* : Incipit Registrū in Sermo- || nes de tēpore preclarissimi do- || ctoris. magistri Iacobi de vora- || gine..... F. 14* v° : Explicit tabula alphabetica. F. 15*, *titre :* Sermones Iacobi de vora- || gine de tempore ℸ de sanctis. F. 16*, *signé* a 2 : Sermones aurei ℸ pulcherrimi || varijs scripturarū doctrinis re- || ferti de tempore per totū annuꝫ || editi a solennissimo theologię doctore magistro iacobo de vo || ragine...... F. 215*, *1re col. :* Finis sermonum de tpe ma- || gistri Iacobi de voragine. *2° col. :* Sequit nūc modus viuendi per || regulas.... F. 216* : Finis.

Sur le 2e f. de l'exemplaire de Paris est une note écrite au XVe s. : *Magister Petrus Cesaris me dedit fratribꝰ de nygon* (Passy près Paris); une note semblable existe dans le *Speculum morale* de Vincent de Beauvais, décrit ci-dessus; elles sont intéressantes pour l'histoire de l'imprimeur parisien, dont elles indiquent les charitables relations avec le couvent de Passy.

206 — Sermones de tempore et de sanctis. — Lugduni, Joh, Trechsel, 1491. 486 ff. n. ch.; caract. goth.; 2 col. de 53 ll.; signatures a-u, A-Z, AA, aa-ll. a-c (les cahiers des tables ne sont pas signés); titres courants; in-4°. [37]

F. 1* : Incipit Registrū in Sermones de tem || pore preclarissimi doctoris : magistri Iaco- || bi de voragine secūdū ordinē alphabeti tā || gens materias generales in singulis ser- || monibus contentas. F. 12*, *2° col. :* Explicit Tabula Alphabetica. F. 13*, *signé* a : Sermones aurei ℸ pulcherrimi varijs || scripturaꝛ doctrinis referti de tpe p totū || annū editi a solēnissimo theologie docto- || re magistro Iacobo de voragine ordinis p̄ || dicatoꝛ quōdam episcopo Ianuēsi felici- || ter incipiunt. F. 90* v° : Incipit pars estiualis In die sctō pen- || thecostes. Sermo p̄mus. F. 171* v° : Finis sermonū de tpe magi- || stri Iacobi de voragine. F. 272* blanc. F. 273*, *titre :* Registrū in sermones Ia- || cobi de voragine de sanctis. F. 273* v° : Tabula.... F. 274* : Incipit registrū in Sermones de sanctꝫ || p circulū anni preclarissimi doctoris. mḡri || Iacobi de voragine p̄m ordinē alphabeti || tangēs materias gñales ī singulis sermo || nibus contentas. F. 279*, *signé* A : Sermones pulcherrimi varijs scriptu- || rarum doctrinis referti de sanctis.... F. 371* v° : Finiuntur p̄mones..... || .... de sanctꝫ || p circulū anni feliciter. F. 372* blanc. F. 373*, *titre :* Registrū in sermones quadra || gesimales Iacobi de voragine. F. 373* v°, *table*. F. 374* : Incipit tabula... F. 380* : Explicit tabula. F. 381*, *signé* aa : Incipit quadragesimale aureū....: duos quotidie conti || nens sermones. F. 467* v°, *2° col., cinq distiques en l'honneur de l'auteur, puis la petite marque de l'imprimeur sur fond rouge, reproduite p. 74, et le colophon :*

Hoc opus a mēdis tersit mira arte ioānes
Trechsel lugduni numine christe tuo
Mille ℸ q̄gētos iā (dēptis ter tribꝰ) orbes
Cōplebat phœbus : virginis ora petens.

F. 468* blanc. F. 469*, signé a : Incipit ᵱmo d́ passiōe dn̄i nr̄i Iesu xp̄i. F. 484* v° (c⁴), explicit : ros qui adueniente sole cito desiccatur : ita.

Reliure moderne en veau jaspé, gardes peigne; exemplaire incomplet des derniers feuillets; nombreuses notes marginales; initiales bleues ou rouges faites à la main; sur le f. 2 on lit : *Ex libris hospitii PP. Recollectorum in Suburbio S. Germani a pratis;* on a raturé une partie de cet ex-libris et ajouté les mots : *conuentus versalliensis.* Le volume avait appartenu au XVIᵉ s. à *fr. f. Failoux?* et à *fr. christoforus douard.* Édition inconnue à Panzer, qui en indique une sans nom d'imprimeur, faite à Lyon en 1499, mais dont le colophon est différent; non cité dans le *Repertorium* de Hain, où le mot *Voragine* a été omis.

207 VORILLONG (Guillelmus). Opus super quatuor libros sententiarum. — Venetiis, Jacobus de Leucho, 1496. FF. chiffrés avec de nombreuses erreurs 1-322 (pour 319) et 1 f. non chiff. = 320 ff.; caract. goth.; 2 col. de 54 ll.; signatures a-z, A-R; sans titres courants; in-4°. [42]

F. 1 *titre :* Guillermus vorrillóng || super quattuor libris || sententiarum. F. 2, *signé* a 2 : Sacre pagine professoris eximij magistri || Guillermi vorrillong ordinis fratrū minoꝣ. || opus super q̄ttuor libros sn̄iaꝣ feliciter incipit. [D]Octissimi viri patres : || ... F. *chiffré* 316 (pour 314) v° : FINIS. F. 315, *signé* R 3 : Incipit tabula pn̄tis opis ᵱm ordinē || libroꝣ... F. *chiffré* 325 (pour 317), *in fine :* Sequitur tabula ᵱm ordineꝫ Alphabeti. F. *chiffré* 322 (pour 319) v°, *colophon :* Viri celeberrimi atque profundissimi magi || stri Guillermi de vorrillong sacre theologie || pfessoris eximij ordinis fratruꝫ minoꝣ : opus || super quattuor libros sn̄iaꝣ feliciter consum || matum est : Venetijs per Iacobū de Leucho || Impensis vero Lazari de Soardis die .ix || Iulij. M.ccccxcvi. || Concessum est eidem Lazaro ab Illuᵐᵒ Se || natu veneto : ne cuiq̄ȝ hunc librū liceat impri || mere intra coꝣ dn̄ium. sub pena vt in grā ꞇc. || Laus deo. || Registrum huius operis. || *Tous les cahiers sont quaternions. Au-dessous, la marque de Lazarus de Soardis sur fond noir, reproduite à la page suivante.* F. 320 *non chiffré, blanc.*

Reliure originale en veau brun, fers à froid; plats en bois; joli exemplaire, avec nombreux témoins; initiales rouges ou bleues faites à la main; à la marge supérieure du f. 2, on lit : *FF. Colareenlui.* Panzer, III, 401, indique par erreur 327 ff. chiffrés. Non cité par Hain.

208 — Lugduni, (J. Trechsel), 1499. 298 ff. n. ch.; caract. goth.; 2 col. de 56 ll.; signatures a-t, A-S; sans titres courants; in-fol. [114]

F. 1* *blanc?* F. 2* *signé* aij : Sacre pagine pfessoris eximij magistri Guil- || lermi vorrillong ordinis fratrum minorum : opus || super quattuor libros sentētiaꝣ feliciter incipit. || dOctissimi viri prēs : ...... F. 292*, *épilogue.* F. 294*, *1ʳᵉ col., l. 17° :* Incipit tabula pn̄tis operis ᵱm ordinē li || broꝣ. in q̄ ponūt tituli ꞇ termī ī singuł de || clarati ...... F. 296*, *2ᵉ col. :* Sequitur tabula ᵱm ordinē alphabeti. *Cette table, qui ne commence qu'au verso, est*

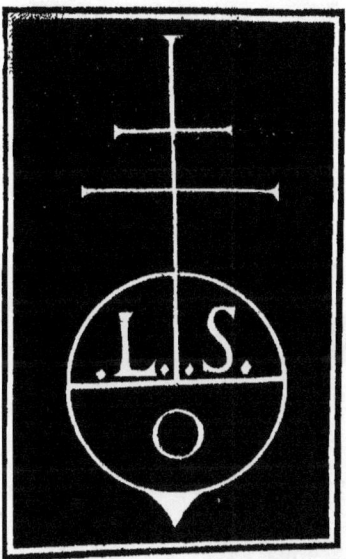

imprimée sur trois colonnes. F. 297* v°, *3° col., colophon :* Viri celeberrimi atq3 pfūdissimi ma ǁ gistri Guillermi de vorrillon sacre ǁ theologie pfessoris eximij ordĩs fra- ǁ trũ mĩo⁊ : op⁹ sup quatuor libros sen ǁ tentia⁊ felicit ɔsummatũ ē in inclita ǁ vrbe lugduneñ. die. xxiiij. Augusti ǁ M. cccc. lxxxix. F. 298* *blanc.*

Reliure moderne en veau jaspé; garde peigne, tranche jaspée; exemplaire incomplet du premier et du dernier feuillets, et du f. 153, signé A j; initiales rouges faites à la main. Sur le f. 2, note ms. : *ex bb. ff. minor. pontisarentium* et au f. 48, signé g, le nom de : *frater torraudilius* (?) *Ray..?* Non cité par Hain. V. Panzer, I, 544;

SECONDE PARTIE

LIVRES

IMPRIMÉS DEPUIS L'ANNÉE 1501

JUSQU'A L'ANNÉE 1520

A

1 ACTES (Les) des apôtres et l'Apocalypse.... — Paris, Arnoul et Charles Les Angeliers, 1541. Trois tomes; caract. goth.; 2 col. de 52-53 lignes; titres courants; frontispices et vignettes gravés; in-fol. *Tome I*: 4 ff. n. ch. et ff. ch. i-ccx (chiffré par erreur ccxx). *Tome II*: 2 ff. n. ch., ff. ch. i-clxxv et 1 f. n. ch. *Tome III*: ff. ch. i-xlvi. [29]

Tome I: F. 1* *titre r. et n.*: Le premier volume des Catholicques œuures et Actes des Apostres redigez en escript par sainct Luc Euangeliste et Hystoriographe, depute par le sainct Esperit, lecluy sainct Luc escripuãt a Theophile,...... Et les demonstrances des figures de Lapocalipse veues par sainct Ichã Zebedee en lisle de Pathmos soubz Domician..... Le tout veu et corrige bien et deuemẽt selon la vraye verite, Et ioue par personnages a Paris en lhostel de Flandres Lan Mil Cinq cens. xli. Auec Priuilege du Roy. On les vend en la grand Salle du Palais, par Arnoul et Charles les Angeliers freres tenans leurs bouticques au premier et deuxiesme pilliers deuant la chappelle de messeigneurs les Presidens. F. ccx (ch. ccxx) v°, *la marque des imprimeurs, Silvestre, 519.*

Tome II: F. 1*, *titre*: Le Second Volume Du Magnifique Mystere des Actes des Apostres continuant la narration de leurs faictz...... Auec priuilege. F. clxxv v°: Fin du ix° z dernier liure du second volume des Actes des Apostres, imprime nouuellemẽt ainsi que le mistere est ioue a Paris mil cinq cens quarante vng. F. 1*, *la marque des Angeliers, Silvestre, 519.*

Tome III: F. 1, *titre*: Lapocalypse Sainct Iehan zebedee, ... selon le texte de la saincte escripture. Ensemble les cruaultez de Domicien Cesar . ·. Auec priuilege. M.D.xli. *Au verso*: Ludouici choquet, ad ,.. Antonium le coq .... Epigramma. F. xlvi v°: Fin du mistere de Lapocalipse sainct Iehan euangeliste Nouuellement redige par personnages, auec les miracles fais en lisle de Pathmos, le tout historie selon les visions, Et fut acheue ledit liure dimprimer le .xxvii°. iour de May Lan mil cinq cens. xli. pour Arnoul et Charles les angeliers freres. *Au-dessous, la marque des imprimeurs, Silvestre, 155, entourée d'un beau cadre renaissance.*

Reliure du XVIII° siècle, en maroquin vert, tranche dorée; exemplaire ayant appartenu à Girardot de Préfond. Brunet, III, 1978, dit que cette édition est la plus recherchée; il y en avait déjà eu deux autres, en 1537 et en 1540.

2 ADRIANUS VI papa. Quaestiones in quartum librum sententiarum. Parisiis, Hemon Le Febvre et Jodocus Badius Ascensius, 1525. F. I-CXXXIX et 1 ff. n. ch.; caract. goth.; 2 col.; titres courants; initiales et frontispice gravés; in-fol. [265]

F. I, *titre :* Hadriani sexti Pōtificis maximi : Natione Traiectensis Sacre Theologie p̄fessoris Louaniēsis excellentissimi Questiones in Quartū sentē̄tiaruȝ : Presertim circa Sacramēta : Vbi sacramētorum materia exactissime tractatur. *Un frontispice orné de deux dauphins couronnés, employé par plusieurs imprimeurs parisiens pendant la première moitié du XVI° siècle. Dans la partie inférieure, la marque de l'imprimeur Hémon Le Fèvre, Silvestre,* 767. F. 1 v° *:* Iodocus Badius Ascēsius Iacobo Dassoneuille.... *In fine :* apud Parrhisios ad kalendas Apriles. M. D. XVI. F. 1* *et dernier, explicit :* Finis .M.ccccxxv.

Reliure moderne en veau brun; exemplaire incomplet des deux derniers feuillets. Sur le titre, notes mss.: *F. Enguerrandus Escombard*, (répété plusieurs fois.) — *Ex bb. ff. M. Pontisarensium.* Panzer, VIII, 30, cite une édition de 1516, date de la dédicace du volume décrit ici, mais il ne parle pas de l'édition de 1525, date imprimée à la fin de la table. Ce traité fut écrit par Adrien VI tandis qu'il était professeur de théologie; il y avait dit qu'un pape peut errer, même dans ce qui appartient à la foi, et il le fit réimprimer sans y rien changer après son élévation au pontificat. (*Biographie universelle*... au mot *Adrien*). Le passage visé par le biographe se trouve f. XVIII v°, col. 2 (*de sacramento confirmationis*). En voici le texte original : « ..... Ad secūdum principale de facto Gregorij : dico p̄mo si p ecclesiam Romanā intelligat caput ei⁹ : puta pōtifex : certū est ꝙ possit errare : etiā in iis ꝗ tāgunt fidē heresim p suā determinationē aut decretalē asserendo. Plures eī fuerūt pōtifices Romani heretici. Itē z novissime fert de Ioāne. xxij. ꝙ aīe purgate an̄ finale iudiciū non hn̄t stolam ꝗ est clara z facialis visio dei.... Item de errore quē ediderat Celestinus circa matrimoniū... nō tn̄ dico Gregoriū hic errasse : sed euacuare intēdo impossibilitate errandi quā alij asserunt...... »

3 — Quotlibeticae Quaestiones. — Parisiis, Enguilbertus de Marnef, 152. 6 ff. n. ch., ff. ch. : I-LXXXVII et 19 ff. n. ch.; caract. goth.; 2 col.; manchettes; titres courants; initiales et frontispice gravés; in-fol. [265]

F. 1*, *titre :* REVERENDISSImi in Christo patris & artium & sacrae theologiae necnon euāgelici Canonis nominatissimi professoris, Domini Hadriani a Traiecto. S. R. E. TT. aliquando Sāctorum Ioannis et Pauli Cardinalis, Episcopi Dartusensis, olim etiā Louaniensis academiae cancellarii, nūc vero duce spiritu sancto (qui vbi vult spirat) sūmi Pontificis electi, Quotlibeticae Quaestiones, semel atqȝ iterum elucubratione vigiliantiori & Linceo visu extāt recognitae. Excellentissimi viri, itidem & sacrae Theologiae professoris eruditissimi. M. Ioannis Briardi Athensis, eiusdem academiae vicecancellarii Quaestiones quotlibeticae, cum aliis nonnullis eiusdem. *Au-dessous, la marque de E. de Marnef, Silvestre, 1288; le frontispice est composé de fcuillages et de fleurs; à la partie supérieure, un compas ouvert, et deux serpents enroulés autour des branches. F. 1* v° :* Theodoricus Morellus Campanus Ioanni gryuellio.... *In fine, fol. 16* v° :* FINIS. *Les trois ff. de table? manquent, cahier* n.

Relié à la suite des *Quaestiones in quartum sententiarum* du même auteur; exemplaire incomplet de la fin; notes marg. manuscrites. Le traité de Jean Briard commence au verso du dernier f. chiffré : LXXXVII.

4 ALBERTUS MAGNUS. De mirabili scientia dei. — Basileae, Jacobus de Pfortzheim, 1507. Deux tomes; caract. goth.; 2 col.; manchettes; titres courants; in-fol. Tome I : 24 ff. n. ch., ff. ch. I-CCI, 8 ff. n. ch. (?) *Tome II, manque.* [274]

Tome I : F. 1* : Directorium principalium sententiarum in primam z secundā partes Sūme Alberthi magni : alias dicte de mirabili scientia dei. F. 1* v° : Ioannes Scotus Argeñ. Lectori. S. F. CCI v°, *explicit :* Prima pars Sūme Alberthi magni : Finit. F. 1*-8*? : Annotatio Tractatuū....

Reliure moderne en veau brun, exemplaire incomplet des derniers feuillets du tome I, et du tome II tout entier. Initiales rouges et bleues faites à la main. Sur le f. du titre, note ms. : *Pro bb. ff. M. Pontisarentium.* Panzer, VI, 182; Stockmeyer... p. 69, n° 25.

5 — Parva naturalia. — Venetiis, heredes Oct. Scoti, 1517. 6 ff. n. ch., ff. ch. 1-233 et 1 f. blanc; caract. goth.; 2 col.; manchettes; initiales gravées; in-fol. [260]

F. 1* : Tabula Tractatuum Paruorum naturalium Alberti Magni Episcopi Ratispoñ. de ordine Predicatorum. De Sensu et Sensato De memoria z Reminiscentia...... Speculū Astronomicū de Libris licitis z illicitis. Adrianus Cadubriensis Regularis Canonicus ad Lectorem. (*4 distiques*). F. 233 v°, *colophon :* Venetijs impensa heredū quondā dñi Octauiani Scoti ciuis Modotiēsis : ac socio⅔. Die . io . Martij. .1517. Registrum. a-z, τ ꝑ ⅔ an bb cc Vltimus quinternus : Alij quaterni. *Au-dessous, la marque moyenne de O. Scot, analogue à celle reproduite page 28.*

Reliure originale, en vélin; exemplaire incomplet du dernier f., blanc.

6 — Postilla in apocalypsim. — Basileae, Jacobus de Pfortzheim, 1506. Signatures a-r; caract. goth.; ll. ll.; manchettes; titres courants; in-4°. [23]

F. 1*, *titre :* Diui Alberti magni Ratisponēsis episcopi ordinis fratrum predicatorum postillatio in Apocalypsim. *In fine :* Finis huius auree postillationis Alberti magni in Apocalypsim per magistrum Iacobum de Pforczen in Basilea elaborate. Anno a partu virginis salutifero. Millesimo quingentesimosexto. Deo gratias.

Reliure originale, en veau brun; préface de Bernard de Luxembourg, dominicain, et de Gilbert de Porrée (?). Sur le f. du titre, note ms. : *Ex libris minorum Bonae domus.* Panzer, VI, 180.

7 ALBERTUS MAGNUS. Postilla in evangelium. — Hagenoae, Henricus Gran, 1504-1505. Quatre tomes en 2 volumes ; caract. goth. de deux grandeurs; 2 col.; manchettes, titres courants; in-fol. *Tome I :* 22 ff. n. ch., ff. ch. III-CCXI et 1 f. blanc. *Tome II :* 29 ff. n. ch., ff. ch. II-CLXVII et 1 f. blanc? *Tome III :* 8 ff. n. ch., ff. ch. : III-XCIX et 1 f. blanc? *Tome IV :* 46 ff. n. ch., ff. ch. III-CCCXLIII, et 1 f. blanc? [232-233]

Tome I : F. 1*, *titre :* Super Matthei Euangeliare postilla Alberti magni. Opus preclarissimum postilla♃ diui Alberti Magni Ratisponeñ dum vixit Ep̄i : summi et incomparabilis Theologi : sup Quattuor Euāgelia : mltis retro annis a doctis orbus : maxime ̄to a seminiuerbijs religiosis pariter et secularibus desideratissime expectatū : ac iā demū grandi labore et impēsa Doctorū : Licentiatorū sacre theologie et Magistro♃ : gymnasium quod Bursam Laurentij vocant in florenti studio Coloniēsi regentium emendatum : et in lucem editum F. CCXI v°, *colophon :* Impressum accuratissima diligentissima expēsis Circūspecti viri archibibliopole Iohannis Rynman de Oringaw : In oppido Imperiali Hagenaw : Industrij Henrici Gran : ibideʒ Ciuis in officina. Finemqʒ. xvj. Kal. Aprilis Anno virginei partus Millesimo̊quingentesimo z quinto sortitū est.

Tome II : F. 1*, *titre :* Postilla apprime magistralis Super Ioannis Euangeliare ..... F. CLXVII v°, *colophon :* Venerabilis domini : dn̄i Alberti magni .... Postilla : Euāgeliū Ioannis .... enucleās : .... In officinā Industrij Hērici Gran :..... Mdiiij Augusti Kal. ix. metā nāciscitur feliciter.

Tome III : F. 1*, *titre :* Super Marci Euangeliare Postilla. F. 1* v°, *épitaphe composée par* « Rudolphus Langius ecclesie Monasterieñ Canonicus. » F. XCIX, *colophon :* Impressum ... Industrij Henrici Gran : ibideʒ Ciuis in officina. Finemqʒ .xvj. Kal. Aprilis Anno virginei partus Millesimoquingentesimo z quinto sortitū est.

Tome IV : F. 1*, *titre :* Prima et
Partes Postille Super Euangeliare Luce.
Secunda
F. CCCXLIII : Impressum .... Industrij Hērici Gran ibidē ciuis in officina : Finēqʒ felicē in vigilia Cōceptōis btē virginis Marie Anno virginei partus eiusdē Millesimoquingentesimo et quarto assecutūm.

Reliure moderne, en veau brun ; le second volume est orné de filets à froid et d'un fleuron sur les plats ; exemplaire incomplet des feuillets blancs, et des ff. B¹ et C⁶ du premier volume ; on a omis de faire à la main les initiales de couleur. Sur les ff. du titre, note ms. : *Pro bb. ff. M. Pontisarensium.* A la fin de chaque volume, avant le colophon, une note dit que l'édition a été préparée

par « magistruʒ Gerardum de Harderwic edis dr̄e Colūbe pastorem dū vixit
.... Per ceteros quoqʒ sacre Theologie Licēciatos z Mḡros : bursam quā Laurētij vocāt Regētes..... » Panzer indique les deux tomes de cet ouvrage, séparément : VII, 70, 26, et VII, 70, 27, à cause des deux dates des souscriptions, probablement.

8 ALBERTUS de Saxonia, Timon, etc. Quaestiones physicales. — Parisiis, Jod. Badius et Conradus Resch, 1518. 6 ff. n. ch., ff. ch. : I-CCXIIII, I-LX et 6 ff. n. ch. = 286 ff.; caract. rom. et goth.; 2 col.; initiales et frontispice gravés; in-fol. [259]

> F. 1*, *titre :* Questiōes et decisiōes physicales insignium virorum : Alberti de Saxonia in Octo libros physicorum. Tres libros de cęlo & mundo. Duos lib. de gñatione & corruptione. Thimonis in Quatuor libros Meteororum Tres lib. de anima. Buridani τ Aristotelis Lib. de sensu & sensato. *etc.* Recognitae rursus & emendatae summa accuratione & iudicio Magistri Georgii Lokert Scoti : a quo sunt tractatus proportionum additi. *Au-dessous, la marque de Conrad Resch, Silvestre, 405.* Vaenundantur in aedibus Iodoci Badii Ascensii & Conradi Resch. F. 1* *v°, préface de l'auteur, aux élèves du collège Montaigu, et plus bas :* Ludouici Meirerii prouincialis Soleriensis..... Epigramma. F. LX v°, *colophon :* Explicitae sunt quaestiones in lib. de iuuētute & senectute siue de morte & vita lectę Parrhisii a reuerēdo. M. Io. Buridano. Impressae aūt rursus & diligētius recognitę : Impēsis Iodoci Badii & Conradi Resch, sub Calendas Octobris. M. D. XVIII. F. 1*-6*, *table et traités de G. Lokert.*

> Reliure moderne, en veau fauve; bon exemplaire; sur le f. du titre, note mss. : *pro bb. ff. m. pontisarentium.*

9 ALEXANDER de Hales ou Ales. Summa theologica. — Lugduni, Antonius Koberger, 1515. Quatre volumes; caract. goth.; 2 col. de 70 ll. ll.; réclames, titres courants; manchettes; lettres grises et frontispices gravés; in-fol. Tome *I :* 80 ff. n. ch., et ff. ch. : I-CLXXXIIII. Tome *II :* 12 ff. n. ch., ff. ch. : CCCXCVII. Tome *III :* 8 ff. n. ch., ff. ch. : I-CCLXXXVI. Tome *IV :* 10 ff. n. ch., ff. ch. : I-CCCCXXXVII. [237-240]

> Tome *I :* F. 1*, *titre :* Clauis Theologie. F. 2* : Iacobi Locher.... Epistola. *In fine :* Datum Ingoldstadij Nonis ianuarijs. Anno domini Millesimo quingentesimosecundo. F. 3* : Tabula.... F. I, *frontispice gravé, avec une marque typographique, la fleur de lys florentine; titre :* Doctoris irrefragabilis Domini Alexādri de ales anglici ordinis Seraphici minoruʒ. Pars prima summe theologice ... excussa et reuisa. F. CLXXXIIII, *colophon :* Explicit prima pars summe Alexādri de Ales.... impensis atqʒ industria Antonij koburger Lugduni impr̄ssa et finita Anno salutis xp̄iane. M.ccccxv. die. xv. mensis Ianuarij. Registrum....
> Tome *II :* F. 1* : Tabula... F. I, *même titre et même frontispice qu'au f. I du tome I :* .... Pars secūda summe theologice .... F. CCCXCVII v°, *colophon :*

Explicit secūda pars summe Alexādri de Ales ..... M.cccccxvj. xvij. kał. maij.

Tome III : F. 1* : Tabula questionum tertie partis..... F. 1, *même frontispice et même titre qu'aux deux premiers tomes.* F. CCLXXXVI, *colophon :* Tertia pars summe alexādri de ales .... M.cccccxvj. die ij. Iulij.

Tome IV : F. I* : Tabula questionū quarte partis .... F. I, *même titre et même frontispice que précédemment.* F. CCCCXXXVII v°, *colophon :* ... Alexandri de Ales .... Sūma theologicalis Anthonij Koberger impēsis impressa ..... M.cccccxvj. xxiij Iunij. cōsummata est......

Reliure moderne, en veau brun. Sur chaque f. du titre, note ms. : *Pro bb. ff. M. Pontisarentium;* sur le f. du titre du tome III, il y a en plus, d'une écriture du XVI° siècle: *Usuj simplicj fratris Johannis de paris conceditur.* Panzer, VII, 309 et 311, attribue cette édition à Jacques Saccon, l'imprimeur lyonnais, qui fut souvent employé par les Koberger; v. aussi O. Hase, *op. cit.*, p. 453.

10 ALLIACO (Petrus de). Quaestiones super quatuor libros sententiarum, etc. — Parisiis, Johannes Petit, sans date. 24 ff. n. ch., ff. ch. I-CCXV et 1 f. n. ch.; caract. goth.; 2 col.; titres courants; manchettes; initiales gravées; in-8°. [117]

F. 1*, *titre :* Questiones magistri Petri de alliaco Cardinalis cameracensis super primū tertium et quartum sententiarum. Tabula alphabetica..... Principia quattuor in quattuor libros sententiarum..... Index questionum omnium totius operis in fine libri. *Au-dessous, une des petites marques de J. Petit.* Venundantur parisii in vico sancti Iacobi ad intersignium Lilij in domo Iohannis parui. F. i : Incipit principiū in p̄mū sentētiaȝ..... petri de aillyaco..... magistri Ioannis de gerson parisiensis cācellarij : p̄ceptor erat colēdissim°..... F. ccxv v°, *colophon :* Expliciunt Questiones magistri Petri de Aylliaco .... Nuper ipresse parisius. Impēsis honesti viri Iohannis petit. Emēdate nouiter studio ac vigilantia. I. M. victurniacensis. Incipit tabula questionum....

Reliure moderne, en veau jaspé; gardes marbrées. Sur le f. du titre, note ms. : *Ex conuentu S^{ti} Michaelis ad Pontisaram.* Panzer, VIII, 212.

11 ALMAIN (Jacobus). Opuscula. — Parisiis, Nicolaus de Pratis, 1518. 10 ff. n. ch., ff. ch. I-CXVIII, I-CVII et 1 f. blanc, I-LXXXIX et 1 f. blanc, I-LXVII, 1 f. blanc, I-XVII et 1 f. n. ch.; caract. rom.; 2 col.; manchettes; titres courants; initiales et frontispice gravés; in-fol. [230]

F. 1*, *titre, r. et n. :* Aurea clarissimi et acutissimi Doctoris theologi Magistri Iacobi Almain Senonēsis opuscula, omnibus theologis perq̄ vtilia : non antehac simul impressa. Moralia optime recognita cum additionibus. Lectura in tertium completa. De penitentia : siue in quartum lectura. De potestate ecclesiastica. Vesperiarum non spernenda questio. Dictata super sententias Holcot. *Au-dessous, la marque de Gilles de Gourmont, repro-*

duite par Silvestre, 83, et Brunet, II, 903. Venundantur parrhisiis ab Egidio de Gourmont commorante in vico diui Iacobi in intersignio trium coronarum. Cum priuilegio. *Le frontispice, aux dauphins couronnés, est celui employé souvent par Ascensius et Jean Petit.* F. 1* v° : VINCENTIVS DOESMIER REDONENSIS CANDIDO LECTORI SALVTEM. F. 2* ... Ioanni belonneau Redonensi Archidiacono .... Vincentius doesmier.... F. 8*, *colophon* : Impressum parisijs per honestum virū Nicolaum de Pratis. Impensis vero Claudij Cheualon, necnon Egidij de Gourmont Anno nostre reparationis. M. D. XVIII. XXII. Iunij. *Au verso, le privilège donné à Amboise le 9 mars 1517. Dernier feuillet :* Oliuerius de Lyon... Lectori... *In fine :* Ad Magistrum Iacobum Almain Theologie professorem ..... benedictus de la noe. *Dernier f. v° :* Nicolai Mallarij Rhothomagei ad veros..... alumnos ...... Cum Priuilegio.

Reliure moderne, en veau brun. Sur le f. du titre, note ms. : *ex bb. ff. minor. pontisarentium.* A la fin du volume, note ms. du XVI° siècle : *Fr. nicolaus donyuel me vtitur.* La division intitulée *Moralia*, a été publiée avec des additions de David Cranston. Panzer, VIII, 41.

12 ANNIUS (Johannes) Viterbiensis. Commentaria variarum antiquitatum. — Parisiis, Ascensius, 1515. 6 ff. n. ch., ff. ch. : I-CLXXI et 1 f. blanc; caract. rom.; ll. ll. ou 2 col. pour la table; manchettes; grandes initiales ornées et gravures dans le texte; titres courants; in-fol. [250]

F. 1* : Antiquitatū variarū volumina. XVII. A venerādo & sacrae theologiae : & praedicatorii ordīs pfessore Io. Annio hac serie declarata. Contentorum ...... *Au-dessous, la marque moyenne d'Ascensius, Silvestre,* 7. Venundātur ab Ioanne Paruo z Iodoco Badio. F. 1* v° : F. Guilielmo Paruo ..... Iodocus Badius Ascensius ... *In fine.* Anno ... MDXII. F. CLXXI v°, *colophon :* Impressae rursus opera Ascensiana ad. X Kalendas Octob. Anno Salutis humanę. M. D. XV. Deo sit laus & Gloria.

Reliure moderne, en veau brun. Sur le f. du titre, note ms. : *Pro bb. ff. M. Pontisarentium.* Panzer, X, 10, et VIII, 22.

13 ANTONINUS (S.) Chronicon. — Lugduni, Nicolaus Wolff, 1512. Trois volumes; caract. goth.; 2 col.; manchettes; titres courants; lettres grises; in-fol. Tome *I* : 12 ff. n. ch., ff. ch. : I-CCXV, 5 ff. n. ch. = 232 ff. Tome *II* : 12 ff. n. ch., ff. ch. : I-CCXL 12 ff. n. ch. = 264 ff. Tome *III* : 12 ff. n. ch., ff. ch. : I-CCLVI, 4 ff. n. ch. = 272 ff. [221-223]

Tome I : F. 1*, *titre en r. :* Opus excellentissimū hystoriarū seu cronicarū Reuerēdissimi in xpō patris ac dñi; dñi Antonini archiepi florētini nuprime p magistrū Iohannē de gradib⁹ vtriusqz iuris professorē laboriosa limitatioē emēdatū .... in regia vrbe Lugdunen. illustratum. *Au-dessous, un écu aux armes de la ville de Lyon, supporté par deux femmes. In fine :* Finis registri. Laus deo.

Tome II : F. 1*, *titre* : Secūda pars hystorialis venerabilis domini Antonini· *In fine* : Explicit epistola Rabbi Samuelis missa Rabbi ysaac ..... Translata .... per fratrē Alfonsum boni hominis ..... M.CCC.xxxix.

Tome III : F. 1*, *titre* : Tertia pars hystorialis venerabilis domini Antonini. F. CCLVI, *colophon* : Perfectum atqȝ finitum est opus excellentissimum triū partiū hystorialiū seu Cronice domini Antonini archiepi florentini : cum suis registris in Lugduno. anno incarnate deitatȝ M.cccccxij. die ȶo xxvij. Martij. per Nicolaū vvolff. ad laudem summi opificis : gloriosissimeqȝ semp virginis Marie gerule Iesu christi. Deo gratias.

Reliure moderne, en veau brun. Sur les ff. des titres, notes mss. du XVI° siècle : *Istud volumen fuit procuratum a fre Iohanne pelliparij pro conuentu Ponthisare*, et une autre plus récente : *ex bb. ff. minorum pontisarensium*. Panzer, VII, 301.

14 AQUAEVILLA (Nicolaus de). Sermones dominicales. — Parisiis, Ascensius, 1519. Signatures a-v; caract. rom.; ll. ll.; manchettes; titres courants; lettres gravées; in-4°. [38]

F. 1* *titre* : Sermones Dominicales Reuerendi Patris Nicolai ab Aqueuilla Doctoris Theologi, natione Anglici, & professione Minoritae quos ob sententiarum pondera Venerabili Bedę in antiquo exemplari falsa ascriptos dep̄hendimus. *La marque de J. Bade, Silvestre, 774, et Brunet, I, 64.* Venundantur cum gratia & Priuilegio ne quis preter Iodoci Badii assensum Triennio proximo imprimat : ab ipso Badio, & Ioanne de Marnef *In fine :* Finis Sermonum ...... Recognitę aūt sunt ab Iodoco Badio Ascensio : cuius & Ioannis de Marnef impensis impressi sunt Anno domini. M.D.XIX. Mense Decembri. Deo gratiae.

Reliure originale, en veau brun, fers à froid. Notes mss. : *F. C. Le Duc.* — *Pro claudio voysmo et suis* — *Delavernade minorita conuentus ponthisarae* Dédié à Jean Max, abbé de Wolbeken, de l'ordre des Prémontrés, par Mathieu Makerel, du même ordre. Panzer, VIII, 53.

15 ARISTOTELES. Aethica. — Parisiis, Joh. Granion, 1506. 10 ff. n. chiff. et ff. ch. : i-cxxxix; caract. goth.; ll. ll.; manchettes; titres courants; in-8°. [3]

F. 1* : Aethica seu moralia Aristotelis ex traductione Iohānis Argyropili ab Egidio delpho singulorum capitum argumentis prenotata. et ab Ascencio Indice et Annotatiunculis illustrata. *Au-dessous, la marque de l'imprimeur, Silvestre, 13.* Venundātur a Iohanne Granion in clauso brunello cōmorañ. apud Pariseos ad intersignium diue virginis Marie. Ex officina duo♃ Cigno♃. F. cxxxix v° : ..... Impressum aūt est hoc opus Parisius impensis Iohannis granion bibliopole ..... die quarta mensis Februarij. Anno dn̄i Millesimo quingentesimo SEXTO.

Reliure moderne, en veau brun. Sur le titre, note ms. : *Ex libris monasterij beatae Mariae de Vallibus Cernaij.*

16 — Logica. — Parisiis, Johannes Gormontius, 1519. Signatures a-z, & ɔ ꝛ, Aa-Mm; caract. rom.; ll. ll.; titres courants; initiales gravées; in-4°. [1]

F. 1*, *titre* : LOGICORVM LIBRI DVODEVIGINTI solito castigatiores facti, vt iam legi, & intelligi possint. Diuo Seuerino Boetio, & Ioanne Argyropilo Bizantio, alternatim interpretibus. ...... Venundantur apud Ioannem Gormontium In Claustro Brunello, ad Isigne Geminarū Cipparū. CVM PRIVILEGIO. F. Mm⁸ v°, *colophon* : .... sumptibus quidem Ioannis Gormontii Impressoris, & Bibliopole industrij, in famatissima vniuersitate Parisina. Anno ab hoc redempto quingentesimo vndeuigesimo supramillesimū, pridie kalendas Martias.

Reliure originale, en veau brun, fers à froid. Notes mss : *Mellonus yonius pontisarensis me possidet* (écriture du XVIᵉ s.) — *Capucins de Pontoise.*

17 AUCTORES octo. — Lugduni, Petrus Marechal, 1505. Signatures A-P; caract. goth.; ll. ll.; titres courants; initiales et frontispice gravés; in-8°. [122]

F. 1*, *titre* : ACtores octo cōtinētes libros : videlicet, Cathonē, Facetū, Theodolum, De contemptu mūdi, Floretum, Alanū đ parabolis, Fabulas Esopi, Thobiaꝫ, De modo punctuādi, Regimen meuse honorabile. Cum additionibus recēter in margine additis valde vtilibus ꞇ suīa plenis : iuuenes etenim facile percipere poterūt quecūqꝫ in his difficilia sunt per glosellas in marginibus additas. *A la partie inférieure de la bordure qui entoure la page, se trouve le chiffre de J. Maréchal, analogue à celui reproduit au milieu de la marque de cet imprimeur, Silvestre, 136.* F. 1* v° : Focaudi monieri in cathonis libellum epigramma. F. P⁷ v°, *colophon* : Opus hoc bonis dogmatibus refultum..... Feliciter explicit. Lugduni impressuꝫ Anno dni Mil. CCCCC. v. Per petrum mareschal : et Barnabam Chaussard. Laus deo...... *Au-dessous, la prose à la Vierge* Inviolata, *suivie d'une oraison.*

Reliure du XVIIIᵉ siècle, en veau fauve; exemplaire incomplet de ff. a⁸ et P⁴; trop rogné par le second relieur. Sur le f. du titre, un ex-libris imprimé : *Carthusiae Villenouae.* Non cité par Panzer.

18 AUGUSTINUS (S. Aurelius.) Sermones — Lugduni, Jacobus Marechal, 1520. 26 ff. n. chiff.; ff. ch. : l-CCII, I-XIII et 1 f. n. ch. = 262 ff.; caract. goth.; 2 col.; titres courants; lettres et frontispice gravés; in-4°. [43]

F. 1*, *titre r. et n.* : Diui Aug. Sermones. Diui Aurelij Augustini hipponensis epī sanctissimi ac subtilissimi ecclesie doctoris, aureorum Sermonuꝫ nuper accuratissime Lugduni speciosissimis characteribus impressorum. Prima pars subscripta complectitur..... Habes preter hec cādide lector eiusdem De Sermone dñi in monte doctissimam expositionem.... F. CCII v° : .... summa diligētia Lugduni impͬssa fuere in edib⁹ Iacobi Mareschal. Anno dñi. M. ccccc. xx. Die ⁊o. iiij mēsis Augusti. *F. dernier :* Finem accepit Lugđ ...... die vero xviij. mensis Augusti. *Au verso, la marque de J. Maréchal.*

Reliure moderne, en veau jaspé ; ce volume a appartenu à « *Denis Dalier.* »

B

19 BARTHOLOMAEUS brixiensis. Quaestiones dominicales et venerabiles. — Sans nom de lieu, Johannes Alexander librarius, 1504. 26 ff. n. ch.; signatures a-e; caract. goth.; 2 col. pour le texte et 3 col. pour la table; initiales gravées; grand in-fol. [192]

> F. 1*, *titre*: Questiones tam dñicales φ venerabiles dñi Bartholomei brixiēsis in iure studētib⁹ perutiles. F. 1* v° : Iohannes de chatelays. — andegauen achademie in iure cesaree bachalarius. ... dñis suis .... Felicitatem. *In fine* : Ex Lugduno. ix. kalendas Ianuarias. Anno a partu virginis. M. D. iiij : F. 25* : Expliciunt questiones magistri Bartholomei brixiensis. F. 25* v° et 26*, *table*.
>
> Relié à la suite des *Singularia* de L. Romanus; quelques notes marg. manuscrites. Dans l'épître dédicatoire, Jean de Chatelays parle d'une édition du *Commentaire sur les Pandectes* par Odofredus (v. plus loin), faite par le libraire Jean Alexandre, le même qui fait imprimer à ses frais le traité de Bartholomaeus brixiensis « ita vt vix in mille bibliothecis in diuersis mundi climatibus inueniri possent .... » Les *Quaestiones* décrites ici, ne figurent pas dans le catalogue de Panzer, et l'éditeur n'est pas cité par le bibliographe allemand, dans sa liste des imprimeurs et libraires d'Angers; on y trouve seulement, en 1528, le nom de Clément Alexandre, son fils peut-être. Jean de Chatelays dit de J. Alexandre : « ... vestre vniuersitatis [andegavensis] librarius benemeritus : librariecq3 vestre custos fidelissimus. »

20 BARTOLUS de Saxoferrato. Consilia, quaestiones et tractatus. — Lugduni, Nicolaus de Benedictis, 1511. FF. ch.: 1-141 et 1 f. blanc; caract. goth.; 2 col.; manchettes; titres courants; figures en bois dans le texte; gr. in-fol. [190]

> F. 1, *titre en rouge* : Consilia questiones z tractatus Bartoli cū additionib⁹ nouis. F. 141, *colophon* : Impressum Lugduni per magistrū Nicolaum de Benedictis. Anno domini. M. ccccxj. die. xxviij. Aprilis. Registrum .... F. 141 v°, la marque de l'imprimeur, *Silvestre, 945*.

Reliure ancienne, en daim ; initiales rouges ou bleues faites à la main ; sur le f. du titre, notes mss. : *Gayaud — Regalis abbatiae Gaudii-Vallis. 1727.* Non cité par Panzer.

21 BARTOLUS de Saxoferrato. Consilia etc., cum repertorio Antonii de Pratoveteri. — Lugduni, Joh. Moylin, 1514. Deux tomes en un volume. Caract. goth.; 2 col. ; manchettes; titres courants; gr. in-fol. *Tome I*: ff. ch.: 1-135 et 1 f. n. ch.; *tome II*: ff. ch.: I-CXII et 4 ff. n. ch. [183]

Tome I : F. 1, *titre, r. et n. :* Consilia questiones et tractatus dñi Bartoli de saxoferrato. cū additionibus vltra alias impressiones appositis quas Celsus Hugo dissutus cabilonensis burgundus Iuris vtriusqʒ doctor post casus summarios apposuit. manusqʒ sculptura prenotauit ᷓ suo subscripsit prenomine et secūdum materiarum diuersitatem numeros variauit et distinxit: sit quatenus Repertorii quod per eosdem numeros et folia remittit adinuentio. *Au-dessous, la marque de l'imprimeur J. Saccon, reproduite réduite, par Silvestre, n° 548.* F. 135 v°, *colophon :* Impressum Lugduni per Ioannem Moylin ałs de Cambray. Anno domini. M. ccccxiiij. die ij. Martij. Registrum.....

Tome II : titre, en rouge : Repertoriū aureū ᷓ singulare. Antonij de protoveteri, Iur. vtriusqʒ doct. super lectura Bart. eiusqʒ consiliis per numeros ᷓ folia .... In quo etiam remittitur ad lecturam dyni de nuxello super titu. de regulis iuris et Nicola. de neapoli in materia tutelarum in quibus Barto. minus plene visus est dixisse. *Au-dessous, la marque de Saccon, Silvestre, 548.* F. CXXI v° : Celsus Hugo .... lectori salutem. F. 3* v°, *colophon :* Repertorium aureum domini Antonij de prato veteri super operibus Barto. de saxoferrato cum additionibus ᷓ suppletionibus diligenter impressum atqʒ emendatum. Finit feliciter : Registrum ....

Demi-reliure du XVIII° siècle; dos en veau brun, plats en parchemin provenant d'un manuscrit. Bel exemplaire ; sur le f. du titre, notes ms. : *Terrier ad[cat] 1624 — S[ti] martini Pontisarensis;* au verso du dernier feuillet on lit d'une écriture du XVI° siècle: *Ex libris Eustachii fizeau.* Non cité par Panzer.

22 — Lectura super authenticis. — Lugduni, Jacobus Saccon, 1510. FF. ch. 1-54; caract. goth.; 2 col.; manchettes; titres courants; lettres fleuronnées ; gr. in-fol. [186]

F. 1, *titre en r. :* Bar. super Autenticis. Cum nonnullis vtilissimis additionibus ᷓ apostillis do. Benedicti de vadis de Forosempronij. I. V. professoris. F. 54, *colophon :* Explicit lectura d. Bar. sup aut cū nōnullis vtilissimis additionib⁹ ᷓ apostillis ..... nouiter Lugduni p Iacobū sachon impͬssa. Anno domini M. cccc. x. dic. vj. decēbris. Registrum. a-g....

Relié à la suite du commentaire sur les III livres du code, du même auteur. Non cité par Panzer.

23 — Lectura super tribus libris Codicis. — Lugduni, Franciscus Fradin, 1511. FF. ch. 1-44; caract. goth.; 2 col.; manchettes; titres courants; initiales fleuronnées; gr. in-fol. [186]

> F. 1, *titre en r.*: Bar. super tribus libris Codicis. Cum nonnullis apostillis vltra additiones. I. V. clarissimorum doc. d. Angeli de pusio z. d. Alex. de Imol. d. Benedicti vadi Forosemproniensis. I. V pfessoris. F. 44 v°, *colophon:* Explicit lectura dñi Barto. sup tribus libris codicis..... nuperrime recognita ac emēdata summa cura. Impressa Lugduni per Franciscum Fradin. Anno dñi. M. d. xj. die vero. xvj. Ianuarij. Registrum. A-F....
>
> Reliure ancienne en daim; initiales bleues ou rouges faites à la main; sur le feuillet du titre, notes mss.: *Gayand — Regalis abbatiae Gaudii-Vallis.* 1727. Non cité par Panzer.

24 — Lectura super digestum vetus. — Lugduni, Nicolaus de Benedictis, 1510. FF. ch. 1-179 et 1 f. blanc; caract. goth.; 2 col.; manchettes; initiales gravées; titres courants; gr. in-fol. [191]

> F. 1, *titre en r.*: Bartolus super prima Digesti veteris cum apostillis antea positis additis etiam apostillis Andree Barbatie Siculi. Et domini Andree de Pomate de Basignana nouiter impressis. Nec non quamplurium aliorum excellētissimorum virorum. F. 2: Incipiunt auree lecture .... do. Barto. de Saxoferrato super toto corpo. iuris ciuilis .... F. 179 v°, *colophon:* .... domini Bartoli de saxo ferrato. lectura vna cum additionibus Alexan. de Imo: ...... super prima parte. ff. veteris feliciter finit. Impressa Lugduni per magistrum Nicholaum de benedictis. Anno domini. Mccccx. Die vero. xxiij. mensis Ianuarij. Registrum .... A-Z .... *Au dessous, la marque du typographe, Silvestre,* 945.
>
> Reliure ancienne en daim; exemplaire incomplet du second volume de ce traité. Initiales rouges ou bleues faites à la main. Sur le f. du titre, note ms.: *Regalis abbatiae Gaudii-Vallis.* 1727. Notes marginales manuscrites.

25 — Lectura super secunda parte digesti veteris cum apostillis Andreae Barbatiae et Andreae de Pomate..... — Lugduni, Jacobus Saccon, 1510. Deux volumes; caract. goth.; 2 col.; manchettes; titres courants; initiales gravées; gr. in-fol. Tome I *(manque.)* Tome II: ff. ch. 1-137 et 1 f. blanc. [185]

> *Tome I, manque.*
> *Tome II*: F. 1, *titre en r.*: Bartolus super secunda digesti veteris cum apostillis antea positis. additis etiam apostillis Andree. Barba. Siculi e domini Andree de Pomate de Basignana nouiter impressis. Nec non quamplurium aliorum excellētissimorum virorum. F. 137, *colophon:* Explicit lectura dñi Bar. sup secunda parte digesti veteris .....: impressa per Iacobum sachō anno dñi millesimo q̄ngentesimo decimo die. xix. decēbris. Registrum operis. AA-RR....
>
> Reliure ancienne en daim; initiales bleues ou rouges faites à la main; sur le f. du titre, notes mss.: *Gayand — Regalis Abbatiae Gaudii-Vallis.* 1727. Non cité par Panzer.

26 BARTOLUS de Saxoferrato. Lectura super digestum novum cum apostillis Andreae Barbatiae.... — Lugduni, Nic. de Benedictis, 1511. FF. ch. : 1-161 et 1 f. blanc; caract. goth.; 2 col.; manchettes; titres courants; initiales gravées; gr. in-fol. [189]

> F. 1, *titre, en r.:* Bartolus super prima Digesti noui cum additionibus antea positis Additis etiam apostillis Andree Barbatie Siculi. et domini andree de Pomate de basignana nouiter impressis. Nec non quamplurium aliorum excellentissimorum virorum. F. 2, *incipit:* De ope. noui nuncia. F. 161 v°, *colophon:* Explicit lectura dñi Bartoli de saxoferrato super prima parte digesti noui .... Impressa Lugduni per Magistrum Nicolau de Benedictis Anno domini. M. ccccxj. Die ₮o. xxvij. Martij. *Plus bas:* Registrum. AAA-VVV ..... *Au-dessous, la marque de N. de Benedictis, Silvestre,* 945.

> Reliure ancienne en daim. Sur le f. du titre, notes mss. : *Gayant — Regalis Abbatiae Gaudii-Vallis. 1727.* Exemplaire incomplet du second tome. J'ai décrit les deux volumes sous des numéros différents parce que je n'ai pu compléter la description de l'exemplaire ; mais d'après les signatures ils appartenaient sans aucun doute à une édition en cinq volumes du *Corpus juris,* annotés par Bartolus de Saxoferrato, faite à Lyon de 1510 à ..... Non citée par Panzer.

27 — Lectura super secunda parte digesti novi cum apostillis Andreae Barbatiae.... — Lugduni, Franciscus Fradin, 1511. Deux volumes; caract. goth.; 2 col.; manchettes; titres courants; initiales gravées; gr. in-fol. Tome I : manque. Tome II : ff. ch. : 1-235 et 1 f. blanc. [184]

> Tome I, *manque.*
> Tome II : F. 1, *titre, en r. :* Bartolus sup secunda parte Digesti noui cū additionibus Antea positis. Additis etiã apostillis Andree Barba. Siculi z do. Andree de Pomate de Basignana nouiter ĭpressis ac recognitis. Necnõ quāplurium aliorū excellētissimorum virorum. F. 235 v°, *colophon:* Explicit Lectura dñi Barto. sup secūda parte. ff. noui nuperrime recognita ac emēdata Lugduñ. impressa per Franciscum fradin. Anno domini. Mil.ccccxj. Die ₮o. xv. Aprilis. Registrum AAAA-ZZZZ, AAAAA-GGGGG.....

> Reliure ancienne en daim ; initiales bleues ou rouges faites à la main ; sur le f. du titre, notes mss. : *Gayand — Regalis Abbatiae Gaudii Vallis. 1727.* Exemplaire incomplet du tome I ; non cité par Panzer.

28 — Lecturae super prima et secunda Infortiati, cum apostillis Andreae Barbatiae... — Lugduni, Jacobus Saccon, 1511. Deux volumes. Caract. goth.; 2 col.; manchettes; titres courants; initiales gravées; gr. in-fol. Tome I : FF. ch. : 1-178; tome II : ff. ch. : 1-181 et 1 f. blanc. [187-188]

Tome I : F. 1, *titre en r. :* Bartolus super prima Infortiati cum additiōibus antea positis Additis etiā apostillis Andree Barba. Siculi z domini Andree de Pomate de Basignana nouiter impressis. necnon ϙpluriuȝ aliorū excellētissimorū virorū. F. 178, *colophon :* Legum Doctoris... Bartoli de Saxoferrato prima pars lecture sup Infortiato ..... finit. Impressa Lugduni per magistrum Iacobum Sacon. Anno domini. M. quingentesino vndecimo. die. x. aprilis. Registrum a-z....

Tome II : F. 1, *titre en r. :* Bartolus super secunda Infortiati cum additionibus..... nouiter impressis Necnō quāplurium aliorum excellentissimoruȝ virorum. F. 181 *v°, colophon :* Explicit Lectura .,... Bartoli de Saxoferrato super secunda parte Infortiati ...., Impressa Lugduni p Iacobum Sachon. Anno dñi Millesimo q̄g̃tesimo vndecīo, die vij. mensis Februarij. REGISTRVM. aa-zz....

Reliure ancienne en daim ; initiales rouges ou bleues faites à la main ; sur les ff. des titres, notes mss. : *Gayand — Regalis Abbatiae Gaudii-Vallis.* 1727. Non cité par Panzer.

Ces volumes de diverses éditions lyonnaises, formaient un seul exemplaire à la Bibliothèque de l'abbaye de Joyenval ; plusieurs imprimeurs avaient-ils partagé le travail, ou bien l'acquéreur Gayant, avait-il acheté d'occasion ces divers volumes, et les avait-il fait relier d'une même façon ?

BASILEENSE concilium, voyez DECRETA.

29 BASSOLIS (Johannes de). Quaestiones super quatuor libros sententiarum. — Parisiis, Nicolaus de Pratis, 1516-1517. Quatre tomes en deux volumes. Caract. goth.; 2 col.; manchettes; titres courants; initiales et frontispices gravés; in-fol. *Tome I, manque. Tome II :* 4 ff. n. ch., ff. ch. : I-CCXIX et 1 f. blanc. *Tome III :* 4 ff. n. ch., ff. ch. : I-CV, et 1 f. blanc. *Tome IV :* ff. ch. : I-CLXXV et 1 f. blanc. [275-276]

Tome I, manque.
Tome II : F. 1* : Profundissimi Sacre theologie professoris F. Ioannis de Bassolis minorite in scdm sententiarū Questiones...... et artificialiter collecta. *Au-dessous, la marque de F. Regnault, Silvestre,* 43 *et Brunet, II,* 344. Venūdantur in vico diui Iacobi in officina probissimi Bibliopole Francisci Regnault sub Beati Claudij intersignio cōmorantis. Parrhisius. *La page est ornée du frontispice aux dauphins couronnés, employé souvent par les libraires parisiens de cette époque.* F. 1* v° : .... Domino Roberto Hurault .... Ecclesię Eduensis Cantori, z Canonico ..... Orōtius Fine Delphinas ..... *Suivent deux pièces de vers latins d'Orontius Fine, et une de F. Joannes de Monte, minorita.* F. CLXIX *v°, colophon :* Expliciūt... questiones super secundū sentētiarum .... Impresse nouiter in alma Parrhisiorū Lutecia ..... Sumptibus honestorum bibliopolarum Francisci Regnault et Ioannis Frellon. Arte vero z nitidissimis caracteribus Nicolai de Pratis Calcographi probatissimi. Anno ab orbe redempto millesimo quingentesimo decimosexto, die vltimo mensis Octobris. Laus Iesu. Marcescit sine aduersario virtus.

Tome III : F. 1* : Preclarissimi ...... F. Io. de Bassolis Minorite in Tertiū sentētiarū Opus..... Feliciter adest. *Au-dessous, la marque de F. Regnault.* Venale habetur in vico diui Iacobi sub Beati Claudii intersignio Apud PARISIOS. F. 1* v° : ORONTIUS FINE DELPHINAS AD ..... Fratrē Thomā Verrier, ... Epigrāma. *Plus bas :* Idem Orontius Ad .... Ioannē Surdum, Flexanū, andegauēsem .... *Plus bas :* Idem Orontius Fine, Ad suū M. Ioannē Fosserium. F. 2* ... FRATRI IOANNI HVRAVLT MAVRINIACENSI ANTISTITI .... ORONTIVS FINE ... F. 2* v° : Ioannis Fosserij Matiscēsis, ... Orōtio Fine .... *Plus bas :* Nicolaus Paruus Belosanensis Ad .... Orontium .... F. CV v°, *colophon, en gros caractères :* Hic finem accipiunt ... Questiones ... Anno ... Millesimo quingentesimo decimo sexto: idibus Ianuarij Sole aquarij gradum secundum cum parte. xxxviij. tertij occupante. Laus Iesu ....

Tome IV : F. I, *titre :* Preclarissimi .... F. Io. de Bassolis Minorite in Quartū sentētiarū Opus, ... *Au-dessous, la grande marque de J. Frellon avec l'image du Bon Pasteur au-dessus de l'écu orné des initiales* I F, *Silvestre,* 157. Venūdatur in vico Maturinorū sub Auicludij intersignio Apud PARISIOS. F. II : .... Domino Michaeli Lingonensi Episcopo ... Orontius Fine .... F. III : ORONTIVS .... Ad ... Fratrē Guilielmū Huet.... DECASTICHON. F. III v° : Ioan Fosserius Matiscēsis ad Galarchiū Sonyn Mascriōn.... F. CLXXV v°, *colophon :* Expletum est ingens : ac nobile Opus in Quartū, & cōsequēter in omnes libros sententiarū, ... F. Ioannis de Bassolis ..... Opera doniqȝ & arte impressionis mirifica, viri solertis Nicolai de pratis sed nusq̃ antea fœliciter elaboratū ..... Anno salutis. M. D. XVII. currente. vij. Idus Aprilis Apud Parisios. Francisco Francorum Rege : .... Imperante. Laus + Iesu Marcescit sine aduersario virtus. FINIS.

Reliure moderne en veau brun; exemplaire incomplet du premier volume, mais le quatrième volume s'y trouve deux fois. Les pages du titre ont toutes le même encadrement, mais non la même marque de libraire. La grande initiale O gravée, au début des deux dédicaces à R. Hurault, est ornée d'un écusson aux armes de R. Hurault: *d'or à la croix d'azur chargée en cime d'une coquille de ... et accompagnée de 4 ombres de soleil de gueules.* Au-dessus on lit les initiales R. H. Au-dessus de l'épitre à Michel de Boudet, évêque de Langres (1512-1529), est aussi une grande initiale L, ornée d'un écusson *d'azur (?) au semé de fleurs de lys d'or (?) et au sautoir de ...., timbré d'une crosse.* Sur le f. du titre du premier tome on lit: *Fr Nicolaus donyuel minor pontisarensis;* sur le titre du tome II : *fr michael le febure — Ex bb. ff. minor. pontisarensium.* Panzer, VIII, 34 et 1517 ?

30 BERTRANDI (Nicolaus). De Tholosanorum gestis. — Tholosae, Johannes Magnus, 1515. 8 ff. n. chiffrés, ff. chiffrés : i-lxxxviii ; caract. goth.; 2 col.; initiales, vignettes et bordures gravées et deux gravures à page entière ; in-fol. [197]

F. 1*, *titre, n. et r. :* Magnificum Tholose Regium Parlamentum. *Une grande gravure sur bois occupe toute la page; elle représente une séance du parlement de Toulouse, sous la présidence du roi; aux angles supérieurs on lit :* Viuat Tholosa Ciuitas Gloriosa. *Au centre, dans un espace ménagé à*

BIBLIA 175

dessein : Domini Nicolai Bertrandi vtriusq3 iuris Professoris p̄stantissimi, parlamentisq3 Tholose Aduocati eloquentissimi celeberrimū ac preditissimu3 quidez Opus De Tholosano2/ Gestis ab vrbe cōdita, cūctis mortalib⁹ ap̄me dignū cōspectib⁹. In quo nō solu3 varie edicunt sciteq3 explicātur Historie : sed multe q̄3 īsignes sētētie, necnō (quo o̅bus p̅sit) arduē ac āple z legu3 z canonū disceptationes..... extricantur........ Cum gratia amplissimoq3 Priuilegio. *Au bas du feuillet :* Gesta Tholosanorū Edita Per Dominū Nicolaum Bertrandi. F. i, *vignette aux armes de la ville de Toulouse. Au dernier f., colophon :* Impressum Tholose industria Magistri Ioānis Magni Ioānis in angulo vic portarietis commorantis Anno domini Millesimo Quingentesimo. xv. Die. xiiij. Mensis. Iulij. Laus Deo. *Au verso, les armes de Toulouse.*

Reliure moderne en veau brun, fleurons dorés; exemplaire incomplet du dernier feuillet. Le colophon a été copié sur l'exemplaire de la B. Nationale, Lk⁷ 9721, *Réserve.* Sur le premier f. de garde, note ms. : *Ce livre m'a été donné et envoyé de Toulouse en 1856 par Mʳ le Mⁱˢ de Pins-Montbrun. Il fait maintenant partie de ma bibliothèque du Chᵃᵘ de la Gidonnière, situé commune de l'homme canton de la Chartre sur le Loir : arrondissement de Sᵗ Calais, diocèse du Mans, département de la Sarthe,* signé : *Mⁱˢ Du Prat.* Le marquis Du Prat mourut en 1868, ayant légué sa bibliothèque à la ville de Versailles; elle était composée surtout d'ouvrages concernant le blason et les généalogies, l'histoire de France et particulièrement l'histoire du Maine et de l'Anjou; elle contenait environ 6000 volumes. Brunet, I, 822 et 823, cite « cet ouvrage précieux par son ancienneté, mais qui contient bien des fables ». On y trouve, soit comme signataires, soit comme destinataires d'épîtres, les noms des personnages suivants : « Laurentius Alamandus », évêque de Grenoble et abbé de Saint-Saturnin de Toulouse ; « Petrus de Voltam » évêque de Rieux ; « Petrus de Sancto-Andrea praeses primarius Tholosae ». « Guillermus Tornier secundus Tholosae praeses » « Accursius Maynier, tertius Tholosae praeses. » « Deodatus Ysarnus senator » « Anthonius primus Francie cancellarius episcopus rutenensis ».

31 BIBLIA cum glosa Nicolai de Lyra, additionibus Burgensis ac replicis Thoringi. — Basileae, J. Froben, 1501-1502. Caract. goth.; 2 col., le texte entouré par le commentaire; titres courants; in-fol. Tome *I*: 377 ff. ch. et 1 f. blanc ; *t. II* : 315 ff. ch. et 1 f. blanc ; *t. III* : 439 ff. ch. et 1 ff. n. ch.; *t. IV* : 478 ff. ch. et 2 ff. n. ch.; *t. V* : 244 ff. chiff.; *t. VI* : 280 ff. ch. [175-179]

> Tome *I*: F. 1, *titre :* Biblie iampridem renouate pars prima... cū glosa ...... Nicolai de lyra : necnō additiōibus Burgēsis : ac replicis Thoringi : nouisq3.... annotatiōib⁹. F. 377 v° : Explicit liber Deuteronomij. *Suit le registre des cahiers.*
> Tome II: F. 1, *titre :* Secunda pars huius operis... Iosue... Hester. F. 315 : Liber Hester cum additionibus apocryphis Finit. *Au verso, le registre.*
> Tome III: F. 1, *titre :* Tertia pars... Iob... Ecclesiasticum. F. 439 v° : Finit liber Iesu filij Sirach qui Ecclesiasticus dicitur. F. 1*, *registre.*

Tome IV: F. 1, *titre*: Quarta pars... Esaie... Machabeorum. F. 1* (479) : Machabęorū liber secūdus finit. *Au verso, le registre.*

Tome V: F. 1, *titre*: Quinta pars... Mathei... Iohannis. F. 244 : Explicit Iohānes euangelista. *Suit le registre.*

Tome VI: F. 1, *titre*: Sexta pars biblie cū... expositiōe lyre.... Romanos... Apocalypsim. F. 279 v°, *colophon* : Opus preclarū totius biblie cū glosulis... Cura z impensis... Iohannis de Amerbach. Iohānis petri ď Langendorff et Iohānis fröben ď Hämelburg.... Arte vero... Iohānis fröben... Basilee impressum : Anno domini Millesimoquingentesimosecūdo. idibus Maijs explicit. F. 280, *le registre.*

Reliure ancienne en veau brun pour les tomes I et V, et demi-reliure moderne, dos en veau racine avec pièces rouges et vertes, pour les tomes II, III, IV. Exemplaire incomplet du t. VI. On lit au verso du tome I une épitre de Séb. Brant... « Ex argentina Idibus septembribus anno dñi. 1501 », où il fait allusion à l'édition de la Bible faite par Froben, trois ans auparavant, en 1498 par conséquent. Il en avait été le correcteur. Le tome V commence par une épitre de C. Leontorius, datée : ... altera Augusti anno MDVII. Dans chaque volume on lit la signature de *Jacobus Berson parisinus* puis l'ex-libris : *Pour les pères de Choisy.* Au verso du dernier f. du t. V, note ms. : *Hunc quintum partem biblic cum glosa etc dedit Reuerendus pater in christo dominus Johannes de petraponte episcopus meldensis conuentuj fratrum minorum meldensium* signé : *Depoix* ? (Jean de Pierrefont fut évêque de 1501 à 1510). V. Panzer, VI, 180; Stockmayer ... p. 98, n° 17; ces deux bibliographes citent deux éditions de la bible dont chaque volume se termine par une lettre de Leontorius, signée et datée ; cette particularité se rencontre une seule fois dans l'exemplaire de la B. de Versailles, à la fin du t. V. Est-ce une lettre ajoutée après coup à une édition plus ancienne?

32 BIBLIA. — Basileae, Joh. Petri et Joh. Froben, 1506-1508. Six volumes; caract. goth. de deux grandeurs ; 2 col.; le texte entouré par le commentaire; manchettes, titres courants; initiales historiées; in-fol. *Tome I*: ff. ch.: 1-377 et 1 f. blanc? *Tome II*: ff. ch.: 1-315, et 1 f. blanc? *Tome III*: ff. ch. : 1-440. *Tome IV*, *manque.* *Tome V*, *manque.* *Tome VI*: ff. ch. : 1-286. [206-209]

Tome I : F. 1, *titré* : Textus biblic || Cū || Glosa ordinaria || Nicolai de lyra, postilla || Moralitatibus eiusdem || Pauli Burgēsis Additiōibus || Matthie Thoring Replicis || Prima pars Et sunt in ea hec || Scilicet || Genesis — Deuteronomius || Addita quibus sunt nuperrime vltra || .... || ... aperiunt. F. 1 v°, *en caract. rom. et à ll. ll.* : F. Conradus Leontorium ... Lectori ... *In fine* ... impressores, Basileorū ciues amplissimos, ambos Iohānes : Petri & Frobenium : illum de Hämelburg, istum de Langendorff : Quorum expensis, labo- || ribus & formis haec opera ea omnipotentis dei laudē incaepta sunt Anno domini, M.D.VI. die vltimo Iunii. F. 377 *explicit glosa* : Pars prima biblię sacrę cū glosa or || dinariaz interlineali, cōcordātijsqȝ sa- || croƶ canonū, vna cū postillis, additio- || nibus : ac replicis venerabilium patrum || Nicolai de lyra þrabātini : Pauli Hispa || ni Burgeñ. episcopi : et Matthię do- || ringk saxonis explicit. *Suit la table des cahiers.*

BIBLIA 177

Tome II : F. 1, *titre* : Secūda pars huius ope- || ris... super libros || Iosue — Hester. || Addita quibus sunt nuperrime vltra di || ligentissimā...... F. 315 *Explicit* : Liber hester cum additionibus apocryphis finit. *Au verso, la table des cahiers.*

Tome III : F. 1, *titre* : Tertia pars huius operis || ... Super libros Iob — ecclesiasticum. || Addita quibus sunt nuperrime vltra dili- || gētissima. F. 439 v°, *in fine* : Hic in aliquib⁹ biblijs || solet poni Oratio Salo- || monis : quam non posuim⁹ || q₃ habetur. iij. Reg. viij. C. et ij. Paral. vj. c. F. 440, *la table des cahiers.*

Tome IV, manque.

Tome V, manque.

Tome VI : F. 1, *titre* : Sexta pars biblie cum glosa || ordinaria... || Sup Epīas ad || romanos — Hebreos || Actus apostolorum || Sup Canonica... || Apocalypsim || Addita q̄bus sunt nuperrime vltra di- || ligentissimā... F. 275 : Explicit postilla ... || ... super Apocalypsim. F. 275 v° : Incipit libellus eiusdē venerabilis magr̄i Nicolai de Lyra, ətinēs pulcherrimas q̄stiones, iudaicā pfidiā ī catholica fide īprobantes. F. 285 v°, *table des cahiers.* F. 286 : F. CONRADVS LEONTORIVS.... LECTORI... *In fine* : ... qui (Froben et Petri) tam excellentissima opera, ingentissimis expensis & la || boribus summis.... & orditi sunt, et foelicissime finierunt.... Ex Arta || ualle vltra hirsam basileanam tertia Martii. Anno christi. M. D viii.

Reliure moderne, en veau brun, les plats du tome VI sont ornés de fleurons frappés en or ; exemplaire incomplet des tomes IV et V et du *Repertorium*, qui selon Panzer, VI, 180, se trouve à la fin du tome VI. Du reste, cette édition, bien que commencée et terminée par les épitres de Leontorius signalées par Panzer, ne répond pas entièrement à la description du savant bibliographe ; dans aucun volume de l'exemplaire de Versailles on ne trouve de colophon avec une date ; il y a une différence dans la force des caractères employés pour les titres ; les titres des tomes I et VI sont imprimés en caractères plus gros que ceux des tomes II et III ; ces derniers proviennent peut-être d'un exemplaire de l'édition faite par les mêmes typographes en 1498-1502. Sur les ff. de titre on voit la signature *Beree* ; sur celui du tome I, est un ex-libris ms. complet : *Ex bibliotheca D. Roberti beree, regis consiliarii, et in praefectura rei tributariae gisortiana praesidis Beree Manet post funera virtus.* A l'intérieur des plats des tomes I-III, on voit l'ex-libris gravé du collectionneur, orné de ses armes ; il portait : *d'argent et d'azur fascé de 6 pièces au lion rampant d'or brochant sur le tout.* Panzer, VI, 180 ; Stockmeyer, 98.

On a trouvé dans le tome I deux lettres, l'une écrite en latin par un jeune homme, L. Durand, à son frère Jacques, (XVIIᵉ? siècle) et l'autre adressée à : « A Monsieur monsʳ bree pʳ fiscal a estrepaigny. Monsieur monseigneur le president du thil ma commande de vous escripre la presente de la quelle il vous prie de estre en sa maison duthil jeudy prochain pour tenir ces pleds qui seront a dix hoeures du matin esperant que faires ceste faueur je demeure cil vous plaist monsieur vostre plus humble a vous seruir .... (Signature illisible.) Ce matin 22 novembre 1644.

33 BIBLIA cum concordantis... — Lugduni, Johannes Moylin, 1520. 16 ff. n. ch., ff. ch. : j-ccccxlj et 25 ff. n. ch. = 482 ff. ; caract.

goth. de deux grandeurs, r. et n.; 2 col.; manchettes; titres courants; initiales historiées, vignettes et bordures gravées; gr. in-fol. [219]

F. 1*, *titre* : Biblia Magna. Biblia cum concordantijs veteris et noui testamenti et sacrorum canonum.... Emendata magis scaturit nunc Biblia tota. Que fuit in nullo tempore visa prius. Venduntur Lugdunum : a Stephano Guenardi aīs Pinet prope sanctum Antonium. *Le frontispice gravé représente l'œuvre des six jours et s^t Jérome écrivant sa traduction de la Bible.* F. cccclxj v° : Explicit liber apocalypsis beati Iohannis apostoli. Fontibus e grecis....

F. 1*, *colophon à ll. ll.* : Biblia cum concordantijs.... accedunt ad hec ex viginti de antiquitatibus et iudeoꝶ bello Iosephi libris exhauste autoritates : quas vtriusqȝ iuris professor dominus Iohannes de gradibus concordantibus : congruisqȝ apposuit locis. Lugduni impressum per Iohannem moylin aīs de cambray. Impensis honesti viri Stephani gueynard aīs pineti eiusdē ciuitatis ciuis et bibliopola. Anno a natiuitate domini millesimo quingentesimo vigesimo. Die vero tertio mensis decembris. Registrum...

F. 2*-25* : Interpretationes nominū hebraicorū.

Reliure du XVIIIe siècle, en veau brun, plats en papier; exemplaire réglé, mais incomplet du second feuillet et trop rogné par le relieur. Il y a de jolies bordures gravées au début de chaque division de la Bible. Sur le f. du titre, note ms. : *Pro bb. ff. m. Pontisarentium* et sur le f. 16 v°, on lit : *Claude Chartot praṅ demeurant à Cour .... 1556*, au-dessous : *Audry dumee?* Panzer, VII, 327, décrit cette édition, mais il y a une faute dans le nom de l'éditeur appelé *Piret* au lieu de *Pinet*.

34 BIBLIA polyglotta. Vocabularium hebraicum... veteris testamenti. — Compluti, Arnaldus de Brocar, 1515. 1 f. n. ch., ff. ch.: j-clxxij, 34 ff. n. ch., ff. ch.: j-xv et 1 f. blanc? = 223 ff.; caract. rom., grecs, hébreux et goth. pour les titres; 2 col. pour le texte et 6 col. pour la table alphabétique; manchettes; titres courants; initiales historiées et frontispice gravé; in-fol. [217]

F. 1*, *titre* :

Haec tibi pentadecas tetragonon respicit illud
Hospitium petri z pauli ter quinqȝ dierum.
Namqȝ instrumentū vetus hebdoas innuit. octo
Lex noua signatur. ter quinqȝ receptat vtrumqȝ.

Au-dessous, en rouge, les armoiries du cardinal Ximenes, qui portait échiqueté d'or et de gueules. Vocabularium hebraicum atqȝ chaldaicū totius veteris testamenti cū alijs tractatibus prout infra in prefatione continetur in academia complutensi nouiter impressum. *Bordure gravée*.

F. clxxij, *colophon* : Explicit vocabularium hebraicum totius veteris testamenti..... nouiter īpressū in hac preclarissima Cōplutensi vniuersitate. De mādato ac sūptibus Reuerēndissimi in xp̄o patris & dn̄i : dn̄i. F. Francisci Ximenez de Cisneros tituli sācte Balbine ... Cardinalis ... Industria & solertia honorabilis viri Arnaldi Guilielmi de Brocario artis impressorie

Magistri. Anno Domini Millesimo quingentesimo decimo quinto. mensis Marcii die decima septima. *Au-dessous, la marque de l'imprimeur; à la partie supérieure on voit une croix de calvaire avec les instruments de la Passion; à gauche un personnage à genoux; à la partie supérieure, deux piédestaux supportent deux génies; entre les piédestaux est le monogramme de l'imprimeur,* A G, *et au-dessus on lit cette invocation :* Per signũ crucis de inimicis nr̃is libera nos dñe Deus noster. *Les 34 ff. non chiffrés sont occupés par la table, puis viennent :* F. j : Introductiones artis grãmatice hebraice... F. XV v° : Explicit grãmatica hebraica nouiter impssa..... Industria.... Arnaldi Guilielmi de Brocario... Anno dñi. M. D. xv. mensis Maii die vltima.

Reliure moderne, en veau brun, fleurons dorés ; sur le f. du titre on lit en lettres grecques : *Adolphe Burnarde* (?) ... *1552.* Sur le f. j, note ms : *pro bb. ff. m. pontisarentium.* Ce volume fait partie de la célèbre bible polyglotte que le cardinal Ximenès fit imprimer en 1514-1517 à Alcala de Henares, par Arnaud de Brocar, qui avait exercé auparavant à Pampelune et à Logrono. Panzer, VI, 441 ; Brunet, 1, 849 et 850 ; Deschamps, *op. cit.,* 347 et 348.

35 BIEL (Gabriel). Collectorium in quattuor libros sententiarum. — Basileae, Jacobus de Pfortzheim, 1512. Signatures : ?, A-R, 1, a-z, A-C. 1-2 ; caract. goth. ; 2 col. ; manchettes ; titres courants ; in-fol. [266]

F. 1*, *titre, manque.* F. R⁷ : Explicit collectorium z epithoma tertij sentẽtiarum, editũ ab eximio viro magistro Grabriele byel sacre theologie licentiato pfundissimo : In Basiliẽsi gymnasio per magistrum Iacobum de Pfortzen impressum. F. C⁹, *colophon :* Collectoriũ.... finit feliciter a magistro Iacobo de Pfortzen anno dominice incarnationis MDxij. Basilee impressum. *Suivent les tables.*

Exemplaire dérelié et incomplet des deux premiers livres ; initiales de couleur faites à la main ; Panzer, VI, 188.

36 — Collectorium in IV libros sententiarum. Parisiis, Johannes Bienayse et Jacobus Ferrebouc, 1514. Signatures A-B, Cc-Pp, aa-nn, A-N, a-y ; caract. goth. ; 2 col. ; manchettes, titres courants ; initiales gravées ; in-fol. [169]

F. 1*, *titre, manque.* 'F. Cc ¹, *titre :* Gabriel super primo sententiarum. F. Cc ij : Parenesis heinrici bebelij Iustengensis ad sacerdotes... *22 distiques datés :* Ex Tũbingeñ. ix Kalendas maias. Anno 1501. — Ad. lectores oratio.... Vendelini Steinbach... F. Cc iij : Epithoma pariẽ et collectoriũ circa quattuor sentẽtiarũ libros egregij viri magistri Gabrielis Biel..... Prologus. F. v⁷ v°, *colophon :* Epythomathũ.... Magistri Gabrielis Byel adest clarissima dilucidatio : nũc primũ ad debitam correctionis limam summo cum labore redacta ac pro omnium studiosorum vtilitate : sumptibus honestorum virorum Iohannis parui Parisieñ. vniuersitatis librarij iurati : necnon vigilantissimorum Ipressorum Iohãnis bienayse, z Iacobi ferrebouc, et impensis solertiq3 eorum industria Parisius nouissime impressa. Anno dnice salutis Millesimo quīgētesimo decimo quarto die vero. xxi. mensis Februarij.

Reliure du XVIIe siècle, réparée; exemplaire incomplet du titre, qui a été écrit à la main sur une feuille blanche ; sur ce f. on lit : *Ex libris PP recollectorum conuentus regij versalliensis. generosa liberalitate R^{mi} Patris Cherubini le Bel secundo provincialis.* Panzer, VIII, 15.

37 BIEL (Gabriel). Expositio canonis missae. — Parisiis, Joh. Bienayse et Jacobus Ferrebouc, 1516. FF. ch. : I-CCXIIII et 10 ff. n. ch.; caract. goth.; 2 col.; manchettes; titres courants; initiales et frontispice gravés; in-fol. [235]

F. 1*, *titre r. et n.* : Gabrielis Biel sacre theosophie licētiati nostre tēpestatis profundissimi : sacri canonis misse tā mystica φ litteralis expositio iamiā sūma cū diligentia iterū atq3 iterum reuisa et correcta : nihil de prioribus omissis : aliquibus tamen tum in columnis : tū in marginibus additis : quibus facilius ea q̄ nititur lector inuenire potest. *Au-dessous, la marque moyenne de Jean Petit; la page est ornée du frontispice aux dauphins couronnés, mais à cause du petit format du papier, on a supprimé le soubassement.* F. 2* : Sacri canonis misse expositio... Gabriel biel.... ex... mgri Eggelīgi de brunsvvIg.... lectura : in insigni metropoli maguntina ad clerū pnūciata... F. CCXIIII, *colophon :* Gabrielis byel.... sacre canonis misse .... expositio ..... sumptibus honestorū virorum Iohānis parui Parisien. vniuersitatis librarij iuratis : necnō vigilantissimorū Impresso2̸ Iohannis bienayse, et Iacobi ferrebouc, et impensis solertiq3 eo2̸ industria Parisius nouissime impressa. Anno dominice salutis Millesimo quingentesimo decimosexto. die vero. vj mensis septembris. F. 1*, *signé* ✠. j. : Magistri Gaspar*̸* Haslachii ad lectorem. *Suit la table.*

Reliure moderne, en veau brun. Sur le f. du titre : *Ex libraria conuentus Minimorum ambianensis. I D 23.* On a remplacé plus tard le mot ambianensis par : *Bonae domus.* Non cité par Panzer.

38 BOCCACIUS (Johannes). Genealogia deorum. — Parisiis, Ludovicus Hornken, 1511. 4 ff. n. ch., et ff. ch. : VI-CLXII; caract. rom.; ll. ll.; manchettes; titres courants; initiales et figures gravées; in-fol. [245]

FF. 1*-4*, *blancs.* F. 5*, *titre r. et n.* : Genealogie Iohannis Boccacij cum micantissimis arborum effigiationibus cuiusq3 gentilis dei progeniem, non tam aperte q̄ summatim declarantibus Cumq3 prefoecunda olm que in hoc libro sunt ad finē tabula. Eiusdēq3 de mōtib. & siluis de fōtib. lacubus & fluminib. Ac etiā de stagnis & paludib. nec non & de marib. seu diuersis maris nominib. libri luculētissimi : omnib. deniq3 humanarū litterarum. Sectatoribus oppido q̄ necessarij Parrhisijs quoq3 studio perq̄ vigili accuratissimeq3 impressi Nunq̄ q3 antea citra alpes notulis stanneis diuulgati visenda deniq3 castigatione conspicui. *Au-dessous, la marque du typo-*

graphe, avec son nom et la légende : O FELIX COLONIA, *Silvestre, 148.* Prostant in vico Diui Iacobi sub intersignijs triū coronarū coloniensiū atqz Diui martini. F. CLXII, *colophon :* Parrhisiis excusum est stanneis hoc opus notulis opera et expensis Dionisii rocc Lodouici hornken & sociorum cius vicesima secunda die Augusti anno domini millesimo quingentesimo-vndecimo. Regestum huius operis. A.....V Omnes sunt quaterni praeter a qui est duernus & v qui est quinternus.

Reliure molle en parchemin blanc. L'édition est dédiée à Godefroy Hittorp, libraire de Cologne, par Jean Kierherus de Schelestadt. Panzer, VII, 551.

39 BOETIUS. (A. M. T. S.). De consolatione philosophiae. — Rothomagi, sans nom d'imprimeur et sans date « se vend à Rennes chez Jean Macé ». Signatures A-V, Aa-Dd ; caract. goth de 2 grandeurs ; manchettes ; in-4°. [102]

F. 1*, *titre, r. et n. :* Boetius de consolatione philosophie duplici cū cōmētario videlicet sc̄ti Thome z Iodoci badii ascēsii cū vtriusqz tabula. Item eiusdē de disciplina scholariū cū explanatione ĩ quītilianū de officio discipuloz̄ diligēter annotata recētissime ĩpress⁹ Rothomagi. Impēsis honestissimi viri Ioannis mace ciuis Redonēsis ac librarii benemeriti sub signo diui Ioānis euāgeliste ibidē ǫmorātz̄. *Au-dessous, la marque du libraire, reproduite par Brunet, III, 1669 et Silvestre, 134.* On les vent a Rēnes en la maison de Ichā mace libraire demourant en bout de cohue a limaige saint Ichan leuāgeliste. F. *signé* Dd⁸ *v° :* Explicit Boetius de disciplina scholarium impressus Rothomagi impēsis honestissimi viri Iohānis mace Redonis commorantis sub signo diui Iohannis euangeliste.

Reliure contemporaine en daim. Sur le f. de garde on lit d'une écriture du XVI⁰ s. : *Interest Iohannis fagot hoc opus possidi (?) boecianum teste signo meo hic apposito. Faigot —* Sur le f. du titre : *Joyenval. communitatis Gaudij Vallis Ord. Praemonst. 1664.* La marque du libraire a été reproduite par Brunet à propos d'une édition (sans date après 1500) des *Lunettes des princes,* faite à Rouen par Richard Auzou pour Robinet Macé. Les initiales R M qu'on y voit sont remplacées dans le volume décrit ici, par les initiales I M ; il est probable que le libraire breton était parent de celui de Rouen, et avait conservé la marque de la famille.

40 BONAVENTURA (S.) Disputata in quattuor libros sententiarum. — Lugduni, Joh. Saccon pro Ant. Koberger, 1510? Cinq volumes, (les tomes III et IV manquent). Caract goth. de deux grandeurs ; 2 col.; titres courants ; manchettes ; initiales gravées ; in-fol.

Tome I : signatures a-s, gg. *Tome II :* signatures A-Z Qz̄. *Tome III, manque. Tome IV, manque. Tome V :* signatures A-L. [167]

Tome I, titre en rouge : Prima pars huius operis videlicet disputata sancti Bonauenture in primū librum Sententiarū. *Au verso :* Iohannes bekenhaub.... dño Nicolao tinctoris..... *Plus bas, une ode du même.* F. 2* : Nicolaus tinctoris.... Iohanni bekenhaub.... *In fine :* Ex bamberga.... 1491. mensis martij die secundo. F. 2*, v° : Iacobus ivympfling..... ad... studiosos. *In fine :* Ex Nurenberga Anno xp̄i. M. ccccxix. F. 3* : Prologus. F. s⁵ v° : *colophon :* Primum scriptum beati Bonauenture.... (quod veluti z trium subsequentiuʒ librorum scripta)... limatū fuit.... cura... doctoris parisieñ. fratris Stephani bruliferi dudum eadem scripta maguntie ptim : ptimqʒ methis dilucidantis z p honorabilē virum dn̄m Anthonium Cobergeñ. Nurembergeñ. ciuem nouissime impressum. *Puis le répertoire des cahiers et 5 ff. de table.*

Tome II. F. 1*, *titre :* Secunda pars huius operis.... domini bonanenture. F. Qʒ iiij v° : Finis secunde partis.... *puis le répertoire des cahiers et 4 ff. de table ; à la dernière page, la marque de J. Saccon sur fond noir,* Silvestre, 547.

Tome III, *manque.*

Tome IV, *manque.*

Tome V : F. 1* *manque.* F. 3*, *signé* a iij, *incipit :* ram. z qn̄ est miraculosus li. iiij. di. xij. 37. || Actus formari pōt a grā duptr li. iiij. dist. xvij. 39. F. K⁸, *colophon :* Tabule super textū sn̄rarum cuʒ Bonauentura finis...... *Au verso :* Prefacio in errores. F. Lⁿ v° : Conclusio.... Deo gratias. *Puis le répertoire des cahiers et la marque du typographe ; elle est sur fond blanc, le monogramme est semblable à la marque du tome II, mais le cadre est formé de deux colonnettes supportant une arcade.*

Reliure moderne, en veau brun, filets à froid. Les trois tomes présents à Versailles sont reliés ensemble, et le Répertoire qui forme le tome V (incomplet des 3 premiers feuillets) a été relié par erreur au début du volume ; il en a été de même pour la table particulière du tome I. Au verso du 2ᵉ f. du tome I, note ms. : *Pro bb. ff. M. Pontisarentium.* Au dernier f. du tome II, on lit deux fois, d'une écriture du XVIᵉ siècle : *Fr Nicolaus damedieu.* M. O. Hase, *die Koberger,* pp. 147, et 417.

41 BONAVENTURA (S.) Legenda beati Francisci. — Parisiis, Simon Vostre, 1507. FF.ch. : i-lxv et 5 ff. n. ch.; caract. goth.; ll. ll.; quelques initiales historiées ; in-4°. [93]

F. 1, *titre :* Legenda maior beati francisci a sancto bonauētura edita z ab ecclesia approbata. *Au-dessous, la grande marque de Simon Vostre; Brunet, V, 1585, et Silvestre, 32, la reproduisent réduite.* F. lxv v°, *colophon :* Ad gloriam dei omnipotētis.... finitur hic legenda maior.... Patris Francisci... Cum miraculis multis... Que coimpressa sunt pro Symone vostre. Anno salutis nostre Millesimo quingētesimo septimo : secundū calculum parisieñ. ad idus videlicet ianuarias. Deo dicamus gratias. F. 1*-5*, *table.*

Reliure moderne, en veau brun; filets à froid; exemplaire incomplet des 2 derniers feuillets. Panzer, VII, 522.

42 BONIFACIUS VIII. Decretalium liber sextus. — Parisiis, Udalricus Gering et Bertold Rembolt, 1503. 4 ff. n. ch., ff. ch. : j-ccxiij et 7 ff.

n. ch. = 224 ff.; caract. goth. r. et n. de deux grandeurs; manchettes; titres courants; initiales historiées, figures sur bois et bordure gravées; in-fol. [213]

F. 1*, *titre :* Sexti libri materia cū capituloɤ numero. *1ʳᵉ col. :* ISte liber sextus materias ptinet oēs. Ordinata sūmaria qbᵒ plura cōingunt. Hic sunt textuales primis in glosis diuisiōes...... Singula capitula sub repertorio conspicis. *2ᵉ col. :* Spectās hoc pñs vēturaqɜ turba volumē : *Suivent 7 distiques. Au-dessous, la marque de B. Rembolt, Silvestre, 658, réduite.* Quid vltra superiorē impressionē adiunctū sit. Glosarū diuisiones ex nouella Iohānis andree deprōpte, nunc vbiqɜ posite sunt...... F. 1* vᵒ : Iohānes Gaisser socius sorbonicus.... Vdalrico gering ⁊ Bertholdo rēbolt artɤ impssorie architectis pmarijs felicitatē .... *in fine :* Ex famosissimo collegio sorbone. xiij Kalendas decembris. Anno Salutis. M. CCCCC iij. F. 3*, *grande gravure avec la légende :* Hec est Arbor Consanguinitatis. *Au-dessous :* Iohannis chappuis Carmen in gemine arboris laudem. *6 distiques.* F. j : Sexti libri decretalium ⁊ cōcilio Lugdunen. p Bonifaciū octauum editi cōpilatio sūmarijs... *jolie bordure gravée.* F. ccxiij vᵒ, *colophon :* Sextus Liber Decretalium Casus litterales ⁊ Notabilia domini Helie regnier complexus. .... finem accepit. Anno gratie. M. ccccciij. Die vero. xxij Iunij. Expensis Vdalrici Gering : et Magistri Berchtoldi Rembolt Sociorum In regali achademia Parisiōsi cōmorantium Ad Solis Aurei signum vici Sorbonici. FF. 1*-7*, *tables.*

Reliure du XVIIᵉ siècle, en veau jaspé, filets à froid, tranche rouge; relié avec les *Constitutiones* de Clément V et les *Extravagantes* de Jean XXII, éditées par Gering et son associé cette même année 1503. On trouvera ces ouvrages catalogués séparément au nom de leurs auteurs. Non cité par Panzer.

43 BRUXELLIS (Petrus de) alias Crokart. Quaestiones in libros physicorum et de anima Aristotelis. — Parisiis, Joh. Parvus, 1521. Signatures a-z; caract. goth.; 2 col.; initiales gravées; in-fol. [256]

F. 1, *titre r. et n. :* Argutissime subtiles et fecunde Questiones phisicales magistri Petri de Bruxellis alias crokart, ordinis predicatorum, in octo libros Phisicorum, et in tres de Anima ipsius omnium Philosophorum facile principis Aristotelis. *Au-dessous, une des grandes marques de J. Petit.* Venundantur parisius in vico sancti Iacobi sub intersignio Lylij Aurei. F. zᵒ vᵒ, *colophon :* Profunde ac Igeniose qstiones phisicales Fratris petri de bruxellis.... feliciter finiunt. Sūptibus vero Iohannis parui achademie vniuersitatis parisiensis bibliopole. Anno ab incarnata deitate millesimo quīgētesīo. xxi pridie idus Aprilis. *2ᵉ col :* Reuerēdo .... Fratri petro de bruxellis... Frater Petrus de nouimagio suus discipulus Salutem.

Reliure originale en veau brun, fers à froid, plats en bois; joli exemplaire. A l'intérieur du premier plat, note ms. : *Minimes de la bonne maison,* et sur le f. du titre on lit, d'une écriture du XVIᵉ siècle : *Ad vsum fratris iohannis guillebon.* Panzer, VIII, 72.

44 BURIDANUS, Dorp, Ockam, etc. Compilatio in textum Petri Hispani. — Parisiis, Michael Lenoir, 1510. FF. ch. : i-cxix et 1 f. blanc ; caract. goth.; 2 col.; manchettes ; in-8°. [96]

F. i, *titre :* Compilatio ex Buridano Dorp Ockan et aliis noŕalibus in textum Petri hyspani edita in regali collegio nauarre parisius nuper a multis mendis emendata et cū additionibus Magistri Nicolai amantis ac plurium aliorum auctorum iuuenum studiis plurimum conducentibns quotata etiam vt primis intuitibus contenta pateant. *Au-dessous, la marque du libraire, reproduite par Brunet, I, 1093, et Silvestre, 59.* Venundantur in vico sancti iacobi ad intersigniuȝ de la rose in Domo Michaelis le noir. F. cxix v°: Compilatio ex buridano..... Finit feliciter Impressa parisii sumptibus honesti viri Michaelis le noir in vico sancti Iacobi cōmorātis ad intersignium de la Rose. Anno dñi millesimo quingentesimo. x. die vero. xix. Februarij.

Reliure originale, en veau brun, fers à froid ; notes mss. Sur le titre : *Cheuallier — Aux Pères Capucins du Couvent de Pontoise.*

C

45 CALEPINUS (Ambrosius). Dictionarium. — Parisiis, Nicolas de Pratis, 1520. Signatures a-z, & ꝑ ꝝ, A-Z, Et; caract. rom.; 2 col.; initiales et frontispice gravés; in-fol. [283]

F. 1*, *titre en rouge:* F. Ambrosii Calepini Bergomatis professionis Eremitanę Dictionariū Ex optimis quibusq3 authoribus studiose collectū : & rursus auctū : Et multo diligētius ab Ascensio repositum : ita vt nullum vocabulū Cornucopiae queratur pretermissum : is qui cōposita in simplicibus : &. h ante i : & y scribenda suis locis inquirere norit. Graecum praeterea recognitum : accētibus discretū. & latine expositū est. *Au-dessous, une des marques moyennes de J. Petit.* CALEPINVS AD LIBRVM... F. *signé* Et⁶, *colophon :* Impressum rursus est hoc egregium & sane q̄ vtile opus & large auctum : ac mille locis rursus emēdatum : cū Gręci sermonis accentibus & expositionibus partim opera partim accuratiōe Nicolai de pratis : in academia Parisiensi. Anno salutis nostrae. M. D. XX. ad Idus Maias. REGESTVM...... Omnes sunt quaterniones praeter Et, qui est ternio.

Reliure moderne, en veau brun ; sur le f. du titre note ms. : *Pro bb. ff. m. pontisarentium.* Panzer cite vingt éditions de cet ouvrage pour les années 1501-1535, mais il a omis celle décrite ci-dessus.

46 — — Parisiis, Nicolaus de Pratis, 1521. Signatures a-z, & ꝑ ꝝ, A-Z Et; caract. rom.; 2 col.; initiales et frontispice gravés ; in-fol [284]

F. 1*, *titre en r. et n.:* F. AMBROSII Calepini bergomatis Eremitanę professionis Viri vndecunq3 doctissimi Lexicon, Ex optimis quibusq3 authorib⁹ collectū. Nouis additamentis quae nondum ad nos peruenerant, ipsiusmet authoris authographis illustratum, quae hoc signo ☿ indicantur. Adduntur & Iodoci Badii frugiferae Annotationes stella * signatae...... POST TENEBRAS SPERO LVCEM. *Au-dessous, la marque de Bernard Aubry.* CALEPINVS AD LIBRVM..... Extant vęnales Parrhisijs in aedibus Bernardi

Aubririj sub signo Diui Martini. In via Iacobea. Cum priuilegio. F. 1* v° : Ad.... Egidium Viterbiensem.... Ambrosius Calepinus.... F. signé Et⁶, colophon : Donatum est luce, Impressioniq͗ cōmendatum. Anno a Christo humanitate trabeato Quingētesimo & Vicesimo Primo supra millesimū Idibᵘ⁹ Aprilis, Insigne hoc & frugiferum Calepini..... Lexicon. In quo plura cōperiuntur ex Ipsius Autographis desumpta, In Gallia nondū Impressa..... Sumptibus Proborum viroꝝ Egidij Gormontij, & Bernardi Aubrij Parisien̄ Academiae Bibliopolarū Iuratorum. Ac Petri Gaudolij. Impressum autē Cura & Industria Nicolai Pratensis etiā Bibliopolae Iurati necnon Impressoriae artis diligentissimi optimiq͗ Opificis.... REGESTVM. *Tous les cahiers sont quaternions, excepté* f g h l II *quinternions,* Et *ternion, et* v *qui a 12 feuillets.*

Reliure moderne, en veau brun ; exemplaire en bon état. Sur le f. du titre, note ms. contemporaine : *Marimis* (?) *Leporcens.* Cette édition diffère de celle faite en 1520 par le même imprimeur, décrite ci-dessus ; elle n'est pas citée par Panzer.

47 CASSIODORUS (Magnus Aurelius). Expositio in psalterium. — Venetiis, heredes Octaviani Scoti, 1517. 18 ff. n. ch., ff. ch. : i-227 et 1 f. blanc = 246 ff. ; caract. goth. de deux grandeurs ; 2 col. ; manchettes ; repères ; titres courants ; initales gravées ; in-fol. [218]

F. 1*, *titre :* Cassiodori Clarissimi Senatoris Romani in Psalterium Expositio. F. 1* v° : AMADEVS SCOTVS LECTORIB. S. F. 227 v°, *colophon :* Venetijs impensa heredum quondam Domini Octauiani Scoti Modoctiensis ac sociorum. 8. die Martij. 1517. Registrum. a..... z τ ρ ⁊ A..... E. Primus qnternus. Duo vltimi Terni. Alij q̄terni. *Au-dessous, la marque d'Oct. Scot, reproduite page 28.*

Reliure originale, en veau brun, fers à froid.

48 CHAMPIER (Symphorien). Commentarii in librum de quadruplici vita Asclepij et trophaeum gallorum. — Lugduni, Jeannot de Campis, 1507. Signatures a-l, A-G ; caract. goth. ; à 2 col. et quelques pages à 11. ll. ; manchettes ; figures, bordures et initiales historiées ; in-4°. [115]

F. 1*, *titre en rouge.* Domini Simphoriani champerij lugdūnen̄. Liber d̄ quadruplici vita Theologia Asclepij hermetis trismegisti discipuli cum cōmētarijs eiusdē domini Simphoriani...... Ep̄e varie ad eundem dn̄m Simphorianū. *Une bordure imprimée en noir entoure le titre.* F. Aⁱ *titre :* Tropheum gallorum... F. G ij v°, *la marque de l'imprimeur, analogue à celle reproduite par Silvestre,* 488. F. G⁷, *colophon :* Impressum est presens opus Lugduni expensis honestissimorum bibliopolarum Stephani gueynardi ꝛ Iacobi Huguetāni : arte vero et industria Iannot de campis : Anno Domini. M.CCCCC.vij. Finitum pridie kal̄. Augusti.

Reliure moderne, en veau brun, fleurons dorés; sur le f. du titre, un ex-libris a été gratté. Au f. b v°, une gravure représente le martyre de s. Symphorien ; au bas du tableau, Symphorien Champier et sa femme Marguerite du Terrail sont agenouillés ; auprès d'eux se trouvent deux écus avec leurs armes, le premier est : *d'azur à une étoile d'or* qui est de Champier, le second est : *parti au 1 d'azur, au chef d'azur, chargé d'un lion issant de gueules, au filet en bande d'or brochant sur le tout, au 2° de Champier*. Ce bois se retrouve plusieurs fois dans la suite du volume. Dans le cours de l'ouvrage on lit de nombreuses épitres ou des pièces de vers écrites à l'auteur par « Sebastianus Coppinus » « Jacobus Robertetus » « Gondisalvus Toledo » « Henricus Valuphinus », « Johannes Mairius », etc. L'ouvrage est dédié à François de Rohan, archevêque de Lyon. Brunet, I, 1765-1766, donne le titre in extenso, mais il se trompe dans l'indication des signatures, au lieu de a-l, il a imprimé K-L. Voyez sur l'auteur, S. Champier, *Etude biographique et bibliographique sur S. Champier* par M. P. Allut, Lyon, Nicolas Scheuring, 1859, gr. in-8°. Panzer, VII, 287.

CHRONIQUES d'Angleterre, v. Perceforest.

49 CICERO (Marcus Tullius). Rhetorica. — Parisiis, Ascensius, 1508. 6 ff. n. ch., ff. ch. : I-CCXXXVII et 1 f. n. ch. = 244 ff.; caract. rom. de 2 grandeurs; le texte entouré par le commentaire; initiales gravées; in-fol. [285]

F. 1*, *titre r. et n.* : Rhetoricorū. M. Tullij Ciceronis ad C. Herenniū libri quattuor cum eruditissimis elucidationibus Francisci Maturantii & Antonii Mancinelli presertim in primū librum : & cum familiari admodū Iodici Badii Ascensii in ois quattuor libros explanatione. Item eiusdē. M. Tullii Ciceronis de inuētione libri duo a Mario Fabio Victorino rhetore expositi. *Au-dessous, la marque de J. Petit* ? Venundātur in vico sancti Iacobi ab Iohanne paruo z ipso Ascensio. F. 1* v° : Iodocus Badius... adulescenti Wolfardo Largouirgio vulgo de Brecroc. S. D. F. 6* : Franciscus maturantius Perusinus Antonio Moretto Brixiensi S. D..,. Antonius Mancinellus... Hieronymo Omphredi Iustiniano..... Archidiacono Concordiensi S. D. F. *dernier* (238°), *colophon* :... Ex ędibus nostris parrhisiorū academia ad Idus Iunias. M. D. VIII. Registrum... Oīa sunt terna practer CC ac P quaterna.

Reliure moderne, en veau brun, exemplaire attaqué par les vers; on a enlevé la marque du libraire sur le f. du titre. Panzer, VII, 530.

50 CLAVASIO (Angelus de). Summa angelica seu de casibus conscientiae. — Parisiis, Philippus Pigouchet, 1506. 18 ff. n. ch., ff. ch. : I-CCCCLVI; caract. goth.; 2 col.; titres courants; in-8°. [76]

F. 1*, *titre* : Summa angelica. *Au-dessous, la marque de Simon Vostre*, Silvestre (*réduite*) n° 32. F. 2* : Epistola. F. Hieronimi tornieli lectoris. Ad R. p. F. Angelum de clauasio.... F. CCCCLVI : Explicit sūma āgelica de casibus cōscīe per fratrē Angelū de clauasio cōpilata..... Parisius impressa per Phillippū pigouchet. Anno dñi Millesimo quingentesimosexto die vero vicesimatertia mensis decembris. *Au verso, la marque de P. Pigouchet, reproduite page 20.*

Reliure originale, en veau brun, fers à froid, plats en bois ; traces de fermoirs. Exemplaire réglé ; sur le f. du titre, notes mss. : *Joan: Auuray — Ex dono domini Auuray sacerdot^{is} PP^{us} Capucinis montisfortis.* Non cité par Panzer.

51 CLAVASIO (Angelus de). — Lugduni, Johannes de Platea, 1507. 16 ff. n. chiff., ff. ch. : I-CCCLXXI et 1 f. blanc ; caract. rom. ; 2 col. ; titres cour. ; lettres grises et une vignette gravée ; in-4°. [32]

F. 1*, *titre, manque*. F. aa ij : Epistola F. Hieronymi tornieli..... *In fine* (f. 372) : Explicit summa angelica..... maxima cū diligentia reuisa : z fideli studio emendata sicut ipsum opus per se satis attestabit̃. Lugd̃. Impressa p Iohannē de platea z Thomā de cāpanis. Anno domini. M.cccccvij. Die vero. vij. Octobris. Registrum....

Reliure originale en veau brun ; exemplaire incomplet du titre ; notes mss. liturgiques sur les ff. de garde, et sur le f. du titre : *Ex conventu sancti michaelis prope pontisarare* (?)

52 — — Parisiis, Johannes Prevel, 1519. 8 ff. n. ch., ff. ch. : 1-ccccviij ; caract. goth. minuscules ; 2 col. ; titres courants ; initiales gravées ; in-8°. [126]

F. 1*, *titre r. et n.* : Summa angelica Reuerendi patris fratris Angeli de clauasio : pernecessaria sacerdotibus et maximo animarum curam habentibus : casus conscientie et vitiorum remedia continens que a doctissimis viris diligentissime correcta et emendata in gracilē hanc formam redacta est. *Au-dessous, la marque F. Regnault, Silvestre, 42,* (*réduite*). Venundantur Parisius a Francisco Regnault. eiusdem ciuitatis bibliopola cōmorante in vico diui Iacobi ad imaginē sctī Claudij. F. 2* : Epistola. F. Hieronimi tornieli..... F. ccccviij v° : Explicit summa angelica de casibus cōsciētie p fratrē Angelū de clauasio cōpilata..... Parisi⁹ impssa per Iohānem preuel. Anno dñi Millesimo quingentesimo decimo nono die vero decimaquarta mēsis Ianuarij. Finis.

Reliure originale en veau brun, fers à froid ; on a déchiré la marge du f. du titre où se trouvait un nom manuscrit ; sur le f. de garde est une table manuscrite. Non cité par Panzer.

53 — — Lugduni, Johannes Moylin, 1519. 20 ff. n. ch., ff. ch. : j-ccccxxx ; caract. goth. ; 2 col. ; titres courants ; initiales et frontispice gravés ; in-8°. [131]

F. 1*, *titre r. et n.* : Summa Angelica reuerēdi patris fratris Angeli de clauasio : casus cōsciētie : z vitiorū remedia cōtinēs : peroptime correcta atq3 fideliter p exptos doctores reuisa.... aucta modernis additiōib9

singulis capitibus in modū breuis summe premissis.... VEnūdantur Lugduni in vico mercuriali in edib⁰ Romani morin prope sanctum antonium.
*Au-dessous, la fleur de lys rouge des Junte; la bordure qui entoure le titre
est composée de petites vignettes représentant divers saints.* F. cccclxxx,
colophon : Explicit summa angelica de casibus pscientic per fratrē Angeluȝ
de clauasio cōpillata..... Lugdī. Impressa per honestū virum Iohānē
moylin alias de cābray. Anno dñi. M.ccccxix. die vero nona mensis Nouēbris. Registrum..... FINIS.

Reliure du XVIII s., en veau fauve, pièces rouges au dos et tranche rouge.
Sur le f. du titre, notes mss. : *Domus S^ti Ludouici Soc. Jhu Paris. — de St Louys
— Ex lib. Cong. Miss. Nouiom.* Non cité par Panzer.

54 CLEMENS V. Constitutiones. — Parisiis, Udal. Gering et Berthol-
dus Rembolt, 1503. FF. ch. : j-lxxxvij et 5 ff. n. ch.; caract. goth.
de deux grandeurs, r. et n.; 2 col.; manchettes; titres courants;
initiales fleuronnées et grande gravure sur bois; in-fol. [213]

F. 1, *titre :* Clementinaȝ materia cū capioȝ et tituloȝ numero.
Clarissimus ex apostillis quisqȝ titulus redditur
. . . .
Explicans glosas artificiosum repertorium
. . . .
*Au-dessous, la marque de Rembolt, Silvestre, n° 658, (réduite) et 2 dis-
tiques.* F. j v°, *gravure, et :* In Clementinas et Extravagantes carmen
tumultuarium. F. ij : Clemētis pape quinti constitutiones vna cū pfundo
apparatu domini Iohannis Andree .... F. lxxxvij v° *colophon :* Clementinis
constitutionib⁰......: Finis impositus est. Parisius in Sole Aureo vici Sorbonici Opa Vdalrici Gering. ƶ Magistri Bertholdi Rembolt sociorum. Anno
gratie. M.cccciij. xiiij Augusti. F. 2*-5*, *tables.*

Relié à la suite des *Decretales* de Boniface VIII, du même imprimeur. Non
cité par Panzer.

55 CONCORDANTIAE bibliae. — Basileae, Joh. de Amerbach, Petri et
Froben, 1506. Signatures a-z, A-Z, Aa-Ff, Aa, BB-PP. caract.
goth.; 3 col.; in-fol. [52]

F. 1* *titre :* Concordantiae maiores biblie tam dictionū declinabilium qȝ
indeclinabilium de nouo summa diligentia cū textu vise ac sedm veram
orthographiam emēdatissime excuse. *In fine :* Concordantie Biblie partium
siue dictionū indeclinabiliū a prestantissimo viro, Ioanne de secubia sacre
pagine doctore eximio, in cōcilio Basiliensi edito : impresseqȝ per Ioannem Amorbachiū, Petri, et Frobenium. Anno domini Millesimo quingentesimo sexto, tertia decima die mēsis Martij, expliciunt. *Suit le registre des
cahiers.*

Demi-reliure moderne, dos en veau racine, pièces de couleur. Sur le f. du
titre, notes mss. : *Deirc — Aux Capucins de Montfort.* Une lettre de C. Leontorius au lecteur, est datée : ..... Die duodecima mensis Martij. Anno M. D. VI.
V. Panzer, VI, 181 ; Stockmeyer, p. 47, n° 33.

56 CONCORDANTIAE maiores bibliae. — Basileae, Johannes Froben, 1516. Signatures a-z, A-Z, aa-ll, AA-PP; caract. goth.; 3 col.; titres courants; réclames; in-fol. [264]

F. 1*, *titre :* Concordantie maiores cum declinabilium vtriusqȝ instrumenti tum indeclinabilium dictionũ. In quarũ hac nouissima editione nõ modo numeri sunt infinitis pene locis emẽdati : sed ꞇ capitulis nõnullis bona pars accessit : vt sileatur de illis que ex Septuaginta interpretum versione : dũ opera diui Hieronymi excuderẽtur diligenter sunt adscripta. *Au-dessous, la marque de J. Froben, avec les légendes en hébreu, grec et latin, et les serpents non couronnés.* APVD INCLYTAM GERMANIAE BASILEAM M. D. XVI. F. 1 v°, *épitre de J. Froben au lecteur.* F. ll⁷ v° : *colophon :* .... Finis basilee in edibus Ioannis Frobenij Hammelburgensis. Mense Martio. AN. M. D. XVI. F. ll⁸ : Totius operis terniouũ index..... F. AA¹, *titre :* Concordantie partium siue dictionum indeclinabilium totius Biblie. F. PP⁶ *colophon :*... Finis.,. in edibus Ioannis Frobenij. Mense Maio. Anno M. D. xvj. *Suit le registre des cahiers.*

Reliure ancienne, en daim; exemplaire réglé. Sur le f. du titre, notes mss. : *Pro C. gaudron priore fleurij en bierre 1603.* — *Pro BB. ff. M. Pontisarentium.* Au second feuillet une autre note : *Fr. Andreas Lucas conuentus pontisaranj. 1608 me emit luteciae parisiorum.* Panzer, VI, 197.

57 CORONEL (Antonius). Commentaria in Posteriora Aristotelis. — Parisiis, Bernard Aubry, 1510. Signatures a-l; caract. rom. et goth.; 2 col.; initiales et frontispice gravés; in-fol. [251]

F. 1*, *titre :* Magistri Anthonii Coronel Scobiensis in Posteriora Aristotelis (vna cum Textu a Ioanne Argyropilo Byzantio traducto) Commentaria. Nouiter recognita, atqȝ adamussim emuncta. *Au-dessous, la marque du libraire, Silvestre,* 67. Venundãtur Parrhisiis in Edibus Bernardi Aubry, in Vico sancti Iacobi sub intersignio Diui Martini. *Même bordure qu'aux* quaestiones logicae *du même auteur.* F. 1* v° : Anthonius Coronel Frãcisco Fernando Coronel .... fratri suo... *In fine :* .... Exaratũ Parisius Vigesima quarta Aprilis..... milesimo quingentesimo decimo. F. l⁶ v° : Finis.

Relié à la suite des *Quaestiones logicae* du même auteur.

58 — Quaestiones logicae. — Parisiis, Jacobus Le Messier, 1509? Signatures a-g; caract. rom. et goth.; initiales et frontispice gravés; in fol. [251]

F. 1* *titre :* QVAESTIONES logice secũdum viam realium & nominalium, vna cum textus explanatione Magistri Anthonii coronel. *Au-dessous la marque de Bernard Aubry, Silvestre,* 67; *les griffons qui font partie de la marque, sont reproduits dans la bordure; ils soutiennent un écusson, initiales* B A, *liés par un cordon en forme de trèfle.* F. g iij, v°, *colophon :* Predicabilia secundum vie realium & nominalium principia a magistro Antonio Coronel hispano de regno castelle diocesis segobiensis dum regeret parisius Ī famatissimo collegio Montis acuti composita expliciunt

parrisius impressa opera Iacobi le messier. Antonius...., fratri suo.....
F. *dernier :* Guillelmi petit columbariensis carmen heroicum.

Reliure moderne, en veau Lavallière. Sur le f. du titre, notes mss. du XVI° siècle : *Ad vsum simplicem* (?) *fratris thome de fouea ? ordinis minorum ex dono reuerendi in christo patris et domini senonen... — Ad vsum fratris Iohannis petit.* Au XVIII° s., on a écrit : *pro bb. ff. m. pontisarentium.* Panzer, VII, 540, cite une édition de cet ouvrage sous le nom de J. Barbier; il est possible que plusieurs libraires de Paris se soient partagé les exemplaires, et aient fait imprimer sur le f. du titre leurs marques particulières.

59 — Commentaria super librum Praedicamentorum Aristotelis. Parisiis, Bernard Aubry, 1518. FF. ch. : j-lx ; caract. goth. de deux grandeurs ; 2 col. ; initiales et frontispice gravés ; in-fol. [251]

> F. 1* *titre :* Magistri Antonij coronel Secobiensis super librum Predicamentorum Aristotelis secundū vtriusq3 vie realium scilicet z nominalium principia commentaria. *Au-dessous, la marque du libraire, Silvestre,* 67. Venūdatur in edibus Bernardi Aubry Parrhisijs sub intersignio diui Martini via Iacobea commorantis. Cum priuilegio. F. 1 v° *:* Ioannes Vacceus Lodouico Vacceo Cognato. S. P. D. F. lix v°, *colophon :* Expliciunt magistri Anthonij Coronel..... commentaria pro Bernardo Aubry...... impressa Anno dominice incarnationis Millesimo quingentesimo decimo octauo. Die vero decima Mensis Decembris. F. lx : *Plusieurs poésies latines de Nicolas Boucelet Francigenus à :* Joh. Yanes, Alexander Sauary, *et Joh. Garnier.*
>
> Relié à la suite des *Quaestiones logicae* du même auteur ; joli exemplaire.

60 — Tractatus syllogismorum. — Parisiis, Michael Lesclancher, sans date. 2 ff. n. ch., ff. ch. : j-lx ; caract. goth. ; manchettes ; initiales et frontispice gravés ; in-fol. [251]

> F. 1*, *titre r. et n. :* Habes studiose lector magistri Lodoici coronelli in sacra pagina doctoris eximij amplissimum nō solum syllogismo2 triū figuratū de medio cōmuni tractatū...... Omnēq3 ferme difficultatem dialectices enodantem magistri Ioānis guidonis magna diligētia recognitum z emendatum. *Au-dessous, la marque du libraire, Silvestre,* 67. Vencunt parrhisiis 1 via iacobea 1 edib9 honesti viri Bernardi aubry ad Isigne diui martī. *Dans la bordure on voit une marque de Jean Granion.* F. 1* v° *:* Ioannes Guidonis villarensis ad suos discipulos... F. lx : huius autem operis imprimendi prouincia3 assumpsit Michael Lesclander.... M. ccccc. xviij... Finis.
>
> Relié à la suite des *Questiones logicae* du même auteur.

61 — Physicae perscrutationes. — Parisiis, Johannes Barbier, sans date (1511 ?) 2 ff. n. ch. ; ff. ch. : i-cli (pour 150, le chiffre lxviii ayant été omis) ; caract. goth. ; 2 col. ; manchettes ; titres courants ; vignettes et frontispices gravés ; in-fol. [251]

F. 1*, *titre en rouge :* Physice perscrutationes magistri Ludouici Coronel Hispani Segouiensis. *Au-dessous, la marque de J. Barbier, Silvestre, 34.* Prostant in edibus Ioãnis Barbier librarij iurati, Parrhisiēsis academie sub signo ensis in via regia ad diuum Iacobum. F. 1* v° : Guillermi Piel Turonensis Pythium Carmen ad ... Simonem Agobertum Bituricensem. F. 2* v° : Simon Agobertus... Ioanni Agoberto... *In fine :* Parrhisijs septimo Calendas decēbres... MDXI. F. j : Perscrutationes physice.... F. cli (*pour 150*) v° : Finis.

Relié à la suite des *Quaestiones logicae* d'Ant. Coronel. A la fin du texte, note ms. du XVI° s. : *huius operis vsus fratri Iohanni petit a venerabili patre gardian. fr. Claudio aublec? Concessus....*

62 COUTUMES (Les grandes) de France. — Paris, Pierre Vidoue, 1519. 6 ff. n. ch., ff. ch. : 1-ccclxxxiii et 1 ff. n. ch.; caract. goth.; ll. ll.; manch.; titres courants; initiales gravées; in-4°. [92]

F. 1*, *titre :* Les grandes coustumes generales et particulieres du royaulme de France....... par édit perpétuel autorisées par la cour de Parlement...... F. 1*, v° : *le privilége daté du 4 mars 1516.* F. ccccxxxiii v°, *colophon :* Cy finist les coustumes generalles du Royaulme de France nouuellemēt imprime a paris Par maistre Pierre vidoue pour Ichã de la garde libraire iure de luniuersite z Pierre le brodeur Et furēt acheuees le .xx. iour de luing Mil cinq cens z. xix.

Reliure du XVII° s. en veau brun; exemplaire incomplet des deux premiers et du dernier feuillet. Sur le premier feuillet, présent, note ms. : *Ex libris s^{ti} Eligii de Longo jumello* et au-dessous du colophon, d'une écriture du XVI° siècle : *Des Hostels.* Ce recueil commence par les coutumes de Paris et se termine par celles de la conté de Saint-Pol. La première édition fut faite en 1517, pour les mêmes libraires. Brunet donne une description détaillée de ces recueils, II, 342-343.

63 COUSTUMES (Les) de la prévôté de Paris. — Sans nom de lieu ni de typographe et sans date (Paris, veuve Trepperel et Jehan Janot, 1510?) FF. ch. : i-xxiiii et 32 ff. n. ch.; caract. goth.; ll. ll.; repère : Coustu.; titres courants; in-8°. [127]

F. i, *titre :* Les coustumes obseruees z gardees en la puoste z vicōte de paris. *Au-dessous, la marque de Trepperel? l'écu de France surmonté de la couronne royale et supporté par deux anges; l'écu est semblable à celui de la grande marque de Trepperel, donnée par Silvestre, 75.* On les vend a Paris, en la rue neufue nostre dame : a l'enseigne sainct Nicolas. F. i v° : La Table des tiltres... F. xxiiii v° : Aultres coustumes. F. 32* .... Donne a Bloys le .xxi. iour de Ianuier, Lan de grace Mil cinq cens z dix ..... Ainsi signe. T. baillet. R. barme. Finis. F. 32* v° : Coustumes generalles gardees z obseruees en la ville .... de paris, ... ladicte publicatiõ en commencee a faire le .xxvii. iour de mars : Lan mil cinq cens z dix auant pasques.... selon les lettres de commission du roy nostredit seigneur...... dattées du xxi . iour de Ianuier audict an Mil cinq cens z dix.

Reliure ancienne en veau brun, filets et fleurons à froid, Sur le f. du titre, note ms : *Ex-libris s^{ti} Eligii de Longo jumello*. Sur le dernier feuillet, que le relieur a collé sur le plat du volume, il y a des notes manuscrites du XVIIe siècle : *Daniel Grosdidier.... natif de Barisey au plain auprès de Toul en Lorraine est entre au seruice de Monsieur de Viuiers (?) conseiller du Chastellet de Paris le sixieme Juillet mil six cens et treize. — Le sieur Louys du poulx maistre d'hostel et intendant des affaires de monsieur leuesque de Toul loge aupres de St Merry audit paris son respondant. — Comme aussi monsieur Crennetaire ? aduocat en la cour du parlement audit Paris loge auprès de la rue Beaubour en l'enseigne du petit Pen*. D'une autre écriture : *Marie de Marte ? veuue feu nicolas andre boulanger de petit pain ...... faubour S^t honore depuis demourant faubourg S^t honore chez son pere puis chez sa cousine Poulain ? veult bailler respondante sa cousine Poulain qui est [chez] un cordier rue de Môtmartre ayant un fr. Poulain rue S. Denys*. Brunet, II, 382-383, signale une édition de ces *coustumes*, où l'on dit aussi que la publication fut commencée le 27e iour de mars 1510, mais elle porte au titre la marque de J. Petit. Les caractères de l'opuscule que nous avons sous les yeux, ressemblent à ceux de la veuve de Jean Trepperel et de Jehan Janot, reproduits par M. Harrisse dans ses *Excerpta colombiniana*, Paris, 1887, p. LVII.

64 CRANSTON (David). Quaestiones additae in librum de fortitudine Martini de Magistris. Parisiis, Nicolaus de Pratis, 1510. 8 ff. n. ch.; caract. rom.; 2 col.; in-fol. [226]

F. 1*, *titre* : Questiones additae in Librū de Fortitudine Magistri Martini de magistris per Dauidem cranston scotum in theologia bacchalarium. *Au-dessous, la marque de J. Granion. Silvestre, 13.* Venundantur parrhisiis a Ioanne granion eiusdē ciuitatis bibliopola : in Claustro brunelli : prope scolas decretorum : sub signo sacratissime dei genitricis Marię. F. 48* v^o, *colophon* : Has praeclaras & admodum ingeniosas questiones in magistri Martini de magistris Librum de Fortitudine addidit litteratissimus vir Dauid cranston Pro Iohanne Granion almae parrhisiensis academiae Librario iurato ỹ clauso brunello (ad diuae virginis Mariae intersignium) commorante. Quas quidem Impressit diligenter Nicolaus de pratis in vico olearum apud magnum ortum moram trahens. M. D. X. Idibus Maij.

Relié à la suite du traité *de temperantia* de Martin Le Maitre. Exemplaire réglé. Cité par Panzer VII, 559, qui l'a réuni dans un seul article avec les *Quaestiones morales*, et s'est trompé de date; il indique 1511, au lieu de 1510.

65 CRINITUS (Petrus). De honesta disciplina, de poetis latinis et poemata. — Parisiis, Ascensius, 1513. 8 ff. n. ch.; ff. ch.: I-CXXXIX et 1 f. blanc?; caract. rom.; ll. ll.; initiales et frontispice gravés; in-fol. [290]

F. 1*, *titre* : Petri Criniti Viri docti. De honesta disciplina. lib. XXV. De Poetis latinis. lib. V. Et Poematum. lib. II. Cum indicibus suis. Cūq3 tabellis alphabeticis rerū, dictorumq3 insignium ad finem cuiusq3 operis nuper ab Ascensio collectis & appositis. *Au-dessous, la marque moyenne d'Ascensius, Silvestre,* 7. Venūdantur ab eodē Ascencio. F. 1*, v° : *Epitre d'Ascensius à Germain de Ganay, datée de 1508.* F. CXXXIX v°, *explicit :* Rursus ex aedibus Ascensianis Ad Natalem dominicū. M.D.XIII.

Reliure du XVIIᵉ s., en veau fauve ; filets dorés ; exemplaire incomplet du dernier f. Panzer, VIII, 4.

66 CUSA (Nicolaus de). Opera. — Parisiis, Ascensius, 1512? Trois volumes. Caract. rom.; ll. ll.; initiales et frontispice gravés ; in-fol. *Tome I :* 12 ff. n. ch.; ff. ch. : I-CCXXI et 1 f. n. ch. blanc. *Tome II, manque. Tome III :* 2 ff. n. ch., ff. ch. : I-LXXVI. [291]

Tome I : F. 1, titre :* HAEC ACCVRATA RECOGNITIO TRIVM VOLVMINVM, OPERVM CLARISS. P. NICOLAI CVSAE CARD. EX OFFICINA ASCENSIANA RECENTER EMISSA EST. CVIVS VNIVERSALEM INDICEM, PROXIME SEQVENS PAGINA MONSTRAT. *Au-dessous, la marque moyenne d'Ascensius, Silvestre,* 7. VAENVNDANTUR CVM CAETERIS eius operibus in Aedibus Ascensianis. F. 2* .... DIONYSIO BRICONNETO EPISCOPO THOLONENSI IACOBUS FABER STAP. S. D. F. CCXXI v°, *explicit :* Dialogi de apice theoriae sapiētiss .... NICOLAI de Cusa .... FINIS.

Tome II, manque.

Tome III : F. 1, titre :* De ¢ōcordantia catholICA LIBRI TRES R. PATRIS NICOLAI DE CVSA THEOLOGIAE AC PONTIFICII IVRIS PROFESSORIS EXIMII. .... *Au-dessous, la marque moyenne d'Ascensius, Silvestre,* 7. Venūdantur cum çęteRIS EIUS OPERIBVS IN AEDIBVS ASCENSIANIS. F. 1* : NICOLAI CVSANI .... DECANI SANCTI FLORINI CONSTANTIEN ...... PRAEFATIO. F. LXXVI : Finit collectio de cōcordātia catholica ex variis veterū approbatʒ scripturis ad laudem dei omnipotētis quā ego Nicolaus de Cusa decanus sancti Florini Cōfluentiae....... offero.......

Reliure moderne, en veau fauve ; exemplaire incomplet du tome II ; les tomes I et III sont reliés ensemble. Sur le f. du titre du tome I, note ms. : *Pro bb. ff. M. Pontisarentium.* Panzer, VIII, 13, indique cette édition, mais le colophon qu'il cite diffère de celui de l'exemplaire décrit ci-dessus.

D

67 DECISIONES capellae Tholosanae. — Lugduni, Franciscus Fradin, 1508. 28 ff. n. ch., ff. ch. : j-cxiij et 1 f. blanc = 142 ff.; caract. goth.; 2 col.; manch.; lettres gravées; in-4°. [110]

F. 1*, *titre, en rouge :* Decisiones capelle sedis archiepiscopalis Tholose vna cuz additionibus additis per egregium virum dominum Stephanum auffrerij vtriusqz iuris doctorem ac conciliarium christianissimi regis Frācorum in venerabili curia parlamenti Tholosani ac per eum correcte vigili cura incipiūt feliciter : Postremoqz iterū diligenter limate ac nouis additionibus decorate nouiter additis. *Au-dessous, la petite marque de Simon Vincent, Silvestre, 265, et la fleur de lys des Junte.* Anno dñi 1508. F. cxiij, *colophon :* Expliciunt decisiones capelle ..... Additis nouis additionib⁹ p egregiū virū magistrū Iohāne de gradib⁹ vtriusqz iuris pfessorē. diligētiqz cura impresse Lugdunij p Frāciscum fradin impressorie artis magistrū. Anno, dñi. M. cccccviij. Die ℣o. xxij mēsis aṗlis. Registrum.....

Reliure originale, en daim, défectueuse; le carton des plats est formé de feuilles d'impressions diverses. Les premiers feuillets de l'exemplaire sont rongés à la marge inférieure... Sur le f. du titre, notes mss. : *Nicolaus honore me habet 1562....* — *Sti martini pontisarensis 1680.* Brunet cite une édition de ces *decisiones* faite à Lyon en 1530, par Jacques Junte. Panzer, VII, 290.

68 DECISIONES rotae. — Lugduni, Johannes Moylin, 1518. 10 ff. n. ch., ff. ch. : i-cclxxxvi et 10 ff. n. ch. = 256 ff.; caract. goth.; 2 col.; titres courants; nombreuses initiales fleuronnées et frontispice gravé; in-4°. [140]

F. 1*, *titre, en r. et n. :* Decisiones rote Noue z Antique. *Au-dessous, une petite gravure ou marque, les instruments de la Passion, auprès desquels un homme est agenouillé.* Decisiones rote.... cum additionibus..... Venūdant Lugduni a Stephano Gueynard bibliopola z ciue eiusdem ciuitatis. F. cclxxxvj *explicit :* Lecta et publicata fuit suprascripta regula rome in cancellaria apostolica die Iouis quarta mēsis Augusti..... M.ccccxcj.....

Impresse sunt presentes decisiones Lugduñ per Iohanũ Moylin als de Cambray. Impensis honesti viri Stephani Gueynard. Anno a natiuitate domini. M. ccccxv. iiij. nonas Nouēbris. Registrū aa AA a-z A-O...., F. 1*-10*, table.

Reliure originale, en veau brun, fers à froid, fatiguée. Sur le f. du titre on lit : *Sustine et abstine* — *F. Roynet.* Panzer cite deux éditions de 1508 et 1509. aussi de Lyon.

69 DECRETA et acta concilii Basileensis. — Parisiis, Johannes Parvus, 1515. FF. ch. : i-ccxli ; caract. rom. ; ll. ll. ; titres courants ; initiales et vignettes gravées ; in-8°. [120]

F. 1, *titre :* Decreta z acta Concilij Basiliensis nuper Impressa vigilantiqჳ studio emēdata. *Au-dessous, une des marques moyennes de J. Petit, ressemblant à celle reproduite par Silvestre, n° 24.* Venundantur parisius in vico diui Iacobi sub signo Lilij aurei. F. 2* : ... Dñi Zachariae Ferreri. Subasiensis Abbatis Vicentini Praeambulum. F. ccxli, *colophon :* Impressum Parrhisijs Impensis honesti viri Iohannis Petit huius alme Parrhisiāsis academie librarij iurati Anno domini Millesimo quingentesimo duodecimo. x. kalēd. Septembris. LAVS DEO.

Dérelié. Sur le f. du titre, un nom *boulai?* Panzer VII, 563, ne cite qu'une édition de cet ouvrage, faite par le même imprimeur, en 1512.

70 DENYSE (Nicolaus). Sermones dominicales. — Rothomagi, Martinus Morin, 1509. 6 ff. n. ch., ff. ch. : ccxxij et 2 ff. n. ch. ; caract. goth. ; 2 col. ; titres courants ; initiales gravées ; in-8°. [86]

F. 1*, *titre? manque.* F. 2*, *en gros caract. et à ll. ll. :* Illuminate mentis ac animi prope purgati nõ minº moჳ ꝗ lïaჳ admodũ p̄clari viri mḡri nicolai denijse seraphice stigmatigeri p̄ris frācisci ..... venerādi cōuentus rothomagen̄ gardiani bn̄ meriti, Sermones residui a secūda dominica post paschā vsqჳ ad aduentum valde fructuosi nuper per honestā virum magistrum Martinum Morin ciuem Rothomagēsem impressorie artis opificem sagacissimum, iuxta diui Laudi limina assidentem p̄pulchre feliciter Incipiunt. F. *avant-dernier* (223º), *colophon :* .... sermones .... Nicolai denijse, ... expliciunt per honestum virum eiusdem ciuitatis (Rothomagensis) ciuem ac impressorie artis, magistrum martinū morin, ante diui laudi ecclesie valuas commorantem), hac maij. iij. inuentionis sāncte crucis scilicet festo, fine felici perfecti anno incarnationis dñice millesimo quingentesimo nono. F. *dernier vº, la marque de M. Morin, reproduite un peu réduite, par Silvestre, 68.*

Reliure originale, en veau brun, fers à froid, traces de fermoirs, mutilée ; notes mss. sur les ff. de garde. Non cité par Panzer.

71 — Sermones de sanctis. — Rothomagi, Martinus Morin, 1510. 8 ff. n. ch., ff. ch. : i-cclxxxv et 1 ff. n. ch. ; caract. goth. ; 2 col. ; titres courants ; in-8° [125]

F. 1*, titre : Perlucidum ac diuine bonitatis numine digestū opᵉ (qđ thesaurus predicatorū nuncupari minime indecēs est) cūctis verbi dei predicatoribus perutile z maxime necessariū, a seraphico frācigena reuerēdo videlicet patre magrō nicolao de nijse, fratrū minoɤ de obseruātia vulgariter nūcupatoɤ, in puīcia frācie benemerito puīciali vicario collectū..... In quo... inserūtur sermones,..... q̃ icipiūt feliciter. F. i : Sermones aurei .... nicolai de nijse, de sāctis icipiūt feliciter. F. dernier : Reuerendi patris magistri nicolai deniise ..... sermonibus admodum vtilibus de sāctis.... ac super euangelia ..... finis imponitur vigilātissima cum cura correctioneqᴣ ..... impressis rothomagi per honestum virum magistrū martinū morin, iuxta sancti laudi limina commorantem Anno dñi millesimo quingentesimo decimo. die vero. xix. mensis martii. *Au verso, la marque du typographe, Silvestre, 68 (réduite); au-dessous :* MAGISTER MARTINUS MORIN.

Reliure molle en vélin. Sur le f. de garde, note ms. : *Ex bibliotheca Renatj le Clerc Pbrj de Campiplanctu* 1683; sur le f. du titre on lit : *Ex libris Sᵗⁱ Eligij de Longojumello*, et sur le f..2* : *Loys Le Clerc*. Non cité par Panzer ; v. Fabricius, éd. de 1754, III, p. 108 ; Wadding, p. 267 ; Ul. Chevalier, 568 ; Frère, I, 338-339.

72 — Sermones dominicales. — Parisiis, Johannes Barbier, 1510. 4 ff. n. ch., ff. ch.: i-ccxxiii et 1 f. n. ch.; caract. goth.; 2 col.; initiales gravées; in-8°. [124]

F. 1*, titre r. et n. : Sermones dñicales Reuerendi patris fr̄is Nicolai denijse a dñica secīa post pascha vsqᴣ ad aduentum. *Au-dessous, la marque de F. Regnault, Silvestre, 369.* Venūdant parisiᵉ a Frācisco regnault in vico sancti Iacobi commorante sub intersignio diui Claudij. F. ccxxiii, *colophon :* .... sermones ..... Nicolai denijse .... expliciunt procuratiōe et expēsis honesti viri Francisci reginaldi ciuitatis parisien. ciuis necnon et auctoritate alme vniuersitatis parisieñ librarij iurati et in vico sancti Iacobi ad intersigniū sancti claudij commorantis arti impressorie parisius per Iohannem barbier impressorem necnon bibliopolam commendati hac decima die mensis Maij felici fine peracti Anno dominice incarnationis millesimo quingentesimo decimo. F. *dernier* v°, *la marque de Johan Barbier, reproduite un peu réduite par Silvestre, 34.*

Reliure molle en vélin ; sur le f. du titre, notes mss. : *Ex libris Sᵗⁱ Eligii de Longo jumello*. — *Loys* [*Leclerc*] Cette édition reproduit ligne pour ligne, sauf le titre et le colophon, l'édition des mêmes sermons faite à Rouen, par M. Morin, en 1509. Non cité par Panzer.

73 DESTRUCTORIUM vitiorum (auctore Alexandro anglico). — Parisiis, Franciscus Regnault, 1521. Signatures a-z, t, A-F (?); caract. goth.; 2 col.; lettres grises; in-fol. [296]

F. 1*, titre : Destructorium vitiorum *Au-dessous la marque de F. Regnault, Silvestre, 43.* Venundātur Parrhisiis in vico sancti Iacobi r̄ edibᵉ Francisci Regnault librarii vniuersitatis Parrhisiensis iurati. F. Iᶠ⁸ v°, *explicit :* pa-

rent simul concurrere naturalis dilectio patris ad. F. F⁹ v°, *colophon :*
Impressum est parisius hoc opus quod vitiorum destructorium appellatur...
Impensis ... Iohannis parui. Egidij de gormont, ℸ Francisci regnault ...
Anno christi. M. ccccc. xxj. sole vero novembris vicesimatertiam claudēte.

Reliure du XVIII° s., en veau marbré, filets dorés, défectueuse; exemplaire incomplet des deux derniers ff.; le colophon a été copié sur l'exemplaire de la B. Nationale, *Inventaire* D 1049. Sur le f. du titre, note ms. : *Fr. robertus gueribout conuentus ponthizarae parisiis emit;* cette note se trouve aussi à l'intérieur du premier plat.

74 DICTIONARIUS pauperum. — Parisiis, Johannes Seurre, 15.. FF. ch. l-C, et 4 ff. n. ch., caract. goth.; 2 col.; in-8°. [75]

F. 1*, *titre, en rouge :* Dictionarius pauperum omnib⁹ predicatoribus verbi diuini pernecessarius in quo multum succincte continentur materie singulis festiuitatibus totius anni tam de tempore q̃₃ de sanctis accommodande vt in tabula hnius operis facile et lucide cognoscetur. *Au-dessous, imprimée en noir, la marque du libraire Durand Gerlier, Silvestre,* 18. F. 4* v°, *colophon :* Impressa est hec summa opera Iohannis seurre als de pica : in artibus magistri necnō sumptibus proborum bibliopolarū Magistri durādi gerlier ℸ Francisci regnault.

Relié à la suite des *Figurae bibliae* de Rampigollis. Notes mss. marginales contemporaines. Panzer, VII, 567.

75 DIONYSIUS areopagita. Opera, interprete Ambrosio Camaldulensi. — Parisiis, Henricus Stephanus, 1515. FF. ch. : 1-223 (incomplet); caract. rom.; ll. ll.; manchettes; titres courants; lettres fleuronnées et frontispice gravé ; in-fol. [228]

F. 1, *titre, gravure à page entière, deux cercles superposés dans lesquels sont inscrits le titre des livres de s. Denys l'aréopagite; de chaque côté un aigle ? adossé à un arbre; dans le cadre on lit :* HAEC SECVNDA. EST. ET. CASTIGATISSIMA. EX. OFFICINA AEMISSIO. *. etc.* F. 2 : ..... Guillelmo Briconneto .... Iudocus Clichtoueus... F. 3 : Ambrosij oratoris & monachi Camaldulensis ordinis prefatio. F. 5 : Iacobus Faber... pijs lectoribus. F. 204 *chiffré* 240 : Iacobi Fab. Stapulensis : in epistolas diuini Ignatij argumentum. F. 223 v°, explicit : dn̄s pœnitentiā vestrā. Sobrij ergo estote et vos in hoc : & nō sicut inimicos. F. 224 *explicit :* Operum Beatissimi Dionysij ..... finis. In alma Parisiorum academia per Henricū Stephanū ..... e regione scholae Decretorū habitātem. Anno ab incarnatione ..... 1515. die vero mensis aprilis decima quarta.

Reliure originale en veau brun, fers à froid; tranche dorée et gravée. Exemplaire incomplet du titre et du dernier feuillet; le titre et le colophon ont été copiés sur l'exemplaire de la B. de Lyon, A 1621. Panzer, VIII, 24.

76 DORBELLUS (Petrus). Quadragesimale hortuli conscientiae. — Parisiis, Joh. Petit, 1518. 14 ff. n. ch., ff. ch. : i-cccxl (pour 341) et

1 f. blanc; caract. goth.; 2 col.; titres courants; initiales gravées; in-8°. [83]

> F. 1*, *titre, manque*. F. 2*, *table*. F. i : Sermones hortuli conscientie super epistolas quadragesime incipiunt feliciter. F. cccxl (pour 341) *v*°, *colophon* : Fratris Petri dorbelli andegauensis in sacra theologia lectoris ordinis minorum predicatorisq3 egregij Quadragesimale hortuli consciētie super epistolas quadragesime cū introductionibus eiusdē finit. impressumq3 Parisius sumptibus Iohānnis Parui. Anno ab orbe redēpto. Millesimo quingentesimo. xviij. die vero. xxviij mēsis Iunij.
>
> Reliure originale en veau brun, fers à froid; exemplaire incomplet du f. a⁸; notes marg. mss. Sur le f. 2*, on lit : *Sti Martini Pontisarensis 1680*. Panzer, VII, 535, cite d'après le P. Norbert, une édition de Paris, 1508.

77 **DULLAERT** (Johannes). Expositio in libros meteororum Aristotelis. — Parisiis, Thomas Kees, 1514. Signatures A-F; caract. goth.; 2 col.; manch.; initiales et frontispice gravés et nombreuses figures dans le texte; in-fol. [258]

> F. 1*, *titre :* Habes humanissime lector librorū metheororum Aristotelis facilē expositionē & questiones sup eosdē magistri Iohānis Dullaert de Gandauo : in qbus diuersę Astrologicę veritates ab oī erroris vicio ỹmunes & philosophicis pariter et medicis cōformes esse probātur. *Au-dessous, la marque du libraire O. Senant, analogue à celle reproduite par Silvestre*, 429. Venale habetur Parrhisijs in ędibus Oliuerij Senant in via Iacobea sub signo diuę Barbarę iuxta ędem Diuo benedicto sacram. F. 1* *v*° : Iohannes Dullaert.... preceptori suo Iohanni Gemello .... F. 2* : Suo conciui Magistro Iohanni Dullaert Leuinus Austricus Gandauus S. P. D. F. 2* *v*° *:* Vita Iohannis Dullardi per Ioannem Lodouicum Viuem Valentinum. F. F², *colophon :* Hic finem accipiunt questiones ..... a Ioanne Dullaert Gandauo edite in collegio beluaco Impresse ṽ° Parrhisi⁹ a Thoma Kees vvesaliense calcographo expertissimo e regione collegij Italici Anno domini. 1514. 30. Maij.
>
> Relié à la suite de la *Summa naturalis* de Paulus Venetus.

78 **DUNS SCOTUS** (Johannes). Commentarii in metaphysicam Aristotelis. — Parisiis, Petrus Vidoue, 1520. FF. ch. : 1-CCXI et 1 f. blanc ? caract. goth. de deux grandeurs; 2 col.; initiales et frontispice gravés; in-fol. [252]

> F. I, *titre :* Cōmentaria Doctoris Subtilis Ioannis Scoti in duodecim libros Metaphisice Aristotelis, scripta, recollecta, z ordinata ab ipsius discipulo Antonio Andree, cū duplici textu : Argiropili. s. z boetii suis locis inserto. *Au-dessous, la petite marque de J. Frellon, Silvestre*, 352. Prostant Parisiis in edibus honesti viri Ioānis Frellon Cōmorantis in vico mathurinorum. Cum priuilegio. F. I *v*°.... magistro nostro Guillermo Huet .... frater Stephanus formō achademic Fratrum Minorū Parisiensis ..... *Plus bas :*

F. M. Marcõuillus molismensis ad lectorem (5 *distiques*). F. ccxi v°, *colophon:* Parisijs per magistrum Petrum Vidoue impensis honesti viri Iohannis Frellon 5. nouembris. 1520.

Reliure moderne, en veau brun. Sur le f. du titre, notes mss. : *Frater Ioannes Matthaeus — Ex bibliotheca ff. m. pontisarensium.* Incomplet du dernier feuillet blanc.

79 DUNS SCOTUS. Quartum scriptum super IV sententiarum correctum ab Ant. de Fantis. — Venetiis, Gregorius de Gregoriis, 1515. FF. ch. : 1-162 (avec quelques erreurs) et 2 ff. n. ch.; caract. goth.; 2 col.; manchettes; titres courants ; initiales gravées; in-fol. [225]

F. 1, *titre:* Quartum Scriptum Oxoniense Doctoris Subtilis Ioãnis Duns Scoti Ordinis Minorum super Quarto Sentãtiarum nuperrime ab innumeris Erroribus absolutuȝ ab Eximio Doctore Antonio de Fãtis Taruisino. + Andree Mocenici olim Leonardi Filii Liberalium Disciplinarum Cultoris Epigramma. F. 2*, *colophon :* Impressum Venetijs p Gregorium de Gregorijs. Sumptibus probi viri Ioãni Bartholomeo de Gabiano. Anno dñi. M. CCCCC. XV. Die. xxx. Mensis Martij. Registrum aaaa ...... xxxx. Ões isti sunt quaterni. Preter v ʒ x q̃ sunt terni.

Reliure originale en veau brun, fers à froid, fatiguée; sur le f. du titre, note ms. contemporaine : *Ad vsum fratris...... conuentus bte marie de gardia.* et en écriture du XVIII° s. : *Pro bb. ff. M. Pontisarentium;* nombreuses notes mss. Non cité par Panzer.

80 DURANDUS (Guillelmus). Rationale divinorum officiorum. — Lugduni, Jacobus Saccon, 1510. 3 ff. n. ch.; ff. ch. : 1-clxxxviij et 1 f. n. ch. = 192 ff.; caract. goth.; 2 col.; titres courants; lettres fleuronnées; in-4°. [95]

F. 1*, *titre en r. :* Rationale diuinorum officiorum. *Au-dessous, le même bois qu'à la chronique de s. Antonin, les armes de la ville de Lyon.* Venundantur Lugduni ab Iacobo huguetan eiusdẽ ciuitatis bibliopola in vico mercuriali. ad angiportũ qui in ararim ducit. Cum gratia et priuilegio. *In fine :* Finit rationale diuinoȝ officiorum : quod antea mille locis deprauatum : obnixa elucubratione magistri Boneti de locatellis bergomensis correctum est : ʒ Impressum Lugduni per Iacobum Sacon Anno salutifere incarnationis millesimo quingentesimo decimo ʒ decimo kalendas Septemb.

Reliure molle en parchemin. Notes mss. sur le f. de garde : *Hic liber est firmini binet;* sur le f. du titre : *Ex bibliotheca domini Nicolai Roze*; au-dessous du colophon, d'une écriture du XVI° siècle : *Michael Macee presbyter vicarius parrochialis ecclesie apostolorum Petri et Pauli de Monsterolio supra nemus vincenarum Diocesis parisiensis in decanatu de Cala me possidet : Macee.* Panzer, IX, 510.

E

81 ERASMUS (Desiderius). Institutio principis. — Basileae, Johannes Froben, 1516. Signatures a-q, A-Z, AA-BB; caract. rom.; ll. ll.; manchettes; titres courants; initiales gravées et bordures à plusieurs pages; in-4°. [136]

> F. 1*, *titre* : Institutio Principis Christiani saluberrimis referta praeceptis, per Erasmum Roterodamum, cum alijs nonnullis eodem pertinentibus, quorum catalogum in proxima reperies pagella. APVD INCLYTAM BASILEAM. *Bordure gravée; dans un des motifs de l'ornementation, on voit le monogramme* G V. F. 2* :...... CAROLO... MAXIMILIANI NEPOTI DES. ERASMVS.... F. *dernier*, BB⁴, *la marque de Froben, le caducée avec les légendes en hébreu, grec et latin* : BASILEAE APVD IO. FROBENIVM MENSE MAIO. AN. M. D. XVI.
>
> Reliure originale en veau brun, fers à froid; sur le f. du titre, note ms. : *Carolus Boulet*. Panzer, VI, 197.

82 — Lucubratiunculae et opuscula. — Antwerpiae, Theodoricus Martinus, 1509. Signatures A-R; caract. rom.; ll. ll.; manchettes; in-4° [98]

> F. 1*, *titre* : LVCVBRATIVNCVLAE ALIQVOT Erasmi Canonici ordinis diui Augustini perq vtiles adolescentibus. Epistola exhortatoria ..... F. 2* : Erasmus ... Adolphi principi Veriensi... F. *signé* R³, *colophon :* Impressum hātuuerpiae opa Theodorici Martini anno salutis supra millesimum quingētesimo nono Mēsis Nouēbris. vi. *Au verso, la marque employée par Gérard Leeu et reproduite page* 47.
>
> Reliure originale en veau brun, fers à froid; sur le f. du titre, notes mss. : *De la Rochemaillet — Ex libris sᵢ Eligii de Longo jumello*, Panzer, VI, 4.

83 ERASMUS (Desiderius). Paraphrases in epistolas Pauli. — Basileae, Joh. Froben, 1520. FF. paginés : 1-465 (pour 495); caract. itali-

ques; ll. ll.; réclames; titres courants; initiales et frontispice gravés; in-8°. [132]

>   *Page 1, titre:* PARAPHRASES DES. ERASMI ROTERODAMI In epistolas Pauli apostoli ad Rhomanos Corinthios & Galatas, quae cõmentarij uice esse possunt. BASILEAE APVD IOAN. FROB. M. D. XX. *Bordure gravée sur fond noir. Page* 2: ... D. Cardinali Grimano Veneto, Erasmus Roterodamus S. D. *Page 495 v°, marque de J. Froben, le caducée, soutenu par des petits génies ailés, sur fond noir.* BASILEAE IN AED. FROB. PER HIERONYMVM FROB. IOAN. FILIVM MENSE IANVARIO, ANNO M.D.XX.

Reliure molle en vélin, à recouvrement. Stockmeyer, *op. cit.*, p. 107. Panzer, VI, 217.

84 EUCLIDES, cum comment. Campani, Theonis, Hypsiclis. — Parisiis, Henricus Stephanus, 1516. FF. ch.: 1-261 et 1 f. blanc?; caract. rom. de deux grandeurs; initiales et figures gravées en marge; in-fol. [255]

>   F. 1, *titre;* CONTENTA. EVCLIDIS Megarensis Geometricorum elemētorum libri XV. CAMPANI Galli trāsalpini in eosdem cōmentariorum libri XV. THEONIS Alexandrini Bartholomaeo Zamberto Veneto interprete, in tredecim priores, commentariorum libri XIII. HYPSICLIS Alexādrini in duos posteriores, eodē Bartholomaeo Zamberto Veneto interprete, Commentariorum libri II..... PARISIIS in officina Henrici Stephani e regione scholae Decretorum. F. 2: FRANCISCO BRICONNETO.... IACOBVS FABER S. D. F. 261 v°, *explicit*: Codices quaterni. a.....y. A....H. Terni z &... Quinternus I.

Reliure moderne en veau brun; sur le f. du titre notes mss. : *Vsui Fris Iohannis de paris cedito* (écriture du XVI° s.) — *Pro BB. FF. M. pontisarentium.* Panzer, VIII, 33.

F

85 FABER Stapulensis (Johannes). Introductio in arithmetica Boetii. — Parisiis, Wolfgangus Hopyl et Henricus Stephanus, 1503. FF. ch. : i-cxij; caract. rom. de deux grandeurs; figures gravées en marge; in-fol. [170]

> F. 1, *titre :* In hoc libro contenta. Epitome, compendiosaq͛ introductio in libros arithmeticos diui Seuerini boetij : adiecto familiari commentario dilucidata. praxis numerandi certis quibusdam regulis constricta. Introductio in geometriam..... Liber de quadratura circuli. Liber de cubicatione sphere. perspectiua introductio. Insuper astronomicon. F. 1 *v°:* Iacobus faber stapulensis.... Iohanni stephano ferrerio... *plus bas :* Iudocus Clichtoueus neoportuensis Ioanni Molinari... F. xlix : Carolus Bouillus veromandius samarobrinus... Iacobo Ramutio Gudmano Cataniensi episcopo. F. cxi *v°, colophon :* Id opus impresserūt Volphgangus hopilius et Henricus Stephanus ea in arte socii in Almo parisiorum studio anno Christi Celorum totiusq͛ nature cōditoris, 1503. Die vicesimaseptima Iunij.
>
> Relié à la suite de l'*Arithmetica* de Jordanus Nemorarius; exemplaire en bon état; au verso du dernier feuillet, deux signatures mss. du XVI° s. : *F. J. Galli — Fr Muscoti.* Panzer, VII, 505.

86 FANTIS (Antonius de). Tabula Scoticae subtilitatis. — Venetiis, Petrus de Quarengiis, 1516. Signatures A-H, A-P; caract. goth.; 2 col.; titres courants; manchettes; initiales gravées; in-fol. [225]

> F. 1*, *titro :* Tabula Generalis ac Mare Magnuȝ Scotice subtilitatis octo Sectiōibus vniuersaȝ Doctoris Subtilis Peritiā complectens miro Artificio elaborata ab Excellētissimo Doctore Antonio de Fantis Taruisino primario eius Inuētore ac Scotice Discipline Illustratore. Iulij Bordoni Patauini.

ad Lectorem Epigramma . . . . Cum Gratia z Priuilegio
F. 1* v°, *diverses épitres :* • Antonius de Fantis... dño Dominico Grimano
ep̄o... Sancti Marci... Antonio Contareno... Christophoro Marcello... Antonio Trombete... Hieronymo Magnano... Bernardino de Cherio... Angelo Aretino... » — *Suivent les réponses adressées à Antonius de Fantis, par les personnages auxquels il avait écrit, Dom. Grimanus, etc. In fine, fol.* P⁴, *colophon :* Explicit tabula generalis ac Mare magnum Scotice Subtilitatis editum ab Excellentissimo Doctore Domino Antonio de Fantis Taruisino : summaq3 cum diligētia Impressum Venetijs per Petruz de Quarengijs sumptib⁹ Egregij Viri Bartholomei de Gabiano a tempore Virginei Partus. M. D. XVI. Idibus Octobris.

Relié à la fin du *Quartum scriptum super quarto sententiarum...* de Duns Scotus corrigé par A. de Fantis. Exemplaire incomplet des cahiers A et B de la table. Panzer, VIII, 435.

87 FERRERIUS (S. Vincentius), de Valentia. Sermones hyemales. — Lugduni, sans nom d'imprimeur, 1518. Signatures a-z, z ꝑ; caract. goth; 2 col.; titres courants; titre gravé, in-4°. [143]

F. 1*, *titre, en rouge :* Beati Vincentij natione Hispani : professione sacri predicatorū ordinis : theologicæ3 doctoris : z euāgelice doctrine predicatoris celebratissimi sermones hyemales : cum eorum indice luculētissimo. ✠ *En noir :* Hanc aūt impressionem prioribus facit opulentiorem..... F. 1* v° : Auctoris Vita Ioannes Theodericus Bellouacus.... lectori S. F. ꝑ⁶ v°, *colophon :* Diuini v̄bi p̄conis z p̄dicatoris : sacreq3 theologie pfessoris eximij : seū vincētij cōfessoris :... Impressi Lugduni Anno incarnationis dñi. M. ccccc. xviij. Regestum..... a-z. z. ꝑ. Omnes sunt quaterniones. FF. *derniers, blancs.*

Reliure en veau fauve, jolis fers à froid au nom d'ANDRI BOVLE, sujets au milieu des plats; exemplaire réglé. A l'intérieur du premier plat, note ms. : *Jacobus Mercier Rector pisciacj anno mil. sex. triges. quinto.* Su le dernier plat il y a le même nom, avec la date 1652. Au verso du dernier f. on lit : *Aux capucins de Montfort.* Non cité par Panzer ni Echard.

88 FIRMAMENTA trium ordinum Franciscanorum. — Parisiis, Johannes Petit, etc, 1512. 6 ff. n. ch.; ff. ch. : i-lxx, i-lxxi, 1 f. blanc et 8 ff. n. ch.; ff. ch. : i-lxviij, i-lxxxiii, 1 f. n. ch.; ff. ch. : i-lxv, et 41 ff. n. ch. = 394 ff.; caract. goth.; 2 col. ou ll. ll.; nombreuses gravures dans le texte et lettres grises; in-4° [106]

F. 1*, *titre :* Firmamenta triū ordinū Beatissimi Patris nostri Francisci. *Au-dessous, une vignette représente s. François d'Assise à genoux devant un crucifix; suivent trois distiques :*
Seraphici turmis Francisci connumerando
. . . .
Sepius et memori mente renolue tibi.
Au f. xlv *de la 5ᵉ partie, colophon :* Supremo iuuante deo (hac quina parte

studiose completa) presenti libro firmamenta trium diui patris Francisci ordinum vocitato : faustus Parisius imponitur finis. Expensis Honestorum virorum librariorum alme vniuersitatis Iohannis Petit Francisci Regnault et Iohannis Frellon. Anno dñice incarnationis Millesimo Quingentesimo Duodecimo Iduum Ianuarij Septimo. Laus z gīa soli deo. Registrū Codicum presentis operis In quinq3 partes dissecti. *Au verso du f. suivant, la marque de J. Petit :* Venundantur per Iohannem petit in vico diui Iacobi Ad intersignium floris lilij. *Suivent le sommaire des privilèges de l'ordre de s. François, et les articles accordés par Louis XII au même ordre.*

Reliure contemporaine en veau brun, médaillons frappés en or sur les plats, représentant le Christ en croix, la Vierge et s. Jean debout à ses pieds. Sur le f. du titre, notes mss. : *Charles Lepreuost conseiller en parlement seigneur de Malassis et herblay — Ex dono Caroli le preuost senatoris parisiensis... Aux cordeliers de Pontoise ;* des notes analogues avec la date 1634, sont répétées au dernier f. A l'intérieur du premier plat : *Liber iste trium firmamentorum creditur R. P. Bonifacii de Ceua qui fuit minister provinciae franciae.* Le Père Boniface de Ceva est cité par Ul. Chevalier ; il mourut en 1517.

89 FROISSART (Jean). Chroniques de France. — Paris, Michel Le Noir, 1505. Caract. goth.; 2 col.; titres courants; initiales historiées; in-fol. Quatre volumes en trois tomes. *Volume I* : 8 ff. n. ch., ff. ch. : i-CClxxi; *volume II* : 6 ff. n. ch., ff. ch. : i-CClxxix et 1 f. blanc; *volume III* : 6 ff. non ch., ff. ch. : i-ccxxxi et 1 f. blanc; *volume IV* : 2 ff. n. ch., ff. ch. : i-Cvi. [271-273]

Tome I : F. 1*, *titre :* Le premier volume de Froissart Des croniques de france : dangleterre : descoce : despaigne : de bretaigne : de gascongne : de flādres. Et lieux circunuoisins. F. i : Cy commence le prologue de messire iehan froissart sur les cronicques de frāce z dangleterre : et autres lieux voisins. F. CClxxi, *colophon :* Cy finist le premier volume de Messire Iehan froissart sur les croniques de frāce z dangleterre z lieux voisins. Imprime a paris par Michel le noir libraire demourant au bout du pont nostre dame deuant saint denis de la chartre a lymage nostre dame. Lan mil cinq cens et cinq le xxviii. iour de mars. *Au verso, la marque de Michel Le Noir, reproduite par Brunet,* I, 1093.

Tome II : F. 1* : LE secōd volume de Froissart. Des croniques de france : dangleterre : descoce : despaigne : de bretaigne : de Gascongne : de flandres Et lieux circunuoisins. *La lettre initiale L est gravée sur bois avec des figures grotesques ; c'est la grande lettre qu'on retrouve dans Lancelot du lac.* F. CClxxix v°, *colophon :* Cy finist le second volume de messire iehan froissart sur les croniques de France :..... Le quinziesme de Iuillet Mil cinq cens et cinq.

Tome III : F. 1* : LE tiers volume de Froissart. Des croniques de france : dangleterre :..... Et lieux circunuoisins. F. CCxxxi v°, *colophon :* Cy finist le tiers volume de messire iehan froissart sur les croniques de frāce :... Lan mil cinq cens z cinq le, vii. iour de iuing. F. 1* : LE quart volume de Froissart. Des croniques de france : dangleterre :..... Et lieux circunuoisins. F. Cvi : Cy finist le quart volume de messire Iehā froissart sur les croniques de france dāgleterre,.... Lan mil cinq cens z cinq. le xxviii iour du mois de iuing.

Reliure du XVII⁰ siècle, en veau brun; exemplaire incomplet du titre du tome I, qui a été remplacé par un titre emprunté à une édition du XVIII⁰ siècle. Brunet, II, 1404-5, décrit cette édition, aussi rare, dit-il, que celle faite par Vérard en 1495. Panzer, VII, 511, indique le second volume de cette édition, mais il se trompe en donnant au premier volume la date 1503, et aux troisième et quatrième la date 1518.

G

90 GALATINUS (Petrus). De arcanis catholicae veritatis. — Orthonae maris, Hieronymus Soncinus, 1518. FF. ch. : I-CCCXI et 1 f. n. ch.; caract. rom. et hébreux; ll. ll.; manchettes; titres courants; initiales ornées et bordures gravées sur fond noir, à plusieurs pages; in-fol. [173]

> F. 1, *titre :* Opus toti christianę Reipublicę maxime utile de arcanis catholicę ueritatis, contra obstinatissimam ludęorū nostrę tempestatis pfidiam : ex Talmud, aliisq3 hebraicis libris nuper excerptum : & quadruplici linguarum genere eleganter congestum. Epigramma hebraicum, in laudem libri & authoris. *La page est entourée d'une bordure gravée.* F. I v°, *deux épigrammes en hébreu de :* « Moses Aharon » *et de* « Ishac Hyspanus. » *Plus bas :* Georgius Benignus de Saluiatis Archiepiscopus Nazarenus ad lectorē. F. II : Maximilianus... Imperator.... Petro Galatino ordinis mino⅔... professori. *In fine :* ... Innsprugk Klendis Septēbris. Anno Domini. M. DXVI. ... Ad ... Maximilianū... Petri Galatini... epistola. F. CCCX, *colophon :* Impressum uero Orthonae maris, summa cum diligentia per Hieronymum Suncinum : Anno Christianę natiuitatis. M. D. XVIII. quintodecimo kalendas martias... LAVS DEO. Correctiones quarūdam dictionum perperam impressarum.... F. CCCXI v°*:* Registrum... F. 1* : ... Petro Galatino ordinis minorū... LEO PAPA X.... Datū Romę... Dic. IX. Aprilis. M. D. XVIII...
>
> Reliure ancienne en vélin ; sur le f. du titre, note ms. : *Ex libris Congregationis missionis dom. s. Cyrici.* Panzer, VII, 493 ; Brunet, II, 1447, dit que cette édition est l'édition originale de cet ouvrage, et qu'elle renferme quelques pièces non reproduites dans les éditions de Bâle, 1550 et 1561, etc., mais Panzer, VI, 174, cite une édition de Bari, 1510. V. aussi Deschamps, *op. cit.*, col. 160 et 974.

91 GAMBIGLIONUS de Aretio (Angelus) et Albertus de GANDINO. Tractatus maleficiorum cum tractatu de tormentis per Guido-

nem de Suzaria. — Lugduni, Jannot de Campis, sans date (1508). 10 ff. n. ch.; ff. ch. : I-CXX, I-LXXIX et 1 f. blanc = 200 ff.; caract. goth.; 2 col,; gravure sur le titre; in-4°. [263]

> F. 1*, *titre en rouge :* ACcipite o clarissimi iudices opera aurea z pulcherrima in materia quotidiana z necessaria excellentissimorum docto℣ dñi Ange. de are. z dñi Alber. de Gandino. Nec nō notabilis tracta. d. Guido. de suza. de tormētis vtriusq3 iuris docto℣ celeberrimo℣ circa maleficia puniēda vna cū vtilissimis additioĩb⁹. d. an. arminěsis z. d. Lu. de bolonignis z. d. Bernar. de Lādri. vtriusq3 iuris doctor cla. q̃ nūcꝗ fuerunt impresse. Et nouissime reuisa ac correcta per egregium virum magistrum Iohannem de gradibus vtriusq3 iuris professorem in inclita ac regia vrbe Lugdunen. *Au-dessous, une grande gravure représente un accusé subissant la torture.* Venūdanĩ Luḡ. a stephano Gueygnard ꝓpe sanctū Anthoniū. F. CXX v° : Explicit perutilis et quotidianus tractatus de tormentis per... Guido. de suza mantuanum. cum addi. domini Ludouici de bologninis... *Au-dessous, la petite marque de Jannot de Campis.*
>
> F. I, *titre :* Clarissimi vtriusq3 iuris doctoris domini Alberti de Gandino opus in materia maleficiorum una cum apostillis nouiter editis studio z solertia spectabilis iuris vtriusq3 doctoris domini bernardini de Landriano mediolaněsis + F. LXXIX, *colophon :* Imp̄ssum Luḡd. p honestū virum Iañot de cāpis. Anno. M. ccccxviij. *Au-dessous, la marque ordinaire de J. de Campis.*

Reliure originale en peau de truie gaufrée ; plats en bois ; mutilée. A l'intérieur du premier plat, note mss. : *Ex libris Alexii De Fontaine Pean. 1690.* Exemplaire attaqué par les vers. D'après l'*Incipit* du traité de Gui de Suzaria, cet opuscule aurait été écrit en 1488. Panzer, VII, 290.

92 GODDAM (Adamus). Quaestiones super quattuor libros Sententiarum. — Parisiis, Johannes Barbier, 1512. 12 ff. n. ch.; ff. ch. : j-clii; caract. goth.; 2 col.; manchettes; lettres grises et frontispice gravé; in-fol. [198]

> F 1*, *titre r. et n. :* Adam goddam super quattuor libros sententiarum. *Au-dessous, la marque de J. Granion.* Venūdātur parrhisijs a Iohāne Granion eiusdē ciuitatis bibliopola ĩ claustro Brunello prope scholas Decreto℣ e regione diue virginis Marie. Cum priuilegio Regis. F. i : Prologus. F. clij, *colophon :* Hic finē accipit egregiū opus Ade ĩ quattuor libros sentētiarū impressioni datū. cura et opera Iohānis barbier impressoris : impēsisq3 honesto℣ virorū Iohannis petit Iohannis grāion z Pōceti le preux huius alme parisiensis academie bibliopolarū in lucē prodijt a vitiorū labeculis quibus scatebat expunctū solertissima industria disertissimi magistri nostri Iohānis maioris ipsius Ade cōterranei anno dñi. 1512. ĩtio nonas aprilis.

Reliure originale en veau brun, fers à froid, plats en bois; exemplaire grand de marges mais taché. Sur le f. du titre, note ms. : *Pro bb. ff. M. Pontisarentium.* — *Frater Hylarius coqus.* Dédié par « Johannes Maior » a Mathieu Gautier abbé élu « in maioris monasterii... » Panzer, VII, 568, (B. Telleriana.)

93 GOETHALS a Gandavo (Henricus). Quodlibetales quaestiones. — Parisiis, Ascensius, 1518. 14 ff. n. ch.; ff. ch. : I-CCCCCXCVII et 1 f. blanc ? ; caract. rom.; ll. ll., excepté la table qui est à 2 col.; manchettes; titres courants; initiales et frontispice gravés; in-fol. [172]

> F. 1*, *titre, en rouge :* Quodlibeta Magistri Hĕrici Goethals a Gandauo doctoris Solēnis : Socii Sorbonici : z archidiaconi Tornaceñ, cum duplici tabella. *Au-dessous, la marque d'Ascensius, avec son monogramme, Silvestre,* 7. Vaenundantur ab Iodoco Badio Ascensio, sub gratia & priuilegio ad finē explicãdis. *Frontispice aux dauphins couronnés et aux centaures.* F. 2* : CAROLO HISPANIARUM .... REGI .... FRATER ALFONSVS DE VILLA SANCTA MINORITANI ORDINIS ... *In fine :* Ex ... conuentu nostro Parrhisiensi. Ad X Kalendas. Septemb. M D XVIII. F. CCCCCXCVII v°, *colophon :* In calcographia Iodoci Badii Ascēsii. Cui Christianissimus Frācorum rex concessit... priuilegium... imprimendi... ab vndecimo Kalendas Septemb. Anni domini MDXVIII. Vt constat per literas patētes regio sigillo obsignatas... subsignāte Pedoyn.
>
> Dérelié, mais en bon état ; sur le f. du titre, note ms. : *Pro bb. ff. M. Pontisarentium*. Panzer, VIII, 51 ; Brunet, II, 1476, au mot *Gandavo*, dit qu'il y a deux tomes ; Van Praet, *1er Cat.*, p. 305, en décrivant l'exemplaire offert à Charles-Quint, fait la même observation, mais il ajoute que la division a été faite par le relieur au f. 249 à cause de la grosseur du volume. Un autre exemplaire aussi sur vélin, provient de la B. de l'Oratoire, de Paris ; Van Praet, *loc. cit.*, p. 306.

94 GORRAN (Nicolaus). Postilla super Epistolas Pauli. — Hagenoae, Henricus Gran, 1502. Signatures a-z, A-X, 1; caract. goth. de deux grandeurs; 2 col.; titres courants; in-fol. [234]

> F. 1*, *titre :* Postilla elucidatiua et magistralis super Epistolas Pauli Reuerendi patris : fratris Nicolai de Gorran sacre pagīe professoris ac Prouincialis Frācie Ordĩs Predicatoƻ. F. *signé* X⁹, *colophon :* Epistolare beati Pauli... Reuerēdi patris Fratris Nicolai de Gorran Parisieñ. Ordinis Predicatoƻ : Sacre pagine Professoris pfundissimi z Prouincialis Francie. Impensis circūspecti pariter z honesti viri Iohannis Rynman de Oringaw : opa autez accurata Industrij sagacis qz Henrici Gran Ciuis in Imperiali oppido Hagenaw e mēdiis quibo passim deprauatum scatuit. lima castigationis sudorosis laboribo vtcūqz pristine integritati restitutum. Impressum ĝdē anno gřě Millesimoquingentesimosecūdo Ipo die sancti Viti martyris cōpletū finit feliciter. *Le dernier cahier signé* 1, *contient la table.*
>
> Reliure moderne en veau brun ; exemplaire incomplet du f. X⁸, blanc ? On a omis de faire à la main les initiales de couleur. Sur le f. du titre, note ms. : *Pro bb. ff. M. Pontisarentium*. Panzer, VII, 68.

95 GRATIANUS. Decretum cum apparatu. — Lugduni, Nicolaus de Benedictis, 1501. 3 ff. n. ch.; ff. ch. : 2-335 et 1 f. n. ch. = 338 ff.;

caract. goth., r. et n.; 2 col., le texte entouré par le commentaire; manchettes; titres courants; gr. in-fol. [182]

> F. 1*, *titre :* Decretum gratiani candidissime lector habebis cū multis notabilibus ĩ margine in locis congruis positis. necnõ cũ multis cõcordātijs sacrarum scripturarũ noui z veteris testamēti que in alijs nũquam fuerũt impresse. F. 335 *v°, colophon :* Decretum gratiani cũ suo apparatu diligenter correctum et emendatum cũ sacre scripture concordantijs : nonnullisq3 additionibus. Finit feliciter. Impressum p Magistrum Nicolauz de Benedictis. Anno dominice incarnationis millesimo quingentesimo primo. die xj maij. F. *dernier :* Registrum.... *Au-dessous, la marque de N. de Benedictis, sur fond rouge, Silvestre, n° 558.*
>
> Reliure moderne en veau brun, tranche rouge. Initiales rouges ou bleues faites à la main. Sur le f. du titre, note ms. : *Pro bb. ff. M. Pontisarentium,* au verso du dernier f., en écriture du XVI° siècle : *Pro conuentu ponthisaro.* Non cité par Panzer.

96 GRATIANUS. Decretum cum divisiones D. Archydiaconi. — Lugduni, Franciscus Fradin, 1517. FF. ch. : I-CCCCXXV, 24 ff. n. ch., ff. ch. : II-XXXVIII et 2 ff. n. ch. = 498 ff.; caract. goth. r. et n.; 2 col., le texte entouré par le commentaire et 3, 4 ou 5 col. pour les tables; manchettes; titres courants; initiales fleuronnées; gr. in-fol. [181]

> F. I, *titre :* Decreti huius plenissimum argumentum. Fidelissime imprimitur istic decretum gratiani Reperiuntur hic diuisiones dñi archydyaconi..... Addidimus vltra priorē impressionē nr̃am concordantias iuris ciuilis ad ius canonicū .... *Au-dessous, une belle marque de F. Fradin, qui se rapproche, pour la composition, de la marque donnée par Silvestre, n° 583, mais dont les détails sont plus délicats.* Ad lectorem. (3 *distiques*). F. I *v°, grande gravure, Gratien écrivant au milieu d'une assemblée de papes, cardinaux et docteurs.* F. 1* (426°), *colophon :* Hoc excellentissimū Decretorū opus : multis vigilijs z accurata castigatione pristino nitori integritatiq3 restitutū :... in inclyta vrbe Lugduñ. finē accepit opera Francisci fradin impressoris seduli, impēsis ꝓ pbi viri Aymonis de porta, ciuis z mercatoris eiusdē vrbis. anno dñi Millesimo ccccxvij. die ꝓ. xxiij mensis Maij. Registrum. a-z, A-Z, aa-gg. Omnes sunt quaterni gg ꝓ quinternus. *La fin du volume est occupée par les tables.*
>
> Reliure moderne en veau brun, tranche rouge; sur le f. du titre, note ms. : *Ex dono domini Joannes Niual Curati de sancto Geruasio derossi 23ª octobris 1654.* Panzer indique plusieurs éditions de cet ouvrage, faites par F. Fradin (1510, 1519, 1536), mais il ne cite pas celle qui est décrite ici.

97 — Decretum cum glossa Bartholomaei Brixiensis. — Sans nom de lieu et de typographe et sans date, (Lugduni, Franciscus Fradin, 150.?) 28 ff. n. ch.; ff. ch. : I-CCCCLIX, I-XLVII = 534 ff.; caract. goth., rouges et noirs; 2 col., le texte entouré par le

commentaire, et pour les tables, 3 ou 4 col.; manchettes; titres courants, en rouge dans le corps de l'ouvrage, et noirs pour les tables; initiales historiées; gr. in-fol. [180]

F. 1*, titre, manque. F. 2, signé A ij : Decretum abbreuiatum sigillatim cuncta attingens.... F. I, manque. F. II, signé aij incipit textus : Decretum aureū domini Gratiani in quo est discordantiū canonū concordantia... F. CCCCLIX explicit : FINIS. Deo optimo maximo laus et gloria : qui est benedictus in secula. Amen. F. I : Margarita decreti... F. XLVI v°, 5° col., explicit : Presbyter. fo. xxxiij. co. vj. Le dernier f. manque.

Reliure moderne, en veau brun, tranche rouge; exemplaire incomplet des ff. du titre, I et XLVII. Sans indication de provenance.

98 GREGORIUS IX. Decretales cum glosa Bernardi Compostellani. — Parisiis, vidua Bertholdi Rembolt, 1519. 10 ff. n. ch., ff. ch. : I-CCCCXXIII, 4 ff. n. ch., ff. ch. : 1-XVII, 6 ff. n. ch. = 460 ff.; caract. goth. de deux grandeurs, r. et n.; 2 col.; manch.; titres courants; initiales et frontispice gravés; gr. in-fol. [220]

F. 1*, titre : Decretalium copiosum argumentum. Diuisiones glosarū ex Iohānis andree nouella diligenter deprompte....

Decretales correctissime   Imprimūtur mirifice
Priscisqʒ cū monimētis   Et optima cū papiro
inuenientur ordinate   Corrigunt fidelissime
Rubeis sub clementis   In Solis aurei signo

Au-dessous, la grande marque de B. Rembolt; une bordure gravée sur fond pointillé entoure le titre. F. 10* v°, grande gravure représentant le pape Grégoire IX auquel le glosateur présente son ouvrage. F. CCCCXXIII v°, colophon en rouge : In sole aureo vici Diui Iacobi Parrhisieñ. feliciter terminatū est hoc solēne opus Gregorianū : vña cū casibꝰ notabilibusqʒ dñi Bernardi ꝑpostellani glosatoris hmōi voluminis. Opera τ Ipēsis Vxoris defuncti Mgͬi Bertholdi Rembolt. Que neqʒ nūmis, neqʒ laboribus quoquo pacto pepercit : vt opus ipͫ diligenter et non sine epaphrodita epauxi imprimendū curaret. Anno virginei partus Millesimo quingentesimo decimonono. Die vero. vij octobris.

Reliure ancienne en daim, fatiguée. Sur le f. du titre, note ms : Ex libris Sⁿ Eligij de Longo jumello.

99 GUIBERTUS seu Gilbertus Tornacensis. Sermones. — Parisiis, Johannes Petit, 1513. FF. ch. : i-ccxxxv et 1 f. n. ch.; caract. goth.; 2 col.; titres courants; initiales gravées; in-8°. [79]

F. 1, titre : SErmones ad oēs status de nouo correcti et emēdati. Au-dessous, une marque de Jean Petit, analogue à celle reproduite par Silvestre n° 24, mais beaucoup plus petite. Venundantur Parisij ab Iohanne petit prefate ciuitatis bibliopola et commorante in vico diui Iacobi sub intersignio lilij aurei. F. *dernier, en gros caract.* : Sermones fratris Guilliberti tornaceñ. sacri paginis egregii doctoris ordinis minorũ ad status diuersos ptinētes Sũptib⁹ τ expēsis hōesti viri Iohānis petit Impressũ Parisij in bello visu Anno domini. M. ccccxiij. die vero xxij mēsis Martij. finiũt feliciter. Deo gratias.

Reliure originale en veau brun, fers à froid. Non cité par Panzer. V. Ul. Chevalier, au mot *Guibert.*

100 GUILLELMUS Autissiodorensis. Explanatio in quatuor libros Sententiarum. — Parisiis, Franciscus Regnault, sans date. 20 ff. n. ch., ff. ch. : 1-262 et 1-66 = 348 ff.; caract. goth.; 2 colonnes; manchettes; titres courants; initiales et frontispice gravés; in-fol. [168]

F. 1*, *titre r. et n.* : AUrea doctoris acutissimi sacriq3 presulis dñi Guilelmi altissiodorēsis in quattuor sententiarum libros perlucida explanatio, vobis denuo diuinorum eloquiorum cultores feruentissimi, nuda, tersa, mendisq3 pristinis purgata : nunc nunc paratur. Hanc igitur accipite o felices sacri christi. tirones hanc lebanter accipite : quam ille bonus bibliopola Franciscus reginaldus in edibus diui Claudij secundum mathurinorum oras tam ingenti cura vobis parault. *Au-dessous, la marque de F. Regnault, Brunet,* II, 344. Venundatur Parisius a dicto. Francisco Regnault iuxta mathurinos : sub diuo Claudio sedente. *La page est ornée d'une bordure gravée.* F. 66 *et dernier, explicit* : regnat. Per omnia secula seculorum. Amen. Deo gratias.

Reliure moderne en veau jaspé, gardes marbrées; sur le f. du titre, note ms. : *Pro bb. ff. M. Pontisarentium.*

101 GUILLELMUS, episcopus Parisiensis. Dialogus de septem sacramentis. — Rothomagi, Laurentius Hostingue et Jametus Loys, 15..? FF. ch. : i-lxxviij (avec quelques erreurs) et 5 ff. n. ch.; caract. goth.; ll. ll.; titres courants; in-8°. [130]

F. i, *titre, manque.* F. ii, *incipit :* Doctissimi viri Guillermi Parisiensis episcopi Dyalogus de sacramentis cuilibet q3utilissimus Incipit feliciter. F. lxxxiij v° : Tabula. F. 5* v° : Explicit Guillermus parisiensis super septem sacramentes.

Relié à la suite du *Confessionale* de Nyder, imprimé à Rouen. Exemplaire incomplet du f. du titre. Au-dessous du colophon, on lit : *Stephanus le maistre prebstre.* Sur le f. de garde, notes mss., entr'autres celle-ci : *Dominus Johannes Regnault sacre theologie professor diebus lune mercurij et sabati epistolam diuj Iacobi prima interpretabitur in ede diuo petro sacra.* Les caractères sont identiques à ceux employés par L. Hostingue et J. Loys, imprimeurs à Rouen, pour le *Confessionale* de Joh. Nyder ; la réunion des deux ouvrages dans une même reliure du temps, confirmerait le témoignage des caractères.

H

102 HANGEST (Hieronymus de). Problemata exponibilium. — Parisiis, Joh. Petit, 15.. Signatures a-v?; caract. goth.; 2 col.; initiales gravées; in-4°. [97]

F. 1*, *titre* : Problemata exponibiliū magistri Hieronimi de hangest. *Au-dessous, une des anciennes marques de J. Petit, sur fond noir.* Venundantur parisius in vico sancti Iacobi sub intersignio leonis argentei. F. *signé* v^z v°, *explicit :* isse maiorem ϕ vnϕ fuit sortes Ille.

Reliure originale en veau brun, jolis fers à froid, plats en bois doublés avec du parchemin provenant d'un manuscrit liturgique? en mauvais état; exemplaire incomplet des derniers ff. Sur le f. du titre, note ms. : *Liber Mon^{rii} Bae Mar. de Vallibus Cernaij.* Panzer, VIII, 211.

103 HEROLT (Johannes). Sermones de tempore et de sanctis cum promptuario exemplorum, etc. — Sans nom de lieu ni de typographe et sans date. Signatures A-X y z, AA-XX yy zz, *zz*; caract. goth.; 2 col. de 59 ll.; titres courants; initiales gravées; in-4°. [78]

F. 1*, *titre, manque*. F. *signé* a iij, *incipit :* Consiliū malū dans reus erit oīm illo$\not\!\!Z$ pctō$\not\!\!Z$ que sequuntur... *(table)*. F. *signé* D, *incipit :* Sermones discipuli de tempore per circulum anni incipiūt. F. *signé* FF. iii v° : Expliciunt sermones collecti ex diuersis sanctorum dictis .... qui intitulantur sermones discipuli ..... Et si quid in presentibus sermonib^9 minus bñ posui : in hoc me correctioni sancte matris ecclesie et cuilibet charitatiuo correctori subiicio et offero ad emendam. Amen. F. FF^4, *titre :* Sermones discipuli de sanctis cū prōptuario exēplorum et miraculis beate Marie virginis .·. F. *signé* zz, *incipit :* Prologus in prōptuarium discipuli de miraculis beate marie virginis incipit. *Cette division est incomplète ; elle se termine au verso du f. signé zz iij :* Per nomen Marie vincitur diabolus Exemplum. lxxvi..... Que cum diceret saluta.

Reliure défectueuse en daim, dos en papier gris; exemplaire incomplet des deux premiers ff. et de plusieurs ff. dans les derniers cahiers, dont l'ordre a été interverti par le second relieur; trop rogné en tête. Sur le f. A iij, note ms. : *moy quille*. Il est possible que cette édition soit signée et datée, ou sur le f. du titre, ou bien à la fin du texte; ces deux ff. manquant, il n'a pas été possible d'identifier le volume.

104 HERACLIDES heremita. Paradisus. — Parisiis, Johannes Petit, 1504. 4 ff. n. ch., ff. ch. : 1-119 et 1 f. blanc; caract. rom.; ll. ll.; manch.; titres courants; in-fol. [201]

> F. 1, *titre*: PRO PIORVM RECREATIONE : ET IN HOC OPERE CONTENTA. Epistola ante indicem... Paradysus Heraclidis Epistola Clementis... Epistola Anacleti. *Au-dessous, la marque de* IEHAN PETIT, *Silvestre, 1136.* F. 2* : INDEX... F. 2 : HERACLIDIS EREMITE QVONDAM PALESTINE EPISCOPI LIBER. QVI DICITVR PARADySVS. F. 119, *colophon* : HERACLIDIS, RECOGNITIONVM PETRI APOSTOLI EPISTOLE CLEMENTIS ET ANACLETI PARISIIS EX OFFICINA BELLOVISIANA FINIS : IMPENSIS IOANNIS PARVI BIBLIOPOLE DILIGENTISSIMI ANNO DOMINI SALVATORIS. M. D. IIII IDIBVS IVLLIIS IVLLIO SECVNDO PONTIFICE MAXIMO. F. 1* *blanc*.

> Reliure moderne en veau brun; exemplaire grand de marges, mais incomplet des premiers et du dernier feuillet. Le titre a été copié sur l'exemplaire de la B. Nationale, C inventaire 222, *réserve*. Panzer, VII, 510.

105 HESYCHIUS. Dictionarium. — Venetiis, Aldus Manutius, 1514. 1 f. n. ch. et colonnes chiffrées à la marge inférieure : 1-776; caract. grecs ; 2 col.; signatures a-z, A B; in-fol. [292]

> F. 1*: ΗΣΥΧΙΟΥ ΛΕΞΙΚΟΝ. HESYCHII DICTIONARIVM LOCVPLETISS. EA FIDE AC DILIgentia excusum, ut hoc uno, ad ueterum autorum fere omnium, ac poetarum in primis lectionem, iusti Commentarij uice, uti quiuis possit, & plane nihil sit, quod ad rectam interpretationem desyderari hic queat. F. 1* v° : ALDI PII MANVTII AD IOANNEM Iacobum Bardellonum.... *colonne* 776 : ΤΕΛΟΣ Omnes quaterniones, praeter A. & B. terniones.

> Reliure originale en veau brun, défectueuse. Sur le f. 2, note ms.: *Pro bb. ff. M. Pontisarentium;* exemplaire rongé par les vers et incomplet du dernier feuillet où se trouve le colophon reproduit par Panzer VIII, 421. Edition *princeps* et rare, dit M. Pennino, I, 592; ce bibliographe donne une petite note sur Musurus qui surveilla l'édition, mais qui introduisit des fautes dans le texte, au lieu de corriger le manuscrit qu'on lui avait confié. En 1792, M. Schow publia à Leipsic une édition du dictionnaire d'Hesychius, dans laquelle il cite les passages altérés par Musurus et les passages authentiques qu'on a retrouvés dans le manuscrit original, conservé à la Bibliothèque de S.-Marc à Venise.

106 HEURES à l'usage de Rome. — Paris, André Chappiel pour Gilles Hardouyn, 1504. Signatures [A] B-K; caract. goth.; 32 ll. ll.; vignettes gravées; in-4° [41]

> F. 1*, 5 *vers :*
>
> Iesus soit en ma teste et en mon entendemēt
> . . . .
> Iesus soit en ma vie τ en mon trespassemēt.
> Amen.

HIERONYMUS

Puis un quatrain :

Qui de tout son cueur et si a dieu
Il a son cueur et si a dieu
Et qui le met en autre lieu
Il pert son cueur et si pert dieu.

A la louenge de dieu et de sa tressaincte et glorieuse mere z a ledification de tous bōs catholiques furent cōmencees ces presentes heures A lusaige de Romme. Pour Gillet hardouin libraire demourāt a Paris sur le pont au chāge aupres de la belle ymage nostre dame a lenseigne de la Rose. F. 1* v°, *almanach de* iiiixxxvii (*pour* 1497) *à* v cens xx. Au f. K⁸, *colophon :* Ces p̄sentes heures alusaige de Rōme tout au long sans riens req̄rir auec plusieurs oraisons et deuotes furēt achenez lā mil. cccc. z. iiii. le. xxii. iour de aoust. pour Gillet hardouyn libraire marchant demourāt a paris sur le pōt au change a l'enseigne de la rose Imprimeez par Anthoine chappiel Iprimeur Demourant a paris en la rue de beau vois. A lenseigne des Connins.

Reliure moderne en chagrin noir, plats doublés en maroquin rouge, dentelle intérieure; exemplaire sur vélin, réglé; incomplet de plusieurs feuillets; les gravures sont enluminées et rehaussées d'or, ainsi que les initiales. Quelques notes mss. raturées; au verso du dernier f. une signature : *Begin 1686 le 21 mars.* Non citées par Brunet.

107 HIERONYMUS (S.). Epistolae. — Lugduni, Nicolaus de Benedictis, 1513. Signatures a-b, a-p, aa-ss, ccc, yyy, a-c; caract. rom.; 2 col. ou ll. ll.; initiales historiées, figure sur bois et frontispice gravé; in-fol. [267]

F. 1*, *titre :* Epistole sancti hieronymi. *Au-dessous, dans un portique, une femme ailée tient deux écussons avec la marque de Jacques Saccon; dans la bordure on lit :* PRECIVM NO[N] VILE LABORV[M] — VIRTVS BEATOS EFFICIT. *Silvestre,* 548, *réduite.* Cum gratia z priuilegio. *In fine :* Impressum fuit presens opus Lugduñ. per Magistrum Nicolaum de Benedictis. Anno Incarnationis domini. Millesimo quingentesimo decimotertio die uero ultima Mensis Iulii. *Sur le dernier feuillet, la marque de l'imprimeur, N. de Benedictis, Silvestre,* 945; *cette marque se trouve aussi à la fin de chaque division du volume.*

Reliure moderne en veau brun; sur le f. du titre, notes mss. : … *Nicolaus gerber — huius voluminis verus possessor est egidius deuert* (?) — *Ex libris sᵗⁱ Eligii de longo jumello.* Le titre de cette édition est le même que celui d'une autre faite en 1508 par J. Saccon; on retrouve aussi à la fin, avant la souscription de N. de Benedictis, 8 distiques où J. Saccon avait encadré son nom :

  Si delectet opes ; nomen si forte rogaris
   Artificis : legito . . . .
 . . . .
 . . . . Iacobus quoqʒ uiuere saccon
  Nomen. . . . .

Panzer, VII, 303.

108 HIERONYMUS (S.). Vitae Patrum. — Lugduni, Nicolaus Wolf, 1502. 4 ff. n. ch.; ff. ch. : Ix-CCXIII et 1 f. blanc; caract. goth.; 2 col.; in-4° (2 exemplaires). [103-104]

>F. 1*, *titre:* Vitaspatrum. *Au-dessous, la marque de Jacques Huguetan, Silvestre, 93.* Venundantur lugduni ab iacobo huguetano ciusdē ciuitatis bibliopola et ciue in vico mercuriali ad angiportum q̄ in ararim ducit. Et parisii in vico sancti iacobi sub diua virgine prope sanctum benedictum. F. CCXIII v°, *colophon :* Beatissimi hieronymi Cardinalis presbyteri sancte romane ecclesie catholice doctoris precipui Libris qui vitaspatrum inscribūtur diligēter eraminatis : vigilantiq҃ studio emēdatis : atq҃ per punctos et comas distinctis. Impressum Lugduni amenissima vrbe. Per magistrum Nicolaum vvolff de Lutrea. M. CCCCC II. mensis Aprilis die vero. xxviij.
>
>Reliure du XVIIe s., en veau jaspé, joli exemplaire. Sur le f. du titre, note ms.: *Ex dono dni Ioannis Niual Curati de sancto Geruasio decessi 23ª octob. 1654.* Panzer, VII, 278.
>
>Le second exemplaire a conservé sa reliure originale en veau brun, filets à froid, plats en bois; il est grand de marges, mais incomplet des premiers et derniers feuillets.

109 HOLKOT (Robertus). Opus in sapientiam Salomonis. — Parisiis, Jean Frellon, 1518. 12 ff. n. ch. et ff. ch. : I-CCCXIIII; caract. goth.; 2 col.; titres courants; lettres gravées; in-4°. [22]

>F. 1* *titre :* Celeberrimi ac moralissimi Sacre paginc doctoris Magistri Roberti Holkot Alemani, diui predicatorum fratrum ordinis professi. Opus reuera insignissimum. in librum Sapiētie Salomonis editum, Nouissime in hac portatili ҃ commodiori forma, luculentissime reimpressum Anno incarnationis domini Millesimo quingentesimo. xviij. *La marque de J. Frellon (de Paris), Silvestre, 157.* Venale reperitur Parisius in domo Iohannis frellon commorātē in vico maturinorum sub intersignio auicludij. F. CCCXIIII v° : Opus..... Expēsis Iohānis frellon ҃ Bernardi Aubri Parisius elaboratum. Finit feliciter Anno a partu virginis salutifero. Millesimo quingentesimo. xviij.
>
>Reliure moderne en veau jaspé. *Ex libris congregationis miss. domus S. Cyrici.*

110 — Quaestiones super quatuor libros Sententiarum et alia opuscula. — Lugduni, Johannes Clein, 1510. Signatures i, a-q, A-K; caract. goth.; 2 col.; manchettes; titres courants; initiales gravées; in-4°. [91]

>F. 1*, *titre :* Magistri Roberti holkot Super quattuor libros sententiarum questiones. Quedam conferentie. De imputabilitate peccati questio longa. Determinationes quarundam aliarum questionū. Tabule duplices omnium predictorum. F. 1* v° : Iodocus Badius Ascensius F. Marco. Alexandreo

de Beneuento.... (*épître datée de Lyon en 1507.*) F. k⁹, *colophon :* Huius operis diligēter impressi Lugduni a magistro Iohāne cleyn alemano. Anno salutis nostre. M. quingentesimodecimo. ad idus Aprilis charte huiusmodi characteribus signate. a..... q A.... K. omnes sunt qterne : exceptis. q. z K. qnternis. *Au-dessous, la marque de l'imprimeur, reproduite par Silvestre, 133.*

Reliure ancienne en veau brun; sur les plats, deux sujets frappés à froid, le martyre de s. Sébastien, et le Christ en croix entre un saint et une sainte ; dans la bordure on lit : ANDRI BOVLE. Exemplaire réglé ; à l'intérieur du plat, note ms. contemporaine : *Ad vsum fratris stephani paris aurelij.*

111 HOMILIARIUS doctorum de tempore et de sanctis. — Lugduni, Johannes Clein, 1516. FF. ch.: I-CXLIII et 1 f. n. ch., I-LXIII et 1 f. n. ch. = 208 ff.; caract. goth.; 2 col.; manchettes; titres courants; initiales et frontispice gravés; in-fol. [227]

> F. 1, *titre, manque.* F. II : Collectanea homiliarum in euangelia tam dominicaliū feriatorūqȝ dierum : ꝙ festorum per totius anni decursum.... F. CXLIII v° : Registrum huius partis. a......z. z. Omnes sunt terni. F. I, *titre en r.:* Homilie doctorū que omelie dici solent : in sanctō꜀ festiuitatibus ꝑm annalis circuli deuolutionem : emuncte :..... ab ecclie doctoribus apprime compilatis. *Au-dessous, une vignette représente une foule de saints, au-dessus desquels flotte une banderole avec ces mots* : III SVNT FILI MEI DILECTI. *La page est entourée d'une jolie bordure gravée, formée par des rinceaux et des enfants.* F. I v° : ..... Karolo arbelot sacri Diuionensis sacelli canonico... Iohannes Thierry Lingonensis..... F. LXIII v°, *colophon :* Preclarissimū opus homiliariū et sermonū... terminatū est Lugduni per excellentissimū impressorē magistrū Iohānē clein Alemannum artis impressorie industria predita In quo pleraqȝ emūcta ac polita (et quod dicere ausim) nequaꝙ visa comperies impssum quidē Anno domini. M. ccccxvj. septimo Idus Augusti. Registrum .... A ..... L Omnes sunt terni preter. K qui est duernus.

Reliure moderne en veau brun; sur le f. II, note ms. : *Ex bb. ff. minor pontisarentium.* Exemplaire incomplet du titre. Panzer, VII, 312.

112 HUGO de Sancto Caro. Biblia cum postilla... — Basileae, Johannes de Amerbach, 1504. Six vol. in-fol.; caract. goth. de deux grandeurs; 2 col., le texte entouré par le commentaire; manchettes; titres courants; in-fol. *Tome I :* 34 ff. n. ch., ff. ch. : 1-436. — *Tome II :* ff. ch. 1-399 et 1 f. n. ch. — *Tome III, manque.* — *Tome IV :* ff. ch. 1-374. — *Tome V, manque.* — *Tome VI, manque.* [202-205]

> *Tome I :* F. 1*, *titre :* Repertorium apostillarum vtriusqȝ testamenti domini Hugonis Cardinalis. F. 1* v° : F. Conradi Leontorij Mulbronn..... ad beniuolos lectores.... *In fine :* Ex artaualle vltra Basileanam birsam. XVI. calend. novembris. M. DIIII. F. 1 : Prima pars huius operis : continēs

textum biblie, cū postilla domini Hugonis cardinalis, librorū infra signa-
torum : Videlicet Genesis..... Iob. F. 1 v°: Conradus leontorius..... Antonio
Coberger. *In fine:* Ex Colmar pridie Nonas Nouembres. M. D. IIII. Ioannes
Amerbachius ad lectorem. F. 435 v°: Postilla dñi Hugonis Cardinalis sup
iob explicit. F. 436, *table des cahiers.*

Tome II: F. 1, *titre:* Secunda pars huius operis continens psalteriū cū postilla dñi Hugonis cardinalis. F. 399 v° : Explicit postilla dñi Hugonis cardinalis sup Esaiam.

Tome III, *manque.*

Tome IV: F. 1, *titre:* Quarta pars huius operis : Continēs textū vna cū
postilla dñi Hugonis Cardinalis Prophetarū et librorum Hieremie..... Machabeorū. ij. F. 374: Explicit secūdus liber machabeorū. *Au-dessous, la
table des cahiers.*

Tome V, *manque.*

Tome VI, *manque.*

Reliure moderne en veau brun; l'exemplaire est incomplet des tomes III,
V et VI; le tome IV est en double, provenant d'un autre exemplaire. Sur les ff. de
titre on lit : *Pro bb. ff. M. pontisarentium* et au verso du dernier f. du tome IV,
une note ms. du XVI° siècle : *Pro fre hugone de Rupe est liber iste.* Panzer,
VI, 179; Stockmeyer, p. 47.

**113 HUGO de Sancto Caro. Postilla super epistolas et evangelia. — Pa-
risiis, Johannes Parvus, 15. . FF. ch. : 1-160, 1-303 et 1 f. n. ch. ;
caract. goth.; 2 col.; titres courants; in-4° [142]**

F. 1, *titre:* Reuerendissimi in xpo patris z domini dñi Hugonis de sancto
charo sacrosancte ecclesie Romane tituli sancte sabine Cardinalis primi
de ordine beati dñici Postillas super epistola et euangelia : tā de tempore
q̃z de sanctis : per totum anni circulum. *Au-dessous, une des anciennes
marques de J. Petit.* F. 160 v°: Prime partis... Finis. F. 1 : Domini Hugonis Cardinalis Secunda pars. F. 303 v° : Secūde partis..... Finis. F. *dernier, blanc.*

Reliure en daim, dos réparé. La partie inférieure du titre a été déchirée. On
lit à la partie supérieure de ce feuillet, d'une écriture du XVIII° siècle : *Ex
libris presbiterorum insulae-adamiticorum.* A l'intérieur du plat de la reliure,
note ms. : *Empt. 20, s. cum.... tomo. 9. Sept. 1589.* Non cité par Panzer.

I

114 ISIDORUS hispalensis. Etymologiarum libri XX. — Parisiis, Joh. Petit, 1520. FF. ch. I-CIIII; caract. rom.; 2 col.; initiales gravées; in-fol. [289]

> F. I, *titre :* Praeclarissimum opus diui Isidori Hyspalensis, quod ethimologiarum inscribitur. Nec te fallat opinio studiose lector quū titulū aspicies quasi ī hoc volumine solū de re grāmatica... mētio fiat...... *Au-dessous, la marque de J. Petit.* Vaenale habetur in vico sancti Iacobi sub signo Lilij Aurei. F. 5* v°, *colophon :* Impressum Parrhisij sumptibus Ioannis Petit. Anno salutis Miliesimo quingentesimouicesimo. die vero vicesimaquinta mensis Septembris.
>
> Reliure originale en veau brun, fers à froid; sur le f. du titre, notes mss. : *Fr. natalis multoris convent⁹* ..... — *Pro bb. ff. M. Pontisarentium.*

J

115 JOHANNES Damascenus (S.). De orthodoxa fide. — Parisiis, Henricus Stephanus, 1507. FF. ch. : 1-114 et 6 ff. n. ch.; caract. rom.; ll. ll.; manchettes; titres courants; in-4°. [114 et 117]

F. 1, *titre:* CONTENTA IN THEOLOGIA DAMASCENI .I De ineffabili diuinitate. II De creaturarum genesi, ordine Moseos. III De iis que ab incarnatione vsq3 ad resurrectionem. IIII De iis que post resurrectionem vsq3 ad vniuersalem RESVRRECTIONEM. F. 1 v°, *lettre de* « Jacobus Faber » à « Egidius Delfus ». F. 114 v° : BEATI Rhenani Alsatici ad ROBERTVM Fortunatum Maclouiensem CARMEN. F. 6*, *colophon :* Sancti patris IOANNIS DAMASCENI de Orthodoxa Fide liber : interprete IACOBO FABRO STAPVLENSI cōsummatus est et absolutus : efformatusq3 PARISIIS per HENRICVM Stephanum formularie litterarum artis industriū opificem : in suo officina eregione schole Decretorum collocata. Anno domini virtutum et fidei autoris, millesimo quingentesimo septimo, decima quinta Aprilis.

Le premier exemplaire a conservé sa reliure ancienne en parchemin; sur le f. du titre notes mss. : *Ex libris Thomae Maillet — Ex dono gratuito domini Thome maillet. — pour les capucins de Montfort.*

Le second exemplaire a une reliure originale en veau brun, fers à froid. *Ex libris Gabrielis dupuy Lechault.* Brunet, III, 541; Van-Praet, 1ᵉʳ Cat. I, 265.

116 JOHANNES Saresberiensis. Polycraticus sive de nugis curialium. etc. — (Lugduni), Constantinus Fradin, 1513. 12 ff. n. ch.; ff. ch. I-CCCLXXV et 1 f. blanc; caract. rom.; ll. ll.; manchettes; titres courants; initiales gravées; in-8° [128]

F. 1*, *titre, r. et n. :* Iohānis saresberiēsis, Policraticus de nugis curialiū et vestigijs pho℥, ptinēs libros octo. Liber p̄mus. De fortunatis. de distributiōe officiorū ..... Li. viij De septē p̄rcipalib⁹ vitijs et seq̄la eorū. q̄ auaricia sit maximū vitiū ..... Cętera videbis in tabula sequenti. Cum priuilegio. F. CCCLXXV, *colophon :* Iohannis saresberiensis, policraticus de nugis curialium & vestigijs philosophorum, in octo partitus libros partiales : finitur. Curauit imprimi honestus vir Constantinus fradin bibliopola Anno dñi. M. ccccc. & xiij. Extrema manus apposita fuit eodē anno xvij Kalendas Maij. Registrum huius operis a-z, aa-zz &&. Oñes sunt quaterniones.

Reliure originale en veau brun, fers à froid; exemplaire réglé; sur le f. du titre, note ms. : *Fr. . . . . escombard 1563 minorita pontisarensis*. La première édition de cet ouvrage, sans lieu ni date, est attribuée par Brunet, III, 547, aux frères de la vie commune à Bruxelles, vers 1476; il ajoute que les éditions de Lyon, 1513, décrite ici, et de Paris, aussi 1513, ne paraissent pas être seulement des réimpressions de la première édition. Panzer, VII, 304.

117 JOHANNES XXII. Extravagantes viginti. — Parisiis, Udalricus Gering et Berthold Rembolt, 1503. FF. ch. : j-xlvij et 1 f. blanc, plus les ff. de la table (?) caract. goth. r. et n.; 2 col.; le texte entouré par le commentaire; manchettes; titres courants; initiales et bordure gravées; gr. in-fol. [213]

> F. j, *titre :* Extravagantes. xx. Iohānis vigesimisecūdi. Iohānis vigesimi secūdi sunt he extrauagātes viginti..... signant paucȝ ꝛbis glose p̄gnātes ĩ mītiplici margĩe..... (*4 distiques*). *Au-dessous, la marque de B. Rembolt, Silvestre, 658, réduite*. Titulus huius libri..... F. j v° : Diuini ac hūani iuris.... auditoris D. Iohānis francisci de pauinis ad exuagantium.... F. ij : Constitutiões .xx. Iohannis pape .xxij. cū familiari apparatu dñi zenzelini de cassanis..... *Bordure gravée, semblable à celle du f. ij des* Decretales de Boniface VIII, *Paris, 1503*. F. xlvij v°, *colophon :* Explicīūt extrauagantes cōmunes.... Nōnullisqȝ illarū subtilia glosemata varijs ex bibliothecis Parisiensibus sūt adiecta. Impssse Opa Vdalrici Gering ꝛ magistri Bertholdi rembolt socioꝝ Cōmorañ. In Sole Aureo vici Sorbonici Parisius. Anno domini. M.ccccciij. Die vero. xviij. mensis Octobris. F. 1*-?, *tables*.

Relié à la suite des Décrétales et des Clémentines; exemplaire incomplet des derniers ff. de la table. Non cité par Panzer.

118 JUSTINUS et Lucius Florus. Epitome historiarum Trogi Pompeji. — Bononiae, Benedictus Hectoris Bononiensis, 1505. FF. ch. : 1-100; caract. rom.; ll. ll.; titres courants; in-fol. [242]

> F. 1, *titre :* Iustinus historicus Vna cum L. Floro a Philippo Beroaldo Correctus. BENEDICTVS BIBLIOPOLA AD EMPTOREM. Emptor Attende, Quādo emere uis libros formatos in officina mea excussoria, inspice signum, quod in liminari pagina est. Ita nūq̄. falleris, nam quidam maliuoli impressores libris suis inemendatis et maculosis apponunt nomen meum, ut ita fiant uendibiliores. quo pacto et mihi, et nomini Doctissimi Nostri Philippi Beroaldi Derogant, uel potius derogare cōtendunt. *Au-dessous, la marque du typographe, Rothscholtz, Insignia bibliopolarum, Norimbergae, 1730, in-fol., n° 151*. F. 100, *colophon :* Iustini et Lucii Flori epitomata Bononię Impressit accuratissime et emendatissime Benedictus Hectoris Bononiensis Bibliopola celeberrimus et Impressor diligentissimus anno salutis. M. DV. Chalendis Iunii. REGESTVM. A. iii..... Q. iii. R. ii.

Reliure du XVIII° s. en veau brun. Notes marg. mss. Sur le f. du titre, on lit d'une écriture du XVIII° s. : *ce liure a appartenu a Haut et puissant Seigneur Messire Antoine Bellieure dont la signature est apres la derniere feuille blanche. Il a été ensuite a messieurs de Lange, et aprés cela a Messieurs de Seue Seigneurs de Laual.* — *Nobilis Ioannes Constant Patronus in curia Lugdunensi.* On trouve à la fin du volume trois ff. d'une table manuscrite, mais la signature de A. Bellieure ne s'y voit plus. Panzer, IV, 413;

119 JUVENALIS. Satirae cum Ant. Mancinelli explanatione. — Lugduni, Johannes de Vingle, 1501. ? ff. n. ch., ff. ch. : i-cxcviij ; caract. goth. de deux grandeurs ; ll. ll.; manchettes ; initiales gravées ; in-4° [295]

F. 1*, *titre, manque.* F. i : Iunij Iuuenalis Satyra Prima. F. cxcviij, *colophon :* Impressum est hoc op⁹ pro fido et bono bibliopola Stephão Gaynardo ciui lugdunẽsi : arte et industria Iohannis de Vingle. Anno salutis christiane. M. quingẽtesimoprimo. V. Idus Maij. Registrum. Ōmes autem cartharũ cōnexiones signate his characteribus. a...... z. B sunt quaterne : p̄ma vero atq3 penultima terne.

Reliure moderne en veau brun, exemplaire incomplet des feuillets non chiffrés. V. Panzer, VII, 276.

L

120 LANCELOT du Lac. — Paris, Philippe Le Noir, sans date (1522?) Trois volumes reliés en un seul tome. Caract. goth.; 2 col.; titres courants; initiales historiées et frontispices gravés; in-fol. *Volume I* : 4 ff. n. ch., ff. ch. : i-Clxv, et 1 f. blanc? *Volume II* : 4 ff. n. ch., ff. ch. : i-Cxxx. *Volume III* : 4 ff. n. ch., ff. ch. : i-Clxi et 1 f. n. ch. [224]

Volume I: F. 1*, *titre* : LE premier volume de Lancelot du lac nouuellemẽt imprime a paris, Mil cinq cens. xxxiii. On les vend a Paris en la rue saĩct Iacques par Iehan petit. libraire iure en luniuersite de Paris a lenseigne de la fleur de lys. *Le frontispice est orné à la partie supérieure de trois écussons aux armes de France, de l'Université et de la ville de Paris; à la partie inférieure, l'écusson du libraire; on y trouve aussi la devise :* PETIT A PETIT. *La grande lettre L est gravée sur bois; on y voit une tête de grue tenant un serpent dans son bec.* F. C.lvx : Cy finist le premier volume de la table ronde Lancelot du lac. Nouuellement Imprime a Paris. *Au verso, la grande marque de J. Petit, avec sa devise.*

Volume II : F. 1*, *titre* : Le second volume de Lancelot du Lac. Nouuellement imprime à Paris. *Même frontispice qu'au premier volume.* F. C. xxx v° : Cy fine le second volume des merueilleux faictz et gestes du noble et puissant chevalier Lancelot du Lac compaignon de la table ronde.

Volume III : F. 1*, *titre* : Le tiers volume de Lancelot du lac nouuellement imprime a Paris. F. C.lxi v° : Cy fine le dernier volume de la Table ronde faisant mention des faictz et proesses de monseigneur Lancelot du lac et dautres plusieurs nobles et vaillans hommes ses compaignons. Nouuellement imprime a Paris pour Phelippe le Noir Libraire et lung des deux relieurs de liures iurez de Luniuersite de Paris demourant en la grã̄t rue saint Iacques a l'enseigne de la Roze blanche couronnee. *Sur le dernier feuillet, la marque de Philippe Le Noir, reproduite par Brunet, V, 41, et Silvestre, 62.*

Reliure du XVIII° siècle en veau fauve, filets dorés; exemplaire en bon état, il ne lui manque que le dernier f. blanc? du premier volume. D'après Brunet, V,

807, cette édition non datée, aurait été publiée entre celle de 1520 (Jean Petit ou Michel Le Noir), et celle de 1533 (Jean Petit ou Philippe Le Noir). Un exemplaire a été vendu 360 fr. à la vente d'Essling. V. Gustave Brunet, *La France littéraire au XV° siècle*, p. 105, où se trouvent quelques détails sur l'auteur, Gautier Map et sur Robert Borron, qui traduisit ce roman en français; *Hist. litt. de la France*, t. XXII, pp. 212-223, article de Fauriel, etc.

121 LAZIARDUS (Johannes). Historiae universalis epitome. — Parisiis, Thielman Kerver, 1521. 8 ff. n. ch.; ff. ch.: I-CCIIII; caract. rom.; ll. ll.; manchettes; titres courants; lettres et frontispice gravés; in-fol. [216]

F. 1*, *titre :* HABES CANDIde Lector Fratris Laziardi necnon Huberti Vellcij conserta Epitomata a primęua mundi origine ad tempora nostra..... Vale. *Au-dessous, la marque de* JEHAN KERVER, *Silvestre, 457.* Venundantur ab Emundo le feure cōmorāte in vico Diui Iacobi sub signo Lunę crescētis : & ab Ioanne Keruer sub Crate eiusdem vici. Cum Priuilegio. *Bordure gravée; à la partie inférieure, la petite marque d'Ed. le Fèvre Silvestre, 767.* F. 2* : Nobili et egregio viro magistro Nicolao de Besze Archidiacono Stāpensi ecclesia Senonensi. Et in suprema Parlamēti curia Parisien̄. Cōsiliario, Emond⁹ le feure. S. F. CCIIII : Vniuersalis Historię Epitomatis finis.

Reliure moderne en veau brun; exemplaire incomplet du titre qui a été copié sur l'exemplaire de la bibliothèque de la Ville, à Lyon, n° 21513. Sur le f. 2*, note ms.: *Pro bb. ff. M. pontisarentium.* Lelong, *Bibl. hist.* (1769), t. II, 15693.

LE MAITRE, voyez Magister.

122 LEUCHETTUS (Franciscus). Commentaria in Duns Scoti super primum, secundum et tertium librum Sententiarum. — Parisiis, Johannes Granjon, 1520. 2 ff. n. ch.; ff. ch.: 1-clxxx, et 1-lxxii; caract. goth.; 2 col.; titres courants; manchettes; figures et frontispices gravés; in-fol. [268]

Première partie, manque.
Deuxième partie : F. 1*, *titre :* PERITISSIMI Viri. F. Francisci Leuchetti de Brixia, ordinis minorū regularis obseruātię totiusq; seraphici Francis. Ordinis gñalis Ministri dignissimi. In Io. Duns Scot. sup secūdo Sentēn. clarissima Cōmētaria subtiliū diffi. perpulchrę solutiones apparentiū prelibati Scoti cōtradictionū. solutiones..... feliciter incipiūt..... *Au-dessous, la marque de J. Granjon, Silvestre, 13.* Veneunt apud preclarum bibliopolam Ioannem Grāion apud clausum brunellum, in signo magni Iunci appēdēte. *Dans la partie inférieure du bel encadrement de la page on retrouve une petite marque de Granjon.* F. 2* : F. Lychetus brixianus.... Maximiliano imperatori.... *Plus bas :* Ad Maximilianum.... Baptista Fiera Mantuanus. (*14 vers latins*) F. 2* v° : F. Leuchetto.... Frater Baptista de Castilliono Mediolanensis..... F. lxxii v° (*seconde partie*), *colophon :* Expliciunt cōmentaria..... Impressa per Ioannem Granion : ex impositiōe Ven̄.

P. Fratris Baptiste de Castilliono Mediolanensis : prouincie Mediolani nec non cura et sollicitudine eiusdem Parisius. Anno domini. M. quingentesimo .xx. die vero : vltima martij.

Reliure moderne en veau brun ; exemplaire avec témoins mais incomplet de la première partie, et du 1ᵉʳ f. du texte de la seconde partie ; sur le f. du titre, notes mss. : *Fr. carolus le* ... — *Fr. Michael Le feburc* — *Conuentus pontisarensis*. F. chiffré ii, on lit : *vsui fris Iohannis paris*. Panzer, VIII, 66.

123 LOUENGES (Les) a Nostre Seigneur... — Paris, Antoine Vérard, sans date, (1502?) Signatures aa-zz; caract. goth.; 2 col.; quelques vignettes gravées; in-4°. [119]

F. 1*, *titre :* Les louenges a nostre seigneur A nostre dame et aux benoitz sains et saintes de paradis. *Au dernier f.*, *colophon :* Cy finissent les louenges de plusieurs sains et sainctes de paradis Iprimees a paris pour anthoine verard libraire demourant a petit pont a lymaige saint iehan leuãgeliste pres du carfour saint seuerin ou au palaijs deuãt la chapelle ou len chante la messe de messeigneurs les presidés.

Relié à la suite du *Psaultier nostre dame*. Au-dessous du colophon la signature d'*André Lecerf;* texte latin et français, en prose et en vers. Brunet, III, 1183.

124 LUCRETIUS Carus (Titus). De rerum natura, J.-B. Pio interprete. — Parisiis, Ascensius, 1514. 10 ff. n. ch.; ff. ch. : I-CLXXXIIII et 6 ff. n. ch. = 200 ff.; caract. rom. de deux grandeurs; le texte entouré par le commentaire; initiales et frontispice gravés ; in-fol. [287]

F. 1*, *titre :* In Carum Lucretium poetam Commentarii a Ioanne Baptista Pio editi : codice Lucretiano diligēter emendato..... *Au-dessous, la marque d'Ascensius, Silvestre,* 7. Venundātur ab Ascensio. & Iohanne Paruo. *Frontispice aux dauphins couronnés.* F. 2* : .... GEORGIO CASSOVIO..... EPISCOPO QVINQVEECCLESIENSI.... IOANNES BAPTISTA PIVS BONONIENSIS. F. 1 : TITI CARI LVCRETII..... DE RERVM NATVRA LIBRI SEX.... F. CLXXXIIII v°, *explicit :* In calcographia Ascēsiana ad. IIII IDVS AVGVSTI. M. DXIIII. Quę vero sequuntur eiusdē PII retractationes, data opa seorsum impressim⁹.... F. 1* : Retractationes Baptiste Pii I editiões suas. IOANNES BAPTISTA PIVS LVDOVICO GESILARDO BONONIENSI THESEO SVO S...

Reliure originale en daim, défectueuse; incomplet du titre qui a été copié sur l'exemplaire de la B. Nationale Yc 80, *réserve*. Panzer, VIII, 12.

125 LUDOLPHE le Chartreux. Le grant Vita Christi. — Paris, Guillaume Bossozel, 151.? Deux tomes; caract. goth.; 2 col.; titres cour.; gravures sur bois; in-fol. *Tome I* : ff. ch. : 1-120 et 1-136. *Tome II* : ff. ch. : 1-116 et 1-149. [53]

Tome I: F. 1*, *titre:* LE grant vita christi translate de latin en francoys. F. Cxxvi v°: Cy finist la seconde partie.selon le trāslateur ℞ la premiere' selon lacteur de cestuy proffitable liure de la grāde vie de iesuchrist. F. 1*-2*, *table. Tome II:* F. 1*, *titre:* LE second volume du grant vita christi en francoys. *In fine:* Cy finist le tresbel et prouffitable liure des meditatiōs sur la vie de Iesuchrist : prins sur les quatre euāgelistes. Et cōpose par venerable pere Ludolphe, religieux de lordre des chartreux Et trāslate de latin en frācoys p venerable sciētifique et eloquēte personne frere Guillaume lemenand, maistre en theologie de lordre de mōseignr sainct Frācoys : a la requeste de trespuissant tresexcellent ℞ tresmagnificque prince monseignr le duc de Bourbon, cōnestable de Frāce. Imprime a Paris par Guillaume bossozel po' la veuf de feu Thielmā Keruer demourāt à la rue saīct Iaques a lenseigne dē la Licorne.

Reliure en veau brun; bel exemplaire; sur le titre, note ms. : *Frere pierre.....1648.* Non cité par Brunet; v. Panzer; VIII, 216.

126 LYRA (Nicolaus de). Postilla super psalterium.... — Lugduni, Stephanus Baland, 1504. Signatures a-y; caract. goth. de deux grandeurs (texte et commentaire); lettres grises; in-4°. [248]

F. 1*, *titre:* Postilla Nicolai de lira sup l'salteriū vna cum hymnis et canticis. *Au-dessous, la petite marque de Simon Vincent, avec la légende*: MEMENTO FINIS, *Silvestre, 265. Au f. avant-dernier, colophon:* Perutilis atq3 ⱷpluribus necessaria expositio.... super psalterio..... per stephanum baland impressa lugduni quarta die Iunij Millesimo quingentesimoquarto. Finit feliciter. *Au verso du dernier f. la marque de Simon Vincent, avec la légende:* S P Q R, *Silvestre, 267.*

Reliure originale en veau brun, fers à froid, exemplaire taché; sur le f. du titre notes mss. : *Ex libris minimorum Bonae Domus — F. Anroux.* Au dernier feuillet, la signature de *Torchy.* Non cité par Panzer.

127 — Postilla super Psalterium et canticos. — Lugduni, Johannes de Platea et Jacobus Myt, 1509. Signatures a-y; caractères gothiques de deux grandeurs; ll. ll.; le texte entouré par le commentaire; titres courants; nombreuses initiales et titres gravés; in-4°. [196]

F. 1*, *titre:* Postilla Nicolai de lira sup psalteriū vna cum hymnis et canticis. *Au-dessous, la marque du libraire Martin Boillon, Silvestre, 207, accompagnée de bordures gravées et de six vignettes représentant des sujets bibliques.* Venūdatur ab martino boillon prope imaginē marie magdalene in vico mercuriali. vulgariter en rue merciere. F. *avant-dernier du cahier y, colophon:* Perutilis atq3 ⱷ pluribus necessaria expositio eximij in theologia pfessoris Nycolai de lyra super psalterio vna cū hymno⅔ ℞ cantico⅔ totius anni ℞ ⱷplurium alio⅔ particulariū expositione. per Iohānem de platea ℞ iacobum myt. Impressa lugduni. xiiij. die Maij. M.ccccix. Finit feliciter.

Reliure originale en veau brun, filets à froid; la marge inférieure des premiers ff. a été rongée par l'humidité. Sur le f. du titre, note ms. : *Pro bb. ff. M. Pontisarentium.*

128 — Postilla super Psalterium et hymnos. — Lugduni, sans nom d'imprimeur, 1512. FF. ch.: i-clxxv et 1 f. blanc; caract. goth. de deux grandeurs; ll. ll.; manchettes; titres courants; initiales historiées et titre gravé; in-4° [137].

> F. i, *titre :* Postilla seu expositio reuerendissimi Magistri Nicolai de lyra.... super psalteriũ dauiticuȝ z hymnos per totũ annũ..... cũ tabula tam psalmorũ quã hymnorũ..... fini operis adiũcta. *Dans la bordure gravée, on voit la fleur de lys rouge florentine qui a servi de marque aux Junte et aussi à Jacques Moderne.* F. clxxiiij, *colophon :* Perutilis.... expositio.... Nycolai de lyra sup psalterio vna cũ hymnorum..... Impressa lugduni xv. die Aprilis. M.ccccxij. Finit feliciter. *Au verso du f.* clxxv, *la marque de Simon Vincent avec les initiales* P V, *Silvestre,* 267 ?

Reliure en vélin blanc; notes marginales mss. Sur le titre on lit : *Pour les capucins de Montfort.* Non cité par Panzer.

129 — Repertorium super bibliam. — Basileae, Johannes Petri et Johannes Froben, 1508. Signatures a-z, A-N; caract. gothiques; 2 col.; titres courants; gr. in-fol. [56]

> F. 1*, *titre :* Repertorium alphabeticum sententiaȝ prestãtium contentiuũ : decerptaȝ..... Super ve. z no. testa. *In fine :* F. Conradus Leontorius Mulbrunench. beniuolo lectori felicitatem..... Ex valle Engadi, vulgo Engetal. viij. kaleñ. Nouembris : Anno christiano. M. D. viij. (*Leontorius résidait au couvent d'Engenthal près Muttenz.*) *Suit le registre des cahiers.*

Demi-reliure moderne, dos en veau brun. Au verso du titre, une épitre de C. Leontorius qui nomme les deux imprimeurs. Sur le titre, note ms. : *Pro bb. ff. M. Pontisarentium.* Panzer, VI, 180, et Stockmeyer, p. 98, n° 17, indiquent ce volume comme étant le t. VI de l'édition de la Bible de 1506-1508 (n°⁸ 206-299 du Cat. de Versailles); mais les titres courants sont composés avec des caractères différents, qui ressemblent à ceux des titres courants de l'édition de la Bible imprimée en 1501-1502 (n°⁸ 175-179 du *Cat. de Versailles.*)

M

130 MAGISTER (Martinus). Quaestiones morales. — Parisiis, Guillelmus Anabat, 1510? FF. ch. : i-ci et 3 ff. n. ch.; caract. goth., et romains pour la table; 2 col.; manchettes; titres courants; titre gravé; in-fol. [226]

> F. 1, *titre :* Questiones morales magistri Martini magistri perspicacissimi theologie pfessoris : de fortitudine nouissime ab erratis mendisqȝ limate adiecta tabula alphabetico ordine contexta per Dauid cranston in sacra pagina bacchalariū feliciter incipiunt. *Au-dessous, la marque de J. Granjon, Silvestre, 13, entourée de bordures gravées.* Venundantur Parisiis a Iohanne Granion eiusdem ciuitatis bibliopola : in claustro brunelli : prope scholas decretorū sub signo sacratissime dei genitricis Marie. F. ci, *colophon :* Impressum parisius per solertissimum artis impressorie Guillermi anabat cōmorantis apud paruum pontem ante hospicium dei ad intersignium licornie expensis honesti viri Iohannis Granion bibliopole commorantis apud clausum brunellum ad intersignium Beate marie. FF. 1*-3*, *tabula.*

Relié à la suite du traité *de temperantia* du même auteur ; exemplaire réglé.
Panzer, VII, 559.

131 — De temperantia. — Parisiis, Johannes Petit et Poncetus Le Preux, 1511. FF. : ch. 1-157 et 1 f. blanc; caract. goth.; 2 col.; manchettes; titres courants; initiales et frontispice gravés; in-fol. [226]

> F. 1, *titre en rouge :* Eximij doctoris Parisiensis Magistri Martini magistri (de tēperantia) Liber. *Au-dessous, la marque de Poncet Le Preux, Silvestre, 966, entourée de bordures sur bois, du style de la Renaissance.* Venalis sub poto stanni vici diui iacobi. F. 1*, *4 vers latins d'«Egidius Delfus», la table, et au verso le colophon :* Opus magistri Martini magistri Impressuȝ Parisius sumptibus honestorum virorum Iohannis petit ɇ Ponceti lepreux bibliopolarum alme vniuersitatis parisiensis Anno domini millesimo quingentesimo vndecimo xxij. die septembris finitur.

Reliure moderne en veau brun ; exemplaire réglé ; sur le f. du titre, note ms. du XVI° siècle : *Vsuj Fris Iohannis gasparis ?* et d'une écriture postérieure : *Pro bb. ff. M. Pontisarentium.*

132 MAIOR (Johannes). Commentarius in primum librum Sententiarum. — Parisiis, Jod. Badius Ascensius, 1519. 8 ff. n. ch.; ff. ch. : j-cxxii ; caract. goth. et rom.; 2 col.; titres courants ; manchettes ; initiales et frontispice gravés ; in-fol. [200]

F. 1*, *titre :* Ioannes Maior in Primum Sententiarum Ex recognitione Io. Badii. *Au-dessous, la marque d'Ascensius avec son monogramme, Silvestre, 7.* F. 1* v° : Ioannes Maior... Georgio Hepburnensi... cœnobii de Arbroth abbati... *Plus bas :* Dialogus inter... Gauuinū Donglaiseum... ecclesiae beati Aegidii Edinburgēsis p̄fectū : & ... Dauidā Crenstonem... F. 3*, *table rédigée par Alexandre Cowan.* F. cxxii : Impressum est rursum hoc opus Parisijs sub recognitione et impensis Iodoci Badij Ascensij Idus Octobris Anni redemptionis humane : M. D. X I X. Deo gratie.

Derelié ; bel exemplaire, grand de marges ; sur le f. du titre note ms. : *Pro bb. ff. M. Pontisarentium.* Panzer, VIII, 53.

133 — Commentarius in secundum librum Sententiarum. — Parisiis, Johannes Granjon, 1519. 6 ff. n. chiffrés, et ff. ch. : i-cxcv et 1 f. blanc ? caract. goth.; 2 col.; titres courants ; lettres fleuronnées et frontispice gravé ; in-fol- [200]

F. 1*, *titre :* Editio Secunda Iohannis maioris doctoris Parisiensis : in Secundum librum Sententiarum : nunquā antea impressa. In florentissima Parrhisiorum vniuersitate. Anno saluatoris nostri. millesimo. ccccc. xix. Venēut apud preclaɿ bibliopolā iohannem grāion : in claustro brunello in signo magni iunci adpendente. Cum gratia et priuilegio. *Joli frontispice représentant un portique ; à la partie supérieure, un écu aux armes de France, entouré du collier de l'ordre de s. Michel. Au milieu une grande marque de J. Granjon, rarement employée ; sa petite marque est reproduite dans le soubassement du frontispice.* F. 1* v° : Ioānes Maior... Natali Bede et Petro tempete... F. 6* v°, *une grande gravure ; à la partie supérieure une banderole avec les mots :* VIVITE FELICES ; *au-dessous deux écussons, l'un, aux armes de France et l'autre mi-parti de France et de Bretagne ; à la partie inférieure, la salamandre et les hermines.* F. cxcv v°, *colophon :* Finis secundi sententiarū Ioannis maioris summi theologie professoris pro secunda lectura nunq̄ antea impressa Anno dn̄i millesimo quingētesimo decimonono. xviij Augusti Expensis Ioannis granion bibliopole cōmorañ. Parisius in claustro brunello : sub signo magni iunci adpendente.

Derelié ; joli exemplaire grand de marges ; se trouve à la suite du traité du même auteur sur le premier livre des Sentences ; mais il ne semble pas avoir été imprimé par Ascensius, les caractères ne sont pas les mêmes, et la gravure des initiales est beaucoup plus soignée.

134 MAIOR (Johannes). Quaestiones in quartum librum Sententiarum. — Parisiis, Jodocus Badius Ascensius, 1516. 16 ff. n. ch.; ff. ch. : I-CCCXC, 4 ff. n. ch.; caract. rom.; 2 col.; titres cour.; initiales et frontispice gravés; in-fol. [199]

> F. 1*, *titre :* Ioannis Maioris doctoris Theologi In Quartum Sententiarum quaestiones vtilissimae suprema ipsius lucubratiõe enucleatae : denuo tamen recognitae : & maioribus formulis impressae... *Au-dessous, la marque d'Ascensius avec son monogramme, Silvestre,* 7. Vęnundantur a sui impressore Iodoco Badio. *Grande bordure sur bois.* F. 1* v°: ROBER-TVS SENALIS IOANNI MAIORI..... F. 2* : IOANNES MAIOR :... GAVVINO DOVGLAS EPISCOPO DVNKELDENSI : ET ROBERTO COKBVRN EPIS-COPO ROSENSI. *In fine, colophon :*... impressa In officina Iodoci Badii Ascencii. Anno salutis humanę sesquimillesimo decimonono ad Idus Augustas. Deo Gratię.
>
> Reliure moderne en veau brun; sur le f. du titre, notes mss. : *Frater Petrus lescuier minor conuentus pontisarae.* — *Ex bb. ff. minor. pontisarensium.* Panzer, X, 11.

135 MANTUANUS (Baptista). Opera. — Parisiis, Ascensius, 1507-9. Caract. romains; ll. ll.; manchettes; titres courants; in-8°. *Tome I, manque. Tome II :* a-z, & ɔ ʀ. *Tome III :* signatures aaa-hhh. *Tome IV :* signatures a-n; folioté I-CXV et 1 f. n. ch. [81]

> *Tome I, manque.*
> *Tome II :* F. 1*, *titre r. et n.:* Secunda pars operum Baptistae mantuani in qua continẽtur Parthenicae Tres Mariana Catharinaria et quattuor Virginum..... contra impudice scribentes Votũ & de natali Io. Baptistę Carmẽ. *Au-dessous, la petite marque de E. de Marnef, reproduite p.* 57. Venundatur in pelicano & in aedibus Ascensianis. *In fine :* Impressi rursus in ędibus ascensianis Anno MDVII ad calen. Iulias.
> *Tome III :* F. 1*, *titre r. et n.:* Adolescẽtia seu Bucolica Baptistae Mantuani Carmelitae Theologi in decem ęglogas diuisa : & Epigrãmata ad Falconẽ q̃ secũdae operũ ei⁹ pti p̃poni aut postponi possũt. *Au-dessous, la petite marque E. de Marnef, reproduite p.* 57. Venũdãtur vbi cetera eius opera Sub pelicano & in Aedib⁹ Ascẽsianis in vico sancti Iacobi. F. *dernier :* Finis Ex ędibus Ascensianis Quarto Nonas Septembris. MDVII.
> *Tome IV :* F. I, *titre :* Opera noua Baptistae mantuani Carmelitae........ Exhortatio regũ christianorũ vt ducant in barbaros. *Au-dessous, la petite marque de E. de Marnef.* Venundantur Sub Pelicano & a Badio. *Au verso, une lettre de «* Godofredus Torinus Bituricus Stephano Coriolano : & ioãni Omni lignierio coamicis. » *In fine :* Parrhisiis Pridie Idus Decẽbris. M. D. VIII. F. 1* *et dernier :* Ex ędib⁹ Ascẽsianus Ad nonas Ianuarias Anni. M. D. IX. ad calculũ Romanũ.
>
> Dérelié; à l'intérieur du premier plat on voit encore la fiche placée par le commissaire du gouvernement en 1792, lors de la suppression des bibliothèques de maisons religieuses; elle porte les indications suivantes : *Mais. Rel.* DD D 1V 3277. Cette édition n'est mentionnée ni par Fabricius, ni par la

Bibliotheca Carmelitana. Ul. Chevalier, col. 215, indique de nombreuses sources où se trouvent des renseignements sur Baptista Mantuanus. Est-ce l'édition citée par Panzer, VII, 524.

136 MASUERIUS. Tractatus aureus stili parlamenti. — (Parisiis), J. Arnoul, 1513. FF. ch. : j-Cxxxv et 1 f. n. ch.; caract. goth.; 2 col.; manchettes; titres courants; initiales gravées; in-8°. [118]

F. 1, *titre r. et n.* : AVreus ac perutilis tractatus dñi masuerij vtriusq3 censure eximii Et ꝗ pratica profundissimi Iudicio⁊ praxim (haud cōtemnendas fore cōsuetudines) curieq3 parlamenti supreme ac aliarum curia⁊ stillum continēs Nouiter Impressus et castigatus Necnon in margine apostillatus Et in textu mirifice additionatus. Anno dñi millesimo cccccxiij. *Vignette gravée.* F. j v° : Stephanus destasso Secundus legens ordinarius Michaelem quadrigariū... hac oratiuncula salutat. F. Cxxxv v° : Tabula..... *Au verso du dernier f. n. ch., la marque de J. Arnoul, non indiquée par Silvestre, et le colophon :* Finit nobilissima domini masuerij pratica : mi⁊ſmodū Additionata Cotata et Apostillata Necnō multis alijs articulis et quidem obmissis, ex vero originali excerptis et nūꝗ ꝗ Impressurā redactis deornata Impressaq3 fuit Anno dñi millesimo quingētesimo. xiij. xj mensis Iulij.

Reliure originale en veau brun, fers à froid; à l'intérieur du premier plat, un nom : *Toussains Iherome ?* d'une écriture contemporaine; sur le f. du titre notes mss. : *frater petrus de bracques minor pontisarensis — aux cordeliers de pontoise.*

137 MAUBURNUS (Johannes). Rosetum exercitiorum spiritualium. — Parisiis, Ascensius, 1510. Signatures AA, a-z, A-V; caract. goth.; 2 col.; titres courants; initiales gravées; in-fol. [281]

F. 1*, *titre r. et n.* : Rosetum exercitiorum spiritualiū et sacrarum meditationum : in quo etiam habetur materia predicabilis per totius anni circulum Recognitum penitus et auctum multis. Presertim primo et vltimo titulis : per ipsius authorem (qui dum vita manebat temporalis nominari noluit) Venerabilem patrem Ioannem Mauburnum : natione Bruxellen. Vita aūt et professione regularem seu Canonicum ex institutione diui patris Augustini : cuius obseruantissima3 egit vitam prius in celeberrimo cenobio Montis sancte Agnetis Traiecten. diocesis. Deinde ꞇ Frācia ꞇ regali abbatia diui Seuerini iuxta castrū Nantonis. in qua regularē (que multis retro annis penitus corruerat) restituit disciplinā Postremo in Liuriacensi monasterio in quo cum (expulsis inde irreformatis moribus) Canonici regularisq3 obseruationis viros collocasset : cum eisq3 aliquāto tēpore vixisset Abbatis functus officio honorifice sepultus est.... *Plus bas, une des anciennes marques de J. Petit, presque semblable à celle reproduite p. 113; elle ne se trouve ni dans le recueil de Silvestre ni dans Brunet.* Instauratum est hoc religiosissimu3 opus Impēsis Ioānis parui ꞇ Ioannis Scabelerij vulgo dicti wettenschire. Venditur q3 ab eis sub Leone argēteo ꞇ insigni Basileēn in vico sancti Iacobi. F. 1* v°... Ioanni Sanlay insignis ecclesie Parhysiensis canonico.... Iodocus Badius Ascēsius.... F. V* *et der-*

nier, explicit : Habes itaq3 lector... Rosetum... Religiosissimi patris Ioannis Mabueni... Impressum est autem presens opus in inclyta parrhisiorū academia opera quidem Ascensiana : sed impensis optimorū biblyoholarū Ioannis parui τ Iohannis scabeleri : Anno salutis nostre M D X. Ad Idus Augusti. Deo sit laus et gloria.

Reliure moderne en veau brun. Sur le f. du titre, note ms.: *Pro bb. ff. minor. pontisarentium.* Panzer, VII, 545.

138 MAYRONIS (Franciscus de.) Commentarius in primum librum Sententiarum. — Venetiis, Bonetus Locatellus, 1504-1507. Quatre tomes en un volume; 2 ff. non chiffrés; ff. ch. : 1-149 et 1 f. n. ch.; ff. ch. : 1-29 et 1 f. blanc; ff. ch. : 1-22; ff. ch. : 1-57 et 1 f. n. ch.; caract. goth. de 2 grandeurs ; 2 col.; manchettes ; titres courants ; nombreuses initiales gravées sur fond noir; in-fol. [171]

Tome I : F. 1*, *titre :* Illuminati doctoris Fratris francisci de Mayronis In primu3 sententia⅔ foecūdissimu3 scriptū coflatus nominatu3. Iacobi philippi de pellibus nigris troyani pro Frācisco de Marone quem nuper..... frater Mauritius Hybernicus ex orco ad superos reuocauit : elegia. F. 2* : Frater Mauritius de portu ybernas... Christophoro Marcello Patritio Veneto. S. *In fine :* ... Patauij. M. D. IIII. F. 149 v°, *colophon :* Exactum Venetijs mādato τ expōsis heredū quondā nobilis viri dñi Octauiani scoti Ciuis Modoetiēsis p Bonetū Locatellum p̄sbyte⅔. 3° kal. Augustas. 1504. F. 1*, *le registre des cahiers et la marque d'O. Scot, reproduite p. 28.*
Tome II : F. 1, *titre :* Scriptū luculentissimū in secundū sententia⅔... nunc primo impressum in publico prodiēs. F. 29, *colophon :* Uenetijs mandato et expensis heredum.... Octauiani Scoti... Per Boneτu3 Locatellum presbyterū Bergomensem. 1505. 14. kalas maias. *Au-dessous, la petite marque de O. Scot, analogue à celle qui est reproduite page 28.*
Tome III : F. 1, *titre :* Scriptum luculentissimum in Tertiū sentētia⅔.... prodiēs. F. 22, *1ʳᵉ col., colophon :* Venetijs... Per Bonetum Locatellum presbyteru3 Bergomensem. 1506. Sexto Kalas Iunias. 2° col., *la marque de O. Scot, comme au tome II, mais plus petite.*
Tome IV : F. 1, *titre :* Scriptum luculentissimū In quartu3 sententia⅔... prodiēs. F. 56 v°, *colophon :* Venetijs Per Bonetum Locatellum presbyterum Bergomensem. 1507. die. 24. nouembris. FINIS. F. 1*, *marque d'O. Scot, semblable à celle du tome I, mais les initiales O S M sont plus grandes.*

Déreliè, mais en bon état. Sur le f. du titre, note ms.: *Pro bb. ff. M. Pontisarentium.* Les feuillets du titre des tomes II et IV ont été intervertis. Panzer, VIII, 385, cite le tome I, mais ne parle pas de la suite de l'ouvrage; Fabricius (éd. de 1754), t. I, 195, mentionne toute l'édition.

139 — Quodlibetales quaestiones. — Venetiis, Bonetus Locatellus, 1507. FF. ch. : 1-42 et 2 ff. n. chiffrés ; caractères gothiques de 2 grandeurs ; 2 colonnes ; manchettes ; titres courants ; initiales gravées ; in-fol. [171]

F. 1, *titre :* Quodlibetales questiones fertilissime Illuminati doctoris fratris Francisci de Mayronis ordinis minoruʒ de obscurissimo carcere tenebrosoqʒ in lucem clarissimam educte : nũc primo impresse. Cuʒ priuilegio notato in officio dominorum aduocatorum. F. 1*, *colophon :* ..... Venetijs mandato z expensis heredum quondam nobilis viri dñi Octauiani Scoti ciuis ac Patritij. Modoetiensis. Per Bonetũ Locatellum presbyterum Bergomensem. 1507. die. iij feb. F. 1* v°, *rappel du privilège accordé pour le commentaire sur les Sentences, aussi bien que pour les Quodlibetales quaestiones. Au-dessous, la grande marque d'O. Scot, reproduite p. 28.*

Dérelié ; se trouve à la fin du Commentaire sur les Sentences du même auteur et du même éditeur. Au-dessous du colophon, la signature de *Gauldry*, en écriture du XVI° siècle. Panzer, VIII, 384.

140 MAZOLINUS (Sylvester) de Prierio. Summa Summarum. — Lugduni, Jean et François Giunta, 15..? Deux volumes; caract. goth.; 2 col.; titres courants; initiales et frontispice gravés; in-4°. Tome I : ff. ch. i-cccxxx et 2 ff. n. ch. ; *tome II manque.* [129]

Tome I : F. i, *titre r. et n. :* Siluestrina. Summa summarũ que Siluestrina nuncupatur : edita ab reuerẽdo patre Siluestro prierate absolutissimo theologo ex sacra predicatorũ familia Sacri palatij magistro dignissimo. nuperrime ad vnguẽ recognita cum annotamõtis z numeris añhae pperã omissis. Reptoriũ ꝗqʒ vti summa bifariã ptitũ est vt cuiqʒ pti regestum rũdeat. *Dans le frontispice, on voit une vignette, s. Thomas écrivant, et dans les angles inférieurs de la page, une des marques des Junte, Silvestre, 590.* F. i v°, *dédicace à Léon X.* F. ii v° : Fratris Baptiste Massiliensis in Siluestrinam Summam Carmen : F. cccxxx v° *:* Finis prime partis summe Siluestrine.

Reliure originale en veau brun, fers à froid; exemplaire défectueux du tome II. Sur le f. du titre, note ms. : *De conuentu fratrum Ambianensium.* Fabricius, ed. 1754; Echard, II, 56.

141 MEDIAVILLA (Richardus de). Quaestiones in quartum librum Sententiarum. — Lugduni, Johannes Clein, 1504. 26 ff. n. ch.; ff. ch. 1-335 et 1 f. blanc = 362 ff.; caract. goth.; 2 col.; titres courants; in-4°. [116]

F. 1*, *titre, manque.* F. signé c³ *incipit :* ad vsum õ multũ vtilis. F. 335 v°, *1ʳᵉ col. :* Registrum aa bb cc a .... z A ...... T. Omnes sunt quaterni preter cc qui est quinternus. *2ᵉ col., colophon :* Explicit scriptum super quarto sententiarum editum a fratre Ricardo de Mediavilla Ordinis Fratrum minorum Doctore excellentissimo : Impressum est auteʒ presens opus cura z impensis Magistri Iohannis clein alemani huiusce artis impressorie solertissimi. Anno domini. M. Quingentesimoquarto ad nonas decẽmbres. *Au-dessous, la marque de l'imprimeur, Silvestre. 133.*

Reliure originale en veau brun, fers à froid; exemplaire incomplet des cahiers aa-bb, a, b. Sur le f. c 3, qui est le premier du volume, note ms. : *Ex* *conuentu sⁱ michaelis ad pontisaram.* Au f. signé v, autre note du XVI° s. : *De par moy Iehan Lesgart demourant a vernon.* Sur le dernier f. de garde : *fr. ysaias lupj conuentus vernonen.*

142 MENOTUS (Michael). Sermones quadragesimales cum alijs tracta-tulis. — Parisiis, Joh. Petit, (1520?). 8 ff. n. ch.; ff. ch. : j-cxx, j-lxv (pour lxvi), j-cxcix et 1 f. blanc = 394 ff.; caract. goth.; ll. ll.; manch.; lettres gravées ; in-8° [107]

F. 1*, *titre r. et n.* : Fratris Michaelis menoti zelantissimi p̃dicatoris ac sacre theologie p̃fessoris ordinis minorū sermones quadragesimales vna cū nonnullis alijs tractatibus hic colentis. *Au dessous, la marque moyenne de J. Petit.* F. j : Fratris Michaelis Menoti.... epistolarum quadragesi-maliū expositio..... declamatorum in famosissimo conuentu fratrum mi-norum Parisiensium. Anno dñi. M. cccc. xvij.... F. j, *seconde partie :*.... Michaelis menoti... tractatus in quo tractat̃ perbelle de federe et pace ineūda media ambassiatrice penitentia. F. j, *3° partie :* Opus aureum... euāgeliorū quadragesimaliū in Pariseoȝ achademia declamatoȝ.... F. cxcix v°, *explicit :*

. . . .
He doulx iesus trop dur fut le voyage.
Quamour te feist en ce monde tenir.
Ce fut pour moy bien men doit souuenir.

Finis.

Reliure originale en parchemin ; joli exemplaire d'une édition antérieure à celle indiquée par Panzer, VIII, 132, en l'année 1530. Dans la dernière partie, la prose latine des sermons est souvent mêlée de vers français. Sur le f. du titre, notes mss. de diverses époques : *A. Fendant — Renati Michel de la Ro-chemaillet — Ex libris S^{ti} Eligii de Longojumello.*

143 MICHAEL Franciscus de Insulis. Rosarium beatae Mariae. — Pari-siis, Johannes Petit, 1518. FF. ch. : i-lxxxiiii; caract. goth.; 2 col.; initiales fleuronnées ; in-8°. [133]

F. 1*, *titre :* Rosarium beate marie virginis 10 d̃. *Au-dessous, la marque de J. Petit, analogue à celle reproduite p. 115.* F. ii : Quodlibet de veritate fraternitatis Rosarii..... conuentus coloniensis ordinis predicatorū pro-nonciatum colonie... Anno domī milesimo quadringentesimoseptuagesimo sexto per fratrem michaelem de insulis..... renouatumqȝ Postea per eun-dem. Anno lxxix. sequenti propter certas causas in prologo cotētas. Incipit feliciter. F. lxxxiiii. Explicit compendiuȝ psalterii... ad laudem... ✝ginis marie gloriam compilatum a Magistro Alano de rupe.... ordinis predicatoruȝ..... Impressum parisi⁹ impensis Iohannis petit cōmorantis in vico diui iacobi sub intersignio Lilii Aurei. Anno domini millesimoq̄ngen-tesimo. xviii. die vero decima mensis Februarii.

Relié à la suite des *Sermones* de Guillelmus Peraldus ; sur le dernier feuillet, note ms. : *Ludouicus de la poterie doctor parisien*... Ce petit opuscule, qui porte deux noms d'auteurs, l'un au début, l'autre à la fin, est attribué à Michel François par Echard, *op. cit.* II, pp. 7 et 8. Non cité par Panzer.

144 MIRABELLIUS (Dominicus Nanus). Polyanthea. — Lugduni, Johannes Thomas, 1513, 12 ff. n. ch.; ff. ch.: i-cclxxviij; caract goth.; 2 col.; initiales et bordures historiées; in-fol. [293]

F. 1*, *titre, manque.* F. a iij v°, *explicit :...* Saone idibus Februarijs. M. ccccc. iij. F. i, *en r.:* Dominici Nani Mirabellij : ciuis Albēsis : Artiū doctoris Polyanthea foeliciter incipit. F. cclxxxvij, *explicit : ...* Lugd̄. in officina Ioannis Thome. Mense Nouembri. Anno dn̄i millesimoquingentesimo decimotertio : sumptu Stephani gueynard : aīs pineti. F. cclxxxviij : Registrum. aa. bb. a....z. A....N. Oēs sunt quaterni preter : bb qui est duernus.

Reliure moderne, en veau jaspé, gardes marbrées ; exemplaire incomplet du titre.

145 MISSALE Rothomagense. — Rothomagi, Martinus Morin, 1504. Signatures +, A-R, AA-LL; caract. goth., rouges et noirs; titres courants; initiales historiées et gravures; in-4°. [24]

F. 1* : [Missale ad usum insignis ecclesie Rothomagensis per optime ordinatū ac diligenti cura castigatū...] Magister martinus morin. *La marque de l'imprimeur, Brunet, II, 363, et Silvestre, 68. In fine :* Ad laudem gloriā et honorem veri dei... ducatus normannie metropolis ecclesie Rothomagen̄, diuinum ac salutiferum sacri Missalis officium celo limaqȝ correctionis peruigeli cura multaqȝ lucubratione castigatum atqȝ in pristini gradus honorē redactū, ere et īpēsa honesti viri magn̄i Martini Morin librarij et mercatoris ac etiā industria experti in arte impressoria dicti Martini Morin inclite ciuitatis Rothomagen̄ ciues non immeriti, terse luculenter et accurate impressum. Anno domini Millesimo quingentesimoquarto Septimo Idus Mensis Iulij. Finit feliciter.

Reliure originale, défectueuse ; jolis fers à froid. Le premier feuillet est mutilé, et on a restitué le commencement du titre d'après la description de Frère, *Manuel du bibliographe normand,* col. 54 ; la seconde partie est foliotée i-lxxxvj. Au f. xx, fête de s^t Jean-Baptiste, on voit dans l'initiale D un écusson surmonté d'une crosse et d'un chapeau d'évêque, avec les armes de Georges d'Amboise qui portait *d'or à 2 pals de gueules.* Brunet, III, 1765.

146 — Rothomagi, Martinus Morin, 1513. 240 ff. non chiffrés; caractères gothiques de deux grandeurs, rouges et noirs; 2 colonnes de 42 lignes, ou 10 lignes de musique; le calendrier est à ll. ll. de nombre variable; signatures +, a-z, ɀ ꝑ, A-E; titres courants en rouge; nombreuses lettres gravées imprimées en rouge; gravures sur bois et bordures; [262]

F. 1*, *titre :* Missale || secundū vsum insignis ecclesie Rothomagen̄. MAgister Martinus Morin. *Entre les lignes du titre, se trouve la marque de l'imprimeur; Silvestre, 68. Le mot* missale *est gravé sur bois, et l'initiale* M, *très* *grande, est entourée d'une banderole où se lit le nom de* MORIN ; *elle est reproduite par Silvestre, 715.* F. 2*, *signé* + ii, *calendrier.* F. 8*, *incipit :* Sequūtur festa que obseruātur ī ciuitate et dyocesi Rothomagensi singulis annis... F. 9*, *signé* a i : Incipit missale ad vsum eccle- || sie Rothomageñ. Dñica pri- || ma aduentus domini Officiū. *La page est entourée d'une bordure semée de fleurs de lys et d'hermines de Bretagne, et la partie supérieure est occupée par une gravure représentant le miracle de s. Grégoire.* F. 98*, *signé* m ij : Prefatio de nati. dñi et p oct. F. 98* v°, *et* f. 99*, *signé* m iij, *les deux gravures du canon, encadrées; l'une des bordures est semblable à celle du f. 9, semée de fleurs de lys et d'hermines de Bretagne.* F. 103*, *signé* n i *incipit :* IN die sancto pasche as- || pergatur aqua ab heri || reseruata..... *Au-dessus, une gravure, la Résurrection; la page entière est entourée d'une bordure.* F. 153*, *signé* t iij, *incipit :* IN vigilia sancti andree || apostoli... *Bordure armoriée et gravure, le martyre de s. André.* F. 240*, *2° col., colophon en rouge :* Ad laudem gloriā et honorē || veri dei optimi maximi totiusq3 || celestis curie exercitus, necnon || ad cōmēdationē celeberrimi cle || ri famose insuper et notatissime || totius ducat⁹ normānic metro- || polis ecclīe Rothomageñ. diui- || nū ac salutiferū sacri Missalis of- || ficiū celo limaq3 correctiōis per- || uigili cura multaq3 lucubratiōe || castigatū atq3 in multis amplia- || tū vt patebit ītuētib⁹. Impressū || per Magistrū Martinū Moriñ || āte. prioratū diui laudi cōmorañ || ad intersigniū sancti Eustachij. Impēsis dicti Morī et Guiller- || mi benard bibliopole ante atriū || bibliopolaƺ sub signo diui nico- || lai morā traheñ. finit feliciī An- || no dñi M. ccccc xiij. vi luce febr̄. F. 240* v°, *la marque du libraire Guillaume Benard, sur fond rouge, Silvestre, 246.*

Reliure moderne en veau fauve, une croix frappée en or sur les plats. Exemplaire complet, mais ayant servi. Les feuillets du canon (98-101) sont en vélin. Brunet, III, 1765, décrit le première édition du missel de Rouen, faite par M. Morin en 1497. Il cite deux réimpressions faites en 1504 et 1506, mais ne parle pas de celle que nous avons sous les yeux. Il est probable, d'après la description de Brunet, que M. Morin employa pour ces diverses éditions les planches et le titre qu'il avait fait graver en 1497.

147 MONALDUS (Justinopolitanus). Summa de jure canonico. — Lugduni, Petrus Balet, 1516. FF. ch. : j-ccxcv et 1 f. n. ch. ; caract. goth.; 2 col.; titres courants; initiales gravées ; in-8°. [123]

F. 1, *titre :* SVmma perutilis Atq3 aurea venerabilis viri fratris Monaldi in vtroq3 iure tam ciuili : ᵱ canonico fundata. Qm̄ scientia omnium facultatem est infinita : necesse est vt numerus librorū sit pene infinitus. Quotidie enim aliquid noui emergit..... Qđ nobis manifestū facit ipse egregius iuris vtriusq3 peritissimus frater Monaldus ordinis beatissimi francisci cuius opera, scientia,... extitit..... bonitate tamen... nō est impar summe domini Anthonini. fratris angeli atq3 astēsis... Cum gratia et priuilegio. *Au-dessous, la fleur de lys rouge des Junte, accompagnée des initiales* P B, *Silvestre, 365.* Venundantur Lugduni in vico mercuriali per Petrum Baleti ad intersignium sancti Iohannis baptiste. F. ccxcv v° : Priuilegiū... francoƺ regis sup summā monaldi. (En français)..... donne acremieu le dixneufuiesme iour de may Lan de grace mil cinq cens et seize et de nostre regne le deuziesme .... F. *dernier v°, la marque de P. Balet, reproduite, réduite, par Silvestre, 304.*

Reliure originale en veau brun, fers à froid. A l'intérieur du premier plat, note ms : *Fr. franciscus maillard;* sur le f. du titre, on lit : *Aux cordeliers de Pontoise.* Fabricius, ed. 1754, p. 85.

148 MONTHOLON (Johannes). Promptuarium juris. — Parisiis, Henricus Stephanus, 1520. Deux volumes. Caract. rom. de 2 grandeurs; ll. ll.; le texte entouré par le commentaire; initiales gravées et figures sur bois; in-fol. Tome *I :* 6 ff. n. ch.; ff. ch. : I-CCCCX et 2 ff. n. ch. Tome *II :* ff. ch. : I-CCCXXXI et 6 ff. n. ch. [214-215]

Tome I : F. 1*, *titre* : Promptuarium Diuini iuris & vtriusq3 humani, Pontificij & Cęsarei celebriores eiusdem Diuini iuris, & historias, & sententias, humanis iuribus tum annotatas tum elucidatas, sub alphabetica serie complectens : a Ioanne Montholonio Eduensi, humanorum iurium doctore, ad Dei honorem & studiosorū vtilitatem elaboratum & duobus Tomis absolutum. Parisiis In aedibus Henrici Stephani. 1520. *Frontispice gravé, avec des figures allégoriques représentant le droit divin, canon et civil.*
F. 2* : Ioannis Montholonij Eduensis... ad suos... fratres, Franciscum.... Parisini senatus aduocatum, Nicolaū, iudicem apud Eduos cancellarium, Lazarum, Cabiloneum fiscalem patronum,... & Gulielmū Mōtholoniū... prefatio. *In fine :* Parisiis. 8. Calendas Nouembris. 1520. F. CCCCX *v°* Promptuarij... : tomi prioris. Finis. FF. 1*-2*, *errata.*
Tome II : TOMVS SECVNDVS Promptuarij diuini iuris ac vtriusq3 humani, ... ab Ioāne de Montholon Eduensi humanorum iuriū doctore... elaborati. Parisiis Ex officina Henrici Stephani 1520. *Le titre est orné d'un cadre reproduit par Silvestre, n° 906.* F. CCCXXXI *v°, colophon :* Parrhisijs in ędibus Hērici Stephani e regione scholae Decretorum, fœliciter absoluta ē huiº operis Ipressio die ante Nouēbris Calēdas septima. Anno a verbiparę virginis partu. 1520. FINIS. F. 6*, *privilège accordé par François I*er *:* A Symō de colynes Libraire..... a Paris le ij° iour de octobre Lan de grace Mil cinq cens et vingt.

Reliure moderne en veau brun. Sur les ff. des titres, notes mss. : *Ex libris Ioannis Fabri Canonici Carnutensis. — Pour les capucins de Montfort.* Panzer, VIII, 63.

N

149 NATALIBUS (Petrus de). Catalogus sanctorum. — Lugduni, Jacobus Saccon, 1519. 4 ff. n. ch., et ff. ch. : j-ccxlv et 1 f. n. ch. = 250 ff.; caract. goth.; 2 col.; nombreuses lettres gravées et gravures dans le texte; in-fol. [244]

F. 1* *en rouge :* Catalogus sanctorum z gestorū eorum ex diuersis voluminibus collectus : editus a reuerendissimo in christo patre dño Petro de natalibus de venetijs dei gratia episcopo Equilino. *Au-dessous, le lys fleuronné, marque des Junte et de Jacques Moderne.* F. ccxlv v°, *colophon :* Catalogi sanctorum per reuerendissimum dnm Petrum de natalibus venetū epm equilinū editi opus finit. Impressum Lugduni per Iacobum saccon Anno domini. Millesimo quingentesimo decimonono. Die vero vltimo mensis Ianuarij. Registrum aa a.....z A.....H. aa est duernus. H. ternus. Ceteri autem sunt quaterni.

Reliure du XVIII° s., en veau marbré; gardes marbrées, tranche rouge; exemplaire trop rogné en tête; on a colorié les initiales et les gravures. Sur le f. du titre, on lit d'une écriture du XVI° s. : *F. bryard — F. bryardus*, et sur le f. de garde: *L'édition qu'avait M. de Bose n'était ny de la même année ny du même format que celle cy. La sienne n'était qu'un in 4° et celle cy in folio, celle de m. de Bose est de 1534, celle cy de 1519. ce 15 8bre 1754.* Panzer, VII, 322. Brunet, IV, 18, cite une édition de Venise, faite en 1506, par Barth. de Zanis, aux frais de Luc Antoine Giunta, où l'on voit une gravure représentant un instrument de supplice semblable à la guillotine. Cette gravure existe dans l'édition de Saccon, au f. xvj, cette coïncidence et celle du lys des Junte, laisse supposer que l'on a affaire ici à une contrefaçon.

150 NEPOS de Monte Albano. Liber fugitivus. — Parisiis, Durandus Gerlier, 1512. FF. ch. : j-lv et 1 f. blanc ; caract. goth. ; 2 col. ; titres courants ; in-8°. [118]

F. 1, *titre :* Liber fugitiuus a magistro Nepote de monte albano editus et nouiter emendatus. *Au-dessous, la marque du typographe sur fond noir, Silvestre, 17.* Venundantur parrhisijs in domo Magistri Durādi Gerlier sub intersignio vulgariter nūcupato Lestrille fauueau, in vico mathurinorum. F. lv v°: Explicit tractatus exceptionum qui dicitur liber fugitiu^9 impressum Parisius anno dñi millesimo quingentesimo. xij. F. 1*, *blanc*.

Relié à la suite du *Tractatus aureus*.... de Masuerius. Auprès du colophon, la signature de : *frater petrus de bracques*.

151 NENIZANIS (Johannes de). Postillae maiores super Epistolas et Evangelia. — Sans nom de lieu ni de typographe, 1517. 4 ff. n. ch.; ff. ch. : i-ccxxxvi et 8 ff. n. ch. = 248 ff.; caract. goth. de 2 grandeurs; 2 col.; titres courants; initiales historiées et frontispice gravé; in-4°. [138]

F. 1*, *titre r. et n.:* Postille maiores totius anni.... Per spectabilem legum doctorē Astensem Do. Ioannem de nenizanis..... Sunt z in hoc volumine Epistole z euangelia ... cum ... doctorum expositione Nicolai de lyra scilicet Nicolai de gorra. Rabani. Guillelmi. lugdunensis et Vincentij.... F. 7* v° (*avant-dernier*), *colophon :* Postille siue expositiões epistolarū et Euangeliorum..... finiūt feliciter. Impresse Anno nostre salutis. M. CCCCC. xvij. Die vero. xiij. mensis Ianuarij. F. *dernier blanc*.

Reliure du XVIIIe siècle, en veau brun; notes marginales mss. Panzer IX, 517, et IX, 119, cite deux éditions de 1518, dont l'une à Lyon par Laurent Hilaire.

152 NICELLUS (Antonius). Concordantia glosarum juris civilis et canonici. — Mediolani, Joh.-Angelus Scinzenzeler, 1506. Signatures a-g, a; caract. goth.; 2 col.; grande initiale gravée au trait, au début du texte; gr. in-fol. [51]

F. 1*, *titre :* Concordie glosarum iuris ciuilis z canonici Antonii Nicelli Placentini ac taurini ciuis. *Au-dessus, la marque moyenne de Jean-Jacques de Legnano et de ses frères; le fond du disque central est noir.* F. 1* v° : Splendidissimo equiti hyerosolomitano Michaeli Rane alexandrino Placentie z Alexandrie preceptori. Antonius nicellus iuris consultus placentinus. S. *In fine :* Alexañ. Rui. I. V. Doc. *Au-dessous, 14 vers latins.* F. 43* : Explicit prima pars huius operis nuncupati ɔcordantie glosa℣ iuris ciuilis z canonici compositi per. S. iureconsultū do. Antoniuʒ nicellum placeñ... Impressum Mediolani per Io. Angelum Scinzenzeler : impensis Io. Iacobi z Fratrum de lignano. Anno salutis Millesimo Quingentesimo sexto. Die. xxij mensis Maij. Registrū huius! operis..... F. 44*, *blanc?* F. 45*, *signé* a, *au* f. 48* v°*:* Tabula prime partis.

Relié à la fin d'un recueil où se trouvent les *Disputationes* de N. Panormitanus, (Milan, 1501), et la *Lectura super titulis* d'A. de Butrio, (Nuremberg, 1486). Non cité par Panzer.

153 NYDER (Johannes). Confessionale. — Rothomagi, Laurentius Hostingue et Jametus Loys, 15.. ? Signatures a-h; caract. goth.; ll. ll.; titres courants; in-8°. [130]

F. 1*, *titre :* Confessionale seu manuale cōfessorum fratris Iohannis nyder, ad instructionem spiritualium pastoʒ Cum tractatu de septem peccatis mortalibus valde vtilis. *Au-dessous, la marque du libraire Pierre Regnault, qui exerça à Caen et à Rouen, Silvestre, 248.* F. h² v°, colophon : Eximij... fratrʒ Iohānis nyder ordinis predicatoʒ manuale cōfessorū....., feliciter finit. Impressum rothomagi, in officina Laurētij Hostingue et Jameti loys. pro Petro Regnault librario vniuersitatis cadomensis. *Les deux derniers ff. contiennent la table.*

Reliure originale en veau brun, fers à froid, traces d'un fermoir. Au verso du f. de garde on lit parmi d'autres notes mss. : *Stephanus le maistre prebstre vicaire de sainct pierre de Troys en champaigne demerant pres les tournelles;* signé : *Le maistre prebstre.* Sur le f. du titre on lit : *Monast. s. germ. all. 1708.* Non cité par Panzer.

O

154 ODO cancellarius parisiensis. Flores sermonum. — Parisiis, Jod.
Badius Ascensius, 1520. 8 ff. n. ch., et ff. ch.: I-CLIIII; caract.
rom.; ll. ll.; manch.; titres courants; lettres gravées; in-4°. [38]

> F. 1* : Flores Sermonū ac Euāgeliorum Dominicaliū excellētiss. Magistri
> Odonis Cancellarii Parrhisien. Omni sale, lepore, ac eruditione refertis-
> simi : cum corūdem indice. *La marque de J. Bade, Brunet, I, 64, et Sil-
> vestre,* 7. Venūdantur ab Iodoco Badio Ascensio. Cū gratia & priuilegio,
> nequis triennio proximo nisi e re eiusdem Badii rursus imprimat. F. CLIIII :
> .... imprimat preter assensum Iodoci Badij Ascensij : Cuius castigatione &
> impensis absoluti sunt hi sermones ad Idus Ianuarias. Anno domini ad
> calculum Romanum. MDXX. Deo gratie.
>
> Relié à la suite des *Sermones* de Nicolas d'Aquaevilla. Notes mss.: *Delaver-
> nade — Fr Carolus Le Duc.* Dédié à Jean Fischer, archevêque de Canterbury,
> par frère Mathieu Makerel. Panzer, VIII, 62.

155 ODOFREDUS sive Roffredus. Commentaria super Digesto veteri. —
Parisiis et Andegavi, Engilbertus de Marnef et Johannes Alexander, 1504. Signatures A-Y, AA-NN; caract. goth.; 2 col.; titres
courants; initiales gravées; gr. in-fol. [193]

> F. 1*, *titre, en r. :* Iurisconsultissimi facileq3 legū principis domini Odof-
> fredi super digesto veteri cōmentaria in lucem nouissime edita in iure
> proficere cupientibus perutilia Feliciter incipiunt. *Dernier feuillet, colo-
> phon :* Iuris cesarei.... interpretis dūi Odofredi super. ff. veteri cōmenta-
> riorum prima pars: ad studentium totiusq3 reipublice vtilitatem perui-
> gili diligentia nouissime in lucem edito⅞ accuratissimeq3 impresso⅞ cura
> et impensis viro⅞ solertium Engelberg de marnef bibliopole parisius cō-
> morantis : 𝒞 Ioannis alexandre florentissime vniuersitatis andegaueñ. li-
> brarij iurati librarieq3 eiusdem vniuersitatis custodis ibidem cōmorantis.
> Anno a partu ꝉginis : millesimo quingentesimo quarto : die ꝉo mensis
> Iulij tertio. Registrum. A.-Y. AA.-NN. Omnes sunt quaterni demptis
> primo 𝒞 duobus vltimis qui sunt quinterni.

Demi-reliure du XVIII° siècle; dos en veau brun; plats en parchemin provenant d'un manuscrit en cursive. On a omis de faire à la main les initiales de couleur. Sur le f. du titre, notes mss.: *Terrier ad*^cat *1624 — S*^ti *Martini Pontisarensis 1680.* Cet ouvrage est signé par le libraire Jean Alexandre, comme les *Quaestiones* de Bartholomacus Brixiensis citées plus haut, mais il est imprimé avec des caractères différents. Panzer, VII, 510.

156 ORBELLIS (Nicolaus de). Compendium super Sententias. — Parisiis, Franciscus Regnault, 1517? Signatures a-z, ꝛ ꝑ, aa-yy; caract. goth.; 2 col.; titres courants; initiales gravées; in-8°. [82]

F. 1*, *titre, r. et n.*: EXimii doctoris magistri Nicolai de orbellis ordinis mino℈ sup sētentias cōpēdiū singulare elegātiora doctoris subtilis dicta sūmatim cōplectēs : qd̄ nunc dudū multis viciatū erroribus : castigatissime recognitū nouo extat. Impssioni Parisii cōmendatū. impēsis Francisci Regnault. Anno dn̄i. M. ccccc. xv. *Au-dessous, la petite marque de F. Regnault, Silvestre, 1167.* F. 1* v°: Lodoicus honnonius neruius (*ad lectores*) .... F. tt⁷ : Sequitur tabula... F. *dernier*, yy⁸ : Finis adest (auspice deo) scripti quattuor ibroruʒ sentōliaruʒ reuerendi magistri nicolai de orbellis..... Impressuʒ qʒ expēn. honesti viri Francisci regnault Anno domini millesimo quingentesimo decimo septimo die vero vltima mensis Augusti.

Reliure moderne en veau jaspé, gardes marbrées; nombreuses notes marginales mss. Sur le premier feuillet on lit les noms de différents religieux, possesseurs du volume : *Andreas Delange — De lancy? — Raphael boucher — J. Coulon —* et, *Ex bb. ff. Minor. pontisarensium,* Le f. du titre donne la date 1515, tandis que le colophon indique 1517; aurait-on employé le titre d'une édition précédente, ou bien serait-ce une faute d'impression? Les tables ont été interverties par l'imprimeur; celle du IV° livre précède celle du livre I. Panzer, VIII, 25, place cette édition en 1515.

157 — Logica secundum Scotum. — Basileae, sans nom d'imprimeur, 1503. Signatures a-y; caract. goth.; 2 col.; figures gravées dans le texte; in-4°. [100]

F. 1*, *titre manque.* F. 2*, *incipit* : Excellentissimi viri, artiū ac sácre theologie pfessoris : eximij magistri Nicolai dorbelli de frācia : ordinis minorū. P̄m doctrinā doctoris subtilis Scoti (logice breuis) sʒ admodū vtilis expositio incipit. F. *signé* y¹⁰, *colophon* : Expliciunt libri Ethicorū Basilee impressi : Anno incarnationis dn̄i. M. ccccc. iij.

Reliure originale en veau brun, fers à froid; on a omis de faire à la main des initiales de couleur. Nombreuses notes mss.; au verso du dernier f. : *frater marcus gille minorita pontisarensis,* et *F. necourne* (?)

158 ORIGENES. Opera. — Parisiis, Jodocus Badius Ascensius, 1519? Quatre volumes en deux tomes; caract. rom.; 2 col.; titres courants; initiales et frontispices gravés; in-fol. *Tome I, pars 1*:

32 ff. n. ch., ff. ch. : I-CXC; *pars 2* : ff. ch. : I-CLVII et 1 f. blanc?
[236]

Tome I: pars I: F. 1*, *titre r. et n.:* Operū Origenis Adamātij Tomi duo priores cum tabula z indice generali pxime sequentibus. *Au-dessous, la marque moyenne de J. Petit.* Venūdātur cū duobus reliquis corūdē Tomis in ędibus Ioannis parui : et Iodoci Badij Ascensij : Cum gratia z priuilegio Regio. *La page est ornée du frontispice aux dauphins.* F. 2* : ... Magistro Michaeli Lingonensi ecclesie merito praesuli.... Iacobus Merlinus. F. 2* v°, *explicit:* E Nauarra Parisiensi. Pridie Kalen. Nouemb... M.D.XII. F. *signé* d⁶ v° : Ioannes aegidius Nucerien. in laudem Origenis... (*6 distiques*). F. CXC : Explicita est Homilia vnica (quamqdem extare nouimus) Origenis in Librum Regnorum. Deo laus & gloria. *Pars II:* F. I : Incipit Prologus in Origenem super Iob. F. CLVII v° *:* Explicita igitur est Secunda pars Operum Origenis Adamantii.

Reliure moderne, en veau jaspé, gardes marbrées. Sur le f. du titre, note ms. : *Pro bb. ff. M. Pontisarentium.* Exemplaire incomplet du second tome ; en l'absence du colophon, la notice peu détaillée de Panzer, VIII, 53, ne permet pas de fixer avec certitude la date de l'édition.

159 ORLANDINUS (Rudolphus) seu Rolandus Passagerius. Summa Rolandina. — Lugduni, Joh. de Vingle, 1506. 6 ff. n. ch.; ff. ch. : I-CCI et 1 f. blanc = 208 ff.; caract. goth.; 2 col.; initiales historiées; in-4°. [112 et 263]

F. 1*, *titre r. et n.:* Summa Rolandina. COmmentaria seu expositio domini Petri boaterijs bo. In summaz notarie domini Rolandini pass. bo. profundiora Iustiniana iura : sup vnoquoqz instrumento enucleantia : Nunc vero de nouo accurate a mendis castigata. ac emēdata. cum rationibus ac auctoritatib⁹ iuris rursus insertis. per Iohānem de verdellay decretorum Bac. ac art. magistrum. In qua quidē summa extant infrascripta decem capitula.... VEnundātur Lugduni a stephano gueynard prefate ciuitatis bibliopola z ciue In vico Mercuriali vulgariter En la rue Merchiere : prope sanctum Anthonium. F. 1* v° *:* Bartholomeus ab horario.... artis notarie interpres. Ad.... tabellionatus sciētie professores... F. CCI v*, *colophon :* Summe domini Rolandini passagerij de Bononia.... cū expositiōe dni Petri de boaterijs Bon..... impressum Lugduñ. per Iohannem de vingle anno dñi millesimo quingētesimo sexto. die ▼o. xvij mensis decembris. Registrum. a..... z. z. ρ. Omnes sunt quaterni preter. t. qui est quinternus.

Le premier exemplaire a une reliure ancienne en parchemin jaspé. Sur le f. du titre, note ms. : *Pro bb. ff. M. Pontisarentium.* Brunet, IV, 232, cite deux éditions de cet ouvrage, en 1477 et 1480, au mot *Orlandinus*.

Le second exemplaire est relié à la suite du traité des Maléfices d'Ange de Gambiglionibus.

160 OVIDIUS Naso (Publius). Amorum libri tres cum enarrationibus Dominici Nigri. — Venetiis, Johannes Tacuino de Tridino, 1518.

4 ff. n. ch., ff. ch.: 1-89 et 1 f. blanc; caract. rom. de deux grandeurs, le texte entouré par le commentaire; initiales, vignettes et frontispice gravés; in-fol. [288]

> F. 1*, *titre* : P. OVIDII NASONIS AMORVM LIBRI TRES. DE MEDICAMINE FACIEI LIBELLVS : ET NVX. INFINITIS PENE ERRORIBVS E MANVSCRIPTIS EXEMPLARIBVS EMACVLATI. Vna cum Dominici Marii Nigri Veneti luculentissimis enarrationibus : addito iudice eorum : quae digna notatu visa sunt. His insuper accedunt Pulex z Philomela : licet falso Nasoni adscribantur. CVM PRIVILEGIO. F. 1* v°, *carmina tres : Antonii Venerii, Benedicti Superantii et Johannis Basilii.* F. 2* : DOMINICVS MARIVS NIGER... SEBASTIANO CONTARENO.... F. 89 v°, *colophon :* Venetiis in Aedibus Ioannis Tacuini de Tridino Anno M. D. XVIII Mense Ianuario REGISTRVM. AA A-.... P Omnes sunt terniones. *Au-dessous, la marque de l'imprimeur reproduite par Desbarreaux-Bernard, fol. 12, n° 223, accompagnée de la devise :* LAVS DEO.
>
> Reliure du XVII° s., en parchemin jaspé; au dos le monogramme A E P; à l'intérieur du premier plat, un ex-libris gravé aux armes d'Alexandre Petau. Exemplaire incomplet du dernier feuillet, blanc? Sur le f. du titre, note ms : *Ex Libris FF. Minorum Recollectorum Conventus regii Versalliensis 1711.*

161 OVIDIUS Naso (Publius). De arte amandi, cum commentariis Barth. Merulae. — Venetiis, Joh. Tacuinus de Tridino, 1518. FF. ch. : 1-46 et 2 ff. n. ch.; caract. rom. de deux grandeurs, le texte entouré par le commentaire; initiales, vignettes et frontispice gravés; in-fol. [288]

> F. 1 : P. OVIDII NASONIS LIBRI DE ARTE AMANDI ET DE REMEDIO AMORIS. Vna cum luculentissimis commētariis R. D. Bartholomei Merulae Apostolici Protonotarii : z aliis additionibus nouis nuper Y lucē emissis : aptissimisq3 figuris ornati : necnon castigatissima tabula quae omnia vocabula : omnesq3 historias : z quaeq3 scitu dignissima secundum alphabeti ordinem diligentissime complectitur + F. 1 v° : ... MERVLA ... FRANCISCO GEORGII CORNELII ... FILIO S. D. F. 46 v°, *explicit :* Impressum Venetiis in Aedibus Ioannis Tacuini de Tridino Anno Domini MDXVIII. Die XX Februarii Inclyto Leonardo Lauretano Principe. REGISTRVM A .... H Omnes sunt terni.
>
> Relié à la suite de *Amorum libri tres* du même auteur et du même imprimeur. Panzer, VIII, 445.

162 — Metamorphoseon libri cum commentariis. — Lugduni, Nicolaus Wolf, 1501. 10 ff. n. ch., ff. ch. : I-CCVIII ? caract. goth. de deux grandeurs, le texte entouré par le commentaire; manchettes; initiales gravées; in-4°. [299]

> F. 1*, *titre, en r. :* Ouidii quindecim metamophoseos libri diligentius recogniti cum familiaribus cōmentarijs : z indice alphabetico ab ascensio

summa cura collecto..... *Au-dessous, la marque de Huguetan, reproduite par Brunet, V, 266, et Silvestre, 93.* Venundantur Lugduni ab Iacobo huguetano eiusdem ciuitatis bibliopola et ciue in vico mercuriali vulgariter a la rue merchiere ad angiportum qui in ararim ducit. Et parrhisijs in vico sancti Iacobi sub diua virgine prope sanctum benedictum. *In fine:* Publii Ovidii Nasonis Metamorphoseos liber vna cum enarrationibus Raphaelis Regii duplicique repertorio. Lugduni impressus per magistrum Nicolaum Wolff de Alemannia. Die XXIX nouembr. Anno dñi M. quingentesimo primo.

Reliure originale, en veau brun, fers à froid, plats en bois; exemplaire incomplet des derniers ff. Nombreuses notes mss.; sur le f. du titre, une signature du XVIe s. : *Andreas Del. — Pro bb. ff. minorum pontisarentium.*

P

163 PALUDE (Petrus de). Scriptum in quartum Sententiarum. — Parisiis, Johannes Bienayse et Jacobus Ferrebouc, 1514. 8 ff. n. ch., ff. ch. : 1-ccxxii (incomplet); caract. goth.; 2 col.; manchettes; titres courants; initiales et frontispice gravés; in-fol. [231]

F. 1*, *titre r. et n.* : Exactissimi et ꝗ3 maxime probati ac clarissimi doctoris Petri de Palude predicatorij ordinis hierosolimitani quondā patriarche dignissimi quartus sententiarū liber a. f. vincētio de Haerlem germano : ciusdē ordinis diligentissime recognit⁹... solerter transumpta. plenius hic sunt inserta. *Au-dessous, la marque de Claude Chevallon, Silvestre, 396.* Venūdantur a Claudio cheuallon commorante Parisi⁹ ante collegiū Cameracēse in intersignio diui Christofori. *Frontispice aux dauphins couronnés.* F. 1* v° : .... Magistro Michaeli P... Vincentius de haerlem... F. : cc..? *colophon, (d'après Panzer) :* Parisiis impressum per Ioannem Bienayse et Iacobum Ferrebouch; expensis Ioannis Petit, Francisci Regnault et Cl. Cheuallon M. DXIV.

Reliure moderne, en veau brun; exemplaire incomplet des derniers feuillets, et le titre est mutilé, Sur le f. du titre, notes mss. : *8 ans D'entier amy et serment loyal*, et un ex-libris ms. du XVIII° s. : *Ex bb. ff. m. pontisarensium.* Panzer, VIII, 15.

164 PANORMITANUS (Nicolaus de Tudeschis, archiepiscopus). Commentarius super primo Decretalium, cum apostillis... — Lugduni, Nicolaus de Benedictis, 1501. *Quatre volumes;* caract. goth.; 2 col., le texte entouré par le commentaire; titres courants; gr. in-fol. *Tome I :* ff. ch. : 1-136; *tome II :* ff. ch. : 1-161, et 1 f. blanc. [210]

Tome I : F. 1, *titre en r.* : Prima pars abbatis cū suppletionib⁹ Antonij de but. ⁊ cū additiōib⁹ celeberrimi etate ista do. Antonij corseti. vsq3 ad. c. suffraganeis de electione. Necnon cum apostilis vtriusq3 iuris Monarche do. Andree Barbace Siculi nouiter impressis. ⁊ cū Summarijs ⁊ additōnib⁹ a principio vsq3 in fine nouiter editis per eximiu3. I. v. doctorem domi. Bernardinū ex capitaneis de Landriano Mediolanēsem. F. 2, *incipit textus* : Dñi Nicolai de tudisco abbatis siculi Panormitani .... F. 136, *colophon* : Domini Abbat3̃ siculi pars prima sup primo decretalium..... diligentissime emēdata feliciter finit. Impressa per magistrū Nicolaum de Benedictis. die. xxij. octobris. M. ccccej. Registru3..... A-R Omnes sunt quaterni. *Au-dessous, la marque sur fond noir de l'imprimeur, Silvestre, 558.*

Tome II : F. 1, *titre en r.* : Secunda pars abbatis super primo cum suppletōibus domini Antonii de butrio.... necnō. d. Bernardini ex capitaneis de landriano Mediolanensis : vtriusq3 iuris doctoris nouiter additis. F. 161, *colophon* : Panor. sup secūda pte p̄mi decretaliū cū suppletiōe dñi Anto. de butrio..... Necnō cū additionib⁹ do. Bernardini ex capitaneis d̄ landriano Mediolanensis finit feliciter. Registrū... AA-VV Maior pars sūt qterni s3 IIII QQ sunt qnterni VV ternus. *Au-dessous, la même marque qu'au tome I*.

Reliure moderne en veau brun, tranche jaspée ; initiales rouges ou bleues, faites à la main. Sur le f. du titre, note ms. : *Pro bb. ff. M. Pontisarentium.* Panzer, VII, 276.

165 — Lectura super II et III libros Decretalium, cum additionibus Bartholomaei de Bellenzinis, etc. — Lugduni, Nicolaus de Benedictis, 1501. Quatre volumes en deux tomes ; caractères gothiques ; 2 col. ; manchettes ; titres courants ; gr. in-fol. *Tome I* : FF. ch. : 1-185 et 1 f. blanc. *Tome II* : FF. ch. : 1-145 et 1 f. blanc. *Tome III* : FF. ch. : 1-127 et 1 f. blanc. *Tome IV* : FF. ch. : 1-211 et 1 f. blanc. [211-212]

Tome I : F. 1, *titre* : Prima pars Abbatis super secundo decretalium cū apostilis vtriusq3 iuris monarcho do. Andree Barbace Siculi nouiter impressis necnō quāpluriū aliorum excellētissimoɋ doctorum. F. 185 v°, *colophon* : Prima pars Abbatis siculi panor. Sup sedo decretalium libro finit feliciter cum casuū Bernardi interpositione diligēter emendata. z Impressa p magistrum Nicolaum de benedictis. M. ccccej. die. xix Iunii. Registrum......

Tome II : F. 1, *titre* : Secūda pars Abbatis super secūdo decretaliū.... F. 145, *colophon* : Secūda pars Abbatis panor. sup decretalium sedo optatum finē tetigit..... Ad laudem dei. amen. *Plus bas* : Registrum huius voluminis.

Tome III : Tertia pars Abbatis super secūdo. decretalium cū apostilis..... F. 127, *colophon* : Tertia pars sup secūdo decretaliū dñi Nicolai siculi abbatis panor. vna cū..... additōibus dñi bar. de Bellēzinis..... impressa p magistrū Nicolaū d̄ Bndict3̃. Anno. dñi. M. ccccej. die. ix Augusti. Registrū..... *Au-dessous, la marque de l'imprimeur sur fond noir, Silvestre, 558.*

Tome IV : F. 1, *titre* : Abbas super tertio decretaliū cū additionib⁹..... F. 211 v°, *colophon* : Super tertio preclara lectura famosissimi doctoris dñi Nicolai siculi Abbatis panormitani cincta optimis glo. seu additiōibus excellentissimi iuris vtriusq3 doctoris dñi Bartholomei de bellēzinis. vna cū apostilis vtriusq3 iurɋ monarchie. do. Andree Barbace Siculi nouiter impressis. necnõ cum exqsitis 'glosis vtriusqʒ iuris doctoris dñi Bernardini de Landriano Mediolaneñ. nouissime supodditis hic finit cum casuum Bernardi interpositione. Impressa per magistrum Nicolaum de benedictis. Anno domini M. cccccj. die xix Iulii. Registrum.... *Au-dessous, la même marque qu'à la fin du tome III, Silvestre, 558.*

Demi-reliure du XVIII° siècle ; dos en veau brun, fers dorés, plats en parchemin provenant d'un ancien manuscrit en cursive. Exemplaire grand de marges ; initiales rouges et bleues faites à la main. Sur les ff. du titre, notes mss. : *Pro bb. ff. M. Pontisarentium.* D'après Panzer, VII, 276, cette édition aurait un cinquième tome « Repertorium abbatis, impressum per Nicol. de Benedictis, 1501, die 7 Octobris. »

166 PANORMITANUS (Nicolaus de Tudeschis, archiepiscopus). Disputationes in utroque jure. — Mediolani, Leonardus Pachel, 1501. Signatures aa-ee ; caract. goth. ; 2 col. ; gr. in-fol. [51]

F. 1*, *titre :* Disputationes z alleg. vtilissime z subtilissime per. d. abba siculum in vtroque Iur. monarcā compilat. *Au-dessus, la marque moyenne de J. de Legnano sur fond blanc.* F. 2* : Incipiunt subtilissime ac vtilissime desceptationes z allegatōnes.... Nicolai abbatis siculi... senis z alibi p cū accuratissime disputate. F. *dernier* v°, *colophon :* Expliciunt disputationes..... Nicholai Abbatis Siculi vtriusqʒ iuris doctoris. Impressum Mediolani per Magistrum Leonardum Pachel Anno domini. M. cccccj. die. vj. Nouemb. Registrum AA-EE Omnes sunt terni preter EE qui est duernus.

Reliure moderne en veau brun. Sur le f. du titre, notes mss. : *Frater Adamus Bailly Ordinis minimorum diui francisci a paula requiescat anima illius in pace amen. orate pro eo — ad vsum Fratris Adami bailly — Lan de grace 1561. .... orate pro eo.* On a omis de faire à la main l'initiale du début du texte. Non cité par Panzer.

PARALDUS (Guillelmus), voyez Peraltus.

167 PAULUS Venetus. Summa philosophiae naturalis. — Parisiis, Ascensius, 1521. 6 ff. n. ch., ff. ch. : i-clviii ; caract. goth. ; 2 col. ; manchettes ; initiales ; figures et frontispice gravés ; in-fol. [258]

F. 1*, *titre :* SVMMA PHIlosophię naturalis Magistri Pauli Veneti iam pridem recognita, & a vitiis purgata, ac pristinę integritati restituta. Non paucis tamen in locis nuper opera Gerardi Columellae exposita, & integrius reposita, relicto nihilominus authoris contextu omni ex parte q̄ integerrimo. *Au-dessous, la grande marque d'Ascensius, Silvestre, 468.* Venundatur in aedibus Iodoci Badii Ascensii. F. 1* v° : Gerardus Columella Laudunęus... Adriano Gemello... ecclesiae Laudunensis Archidiacono... F. 6* v° : Frater Paulus de Genezano Eremita Augustinianus... Paulo Zabarelle... coeremite. S. F. clviii, *colophon :* Finem capit sexta et vltima pars Sūme naturaliū..... emēdata autem primum per.... Paulum de Genezano.... Ac rursum per Gerardū Columellā tertij cursus regentē, bonarū artiū apud Parrhisios pfessorem diligentius recognita...... Impressa est impensis Iodoci Badii Ascensij, ad nonas septembres. Anni M D XXJ. Laus perenni altissimo.

Reliure moderne en veau fauve. Sur le f. du titre, notes mss. : *E. Descombars — Pro bb. ff. m. pontisarentium.*

168 PELBARTUS de Temeswar. Rosarium theologicum? — Haganoae, Henricus Gran, 1503-1508. Quatre tomes en deux volumes; caract. goth.; 2 col.; titres courants; in-fol. *Tome, I, manque. Tome II, manque. Tome III:* signatures a-y. *Tome VI:* signatures a-z, A-B. [170]

Tome III: F. 1*, *titre :* Tertius Liber Rosarii Theologie aurei : ad Sentētia⅖ tertium librū accōmodatissimus Per Religiosum deuotūq3 Patrem sacre pagine Professorē ac diuulgatorē affectuosissimū : Fratrē Pelbartū de Themesivar Ordinis Mio⅖ de obseruantia : nisu sūmo christifidelibus administratus. F. x⁹ v°, *colophon :* Rosarij theologice sapientie aurei Tertius liber..... Impēsis circūspecti viri archibibliopole Ioānis Rynman de Oringaw : in officina industrij Henrici Gran : ciuis ī oppido impiali Hagenaw impssus. Anno ⅄ginei part⁹. 1507. seda die mēsis Augusti finit feliciter.

Tome IV: F. 1*, *titre :* Quartus Liber Rosarii Theologie aurei : ad Sentētiarum quartum librum accōmodatissimus. F. B⁷ v°, *colophon :* Rosarii theologice..... p fratrem Osualdum de Lalko : diui ordinis setī Frācisci... tūc puincie Hūgarie vicariū (Fratre Pelbarto defuncto) cōsūmatus : in regia ciuitate Budeñ. Impssusq3 impēsis...., Ioannis Rynman de Oringaw : in officina industrij Henrici Gran : ciuis ī opido impiali Hagnaw finit feliciter Anno salutƺ nre millesimo quingentesimooctauo. ij. die Decēbris.

Reliure moderne, en veau fauve; exemplaire bien conservé mais défectueux des deux premiers tomes. Sur le f. du titre du tome III, note ms. du XVI° siècle : *Istud volumen procuratum fuit per fratrem iohannez pelliparij pro conuentu ponthisarensi;* sur le second f. on lit : *ex bb. ff. minor. pontisarensium;* quelques notes marginales mss. Panzer indique les trois premiers tomes séparément : VII, 68, 69 et IX, 466; mais il ne cite pas le tome IV, décrit ci-dessus.

169 — Sermones. — Haganoae, Henricus Gran, 1501. Signatures 1, A-X, zz tt, j, a-t, caractères gothiques; 2 colonnes; titres courants; in-4°. [87]

F. 1*, *titre :* Sermones Pomerii fratris Pelbarti de Themēswar diui ordinis sancti Francisci de tēpore Incipiunt feliciter. F. *signé* tt⁷ v°, *explicit :* Registru3 huius partis. aa.....zz, tt. Omnes sunt quaterni pter. aa. qui est quinternus. F. j, *incipit :* In noīe domini Iesu incipit Tabula ɔtento⅖ in h volumine Sermonū Pomerij de tpe ptis estiualis ꝑm ordinē alptbti. F. t⁸, *colophon :* Sermones Pomerij.... Impssi ac diligenter reuisi p industriū Henricū Gran : in impiali oppido Hagenauw. expensis ac sumptibɔ puidī lohis rynman finiūt feliciter Anno salutƺ nre millesimo qiungentesimo primo. viii Kal. Martij.

Reliure du XVII⁰ siècle, en veau jaspé ; sur le f. du titre, note ms. : *pro bibliotheca ff. minorum pontisarentium.* On a omis de faire à la main les initiales de couleur. Panzer, VII, 66 et 67, cite plusieurs éditions des Sermons de Pelbartus, faites par H. Gran, en 1501, mais aucune n'est datée du VIII⁰ jour des kalendes de Mars.

170 PEPIN (Guillelmus). Speculum aureum super Psalmos. — Parisiis, Joh. Parvus, 1519. Signatures a-z, A-I ; caract. goth. ; 2 col. ; titres courants ; in-8°. [135]

F. 1*, *titre r. et n.* Speculum aureum super septē psalmos penitentiales nouiter editum a reuerendo patre fratre Guillermo Pepin : sacre theologie pfessore religiosi cōuētus Ebroicen. ordinis fratrum predicatorum. *Au-dessous, la marque de J. Petit, analogue à celle qui est reproduite par Silvestre, 24.* Impressum Parrhisijs cū priuylegio pro Iohanne paruo moram gerente in vico diui Iacobi sub intersignio Lilii aurei. F. 2* : ..... patri Guillermo paruo .... regis Francisci confessori ..... Frater Guillermus pepini.... F. 3* : Frater Petrus delāgle Conuētus Ebroicen..... lectoribus salutem. F. L ij v°, *explicit :* tes deo patri in remissionē peccatorum.

Reliure molle, en vélin, à recouvrement. Exemplaire incomplet des feuillets de la fin. Sur le f. du titre, note ms. : *Ex libris Recollectorum Conuentus Versalliensis 1705.* Echard, *op. cit.*, II, 87.

171 PERALTUS (Guillelmus), archiepiscopus Lugdunensis. Sermones super Epistolas de tempore. — Parisiis, Johannes Petit, 1519. Signatures a-N ; caract. goth. ; 2 col. ; titres courants ; in-8°. [133]

F. 1*, *titre :* Sermones fratris Guillelmi Lugdunensis super epistolas de tempore. *Au-dessous, la marque de J. Petit, analogue à celle reproduite par Silvestre, 24.* F. M¹, *colophon :* Finis sermonum fratris Guillelmi epi lugduñ. sup epistolas dñicales toti⁹ āni Impressum parisi⁹ pro Ioanne Paruo cōmorante in victo sancti Iacobi sub intersignio Lilij Aurei Anno dñi Millesimo quĩgētesimo decimonono. vltima Iunii. Deo gratias. *Les 9 derniers ff. sont occupés par la table.*

Reliure ancienne, en vélin ; exemplaire trop rogné. Sur le f. du titre, notes manuscrites : *Ex libris ludouici de la poterie licentiati theolog. die 27 Januarij anno domini. 1618. — Ex dono dnj auuray sacerd..... capucinis montisfortis.* Non cité par Panzer.

172 — Summa virtutum ac vitiorum. — Parisiis, Johannes Barbier, 1512. Deux volumes ; caractères gothiques ; 2 colonnes ; titres courants ; initiales gravées ; in-8°. Tome *I*: ff. ch. : j-cclxxv et 1 f. blanc ; tome *II*: 8 ff. n. ch. ; ff. ch. : j-cclxxxii, et 24 ff. n. ch. [121]

Tome *I* : F. j, *titre :* Sūma virtutum ac vitiorū Guilhelmi Paraldi Episcopi Lugdunensis de ordine predicatorum. *Au-dessous, la marque de F. Re-*

gnault, Silvestre, 369. Venundantur Parisius a Francisco regnault in vico diui Iacobi sub signo diui Claudi. F. cclxxv v° : Explicit summa virtutum edita a fratre Guilhelmo Paraldi de ordino fratrum predicatorum.

Tome II : F. 1*, *titre :* Summa virtutum ac vitiorum Guilhelmi peraldi Episcopi lugduneñ. de ordine p̄dicatorum. F. ccxxxii, *colophon :* Explicit opus summe virtutum et vitiorum reuerendissimi patris ac domini Guilhelmi Peraldi..... nunc vigili cura impressioni extitit castigatissime traditum : per Ioannē Barbier librarium Parisieñ. Iuratum Impensis vero honestorum virorū Ioannis petit. Ioannis frellon et Fancisci regnault. Anno a natali Christiano. M ccccc. 12. 13. calēdas Ianuarij, FF. 1*-24* : Summarium ....

Reliure originale en veau brun, ais en bois, traces de fermoirs ; sur les plats, des fers à froid représentant s^e Barbe et l'Annonciation. Sur le f. du titre, une note ms. raturée : *Ad vsum hieronimi Bara et amicorum.* Au dos, une petite étiquette provenant sans doute d'un classement antérieur, porte les mots : *Mincouet lorij ? 1894.*

173 PERCEFOREST (Histoire du roi), ou Chroniques d'Angleterre. — Paris, Nicolas Cousteau, 1528. Six volumes en trois tomes ; caract. goth. ; 2 col. ; titres courants ; initiales historiées et frontispices gravés et figures sur bois ; in-fol. *Volume I :* 6 ff. n. ch. ; ff. ch. : i-Clix et 1 f. blanc. — *Volume II :* 4 ff. n. ch. ; ff. ch. : i-cliiij (pour 153). — *Volume III :* 2 ff. n. ch. ; ff. ch. : i-Clix et 1 f. n. ch. — *Volume IV :* 2 ff. n. ch. ; ff. ch. : i-clix (pour 149) et 1 f. blanc ? — *Volume V :* 2 ff. n. ch. ; ff. ch. : i-Cxiii et 1 f. n. ch. — *Volume VI :* 4 ff. n. ch. ; ff. ch. : i-Cxxviii. [277-279]

Volume I : F. 1*, *titre r. et n. :* LA Tres-elegante delicieuse Melliflue et tresplaisante Hystoire du tresnoble, Victorieux et excellentissime roy Perceforest, Roy de la grand Bretaigne, fundateur du Franc palais et du temple du souucrain dieu. En laquelle le lecteur pourra veoir la source z decoration de toute Cheualerie, Culture de vraye noblesse, Prouesses z conquestes infinies, acōplicés des le temps du conquerant Alexandre le grant, z de Julius cesar au par avant la natiuite de nostre saulueur Jesuchrist auecq̄s plusieurs Propheties, Comptes Damans et leurs diuerses fortunes. Auec Priuilege du Roy nostre sire On les vend a Paris pres le Palais a lenseigne de la Gallee, et au premier pillier de la grant salle dudit Palais en la boutique de Galliot du pre Libraire iure de Luniuersite. Mil Cinq cens xxviii. GALLIOT DV PRE. F. ii, *le privilège daté de Saint-Germain en Laye, le 5 mars 1526.* F. Clix v°, *la marque du libraire Galiot du Pré, Silvestre, 47.*

Volume II, titre : Le second volume des anciennes cronicques Dangleterre faitz et gestes des roys Perceforest, z Gadiffer descosse. Hystoire moult solatieuse et delectable Nouuellement imprimee a Paris.

Volume VI, f. C. xxviii : Cy fine le sixiesme et dernier volume des anciennes cronicques de la grant bretaigne a present dicte Angleterre, esquelles sont contenus plusieurs nobles faitz de cheualerie z autres choses dignes de memoire. Imprimees a Paris par Nicolas cousteau imprimeur demourant audit lieu, pour Galiot du pre marchant libraire iure de l'vniuersite, et fut acheue ce present volume le. xxviii°. iour du moys de May Lan mil cinq cens. xxviii. *Au verso, la marque du libraire, Silvestre, 47.*

Reliure du XVIII° siècle, veau brun, filets dorés ; à l'intérieur du premier plat de chaque volume, un ex-libris gravé, aux armes de Charles d'Orléans, abbé de Rothelin, le savant bibliophile, (v. Guigard, *Armorial du bibliophile*, p. 41-42), sur le f. de garde, un ex-libris aux armes des Bullion, gravé dans le style du XVIII° siècle, (v. Guigard, *op. cit.*, p. 130-131). Sur le f. de garde on lit aussi une note ms. de la fin du siècle dernier : *78 liv. les trois vol.* Les six volumes ont le même frontispice, mais le titre du premier diffère de celui des cinq autres ; la marque du libraire se trouve à la fin de chaque volume. Brunet, IV, 486-87, décrit cet ouvrage et dit que les exemplaires de cette première édition de 1528, sont très rares et recherchés aujourd'hui.

174 PHILELPHUS (Franciscus). Orationes. — Parisiis, Nicolaus de Pratis, 1515. FF. ch.: I-CLXXX ; caract. rom.; ll. ll.; manch.; lettres grises ; in-4°. [105]

F. I, *titre :* Orationes Francisci philelfi cum quibusdam alijs eiusdē operibus ad oratoriam Summopere conducentibus. *Au-dessous, la marque du libraire Denis Roce, reproduite page 33.* Venundantur parrhisijs Ab Dyonisio Roce cōmorante in vico sancti Iacobi ad intersignium diui Martini. F. I v° : Iodocus Badius Ascēsius Balduino Grutero.... F. II v° : Frãciscus Philelphus Lodouico Mariae Sphortię Barhiduci.... F. CLXXX : Impressum est hoc opus rursū parrhisiis Ab optimo calcografo Nicolao de pratis In vico olearū apđ magnū ortum cōmorāte Anno Domini M. D. xv. k. Nouēbris.

Reliure originale, en veau brun, fers à froid, plats en bois. Sur le f. de garde, note ms. contemporaine : *Bartholomeus Insulanus huius voluminis verus possessor.* Sur le f. du titre, quelques noms raturés et : *Coiatis S. M. Gaudij vallis ord. Praemonstraten. 1659.* Panzer, VIII, 21.

175 PLINIUS Secundus junior (Caius Caecilius). Epistolae. — Parisiis, Johannes Lambert, sans date. FF. ch.: i-clxxii ; caract. rom.; ll. ll.; titres courants ; initiales gravées ; in-8°. [80]

F. 1, *titre r. et n. :* Epistole plinij nouiter correcte et parisius impresse. *Au-dessous, la marque de Durand Gerlier, Silvestre, 18.* Venales habentur in vico mathurinorum sub īsignio de lestrille faulxveau. F. ii : Ad clarissimū ioannē Vartimbergen scholasticū Boemū Philippi beroaldi Bononien Epistola. F. clxxi v° : Philippi Beroaldi iunioris ad Bartholomeum Blanchinū condiscipulū optimum. F. clxxii, *colophon :* Hoc opusculum ɋ diligentissime emendatuȝ nouiter impressum parisius opera ac diligentia Iohānis lambert Impensis uero magistri Durandi Gerlier commorantis in uico maturinoruȝ sub intersignio de lestrille faulx ueau finit feliciter.

Reliure originale en veau brun, fers à froid. On a omis de faire à la main les initiales de couleur. Sur le f. du titre et les plats du volume on lit : *A mre*

Jehan Thibault medecin a beaumont — Ex dono domini Nicolai Roze. Dans le courant du volume, il y a des notes marginales de l'écriture de «maître Jehan Thibault». Non cité par Panzer.

176 POETAE CHRISTIANI veteres. — Venetiis, Aldus Manutius, 1501-1502. Deux volumes; caract. rom. et grecs; ll. ll.; in-4°. *Tome I:* signatures 1, ff-yy, hh-kk, a-d. *Tome II:* signatures 1, a-k, aa-hh, A-K, aaaa-eeee. [99]

> *Tome I :* F. 1*, *incipit :* PRUDENTII POETAE OPERA. Virtutum cum uitiis pugna, heroico carmine..... F. 1* v° : ALDVS ROMANVS DANIELI CLARIO PARMENSI.... S. F. yy¹⁰, *colophon :* Venetiis apud Aldum mense Ianuario. M. D. I. F. hh : PROSPERI AQVITANICI EPIGRAMMATA.... F. *dernier, verso :* T'ΕΛΟΣ.
> *Tome II :* F. 1*, *titre :* QVAE HOC LIBRO CONTINENTVR. Sedulii mirabilium diuinorū libri quatuor carmine heroico. Eiusdem Elegia, in qua finis pentametri est similis principio hexametri..... F. 1* v°, *une épitre d'Alde à Daniel Clario.* F. 8* v°, *l'ancre aldine, reproduite par Renouard, op. cit., t. II, p. 64, n° 1.* F. *signé* aaaa¹ : Petrus Candidus monachus Aldo Manucio bene facere. *Au verso du feuillet :* HOMEROCENTRA QVAE ET CENTRONES. F. *dernier :* FINIS.

Reliure contemporaine en parchemin; exemplaire incomplet du t. I, dont la description a été prise dans l'exemplaire de la B. Nationale, C. inv. 1967, *réserve ;* le tome II est défectueux du f. du titre. Cet ouvrage, très rare, disent les bibliographes, avait été publié par Alde l'ancien, pour remplacer dans les écoles les poètes païens classiques. Renouard, *Annales de l'imprimerie des Alde,* Paris, 1834, pp. 24-27, et Brunet, IV, 756, donnent une description détaillée des deux volumes; Pennino, II, n° 1032, relève diverses particularités négligées par ses devanciers; Panzer décrit chaque volume sous un numéro séparé; celui de la Bibl. de Versailles est au tome VIII, p. 342, n° 38.

177 POLITIANUS (Angelus). Opera. — Parisiis, Ascensius, 1512. Deux tomes en un volume. Caract. rom. de deux grandeurs; ll. ll.; manchettes; titres courants; initiales et frontispice gravés; in-fol. *Tome I:* 8 ff. n. ch.; ff. ch. : I-CLXII. *Tome II:* ff. ch. : I-CIII et 1 f. blanc? [174]

> *Tome I :* F. 1*, *titre, r. et n.:* Omnium Angeli Politiani opera (quae quidem extare nouimus) Tomus prior, in quo sunt. Epistolarū libri. XII..... Cętera eiusdē opera z opuscula ĩ posteriore indicabunt Tomo seu pticula. *Au-dessous, la marque d'Ascensius, Silvestre, 7.* Venūdātur in ędibus Ascensianis. Cum gratia & Priuilegio. *La page est ornée du frontispice aux dauphins.* F. 2* : Iodocus Badius Ascensius Domino Ludouico Ruseo... Supprefecto Ciuili... (*Parisiis, 1518*). F. 2* v° : ... Ascensius: Antonio Coberger ....., (*1499*) F. 3* : ..... Ascensius : Nicolao Beraldo Aurelio..... (*1512*). *Plus bas :* ..... Ascensius Lodouico De Berquino ..... (*1512*). F. 3* v° : ..... Ambianorū Antistiti dignissimo Frācisco Haloino : ..... Ascensius

..... (1517). F. 4* : Aldus Manutius Romanus Marino Sannuto... F. CLXII v° : FINIS.
Tome II : F. I : ANGELI POLITIANI AD INNOCENTIVM VIII.... PRAEFATIO IN HERODIANI HISTORIAM..... F. CIII, colophon : Finis Graecorum Epigrammaton cum interpretatione latina doctissimi viri Iacobi Tusani, Parrhisiis in aedibus Iodoci Badii Ascensii. Ad. XII. Kalend. Martias Anni ad supputationem Romanam. MDXIX. Au-dessous, le privilège, daté du 15 février 1518.

Reliure moderne en veau brun; sur le titre, note ms. : *pro bb. ff. M. pontisarentium*, et un ex-libris raturé. Panzer, VIII, 54.

178 PORTA (Sanctius de). Sermones de sanctis. — Lugduni, Johannes Clein, 1516. 6 ff. n. ch.; ff. ch. : 1-cxvj ; caract. goth.; 2 col.; titres courants; initiales et frontispice gravés ; in-4°. [88]

F. 1* : SAnctorale vel sermones de sctīs venerabilis Sātij porta sacri ordinis predicatorum : cum gemina eorūdem admodum vtili tabula : seu indice Cum priuilegio. *La bordure est composée de 13 petites vignettes, représentant divers saints.* F. cxvj, *colophon :* ..... impressi in famatissimo Lugduneñ. emporio : opera et industria probi viri Iohannis Cleyn Alemāni bibliopole atq3 calchographi : Anno Domini millesimo quingētesimo decimosexto. xxviij. die mensis Nouembris. Registrum huius partis. A.....P.... Omnes sunt quaterniones : preter P duernū.

Exemplaire dérelié, et incomplet du premier f. du texte. Sur le titre, note ms. : *P. les P. Capucins de Montfort.* Panzer, VII, 312.

179 — Sermones de tempore, pars hiemalis. — Lugduni, Johannes Clein, 1517. 2 ff. n. ch.; ff. ch. : I-CCV et 1 ff. blanc; caractères gothiques; 2 col.; titres courants; initiales et frontispice gravés; in-4°. [89 et 90]

F. 1*, *titre :* SErmones hyemales de tempore venerabilis Santij porta, sacri ordinis predicatorum professoris : adiuncta tabula summā sermonum in hac parte contentorum insinuante. Cum priuilegio. *Le titre est orné comme celui de la partie d'été du numéro précédent.* F. CCV v°, *colophon :* .... impssa Lugd. opera atq3 industria probi viri Iohānis Cleyn alemani chalcographi atq3 bibliopole. Anno a natiuitate christi saluatoris nostri decimoseptimo supra millesimū z quingentesimū : extrema manus apposita fuit circa finem Ianuarij. Registrum huiusce partis. a....z. τ. ꝓ. ℳ. Omnes sunt quaterni : preter ℳ. qui est ternus. *Au-dessous, la petite marque de J. Cleyn, Silvestre, 133.*

Deux exemplaires; tous deux reliés en vélin et portant au f. du titre l'exlibris manuscrit : *Pour les Capucins de Montfort.* Le volume coté 89 a le titre de la partie d'été :
SErmones estiuales de tempore Santij porta sacri ordinis predicatorum : cum gemina eorumdem admodum vtili tabula : seu indice.
La bordure du titre est semblable à celle de la partie d'hiver. Panzer, VII, 305.

PRIERIO (Sylvester de) v. MAZOLINUS.

180 PSALTERIUM davidicum. — Moguntiae, Johannes Schoyffer, 1515. 4 ff. n. ch.; ff. ch. : l-cxix (par erreur pour 118, parce qu'on a omis le chiffre 65) et I-XX; caract. goth., rouges et noirs; ll. ll.; signatures; titres courants; initiales, vignettes et bordures gravées; in-4°. [282]

F. 1* titre : Psalteriū Dauiticū. cantica et Hÿni vbiqȝ descruien. 1515. Au-dessus, une gravure sur bois représente S. Martin partageant son manteau avec un pauvre; une bordure gravée entoure la page. F. 2*, la table, sur 2 col. F. I, signé a j : Incipit Psalterium scdm vsum romanū Psal. I. Bordure sur bois et vignette. F. I, signé A j : Hymnarius. F. XX, colophon : Impressum in nobili vrbe Maguntiā huius artis impssorie inuētrice prima : per Iohannē Schöffer Anno Salutis. M. CCCC XV. Kalend Marē.

Reliure moderne en maroquin rouge, filets, fleurons et tranche dorés; bel exemplaire donné par M. Madden, dont l'ex-libris est au verso du f. de garde. V. Madden, op. cit., série III, p. 76. Brunet, IV, 935 et 938, parle des différentes éditions du psautier, faites par les Schoiffer à Mayence. La première, en 1457, offre le premier exemple d'un livre avec date certaine. Dans celle de 1515, faite par Jean, fils de Pierre Schoiffer, on retrouve une partie des initiales sur bois et des caractères du Psautier de 1457; les lignes imprimées pour recevoir la musique écrite à la main, n'ont été remplies ni dans un exemplaire cité par Brunet, ni dans celui de Versailles.

181 — hebraeum, graecum, etc. — Genuae, Petrus Porrus, 1516. Signatures A-Z, &-ꝓ; 4 col.; caract. hébreux, grecs, arabes, chaldéens et romains; frontispice gravé; in-4°. [50]

F. 1*, titre, r. et n. : Psalterium, Hebręum Gręcū, Arabicum, & Chaldęū cū tribus latinis Iterp̄tatiōibus & glossis. Ce titre est répété dans les quatre autres langues du texte. In fine : Impressit miro ingenio, Petrus Paulus Porrus, genuae in aedibus Nicolai Iustiniani Pauli, praesidente reipub. genuensi pro Serenissimo Franco⅟ Rege, prestanti viro Octauiano Fulgoso, anno christiane salutis, millesimo, quingentesimo sextodecimo mense. VIIIIbri. Sur le f. suivant, la marque de P. P. Porrus • Mediolanensis, Taurini degens » avec ses initiales et des armes parlantes, un porreau.

Reliure originale en veau brun; exemplaire réglé; sur le titre, notes mss. : Ex libris Iohannis Guillemassaei emptus a theologo sancti petri pictauiensis — Nunc emptus ..... 1593 ex libris dardini presbyteri. — Ex libris Congregationis missionis domus sancti Cyrici. Brunet, IV, 919, parle assez longuement de cette édition polyglotte, la première imprimée avec les caractères propres à chaque langue; on en tira 2000 exemplaires; Pennino, I, 204.

182 — quincuplex. — Parisiis, Henricus Stephanus, 1513. 12 ff. n. ch., ff. chiffrés : 1-294; caractères romains r. et n. de deux gran-

deurs; ll. ll., ou bien 2 ou 3 col.; titres courants; frontispice et initiales gravés; in-fol. [246]

F. 1*: SECVNDA EMISSIO. QVINCVPLEX Psalterium. Gallicum. Rhomanum. Hebraicum. Vetus. Conciliatum. Preponūtur quae subter adijciuntur... *Le frontispice employé ordinairement par Henri Estienne, anges et rinceaux, avec les armoiries de l'Université de Paris.* F. A ij : Ad... D. Guillelmum briconnetum..... Iacobi Fabri Stapuleñ prefatio. F. 294, *colophon :* ABSOLVTVM FVIT HOC QVINCVPLICIS PSALTERII OPVS IN coenobio sancti Germani prope muros Parisienses : anno a natali CHRISTI domini 1508. Et in clarissimo Parisiorum Gymnasio ex calcotypa Henrici Stephani officina e regione scholarū Decretorum ad secundam & castigatiorem emissionem susceptum anno eiusdem CHRISTI saluatoris omnium 1513 Idibus Iunijs. Illi igitur qui absoluere & absolutū in publicum emittere dedit : LAVS ET GRATIARVM ACTIO IN SAECVLA SAECVLORVM AMEN.

Reliure du XVII° s., en veau brun. Sur le f. du titre, notes mss. : *Jacobus bolut 1551 — Ex libris sancti Eligii de Longo jumello*; au f. 2 : *Ex libris S*^{tae} *Genovefae Parisiensis 1731.* Brunet, IV, 933 ; Van-Praet, *1*^{er} *cat.* t. I, p. 7.

183 PSALTERIUM quincuplum. — Rothomagi, Petrus Olivier, 1515. FF. ch. : 1-292; caract. goth.; ll. ll. ou 3 col.; initiales gravées; in-fol. [247]

F. 1, *titre r. et n. :* Quincuplum. Psalterium Gallicum. Romanum. Hebraicum. Vetus. Conciliatum. Petri de Pratis ad.... Reginaldum maxianum... Carmen. F. 292 v° : Huic operi extrema manus apposita est die quintadecima mensis Maij. Anno a natali christi dñi 1515. Arte et Industria M. Petri oliuier Impressoris, Ere et expensis Michaelis angier vniuersitatis Cadomensis librarij et ligatoris bene meriti in parrochia sancti Petri iuxta pontem degentis. DEO GRATIAS.

Reliure en veau jaspé; exemplaire ayant appartenu à Jean Bigot, dont l'ex libris gravé est collé sur le f. du titre. Il portait *d'argent au chevron de sable accompagné de 3 roses de gueules; le chevron chargé au sommet d'un croissant d'argent; supports 2 chiens avec un collier; cimier un casque de profil, grillé et fermé,* au-dessous de l'écu, les mots : *Johannes Bigot.* Ces armoiries diffèrent un peu de celles données par Guigard, *Armorial du Bibliophile,* aux articles BIGOT. Notes mss. : *Ex libris PP. Recollect. conv. regii Versalliensis — Curà et studio R*^{mi} *P. Cherubini le Bel Diffinitoris Generalis et secundo Provincialis 1720.* Brunet, IV, 933, fait observer que P. Olivier de Caen, exerçait à Rouen. Cette édition du Psautier, avec les commentaires de Lefèvre d'Etaples, est plus rare que celles faites auparavant en 1509 et 1513.

184 PSAULTIER (Le) Notre-Dame. — Paris, Antoine Vérard, sans date (1502?). Signatures a-s; caract. goth.; 2 col.; vignettes gravées; in-4°. [119]

F. 1*, *titre :* Le psaultier nře dame Selon saint ierosme ; translate de latin en francois. *Au-dessous, une gravure représente un pape avec la légende :*

Sanctus Gregorius. *Au verso de l'avant-dernier feuillet, le colophon :* Cy fine le psaultier nostre dame translate de latin en frācoys Imprime a paris pour anthoine verard marchant libraire demourant a paris en la rue sainct iacques pres petit pont. A lenseigne sainct ichan leuangeliste. Ou au palais, au p̄mier pillier devant la chappelle ou lon chante la messe de messeigneurs les presidens. *Au dernier f., la maque d'A. Vérard, reproduite p. 3.*

Reliure originale en veau brun, fers à froid, plats en bois, défectueuse. A l'intérieur du premier plat, on lit : *Ce present liure appartyent a andre Le cerf marchant de..... demourant à poissy et est venu de feu mon pere andre Le cerf que Dyeu absolue et tous bons trespasses et aussy nous quant nous serons trespasses faict le xxxj° et dernier decembre mil v^{cc} iiij^{xx} vj — Le cerf.* Sur le f. du titre, note ms. : *Communitatis S. M. Gaudij Vallis ord. Praem. 1659.* et au bas de la page, deux lignes raturées. Les vignettes sont toujours en deux parties, dont l'une représente une scène de la vie de la Vierge, et l'autre s. Jérome avec son lion, en adoration. Le texte est latin et français. Non cité par Brunet.

185 PUTEO (Franciscus de). Interpretatio in Psalmos. — Parisiis, Joh. Parvus, 1520. — Signatures AA, a-y, A-R ; caract. goth. rouges et noirs ; 2 col. ; titres courants ; manchettes ; initiales fleuronnées et une grande gravure, le roi David ; in-4°. [139]

F. 1*, *titre, manque.* F. 2* : Valterus Albericromius..... Frācisci de Puteo... S. P. D. *In fine :* Parisij. Luce Ianuarij. xiiij anno Christi. M. D. XX. Ioannes Paruus..... Ioanni de Salua..... F. a, *texte :* Beatus vir q̄... F. dernier (R⁶), *colophon :* Habes lector optime... in Psalmos interpretationem a D. Francisco de Puteo sacro sancti Cartusiensium ordinis. Primario..... cōpositam. Impressam Parisiis q̄ȝ emendatissime : impēdio ac ere honestissimi bibliopole Iohānis parui. Anno ab orbe redempto. M. D. xx. q̄rto Idus martii. Deo sit laus et gloria.

Reliure originale en vélin blanc ; exemplaire incomplet du titre. Sur le f. 2*, une note ms. : *Joannes Petit Rector spendoniens* (?) Panzer, VIII, 68 (?)

Q

186 QUINTILIANUS. Institutiones oratoriae. — (Lugduni), sans nom de typographe, 1510. Signatures *a-z*, &, *aa-zz*; caract. italiques et grecs; ll. ll.; titres courants; in-8°. [85]

<blockquote>
F. 1*, <i>titre :</i> QVINTILIANVS. <i>Au-dessous, une fleur de lys fleuronnée, rouge, marque de Jacques Moderne?</i> F. 1* v° : GODOFREDVS TORINVS BITVRICVS IOANNI ROSSELLETTO.... S. D. P. Parrhisiis apud Collegium Plesseiacū Tertio Calendas Martias. F. zz¹⁰, <i>colophon :</i> Impressum fuit hoc opus. Anno domini M. CCCCC X. septimo Kalen. Iulij.

Reliure en parchemin jaspé. Sur le f. du titre, notes mss. raturées et : <i>Ex libris S. Martini Pontisari ord. S. Benedicti 1742.</i> Dans la préface, G. Tory parle des corrections qu'il a faites à un exemplaire des <i>Institutiones oratoriae,</i> envoyé ensuite à Lyon pour y être imprimé. Brunet, IV, 1024, cite cette édition, mais ne donne pas de nom d'imprimeur. Panzer, IX, 511, indique entre parenthèses « Lugduni », mais ailleurs, VII, 550, il cite une édition revue par Tory, Paris, 1510, qui n'a peut-être pas existé.
</blockquote>

187 — Institutiones oratoriae et declamationes. — Parisiis, Jodocus Badius Ascensius, 1520. 10 feuillets non chiffrés, ff. ch. : I-CCXII, I-LXXXVIII; caract. rom.; ll. ll.; manchettes; initiales gravées; in-4°. [297]

<blockquote>
F. 1*, <i>titre :</i> M. FABII QVINtiliani oratoriarum Institutionum Lib. XII. Vna cum Nouendecim siue ciusdem, siue alterius Declamationibus argutissimis, ad horrendę vetustatis exemplar repositis, & nunc iterum in Gallia impressis : Cum gratia & Priuilegio biennali : vt publico constat instrumento. <i>Au-dessous, la grande marque d'Ascensius, Silvestre, 468.</i> Venundantur in aedibus Iodoci Badii Ascēsii. F. 1* v° : Iodocus Badius Ascēsius Ludouico Ruzęo... F. CCXII v° : FINIS. In aedibus Ascensianis. XVI. Calend. Decemb. An. M.D.XX.
</blockquote>

F. I : IACOBVS Grasolarius Christophoro de Priolis... F. II : Petrus Danesius... Francisco Bohero Carnutensis ecclesię Canonico... F. LXXXVIII : M. Fab. Quintiliani Declamationum. XIX. Finis. Apud Iodocum Badium. anno. M. D. XX. XIII. Calend. Decemb.

Reliure originale en veau brun, fers à froid. Quelques notes marginales mss., et sur le f. du titre, d'une écriture contemporaine : *Ex libris fratris Petri dupré*. Panzer, VIII, 62.

R

188 RAMPIGOLLIS (Antonius). Figurae Bibliae. — Parisiis, Johannes Seurre alias de Pica, 1503. 12 ff. n. ch., ff. ch.: I-CXXXIIII; caract. goth.; 2 col.; manchettes; titres courants; in-8°. [75]

> F. 1*, *titre, manque.* F. 2*: Tabula abstinentia i ... F. I: Incipiunt figure clarissimi viri fratris Anthonij Rampegoli de Ianua ordinis Heremitarum sancti Augustini. Prologus. F. CXXXIIII, *colophon*: Figurarum biblie opus perq̃ȝ vtile cura peruigili Parisij castigatum necnon in officina magistri Iohannis seurre ałs de pica nouissime traditum feliciter finit. Anno salutis christiane. 1503. die vero. 10 nouembris.
>
> Reliure du XVIII° siècle, en veau jaspé; le cahier c a été remplacé par 10 ff. manuscrits, lors de la seconde reliure probablement. Sur le f. 2*, note ms.: *Pro bb. ff. M. Pontisarentium.* F. 12* v°, on lit: *Pour le couvent de Pontoise.* Non cité par Panzer.

189 RAULIN (Johannes). Epistolae. — Parisiis, Antonius Ausurdus, 1521. 8 ff. n. ch., ff. ch.: j-clxvi et 1 f. n. ch.; caract. romains; ll. ll.; titres courants; initiales ornées; in-4°. [11]

> F. 1*, *titre, r. et noir:* Religiosissimi viri Fratris Ioannis Raulin artium, et theologię professoris scientissimi epistolarum grauissimis sententiis, vtilioribus consiliis, ac eruditione non minima refertissimarum, illustrium viroru̅ titulis splendicantiu̅ opus eximiu̅... *La marque de J. Petit, Brunet, II, 383.* Venundantur Luteciae Parisiorum in vico diui Iacobi sub Lilio aureo ab Ioanne Paruo. Cum priuilegio. F. clxvi v°, *colophon:* Hic finem capit praesens volume̅..... Impressum Lutetiae Parisiorum per Anthonium Ausurdum, expensis honestissimi viri ioannis Petit vniversitatis Parisiensis bibliopolae iurati. Anno Domini milesimo quigentesimo vicesimo primo, Die Calendaru̅ Ianuarii. F. 1*: Fratris Nicholai Bartholomęi Lochiensis a Bonis Nunciis apud Aurelium.... Ioannes Raulin... Endecasyllabum.
>
> Reliure moderne en veau fauve. Note sur le titre: *Pour la bibliotheque des ff. mineurs de pontoise.* Panzer. VIII, 74.

190 — Itinerarium paradisi. — Parisiis, Johannes de Marnef, 1519. FF. chiffrés : i-ccviii et 8 ff. n. chiffrés; caract. gothiques; 2 col.; titres courants; initiales gravées ; in-8°. [84]

> F. i, *titre, r. et n.* : Itinerarium Paradisi Religiosissimi patris artiũ ac sacre pagine pfessoris Parisień. magistri Iohãnis Raulin : celeberrimi ordinis Cluñ. coluño pcipue : cõplectẽs Sermones de Penitẽtia..... Cui adiũcti sunt nõ minus cõmendandi sermones eiusdem grauissimi patris de matrimonio ac viduitate. *Au-dessous, la marque de Marnef, Silvestre, 1288.* Venũdãtur Parisius in vico sancti iacobi sub Pellicano. F. ii : .... Ludouico de Grauilla archimarino Francie... Iohannes Raulinus.... F. ccviii v°, *colophon :* Hoc fine clauduntur sermones.... Iohannis Raulin divine theologie professoris Parisi. sacri ordinis Cluniaceñ... Impressi Parisius expensis honestissimi viri magistri Iohannis Demarnef Librarij alme vniuersitatis Parisiensis iurati. Anno dñi. M. quingẽtesimo xix. iiij. Julij.... F. 1*-8*, *tabula.*
>
> Reliure originale en veau brun, fers à froid, défectueuse. Sur le f. de garde, note ms. du XVIII° siècle : *Ce livre appartient au presbytere de Lisle Adam*, et sur le f. du titre, d'une écriture du XVI° siècle : *J. de Lahoguet huius liber verus possessor.* Panzer, VIII, 56.

191 — Sermones de sanctis, pars secunda. — Sans nom de lieu ni de typographe et sans date. 15.. (?) ff. n. chiffrés, ff. chiffrés : j-cccclxxxj ...; signatures A-B; a-z, ꝯ ꝑ ꝫ, A-X, aa-oo ...; caract. goth.; 2 col de 44 ll.; manchettes; titres courants; initiales gravées ; in-8°. [77]

> F. 1*, *titre manque.* F. j : Incipit secunda pars sermonum de sctĩs religiosissimi sapiẽtissimiqȝ patris Ioannis Raulin ordinis cluniacensis. In natiuitate sãcti Ioannis baptiste sermo primus per thema. F. cccclxxxj, *signé* oo j v°, *explicit :* ꞇ tũc exaudietur illđ p̃s. Fiat pax in vir. (*Sermo in dedicatione ecclesiae.*)
>
> Reliure originale en veau brun, fers à froid; exemplaire incomplet des 4 premiers ff. et de la fin. A plusieurs places on lit : *Aux capucins de Montfort.* Sur le dernier plat, note ms. du XVI° siècle : *Huius voluminis verus est possessor fr. ludouicus quille.*

192 REUCHLIN (Johannes). De arte cabalistica. — Haganoae, Thomas Anselmus, 1517. 4 ff. n. ch., ff. ch. : I-LXXIX, et 1 f. n. ch.; caract. romains, grecs et hébreux ; ll. ll.; in-fol. [253]

> F. 1*, *titre :* IOANNIS REVCHLIN PHORCENSIS. LL. DOC. DE ARTE CABALISTICA LIBRI TRES LEONI X. DICATI. *Au-dessous, une vignette représentant un écusson avec un autel, sur lequel sont des fruits avec la légende :* ARACAP || NIONIS; *l'écusson est surmonté d'un casque et d'une roue dentée.* Cum priuilegio imperiali. F. *dernier, colophon :* Hagenau apud Thomam Anshelmum Mense Martio. M. D. XVII.

Reliure originale en veau brun, fers à froid ; exemplaire grand de marges. Sur le f. du titre, note ms. raturée, du XVI° s. : *Est iacobi delphini? lingonen. dioc.* — *Ex libris congregationis missionis domus sancti cyrici.* Nombreuses notes marginales manuscrites. Le privilège donné par Maximilien, est daté de « Terzolas », 21 avril 1516 ; l'ouvrage est dédié à Léon X.

193 REVELATIO Sibyllae Erythraeae, cum commentariis Ludovici de Tovar. — Senis, Simeon Nardi, 1508. Signatures A-C; caract. rom.; le texte entouré par le commentaire; frontispice gravé; in-4°. [114]

> F. 1*, *titre :* Diuina reuelatio Erythreę Sibylle cuȝ cōmentariis in qua a bello Troiano : usqȝ addiem iudicii futura predixit. *Au-dessous, un cadre composé d'ornements renaissance sur fond noir, et au milieu la figure de la Sibylle.* F. 1* v° : Benedictus Pisanus Theologus. Pre. Or... (*3 distiques*) Gabrielis de Gabrielibus Roncilionēsis Artium professoris Odenesis Ad lectorem. F. 2* v° : Fra. Lodouici de Touar Hispani Or. Pre... praefatio.... ad... Henricū De Meneses filium Illustris Comitis Tarocēsis... F. c⁸ v°, *colophon :* Impressum Senis per Symeonem filiū Nicolai Nardi. Anno Salutis. M. D. VIII. Die. IIII Aprilis.

Relié à la fin de *De orthodoxa fide* de Jean Damascène. Sur le f. 2, note ms. du XVI° s. ; *Thomas Maillet prebstre cure de Lhabit.* Provient des Capucins de Montfort. Panzer, VIII, 293.

194 RICCIUS (Paulus). Sal foederis contra Judaeos. — Papiae, Jacobus de Burgofranco, 1507. 8 ff. n. ch., ff. ch. 1-56 ; caract. goth.; ll. ll.; manchettes; vignette et initiales gravées; in-4°. [114]

> F. 1ᵛ, *signé* A, *titre :* SAL FEDERIS. *Ce titre est gravé sur une banderole qui se déroule au-dessus d'un hérisson.* Pauli Riccij israhelite : nuper a iudaizmo ad sacram xp̄i religionē trāslati cōpēdiū quo mirifico acumine (iudeoȝ̨ ĩsipiētie refellendo calūnias) apostolicā veritatē : ..... insuper quarti Tractat⁹ exordio triplicem doctrine ordinē a Galieno obumbrate traditum perpulchre edit in lucem. Cum priuilegio ɔcesso a frācoȝ̨ Rege xp̄ianissimo. Fratris Marciantonij Iustinopolitani carmelite ad lectorē exastichon.... F. 1* v° : Ludouico ... galloruȝ regi. magnoqȝ Mediolani duci : Paulus Riccius... F. 2* : Frater Gometius Paulo Ricio. S. D. F. 56, *colophon :* Impressum Papie p Magistruȝ Iacob de Burgofrācho. M cccc. vij. die. vij Maij. *Au-dessous, la marque de l'imprimeur, avec son monogramme sur fond noir.*

Relié à la suite de *De Orthodoxa fide* de Jean Damascène; on a interverti l'ordre des cahiers, et placé le cahier A à la fin du traité. Panzer, VII, 495.

195 ROMANUS (Ludovicus), Franciscus Cremensis, etc. Singularia. — Mediolani, Alexander Minutianus, 1506. FF. ch. : 1-34, 1-10, 1-16, 1-30 (avec quelques erreurs); caract. goth.; 2 col.; manchettes; in-fol. [192]

F. *1, titre général :* Excellentissimi Iurisconsulti quorum singularia in hoc uolumine ɔtinētur hi sunt. Ludouicus Romanus cum additionibus Ioannis Baptiste Castellionei. Franciscus cremensis cuӡ lucubrationibus : ac additionibus τ allegatōnibus in de appositis per Io. Baptistaӡ de Castelliono. Matthesillanus cū ornamentis additis p eūdem Io. Baptistam. Dominᵒ Antonius Corsectus siculus. *Au-dessus, la petite marque de Jacques et Jean de Legnano, imprimeurs à Milan.* F. 1 *v° :* Iasoni mayno... preceptori suo... Iohannes baptista Castellioneus Genuensis..... S. D. *Dernier f. v°, colophon :* Expliciūt sigʇaria p dñm Ant. Corsictū siculū vtriusqӡ iuris doctorē pitissimū. Ad excellentissimū vtriusqӡ iuris mōarcha. do. suū. do. Andr. ɔsiculū vulgo Barbatiā bononie impressa nūc vero iterū cū Additio. factis p eundem in celeberrimo studio patauīo iura pōtificia ordinaria de mane legētē. Apud Alexādrum Minutianum Mediolani iterum iterum Impressa M. ccccc. vi. Die vltimo Februarii.

Demi-reliure du XVIIIᵉ siècle, dos en veau, plats en parchemin provenant d'un manuscrit. Sur le f. du titre, notes mss. : *Fizeau — Terrier* Ad^cat *1624 — S*ᵗⁱ *Martini Pontisarensis 1680;* quelques notes marg. manuscrites. Au f. 2, l'imprimeur avait eu besoin d'une grande initiale gravée V (erbum), elle lui manquait sans doute, et il la remplaça sans façon par un ʌ retourné. Chaque division de l'ouvrage a un titre spécial orné de la marque des frères de Legnano, excepté les *Singularia* d'Antonius Corsictus. Non cité par Panzer.

S

196 SALLUSTIUS (Caius Crispus). Opera. — Lugduni, Johannes de Platea, 1513. 6 ff. n. ch., ff. ch. : j-cxlviii ; caract. goth.; le texte entouré par le commentaire ; ll. ll.; manchettes ; lettres et frontispice gravés ; in-4°. [109]

> F. 1*, *titre:* Opera Salustiana OPera. C. Crispi Salustij diuini historiographi necnõ verissimi : vt pbati attestantur.... Et si qua verbo℞ grauitate iuuenes prematur Ascensij expositione elucidata ac clarissime exposita. Hos cū ceteris maio℞ diligētia expositis imprimēdos curauimus.... *Au verso* ... Francisco de Rohan, Lugdunēsium archipresuli.... Iodocus Badius Ascensius... *In fine :* Parrhisijs pridie calendas Nouembris. Anni huius M. CCCCC. quarti. F. cxlviii : Registrum huius operis. A b ...... t .... C. Crispi Salustij Catilina z Jugurthina cum reliquis collectaneis ab Ascensio : vtcunq3 explanatis : hic suū capit finem. Lugduni diligenti recognitione Impressus per Iohannem de platea : impensis honesto℞ virorū Iohannis Robion z Iohannis de clauso. Anno dñi millesimo quingētesimo. xiij. die ¥o. viij. mēsis Ianuarij.
>
> Reliure originale en veau brun, fers à froid ; le carton des plats est formé de feuilles de papier où l'on a imprimé des cartes à jouer (XVIe siècle). Dans les ff. liminaires se trouvent les noms de : « Augustino Mapheo... Pomponius Lētus » — « Philippus Beroaldus in prefatione... » — « Guilhelmi Ramesci Sagien.... Gpigrāma. » Dans la bordure du titre sont trois petits écussons avec les initiales de l'imprimeur et des éditeurs : I P, I D C, I R. Notes mss. sur le f. de garde : *Ex libris laurentii dufay* et sur le f. du titre : *Ex biblio. Fuliensi. B. M. De Valle.* Non cité par Panzer, qui indique une édition in-folio, faite par le même imprimeur, en 1514, (VII, 306).

197 SANCTO-GEORGIO (Jacobus de). Tractatus feudorum et homagiorum. — Papiae, Gasparus de Nebiis de Burgofranco, 1502. FF. ch. : 1-43 et 9 ff. n. ch.; caract. goth.; 2 col.; titres courants ; gr. in-fol. [192]

F. 1, *titre :* Aurcus ꝛ in pratica perutilis totus ꝛ singularis tractat⁹ feudorū per clarissimum monarcham dūm Iacobinū de sancto georgio iurisutriusqꝫ doctoreꝫ ac interpreteꝫ consumatissimuꝫ in thaurimensi gymnasio editus per modum inuestiture. ✢ Cum priuilegio. *Au verso, une petite préface adressée aux auditeurs du cours fait par J. de Sancto-Georgio à Turin, depuis 25 ans; l'auteur y exprime sa reconnaissance au duc de Savoie, son souverain.* F. 43 v°, *colophon :* Explicit tractatus feudorum magnifici iurisqꝫ vtriuqꝫ monarche ꝛ comitis .d. Iacobini de sancto georgio ciuis Thaurinensis nouiter impressus Papie per Gasparem de nebijs de burgo francho anno. 1502. die primo mensis Martij. A ... H Omnes sunt terni preter G H qui sunt duerni. F. 1* *blanc.* F. 2* : Incipit aureus... tractatus de homagijs per ..... Iacobinum de sancto georgio ..... in thaurinensi gymnasio editus. F. 8* v° : Explicit tractatus homagio℞ excellentissimi Iurisutriusqꝫ doc. d. Iacobini de sancto georgio ciuis thaurinensis. Impressus Papie per magistrū Gasparē de nebijs de burgo francho. M. ccccij. die. xiiij. mensis Martij.

Relié à la suite des *Singularia* de L. Romanus, etc.; (édit. de 1506). Notes marginales manuscrites. On a omis de faire à la main les initiales de couleur. Panzer ne cite pas cette édition, mais il en mentionne une faite en 1503 à Milan, par Johannes Angelus Scinzenzeler.

198 SELVA (Johannes de). Tractatus beneficialis. — Parisiis, Franciscus Regnault, sans date. FF. ch. : i-ccxcix et 13 ff. n. ch.; caract. goth.; 50 ll. ll.; manchettes; titres courants; initiales gravées; in-4°. [2 exemplaires 145-146]

F. 1, *titre, en rouge et noir :* TRactatus de Beneficio ab. domino Iohāne de Selua Lemouico : in suprema parlamenti curia cōsiliario vtriusqꝫ iuris interprete cōsultissimo in lucem editus... Feliciter incipit. *Au-dessous, la marque de F. Regnault, Silvestre, 42, et Brunet, IV, 1441.* Venales habentur in vico sancti Iacobi ab intersigniū diui Claudii. F. ii, *en gros caract. :* Tractatus prime partis Beneficialis Iohannis de Selua. Questio pr̄īa. Circa igitur primā partem..... F. ccxcvii v° : Explicit tractatus beneficialis ab Iohanne de Selua natione gallo vtriusqꝫ censure doctore consultissimo : ac in suprema perlamenti curia consiliario. F. ccxcviii : Questiones super prima parte tractatus de beneficio. F. 12* v° : Finis tabule alphabetice ad tractatum de beneficio opulentissimum.

Reliure en veau brun, fers à froid, fatiguée; exemplaire réglé. Sur le f. du titre on lit : *Communitatis S. M. Gaudij vallis ord. Praemonstr. 1650;* d'autres ex-libris plus anciens ont été raturés.

Le second exemplaire a conservé sa reliure originale en veau brun, fers à froid, défectueuse. Le f. du titre manque. Sur le f. ii on lit : *Ex bb. ff. minor. pontisarensium*, et à l'intérieur du dernier plat, d'une écriture du XVIᵉ siècle, le nom de : *Bocquet.*

199 SENECA (Lucius Annaeus). Lucubrationes omnes. — Basileae, Johannes Froben, 1515. FF. paginés : 1-643 et 12 ff. n. ch.; caract.

romains ; ll. ll.; manchettes; réclames; titres courants; grandes
initiales et bordures gravées; in-fol. [195]

Page 1, *titre* : IOANNES FROBENIVS VERAE PHILOSOPHIAE SVTDIOSIS
S. D. En tibi lector optime, Lucij Annaei Senecae sanctissimi philosophi
lucubrationes omnes additis etiam nōnullis, Erasmi Roterodami cura, si
nō ab omnibus certe ab innumeris mendis repurgatae... Bene uale &
nostram industriam, tuo fauore uicissim adiuua. In inclyta Germaniae
Basilea. An. M. D. XV. Mense Iulio. *Au-dessous, une petite marque, sur
fond noir, avec les mots* IO. FRO. *La page est entourée d'un cadre historié signé* G V. P. 3... THOMAE RVTHALLO EPISCOPO DVNELMENSI...
ERASMVS ROTERODAMVS S. D. F. 11* v° : a....z A.....Z Aa.....li Omnes
sunt terniones, praeter P. qui est quaternio, & ii qui est quinternio. *Au-
dessous, la marque de J. Froben avec les légendes en hébreu, grec et latin.*

Reliure du XVIII° s. en veau brun; exemplaire réglé. Sur le f. du titre,
notes mss.: *Ex libris s. martini pontisarensis ordinis s. benedicti congregationis s. mauri in gallia catalogo inscriptus.* A la page 3, on a peint après
coup un écusson, *d'azur à une ancre d'argent accompagnée en chef d'un cœur
et de deux étoiles d'or;* au-dessous, une devise ? en cursive du XVI° s. : *il
n'est que desire vaillant.* Stockmeyer, *op. cit.*, p. 100; Panzer, VI, 193.

200 SIMONETA (Bonifacius). De christianae fidei et romanorum pontificum persecutionibus. — Basileae, Nicolaus Kessler, 1509. 6 ff.
n. ch., ff. ch.: I-CLVI et 2 ff. n. ch. = 164 ff.; caract. romains; ll.
ll.; manchettes; titres courants; in-fol. [241]

F. 1*, *titre :* BONIFACII SYMONETAE DIVI ORDINIS CISTERTIENSIS
CORNV ABBATIS VIRI VNDIQVAQVE DOCTISSIMI DE CHRISTIANAE
FIDEI ET ROMANORVM PONTIFICVM PERSECVTIONIBVS OPVS PENE
DIVINVM ET INESTIMABILE : IN QVO SPARSIM HABENTVR HAEC INFRASCRIPTA..... F. 2*, *colophon :* Hoc opus impressum fuit in inclyta
ciuitate Basileę per Nicolaum Kessler. Anno salutis Christiane. M. D. IX.
In mense Decembri.

Reliure originale en daim, filets à froid, plats en bois. Sur le f. du titre, note
ms.: *Ex libris Congregationis Missionis domus s. Cyrici.* et au verso du dernier f., d'une écriture contemporaine : *Pro Ioanne bolu.* On trouve dans ce
volume une dédicace de l'éditeur, Jérome Emser, à Martin, abbé de Cellavetera (?) une épitre de Alexius Vuagnerius Musurgus, une autre de Stephanus
Dulcinus Canonicus Scalae à J.-B. Ferrus, vicaire de l'archevêque de Milan,
et à la fin, une ode adressée à Simoneta par Jean Biffi, prêtre milanais. Panzer,
VI, 184; Stockmeyer et Reber, 65.

201 SONCINUS (Bartholomaeus). Regulae juris. — Parisiis, Galiot du
Pré, (1512). 16 ff. n. ch., ff. ch.: i-ccxvi; caract. goth.; ll. ll.; titres
courants; initiales fleuronnées; in-8°. [108]

F. 1*, *titre r. et n.* "Regule cum suis ampliationib⁹ et fallentiis e toto iure
delecte, per perspicacissimū vtriusqȝ iuris doctorē do. Bartholomeū

socinū, senensem, a do. Benedicto vado forósempro. iāpridē postillate r correcte, nuperrimeqʒ et denuo emēdate atqʒ frequētibᵒ (q̄bus scaturiebāt) errorib⁹ expurgate. Permutationum Federici de Senis. R. I. apertissimi. C. de iudi. specialissimo (?) p̄ iudicatorio pcessu. *Au-dessous, la marque de Galiot du Pré, avec son monogramme, Silvestre, 47.* Venundantur Parisii apud Galiotū dupre bibliopolam in aula regia palatii sub secundo pilari. Cum gratia et Priuilegio. *Au verso, le privilège accordé pour quatre ans, et signé à* « Paris le. xvij Iour de Mars Mil cinq cens et douze...... » *Ce privilège a été barré à l'encre, et on a ajouté un carton au verso duquel est un autre privilège daté :* en parlement Le. xxj. Iour de Mars de Lan mil cinq cens douze. F. ccxvi : Iohānes gerlier... p̄ceptori suo arnaldo lhuillier..... regio senatori.....

Reliure originale en veau brun, défectueuse ; sur le f. de garde, note ms. du XVII⁰ siècle : *Fʳᵉ L. dechare Mʳᵉ* .... *ex dono amici ;* sur le f. du titre, on lit : *Ex bb. ff. M. Pontisarentium*. Initiales rouges ou bleues, faites à la main. Dans son épitre à Arnaud Lhuillier, Jean Gerlier, parent sans doute du libraire Durand Gerlier, raconte à son maître qu'il avait dans sa bibliothèque une édition des *Regulae* de Soncinus, tellement fautive, qu'il se mit à corriger le texte ; il espère avoir réussi, et rejette sur l'imprimeur, qu'il ne nomme pas, la responsabilité des fautes qui pourraient exister. Dans le premier privilège, raturé, on fait allusion à une édition précédente, faite aussi par Galiot du Pré. Panzer, VIII, 218, cite le volume *sine anno*.

202 SOMNIUM Viridarii. — Parisiis, Jacobus Pouchin, 1516. 8 ff. non ch., ff. chiff. : i-cxxxii ; caract. goth. ; 2 col. ; lettres gravées ; in-4⁰. [13]

F. 1*, *titre, rouge et noir :* A Vreus (de vtraqʒ protestate) libell⁹ (tēporali scʒ ac spūali) ad hunc vsqʒ diem non vilis. Sōniū viridarii vulgariter nūcupatus : formā tenens dyalogi ac iādiu Carolo quinto frācorū regi dum viueret dedicatus.... Venundant̄ parisius apud Galliotū dupre supra pontē btē marie sub ſtersignio classis auree et I Palatio in secūdo pilari. *La marque de Galliot du Pré, Brunet, I, 1148.* F. 1* v⁰, *extrait du privilège daté du :* xxvii iour de May Lan mil cinq cens. xvi. F. cxxxii : Impressum autez fuit opus hoc parisius opa ɀ diligētia Iacobi pouchin sumptibus vero ɀ expensis galioti dupre bibliopole..... Cum priuilegio.

Reliure du XVI⁰ siècle, veau brun, fers à froid. *Ex libris congreg. domus sᵗⁱ Cirici.* Brunet, V, 440 ; Panzer, VIII, 35. V. l'édition française du même ouvrage, Paris, Le Petit Laurens, sans date, p. 131.

203 SPECULUM humanae salvationis. — Parisiis, Johannes Seurre, 1512(?). FF. ch. : I-XXXVI, et 4 ff. n. ch. ; caract. goth. ; 2 col. ; titres courants ; in-8⁰. [75]

F. I, *titre r. et n. :* Speculum saluationis humane, modū ruine reparationisqʒ gñis humani cōplectēs cūctis verbi dei seminatoribus perq̄ vtile ac necessarium Incipit feliciter. *Au-dessous, la marque du libraire Durand Gerlier, Silvestre, 18.* F. XXXVI v⁰, 2ᵉ col. : Incipit prohemium cuiusdā noue cōpilationis..... F. 3* : Sequitur tabula..... F. 4* *et dernier, manque.*

Relié à la suite des *Figurae bibliae* de Rampigollis; exemplaire incomplet du dernier feuillet.

204 SPIERA (Ambrosius). Sermones quadragesimales. —Basileae, Jacobus de Pfortzheim, 1516. 28 ff. n. ch., ff. ch.: I-CCCXXXIII et 1 f. blanc? caract. goth.; 2 col.; titres courants; in-fol. [229]

F. 1*, *titre :* Magistri Ambrosij spiera Taruisini : ordinis carmelitarū : sacre theosophie doctoris omniū cōsensu facile doctissimi liber sermonū quadragesimalium de floribus sapiētie nō minoris salis q̄ȝ vtilitatis iamiā sūme imprimendi et corrigendi Basilee industrie cōmendatus. Octosticon ad lectorem..... F. 1 : Incipit quadragesimale de floribus.... F. CCCXXXIII v°, *colophon :* Ma : Spiera Taruisini de floribᵒ sapientie quadragesimaliū sermonū, celeberrimum opus q̄ȝ vnq̄ȝ calcotypis notulis disserteqȝ imprimēdi industrie..... p. magnificiendum virum magistrū Iacobū Phorzensen maxima cū attentione caractherizationi Basilee salutifere aure enucliatū : octauo die Iunij. Anno salutiferi partus virginei, sedecimo super millesimuȝ quingentesimū : finē auspicatū est felicissimū.

Reliure du XVIIᵉ siècle, en veau jaspé; exemplaire attaqué par les vers; on a omis de faire à la main les initiales de couleur. Sur le premier f. de garde, note ms. du XVIIIᵉ s. : *Hic pertinet ad venerabilem patrem harmois pontisarae alumnum.* Sur le f. du titre, un ex-libris ms. raturé, et un autre du XVIIIᵉ s. : *De la morliere.* Au-dessous du titre, un écusson grossièrement dessiné et colorié : *au château d'or baigné d'une mer d'azur à trois vaisseaux d'or; le chef d'azur chargé de 3 étoiles d'or;* au-dessous, sur une banderole de gueules, les mots DV PORT. Panzer, VI, 196.

205 STRABO. Geographia in latinum versa a Gregorio Tiphernate et Guarino Veronense. — Parisiis, AEgidius Gormontius, 1512. 14 ff. n. ch., ff. ch.: i-clii; caract. goth.; 2 col.; manch.; frontispice gravé; in-fol. [294]

F. 1*, *titre :* Strabonis illustrissimi scriptoris Geographia decem et septem libros cōtinens E greco In latinū a Gregorio Typhernale et Guarino Veronēse cōuersa Cum Indice haud quaq̄.... nando propter meli... litterarū ordinē seruatū. *Au-dessous, la marque du libraire, reproduite par Brunet, I, 198.* Veneunt Ab Egidio gourmont E regione collegii Cameracensis. F. 1* v° : Theobaldus pigenatus.... Hieronymo Aleandro.... F. clii, *colophon :* Strabonis Amasini Scriptoris illustris geographiae opus finit. Parisijs impressum Anno salutis. M. D. X ij. decīo Calendas Februarij. REGISTRVM a....z ꞇ ꝓ Terni omnes preter ꝓ quaternum.

Reliure originale en veau brun, fers à froid; exemplaire fatigué. Sur le feuillet du titre, notes mss. : *F. N. Tallepied me emit eleemosinis Isamberti La Coffe — Prō bb. ff. M. pontisarentium.* Au-dessous du colophon, on retrouve le nom de frère *Natalis Taillepied;* c'était un religieux cordelier du couvent de Pontoise, auteur de plusieurs écrits, entr'autres les *Antiquités de Rouen* et les *Antiquités de Pontoise.* Né à Pontoise en 1540, N. Taillepied mourut à Angers en 1589, dans un couvent de capucins où il s'était retiré. Panzer, VII, 566.

206 SUETONIUS. Faits et gestes des douze Césars. — Paris, ... 1535.
8 ff. n. ch., ff. ch. : i-ccxix et 1 f. n. ch. = 228 ff.; caract. goth.;
ll. ll.; titres courants; grandes initiales ornées, et gravures dans
le texte; in-fol. [243]

F. 1*, *titre, manque*. F. 2: Proesme capital a treshault et illustre prince
monseigneur Charles, duc de vĕdomoys, Cõte de marse de Conuersan et
de Soyssons, viconte de Meaulx. Gouuerneur et Lieutenant general pour le
Roy es pays de Picardie, Salut. F. i : : Sensuyt le premier Liure de Caius
Suetonius de la vie des douze Cesars. F. ccxix v°, *explicit :* luy vindrent a
succeder en lestat de lempire Rommain. (*Vie de Domitien*.) FF. 1*-?,
blancs?

Reliure en veau brun et fauve, fers à froid; exemplaire incomplet du titre
et de plusieurs ff. à la fin. Sur le f. 2*, note ms.: *ex bb. ff. minorum pontisarensium*. Brunet, V, 584 (?)

T

207 TARTARETUS (Petrus). Commentaria in Isagogas Porphyrii..... — Parisiis, Petrus Grosmors, 1520. FF. ch.: I-C et 6 ff. n. ch. pour la table; caract. goth.; 2 col.; frontispice gravé; in-fol. [249]

F. 1, *titre r. et n.:* Magistri Petri tatareti cōmētarij in Isagogas Porphirij z libros logicorū Aristotelis accuratissime recogniti. Annotat̄ in Marginib⁹ si quando author vt plerūqȝ solet in hisce ꝯmētariis ex Scoto quippiā desūpserit. *Au-dessous, la marque de F. Regnault reproduite par Brunet, IV, 140; dans la bordure on trouve les initiales de l'imprimeur* P G. Venundātur Parrhisijs in edibus Ioannis parui : Francisci regnault : z Ioannis frellon. F. 6*, *colophon:* Parrhysiis anno dn̄i. 1520. Petrus grosmorsus excudebat Expensis Ioannis parui Francisci Regnault : et Ioannis frellon.

Relié à la suite de l'*Expositio in summulas Petri Hispani*, du même auteur. Exemplaire couvert de notes mss. On y retrouve les noms des religieux *Karolus bordet, Guillelmus de Laire conuentus Remensis*, et au verso du f. C, on lit d'une écriture du XVIᵉ s.: *sequuntur sociorum meorum qui studuerunt mecum sub ferula honorandi magistri fratris petri Calloel Britonie — Roux — Mabili — Le roux*; il y a en tout 41 noms. Au verso du dernier f., plusieurs notes mss. entr'autres : *hic liber est vsui fratris francisci Priue conuentus Pruuinensis campaniae custodiae et prouinciae francie — Priue.*

208 — Commentarii in philosophiam Aristotelis. — Parisiis, Petrus Grosmors, 1520. FF. chiff.: j-cxviij, 6 ff. non chiff., ff. ch. :j-xxv et 1 f. blanc = 150 ff.; caract. goth.; 2 col.; frontispice gravé; in-fol. [249 et 257]

F. j, *titre:* Cōmentarij Petri tatareti in libros phylosophie naturalis et metaphysice Aristotelis. Eiusdem in Aristotelis sex ethicos libros q̄stiones. Annotat̄ in marginib⁹ si quando author... *Au-dessous, la marque de F. Regnault, reproduite par Brunet, IV, 140 et 798.* Venundantur Parrhisiis in edibus Ioannis parui Francisci regnault : et Ioannis frellon. F. xv, 2ᵉ *col.*, *colophon :* Qūestiones petri tatareti in sex libros ethicos Aristotelis accurata diligentia et summo studio Parisii tipis excusse. finiūt Anno dñi virtutū et fidei autoris. Millesimo quingentesimo vigesimo. vltimo septembris.

Relié à la suite de l'*Expositio in summulas Petri Hispani*, de P. Tartaretus. Exemplaire fatigué et couvert de notes mss. Signatures de : *Guillermus de Laire conuentus Remensis — Franciscus Porret — franciscus Priue minorita — Nicolaus Leroux — Fr Vincentius mercier.* Sur le f. du titre : *Frater Karolus Bordet;* au verso du f. xv, une liste de diacres, sous-diacres, acolytes: *Sub mgro nro michaelis foulon.*

Le second exemplaire a été relié récemment en veau fauve; il est aussi couvert de notes mss. Sur le f. du titre on lit : *Fr. Nicolaus Habertus. — Usuj fratris petri beaucler hic liber conceditur, 1591.*

209 — Expositio in summulas Petri Hispani. — Parisiis ? Franciscus Regnault ? 15.. FF. chiffrés : j-lxxxvij (pour 86) et 4 ff. non chiffrés pour la table; caract. goth. de deux grandeurs; 2 col.; initiales gravées; in-fol. [249]

F. I, *titre, manque.* F. II : Incipiunt sūmule domini Petri Tatareti vna cū textu magistri Petri hispani iuxta mētē Scoti : que de modo sciēdi. tanq̃z de subiecto adequato tractāt. F. lxxxvij (pour 86) *explicit* : Cōmētariorū Petri tatereti ī textū Petri hispani : insertis tractatibus consequentiarū sophismatū insolubiliū et descēsu : addito etiam tractatu obligatoriorum magistri Matini Molenfelt finis.

Reliure originale en vélin, exemplaire fatigué, et incomplet du f. I. Nombreuses notes mss. du XVIᵉ s.; un ex-libris effacé et à plusieurs places le nom de *frater karolus bordet, — franciscus ordinis minorum prouincie francie custodie artezie sunt atrebaten. conuentus vallencenensis.* et *fr. guilliermus de Laire huius libri possessor;* et ailleurs : *conuentus valecenensis artesie.* — Au verso du dernier f., on lit : *memoire dauoir donne a pierre de s. marceau le 17 de may deux chemises vne sebuille et vne paire de manchons : Priue.*

210 THOMAS de Aquino (S.). Opuscula. — Venetiis, Jacobus Pincius de Leucho, 1508. FF. ch. : 1-306; caract. goth.; 2 col.; titres courants; initiales gravées; in-fol. [269]

F. 1, *titre, manque.* F. 2 : Antonij pizamani.... in diui Thome Aquinatis vitam prefatio ad Augustinum Barbadicum.... F. 11 : Incipiunt preclarissima opuscula diui Thome agnatis sacri ordinis p̄dicato℞ : in qbus oīs phie z diuinarū scriptura℞ theoremata est cōplexus... F. 305 *v°, colophon* : Impressum Venetijs mandato z expēsis Petri Liechtenstein Coloniēsis Germani. Cura z ingenio Iacobi pēcio de Leucho. Anno virginei partus. 1508. Die. 15. Ianuarij. F. 306 : Registrum.

Reliure moderne en veau brun ; exemplaire incomplet du titre, et peut-être des liminaires. Sur le f. 2, une note raturée : *Fr. Carolus..... vysirinus*(?) Hermann Liechtenstein avait déjà fait en 1497, aussi à Venise, une édition de ces opuscules. Non cité par Panzer.

211 THOMAS de Aquino (S.). Summa, pars tertia. — Parisiis, Claudius Chevallon, 1514. 6 ff. n. chiff., ff. ch. : i-ccccl ; caract. goth.; 2 col.; manchettes; titres courants; lettres grises; in-4°. [29]

F. 1*, *titre :* Tertia pars summe preclarissimi doctoris. S. Thome aquinatis cū Additiōibus ex quarto sentētiarum eiusdeʒ angelici doctoris excerptis nouiter p reuerendos. P. F. Petrū d Nouimagio ac. F. Vīcētiū de haerlem sacre theologie bacchalarios foŕatos emussicate : scorijs (q̄b⁹ p̄cipue additōes erāt suffuse) cuulsis quotationib⁹ qʒ eisdem adiectis. *La marque de C. Chevallon, Silvestre, 296.* Venundatur a Claudio Cheuallon cuius impēdio & cura in lucem prodiit sub intersignio sācti Christofori : e regione collegij Cameracensis. F. ccccl v°, *colophon* :.... Impresse Parisi⁹ impensis honesti ʒ probi viri Claudij Cheuallon alme parisiēsis academie librarij. Anno incarnatiōis dominice. 1514. 7 nonas Martij. Genitori genitoqʒ Laus ʒ iubilatio..... Amen.

Cartonné ; notes mss. : *Fr. Stephanus jesbon* (?) — *Fr. Rudulphus grallon a britannia dinanen.* — *Sum modo Johannes Jusseaulme.... Ex libris Minimorum Bonae Domus.* Dédié à Yvon Maienc, dominicain et évêque de Rennes.

212 — Summa, pars prima partis secundae. — Parisiis, Johannes Barbier, 1512. 20 feuillets non chiffrés, ff. chiff. : i-cclxxv, et 7 ff. n. ch. = 302 ff.; car. goth.; 2 col.; titres courants; initiales gravées; in-4°. [27]

F. 1*, *titre, manque.* F. i : Prima pars secunde partis summe theologie eximij doctoris sancti Thome de aq̄no : ordinis p̄dicatorū. F. cclxxv v° : Explicit prima pars secundi partis.... ʒ cum diligentia : maximoqʒ studio parrhysijs Īpressa studio ac : solertia probi viri Ioannis Barbier Impensis vero honesti viri Claudij chevalon eiusdem vniuersitatis librarij Anno redemptionis humane quingētesimo duodecimo supra millesimum decimoquarto calendas Apriles. *7 ff. pour la table.*

Reliure moderne en veau jaspé. Sur le dernier f. : .... *pretio viginti sol. anno 1577 fr. Joh. Delourme pocessor.*

213 — Summa, pars secunda partis secundae. — Parisiis, Cl. Chevallon, 1515. 10 ff. non chiffrés, feuillets chiffrés : i-cccxc, et 16 ff. n. ch.; caractères gothiques; 2 col.; titres courants; lettres grises; in-4°. [28]

F. 1* *titre :* Sancti doctoris diui Thome aquinatis predicatorii ordinis liber noīe : Secūda secunde, at meritis facile prim⁹ nusq̄ʒ citra montes hactenus impressus, gemino indice illustrat⁹, altero antiquo illo articulatim materias distīguente : altero alphabetario .s. nunc primo adiecto. Et a reuerendo admodum patre et doctore optime merito fratre Petro brusselleñ. accuratissime castigatus : ac de nouo reuisus. *La marque de C. Chevallon, Silvestre, 296.* Venundatur a Claudio cheuallon : cuius impendio et cura in lucem prodit sub insigni sancti Christofori : e regione collegii Cameracensis. F. cccxc v°, *colophon* : ..... Litteris encis Parisius impressus : Impēsis hōesti viri Claudij Chaualonis : ..... Anno Christiani natalis Milesimo quingētesimo decimóquinto. *Suit la table alphabétique.*

Reliure originale en veau brun, nombreuses signatures mss., entr'autres : *Fr Johannes bouuart conuentus sancti quintinj nationis picardiae prouinciae franciae ....: studens parisius 1544.* — *Ex libris Minimorum Bonae Domus.*

214 THOMAS de Aquino (S.). Summa contra gentiles. — Parisiis, Johannes Petit, 1519. 4 ff. n. ch., ff. ch. : j-cxlvii et 1 f. blanc?; caract. goth.; 2 col.; manchettes; titres courants; initiales et frontispice gravés: in-fol. [270]

F. 1*, *titre r. et n.* : SVmma contra gētiles malleus hereticorū merito nuncupata : diuinissimi ac angelici doctoris sancti Thome aquinatis ordinis predicato℈ : indefatigabili diligentia z accuratione rursus Parrhisiis recognita : et solerter impressa. *Au-dessous, une des grandes marques de J. Petit.* Venundatur ab Iohanne Paruo sub lilio aureo in via Iacobea. *Le titre est entouré d'un joli cadre renaissance.* F. cxlvii v°, *colophon :* Explicit summa contra gentiles doctoris sancti Thome aquinatis ordinis predicato℈ : summa diligētia impressa z intētissima cura mēdis oībus purgata. Impensis z cura honesti viri Iohannis Petit bibliopole parisiani gymnasii. Parisius die. vi Iunii. M. ccccxix.

Reliure moderne en veau brun; exemplaire incomplet du dernier feuillet; le titre a été réparé. Non cité par Panzer.

215 THOMAS Cantipratensis. Liber de proprietatibus apum. — Parisiis, (Wolfgang Hopyl), 1510 ? 6 ff. n. ch., ff. ch. : j-cx, 4 ff. n. ch. = 100 ff.; caract. goth.; 2 col. de 53 ll.; signatures +, A-M; titres courants; initiales et titre gravés; in-4°. [144]

F. 1*, *titre :* Liber apum aut de Apihº mysticis, siue de ppriętatibº Apum : seu vniuersale bonū. tractans de prelatis et subditis vbiq3 sparsim exemplis notabilibus. *Au-dessous, une grande gravure, la Vierge dans une gloire, tenant l'enfant Jésus; à ses côtés s. Michel et s. Georges, et à ses pieds les instruments de la Passion.* Venalis habetur in vico sctī Iacobi apud sanctum Benedictū ad signū sctī Georgii. F. 1* v° : Reuerēdissimo... dño Renato d prye baioceñ ac lemouiceñ epō... Bonaspes puteanº Treceñ, sctī petri Cadomēsis pastor.... *In fine :* Ex michaelino Cenacēsi gymnasio Parisijs. *Suit une ode de Bonaspes à René de Prye.* F. 2*, *Epitre de l'auteur à Frère Hubert dominicain, puis les tables.* F. j : Prefatiuncula de prelatis..... F. cx v°, *discussion sur le nom de l'auteur.* F. 1* signé M iij, *titre courant :* Vita Ioāuis Gallen et Iacobi magni. F. dernier, v°, *grande gravure représentant sᵉ Ursule et les 11000 vierges, etc.; elle est ornée à la partie supérieure de l'écusson qui se voit au centre de la marque de L. Hornken, Silvestre, 148, et d'un monogramme* A W *surmonté d'un quatre de chiffre, reproduit par Brulliot,* Dictionnaire des monogrammes... Munich, 1832, in-4°, n° 771.

Reliure molle en parchemin noirci. Exemplaire court de marges et incomplet du dernier feuillet, m˚. Sur le f. du titre on lit : *Auctore R. P. Thoma de Champrè ordinis fratrum Praedicatorum.* A l'intérieur du premier plat, l'exlibris gravé : un écu *d'azur au semé de fleurs de lys d'or orné en cœur d'une étoile de ..... rayonnante, timbré d'une couronne de marquis;* l'écu est accompagné des insignes épiscopaux, la mitre, la crosse, la croix et le livre. Au-dessus de l'écu, sur une banderole, on lit les mots : CONGR. MISS. DOM. B. M. V. VERSAL. V. sur l'auteur et sur cet ouvrage, Echard, I, p. 250ᵃ et ss. Le savant bibliographe cite plusieurs traductions manuscrites du *Liber apum*.

216 THUCYDIDES. De bello Peloponnesiaco. — Parisiis, Ascensius, 1513. FF. ch. : I-CXXII et 4 ff. n. ch.; caract. romains; ll. ll.; manchettes; initiales et frontispice gravés; in-fol. [250]

F. I, *titre :* Thucydidis Atheniensis historici grauissimi de Bello Pelopõnēsiũ Athenensiumq3 Libri octo Laurentio Valleñ. interprete accuratissimo. Vna cum Vita authoris totiusq3 operis tabella post opus apponenda. *Au-dessous, la marque de l'imprimeur, Silvestre,* 7. Venundantur in ędibus Ascensianis. F. 1 v˚ : Iodocus Badius Ascensius Petro Aegidio..... F. 3*, *colophon :* Finis Indicis atq3 ita totius operis in ędibus Ascencianis Tertio Idus Iulias. M. D. XIII. Deo sint Gratiae.

Relié à la suite des *Commentaria variorum antiquitatum* de Joh. Annius; bel exemplaire. Panzer, VIII, 3.

217 TOTALE (La) et vraie description de tous les passages des Gaules en Italie. — Paris, Toussaint Denis, 1515. FF. ch. : i-xxviii et 12 ff. n. ch.; caract. goth.; ll. ll.; initiales gravées; in-4˚. [101]

F. 1, *titre :* LA totale et vraie description de toᵒ les passaiges, lieux, z detroictz : par lesquelz on peut passer z ētrer des Gaules es ytalies Et signament par ou passerõt Hãnibal, Iulius cesar, z les tres chrestiẽs, magnanimes, et tres puissans roys de France Charlemaigne Charles. viii. Louys. xii. Et le tresillustre roy Frãcois a present regnãt premier de ce nom. Item plus est cõtenu le nombre et tiltres des cardinaux et patriarches. L'ordre, et les noms des archeueschez, z eueschez estans en luniuersel monde. Item les archeueschez : eueschez abbayes : z aultres benefices reseruez au sainct siege apostolique, auec la taxe ordinaire : estãs au royaume z seigneuries de la courõne de frãce. *Au-dessous, la marque du libraire, reproduite par Brunet,* V, 900. On vend lesdictz liures a Paris en la rue sainct Iacques, pres sainct yves. a lenseigne de la croix de boys : en la maison de toussains denys libraire. Cum priuilegio. F. 12* v˚ : Finiunt nota archiepcopatuũ... Impressum est hoc opus Parisius anno dñi. M. v. c. xv. sumptibus Toussani denys : et vẽdunt in domo eiusdem in vico diui Iacobi e regione sancti yuonis in intersignio Salmonis.

Reliure originale en veau brun, fers à froid; exemplaire grand de marges. A l'intérieur du plat de la reliure on lit : *Ex libris Renati le clerc,* et sur le f. du titre : *Ex libris s' Eligii de Longojumello.* Notes mss. dans le courant du volume. Au f. 1 v˚, dans le privilège, il est dit que le volume et la carte «des-

dictz pays » ne devront être vendus plus de *quatre sols parisis*. Aux ff. xiv v°
et xv, est « le chemin de Paris a Romme, » étape par étape, avec les noms des
villes italiennes, francisés impitoyablement. Brunet, V, 900, dit que l'auteur
est Jacques Signot, nommé au feuillet 4 de l'ouvrage.

218 TURRECREMATA (Johannes de). Expositio super Psalterium. —
Rothomagi, Petrus Olivier, 15.. FF. ch. : i-clxviii; caract. goth.;
2 col.; titres courants; lettres grises; in-8°. [134]

F. i *titre ?, manque*. F. ii: Incipit breuis expositio a magnis misterijs nõ vacãs ĩ Psalterio Reuerẽdissimi ĩ xp̄o patris z dñi. D. Ioãnis yspani cognominato de turrecremata Cardinalis tituli sācti sixti ex vberrimo predicatorum ordinis fonte assumpti. F. clxviii, *colophon :* Explicit laudabilẽ p̄pẽdiosa ac putilis expositio sup̄ psalteriũ dñi d. Ioãnis hyspani de turrecremata..... Rothomagi recẽtissime Impssa opera. M. Petri Oliuier Impressoris ere et Impẽsis Iohãnis petit bibliopõle vniuersitatẽ parisien̄, ibidem cõmorantis sub leone argenteo, vici sancti Iacobi, necnon Iacobi le forestier in prefata vrbe Rothomagensi morã trahentis sub signo floris lilij, iuxta maiorẽ ecclesiã.

Reliure originale en veau brun, fers à froid, fatiguée. Exemplaire incomplet du premier feuillet; sur le f. de garde on a dessiné une caricature, un clerc orné d'oreilles d'âne avec cette légende : *susanna azini auribus ornata*.

V

219 VALERIUS Maximus. Dictorum ac factorum memorabilium libri
novem. — Parisiis, Jodocus Badius Ascensius, 1517? 4 ff. n. ch.,
ff. ch. : I-CCCLXXIIII; caract. rom. de deux grandeurs, texte et
commentaire; 2 col.; manchettes; titres courants; initiales et
frontispice gravés; in-fol. [194]

> F. 1*, titre : VALERII MAXImi dictorum ac factorum memorabilium tam Romanorum q̃ externorum Collectanea, cum Oliuerii Arzignanensis cõ-mentario, & Iodoci Badii Ascensii familiarissima ac plane dilucida expositione, adiectis quattuor & viginti exemplis ab Aldo prius impressis, quę in placrisqʒ exemplaribus desiderantur. *Au-dessous, la marque de* PONCET LE PREUX, *avec la devise* QVIC QVIT AGAS SAPIENTER AGAS RESPICE FINEM. F. 1* v° : Nicolaus Beraldus Remigio Cailliuo Salutem, P. D..... *Daté de Paris, en 1517.* F. 2* : Germano de Ganaio..... I. Ascensius.... F. 2* v° : ..... Petrum de Brutis ..... episcopum Catharensem, Oliuerius Arzignanensis. F. 4* v° : Raymundus guarossinus Espiensis... Herardo flamarens Condomiensi episcopo. F. I, *texte.* F. CCCLXXIIII v° : τελος.
>
> Reliure en veau brun; sur le f. du titre, note ms. : *Pro bb. ff. M. Pontisarentium.* Cette édition n'ayant pas de date sur le titre, n'a pu être identifiée avec les diverses éditions parisiennes citées par Panzer.

220 VILLANOVA (Arnaldus de). Opera. — Lugduni, Guillelmus Huyon,
1520. 10 ff, n. ch., ff. ch. : 1-318; caract. goth.; 2 col.; initiales et
frontispice gravés; in-fol. [280]

> F. 1*, *titre, en r.:* Arnaldi de Villanoua medici acutissimi opa nuperrime reuisa : vna cū ipsius vita recēter hic apposita. Additus est etiā tractatus de philosophorū lapide intitulatus ✠. *Bordure gravée, enfants et rinceaux.* F. 1* v° : Petri Salij Vercellen. Carmen... F. 318 *explicit :* Registrum. AA. a-z, τ ꝑ ꝛ A-O oēs sunt quaterni dempto AA. qui est quinternus. O. ꝛo ternus. Expliciunt opera Arnaldi de villa noua medici acutissimi nuprime

recognita ac emendata. Lugd. Ipressa in calchographia. M. Guilhelmi Huyon. Anno domini. M. ccccxx. die vero xxj mensis Aprilis.

Reliure du XVIII° s., en veau racine. 2 ff. du cahier AA sont mutilés. Au verso du f. 318, quelques recettes de pharmacie manuscrites.

221 VIRGILIUS Maro (Publius). Opera. — Parisiis, Ascensius, 1507. 8 ff. n. ch., ff. ch. : I-CCCCXXII; caract. romains de deux grandeurs; initiales gravées; in-fol. [286]

F. 1* titre, r. et n. : Opera Vergiliana docte et familiariter exposita : Docte quidem Bucolica & Georgica A Seruio Donato & Mancinello : cum adnotationibus Beroaldinis : Aeneis vero ab iisdem praeter Mancinellū : & ab Augustino Datho in eius principio : Opusculorū praeterea quędā ab Dominico Calderino : Familiariter vero omnia tam opera q̃ opuscula ab Iodoco Badio Ascensio : Opuscula autem ante Aeneida hoc posita sunt ordine..... Au-dessous, une des anciennes marques de J. Petit, reproduite p. 113. Que oĩa ab ipso Ascensio Impendio Ioānis Parui coimpressa et recognita prostant. sub Leone Argenteo apud Parrhisios in via regia ad diuum Iacobum. F. 1* v° : Iodocus Badius Ascensius d. anselmo de Bricuere..... F. CCCCXXII, colophon : Ex officina Ascensiana Impendio Ioannis Parui Sexto Idus Nouemb. Anni ab redemptione humana. M D VII.

Reliure du XVIII° s., en veau fauve, gardes marbrées; exemplaire un peu court de marges. Sur le f. du titre, note ms. : Ex libris congreqaois missionis noviomensis. Panzer, VII, 523.

222 VIO (Thomas de) Caietanus. Commentarii in librum de anima Aristotelis. — Venetiis, Georgius Arrivabene, 1514. FF. ch. : 1-86; caract. goth. de 2 grandeurs; 2 col.; initiales gravées; in-fol. [254]

F. 1, titre : Commentaria reuerendissimi patris fratris Thome de Vio Caietani artium sacre theologie z ordinis predicatorum professoris ac eiusdē ordinis Generalis magistri in libros Aristotelis de anīa nouissime recognita : cūctisq3 erroribꝰ expurgata. + F. 1 v° : Fratris Thome de Vio..... prefatio.... ad.... D. Oliueriū Carrafa3 epm ostiensem.... F. 86, colophon : Expliciunt opuscula z quodlibeta... Thome de Vio... optime nouissime recognita : cūctisq3 erroribꝰ castigata. Mādato z impēsis heredū nobilis viri dñi Octauiani Scoti ciuis Modoetiēsis z socioꝛ sūma diligentia Ipressa Venetijs per Georgiu3 Arriuabenū. Anno recōciliate natiuitatis. 1514. die. x. octobris. Registrum A.....O Omnes sunt terni preter O qui est quaternus. Au-dessous, la marque de Octavien Scot. reproduite page 28.

Reliure en veau brun; exemplaire bien conservé. Sur le f. du titre, note ms. : Pro bb. ff. M. Pontisarentium. Le colophon fixe à peu près la date de la mort d'Octavien Scot, qui employa tour à tour presque tous les imprimeurs vénitiens, pour la publication d'ouvrages nombreux et divers. Une biographie de cet éditeur infatigable serait assurément aussi utile pour l'histoire de la typographie que celle de Ant. Koberger, donnée par M. Hase; espérons qu'un bibliographe italien entreprendra cette tâche intéressante. Panzer, VIII, 418.

223 **VORAGINE (Jacobus de). Legenda aurea.** — Lugduni, Jacobus Saccon, 1502. 12 ff. n. ch., ff. ch. : i-ccxxj et 1 f. blanc = 234 ff.; caract. goth.; 2 col.; initiales gravées ; in-4°. [111]

> F. 1*, *titre :* LEgenda hec aurea nitidis excuditur formis claretq3 plurimum censoria castigatione : vsq3 adeo vt nihil perperam adhibitum semotūue : quod ad rem potissimum pertinere nō videatur : offendi possit. *Au-dessous, la marque de J. Huguetan, Silvestre, 93.* Venundantur Lugduni ab iacobo huguetano eiusdem ciuitatis bibliopola z ciue in vico mercuriali vulgariter a la rue merchiere ad angiportū qui in ararim ducit Et parrhisij in vico sctī iacobi sub diua virgine prope sanctum benedictum. F. ccxxj v° : Finit legēda sancto%.... cōpilata p fratrē iacobū de voragine ..... Impressa lugduni p magistrum iacobū sachon pedemontanū dyocesis yporregiensis anno dñi. M. ccccc. secundo die vero. xx. mensis aprilis. *Au-dessous, la petite marque de J. Saccon, sur fond noir.*
>
> Reliure du XVIII° siècle, en veau fauve, gardes marbrées; sur le f. du titre, note ms. : *Colleg. Auen. soc. jesu cat. ins. an. 1619. Num. 7242.* Non cité par Panzer.

224 — — Rothomagi, Petrus Violette, 1507. 14 feuillets non chiffrés, feuillets chiffrés : i-cclix et 1 feuillet blanc; caractères gothiques; 2 col.; titres courants; initiales et vignettes gravées ; in-4°. [113]

> F. 1*, *titre r. et n. :* Legenda hec aurea nitidis excutitur formis claretq3 plurimuȝ peruigili ac lucubri castigatioē : additis insuper plurium sanctorū legendis denuo compilatis. Rothomagi ex edibus Magistri Petri violette insigni carattere exarata. *Au-dessous, la marque du libraire; elle ressemble à celle donnée par Brunet, V, 1572; mais elle est imprimée sur fond blanc sauf l'intérieur de la lettre P, qui est sur fond noir ; la bordure n'est composée que d'une série de cabochons, tandis que celle donnée par Brunet offre des écus armoriés et une devise; celle de notre exemplaire est aussi d'un dessin plus naïf.* Venundantur Rothomagi a Petro regnault librario vniuersitatis Cadomien. F. cclix v° : Finit aurea legenda sanctorum que lombardica historia nominatur : compilata per fratrem Iacobum de voragine..... vna cum quibusdam legēdis nouiter superadditis Impressa Rothomagi per magistrum Petrū violette impēsis honestorū virorum Petri regnault necnon Iohānis huuin Anno ab incarnatione domini. M. ccccc. vii. die vero. xxix. octobris.
>
> Reliure originale en parchemin. Sur le f. du titre, note ms. : *pour les capucins de Montfort;* la dernière des légendes ajoutées par les éditeurs normands, est celle de s. Laud. Non cité par Panzer, qui indique une édition faite en 1510, à Rouen, par Pierre Olivier pour Michel Angier à Caen, et Jean Macé à Rennes.

225 — — Lugduni, Stephanus Baland, 1510. 8 feuillets non chiffrés, feuillets chiffrés: i-clxiiij; caractères goth.; 2 col.; initiales historiées et titre orné; in-fol. [298]

F. 1*, *titre, en r.* : LEgĕda hec aurea nitidis excutitur formis claretq3 plurimum censoria castigatione. vsq3 adeo vt nihil perperam adhibitum remotumue quod ad rem potissimum ptinere non videatur offendi possit. VEnundātur Lugduni a. iohāne bonet eiusdem ciuitatis bibliopola ppe sanctum eligium. *Le titre est entouré de nombreuses vignettes, représentant différents saints.* F. clxiiij : Finit aurea legenda....: vna cum quibus dam legendis nouiter superadditis. Impressa lugduni per stephanum balam : expensis vero lohānis bonet. Anno Domini. M. ccccx. die vero xxvi. mensis augusti. Registrum. A a.....x Om̄s sunt quaterni preter x qui est duernus.

Reliure originale en veau brun, fers à froid, plats en bois, dos réparé. Les plats sont doublés de feuilles en parchemin provenant d'un missel du XIIIe siècle; sur les ff. de garde, des notes mss. et un nom raturé; sur le f. du titre on lit : *Collegij Societatis JESV louanij.*

226 — Sermones de tempore et quadragesimales. — Lugduni, sans nom d'imprimeur, 1503. Signatures ā ē, a-v, +, aa-ll; caract. goth.; 2 col.; titres courants; in-4°. [94]

F. 1*, *titre, manque.* F. 2* : Incipit registrum in sermones de tempore preclarissimi doctoris : magistri Iacobi de voragine.... F. +, *titre :* Registrum in sermones quadragesimales Iacobi de voragine. F. ll' *colophon :* Impressum lugduni Anno a natiuitate domini Millesimo quingentesimotertio. Die vero. xxiij. mensis Martij.

Reliure originale en vélin; exemplaire incomplet du premier et du dernier feuillet. On a omis de faire à la main les initiales de couleur.

227 VORILLONG (Guillelmus). Opus super quatuor libros Sententiarum. — Venetiis, Lazarus de Soardis, 1502. FF. ch. : 1-308 et 4 ff. n. ch.; caract. goth.; 2 col. de 56 ll.; manchettes; titres courants; initiales gravées; in-4°. [141]

F. 1, *titre :* Guillermus vorrillong super quattuor libris sententiarum nouiter correctus τ apostillatus. F. 308 : Incipit tabula pn̄tis opis... F. mⁱⁱ v°, *colophon :* Guillermi de vorrillong sacre theologie professoris eximij ordinis fratrum minorum : opus super quattuor libros sententiarum feliciter consummatum est : Venetijs per presbyterum Bonetum Locatellum Bergomensem. Impensis vero. D. Lazari de Soardis quinto idus Iulias. Anno secundo τ quingentesimo supra millesimum. *Suit le privilège.* Laus Deo. Registrum a-z, τ ɔ ᴥ, A-M. *Au-dessous, la marque sur fond noir de L. de Soardis, reproduite p. 155. F. dernier, blanc?*

Reliure moderne en veau jaspé. Exemplaire incomplet du dernier f. blanc. Sur le titre on lit : *Ex dono dni. Joannis Niual curati de sto Gerasio de rossi 23 octobris 1654.* Plus bas, parmi quelques notes mss. : *Emptus parisiis 20 s.* Panzer, VIII, 349.

Y

228 YSAAC. Opera. — Lugduni, Johannes de Platea, 1515. FF. ch. : i-ccxxvj, i-ccx et 16 ff. n. ch., = 452 ff.; caract. goth. de 2 grandeurs; 2 col.; initiales et vignette gravées; in-fol. [261]

F. i, *titre en r.* : Cum priuilegio Pontificis maximi Leonis decimi : ⁊ Francisci christianissimi Francorum regis. *Au-dessous, une gravure représente trois personnages assis autour d'une table et tenant chacun un livre ouvert; ce sont :* YSAAC, HALYABBAS et CONSTANTINUS MOC⁹. Omnia opera ysaac in hoc volumine contenta : cum quibusdam alijs opusculis. Liber de definitionibus. Liber de elementis..... Cum tabula ⁊ repertorio omnium operum et questionum in cōmentis contentarum. *Au verso du titre :* Antonius de toledo..... Francisco dales..... Salutem... — Simphorianus camperius..... medicus..... Andree turino de piscia.... medico..... — medicos Io. ronatum florentinum atq̄ȝ Io. franciscum genarium burgi sancti sepulchri ciuem : preceptores suos. andreas turinus.... F. ccx, *colophon :* Habes in hoc volumine artis apollinee studiosissime indagator : ysaac israelite Salomonis regis arabic filij adoptiui :..... opera.... accuratissime artis impressorie sedulo labore innouata : in lucem : ad omniū huic facultati operā impendere cupientium (non eṁ solum nati sumus) edita. Curauit ea imprimi honest⁹ vir Bartholomeus trot bibliopola Lugduneñ. Extrema man⁹ apposita fuit anno dñi. xv. supra. M. mense decembri : in lugduneñ. emporio in officina probi viri Iohannis de platea chalcographi. FF. 11 ff. tables.

Reliure du XVIIIᵉ s., en veau racine. Exemplaire court de marges, quelques notes marginales manuscrites.

TABLE

des

REPRODUCTIONS PHOTOGRAPHIQUES

	Pages.
Marque de A. Ter Hoernen	2
— A. Verard	3
— Ph. Pigouchet	20
— Claude Gibolot	22
— Oct. Scot	28
— Pierre Drach	30
— M. Furter	32
— Denis Roce	33
— G. Arrivabene	42
— Engilbert de Marnef	45
— Thielman Kerver	46
— Gérard Leeu	47
— André Bocard	49
— P. Lathomi et B. Johannis	54
Vignette	55
Marque de M. Capcasa	56
— G. Wolf	57
— E. de Marnef	57
— J. Du Pré	65
— Nicolaus Philippi	69
— P. Schoiffer	72

TABLE DES REPRODUCTIONS PHOTOGRAPHIQUES

	Pages.
Marque de J. Trechsel	74
— F. Baligault	78
— J. Syber	81
— M. Wenssler	82
— Nicolas Jenson	87
Colophon de : *Postilla super Psalterium*, Paris, Gering, 1480, et note manuscrite	90
Initiale L. de la *Mer des histoires*	95
Marque de Pierre Le Rouge	96
— Berthold Rembolt	110
— Jean Petit	113
— Jean de Vingle	119
— Jean Trepperel	126
— Fr. de Mazalis	128
— A. Lambillon et M. Sarrazin	130
— Nicolas Wolf	136
— Berthold Rembolt	146
— Lazarus de Soardis	155

TABLE

des

NOMS DES VILLES ET DES IMPRIMEURS *

PREMIÈRE PARTIE

Antwerpia

Leeu (Gerardus), 69.

Argentina

Eggesteyn (Henricus), [149].
Flach, (Martinus), 169.
Gruninger (Johannes), 17, 174.
Mentelin (Johannes), [24], 26, 27, [41], [61], [108], [150], [156], [173].
Pruss (Johannes), 84.
Sans nom d'imprimeur, 77, 88, 126, 178.

Augusta Vindelicorum

Ratdolt (Erhardus), 14.

Basilea

Amerbach (J. de), 13, 148, 167, 193.
Furter (Michael), 47, 48.
Kessler (Nicolaus), [66].
Wenssler (Michael), 59, 111.

Bononia

Ragazonibus (Jacobus de), 70.

Colonia

Guldenschaff (Johannes), [6], 8, [133].
Homborch (Con. de), [39], 67, [137].
Koelhoff (Johannes), 52, 83, 96.
Quentell (Henricus), 23, 93, 165.
Ter Hoernen (Adrianus), 3, 7.
Zell (Ulricus), [2], [30], [31], [39], [43], [53], 54, [85], [86], [87], [99], [152], [153], [154], [155], [196].
Sans nom d'imprimeur, 10, [50], [58], [89].

Esslinga

Fyner (Conradus), [132].

Eichstadium

Reyser (Michael), [104].

Hagenoa

Gran (Henricus), 105, 144, 182.

Lovanium

Westphalia (J. de), 1, 81, 82, [106], 171.

Lugdunum

Benedictis (Nicolaus de), 145.
Giboletus (Claudius), 32.
Lambillon (Antonius), 174.
Marechal (Petrus), 21.

---

* Les chiffres renvoient aux numéros des ouvrages; ceux qui sont entre crochets indiquent les éditions qui ne sont pas signées, mais qu'on a cru pouvoir attribuer à tel imprimeur. Les noms des villes et des imprimeurs sont répétés à la *Table générale*, avec renvois aux pages où ils sont cités d'une manière quelconque.

Philippi (Nicolaus), 97, 160.
Prato (Johannes de) 90, 91.
Sarrazin (Martinus), 174.
Syber (Johannes), 110.
Trechsel (Johannes), 102, 103, 138, [139], 140, 206, 208.
Vingle (Johannes de), 25, 146, 161.
Wolff (Nicolaus), 183.

Moguntia

Schoiffer (Petrus), 100, 101, 191.

Mediolanum

Lavania (Philippus), 74.

Memminga

Kunne (Albertus), 121.

Norimberga

Koberger (Ant.), 15, 28, 34, 36, 45, 51, 60, 65, 94, 118, [143], 187, [205].

Parisius

Baligault (Felix), 107, 115, 151.
Bocard (Andreas), 71.
Bonhomme (Johannes), 135, 136.
Crantz (Martinus), 134.
Friburger (Michael), 134.
Gering (Ul.), 119, 134, 147, 181, 198.
Higman (Johannes), 109.
Hopyl (Wolfgang), 109.
Kerver (Thielmann), 68.
Lambert (Jean), 11.
Le Petit Laurens, 176.
Le Rouge (Pierre), 127.
Marnef (Enguilbertus de), 80.
Maynyal (Georgius), 181.
Mittelhuss (Georgius), 129.
Pigouchet (Philippus), 29.
Rembolt (Berthold), 109, 147, 198.
Roce (Dionysius), 49.
Trepperel (Jean), 12, 166, 170.
Verard (Antoine), 4, 22, 200.
Wolf (Georgius), 57, 79.

Regium

Mazalis (Franciscus de), 172.

Roma

Hahn sive Gallus (Ulricus), 158.

Pannartz (Arnoldus), 62, 113.
Sweynheym (Conradus), 62, 113.

Spira

Drach (Petrus), 16, 44, 64.

Tolosa ?

Sans nom d'imprimeur, 72.

Ulma

Zainer (Johannes), 194, 197.

Venetia

Arrivabene (Georgius), 63.
Capcasa (Matthaeus), 78.
Colonia (Johannes de), 116.
Hailbrunn (Franciscus de), [195].
Jenson (Nic.), 35, 76, 116, 125, 188.
Johannis (Bonifacius), 73.
Lathomi (Perrinus), 73.
Locatellus (Bonetus), 40, 189.
Novimagio (Reynaldus de), 92.
Pincius de Leucho (Jacobus), 207.
Ratdolt (Erhardus), 75.
Scot (Octavianus), 37, 117.
Spira (Vindelinus de), 55.
Tortis (Baptista de), 141, 142.
Tridino (Bernardinus de), 192.
Vercellensis (Johannes), 180.
Villaveteri (Johannes de), 73.
Zanis (Bartholomaeus de), 157.

Verona

Veronensis (Johannes), 199.

?

Ludovicus de Venetia, 56.

Zwolla

Sans nom d'imprimeur, 42.

Sans indications typographiques

5, 9, 18, 19, 20, 33, 38, 46, 50, 58, 89, 95, 98, 103, 112, 114, 120, 122, 123, 124, 128, 130, 131, 159, 162, 163, 168, 175, 177, 179, 184, 185, 186, 190, 201, 202, 203, 204.

SECONDE PARTIE

Andegavi
Alexander (Johannes), 19, 155.

Antwerpia
Martinus (Theodoricus), 82.

Basilea
Amerbach (Johannes de), 55, 112.
Froben (Johannes), 31, 32, 55, 56, 81, 83, 129, 199.
Kessler (Nicolaus), 200.
Petri (Johannes), 32, 55, 129.
Pforzheim (Jac. de), 4, 6, 35, 204.
Sans nom d'imprimeur, 157.

Bononia
Hectoris (Benedictus), 118.

Complutum
Brocar (Arnaldus de), 34.

Genua
Porrus (Petrus), 181.

Hagenoa
Anselmus (Thomas), 192.
Gran (Henricus), 7, 94, 168, 169.

Lugdunum
Baland (Stephanus), 126, 225.
Balet (Petrus), 147.
Benedictis (Nicolaus de), 20, 24, 26, 95, 107, 164, 165.
Campis (Jannot de), 48, 91.
Clein (Joh.), 110, 111, 141, 178, 179.
Fradin (Constantinus), 116.
Fradin (Franc.), 23, 27, 67, 96, [97].
Giunta (Jean et François), 140.
Huyon (Guillelmus), 220.
Koberger (Antonius), 9, 40.
Marechal (Petrus), 17.
Moylin (Johannes), 21, 33, 53, 68.
Myt (Jacobus), 127.

Platea (Joh. de), 51, 127, 196, 228.
Saccon (Jacobus), 22, 25, 28, 40, 80, 149, 223.
Thomas (Johannes), 144.
Vingle (Johannes de), 119, 159.
Wolff (Nicolaus), 13, 108, 162.
Sans nom d'imprimeur, 128, 186, 226.

Moguntia
Schoiffer (Johannes), 180.

Mediolanum
Pachel (Leonardus), 166.
Scinzenzeler (Joh. Angelus), 152.

Orthona maris
Soncinus (Hieronymus), 90.

Papia
Burgofranco (Gasparus de), 197.
Burgofranco (Jacobus de), 194.

Parisius
Anabat (Guillaume), 130.
Arnoul (Johannes), 136.
Ascensius (Jodocus Badius), 2, 8, 12, 14, 49, 65, 66, 93, 124, 132, 134, 135, 137, 140, 154, 158, 167, 177, 187, 216, 219, 221.
Aubry (Bernard), 57, 59.
Ausurdus (Antonius), 189.
Barbier (Joh.), 61, 72, 92, 172, 212.
Bienayse (Johannes), 36, 37, 163.
Bossozel (Guillaume), 125.
Chappiel (André), 106.
Chevallon (Claude), 211, 213.
Cousteau (Nicolaus), 173.
De Pratis (Nicolaus), 11, 29, 45, 46, 64, 174.
Du Pré (Galiot), 201.
Denis (Toussaint), 217.
Ferrebouc (Jacobus), 36, 37, 163.
Frellon (Johannes), 109.

Gering (Ulricus), 42, 54, 117.
Gerlier (Durandus), 150.
Gormontius (AEgidius), 16, 205.
Granjon (Johannes), 15, 122, 133.
Grosmors (Petrus), 207, 208.
Hopyl (Wolfgang), 85, [215].
Hornken (Ludovicus), 38.
Kees (Thomas), 77.
Kerver (Johannes), 121.
Lambert (Johannes), 175.
Le Febvre (Hemon), 2.
Le Messier (Jacobus), 58.
Lenoir (Michael), 44, 89.
Lenoir (Philippe), 120.
Le Preux (Poncet), 131.
Les Angeliers (Arnoul et Charles), 1.
Lesclancher (Michael), 60.
Marnef (Enguilbertus de), 3, 155.
Marnef (Johannes de), 190.
Petit (Johannes), 10, 43, 69, 76, 88, 99, 102, 104, 113, 114, 131, 142, 143, 170, 171, 185, 214.
Pigouchet (Philippe), 50.
Pouchin (Jacobus), 202.
Prevel (Johannes), 52.
Regnault (Fr.), 73, 100, 156, 198, [209].
Rembolt (Berthold), 42, 54, 117.
Rembolt (Veuve), 98.
Resch (Conradus), 8.
Seurre (Johannes), 74, 188, 203.
Stephanus (Henricus), 75, 84, 85, 115, 148, 182.
Trepperel (Veuve), [63].
Verard (Antoine), 123, 184.

Vidoue (Pierre), 62, 78.
Vostre (Simon), 41.
Sans nom d'imprimeur, 206.

Redones

Mace (Johannes), 39.

Rothomagum

Hostingue (Laurentius), 101, 153.
Loys (Jametus), 101, 153.
Morin (Martinus), 70, 71, 145, 146.
Olivier (Petrus), 182, 218.
Violette (Petrus), 224.

Sena

Nardi (Simeon), 193.

Tolosa

Magnus (Jacobus), 30.

Venetia

Aldus Manutius, 105, 176.
Arrivabene (Georgius), 222.
Gregoriis (Gregorius de), 79.
Locatellus (Bonetus), 138, 139.
Pincius de Leucho (Jacobus), 210.
Quaringiis (Petrus de), 86.
Scoti (Heredes Oct.), 5, 47.
Soardis (Lazarus de), 227.
Tacuinus de Tridino (Joh.), 160, 161.

Sans indications typographiques
103, 151, 191.

TABLE

SOMMAIRE DES TITRES DES OUVRAGES *

Actes des Apôtres, 1*.
Acthica, 15*.
Amorum libri, 160*.
Anima (De), 190.
Antidotarium animae, 171.
Antiquitatum volumina, 12*.
Apibus (De) mysticis, 215*.
Apocalypsis, 6*.
Aristoteles, 183, 43*, 57*, 59*, 77*, 78*, 208*, 222*.
Arithmetica, 109.
Ars loquendi, 5.
Ars moriendi, 21.
Art de rhétorique, 22.
Arte (De) amandi, 161*.
Arte (De) cabalistica, 192*.
Arte (De) praedicandi, 26, 27.
Asclepius, 48*.
Astrolabium planum, 14.
Auctores octo, 25, 17*.
Authenticis (Lectura super), 22*.

Beneficio (De), 198*.
Biblia, 34, 35, 36, 37, 38, 39, 116, 117, 118, 131, 164, 31*, 32*, 33*, 34*, 112*, 118*.
Blason (Le grand) des fausses amours, 11.
Boetius, 85*.
Bohemos (Dialogus contra), 152.
Brocardica juris, 49.

Canonis missae expositio, 37*.
Casibus (De) conscientiae, 23, 24.
Casus longi, 32.
Catalogus sanctorum, 149*.
Catholicon, 107, 108.
Centiloquium, 42.
Césars (Les douze), 206*.
Chronicarum liber, 60.
Chronicon, 74, 75, 13*.
Chroniques de France, 89*.

Conceptione (De) Virginis Mariae, 41.
Concordantiae bibliae, 66, 55*, 56*.
Concordantia glosarum juris...., 152*.
Codex, 23*.
Confessionale, 19, 20, 134, 135, 186, 153*.
Consilia, 20*, 21*.
Consolatione (De) philosophiae, 39*.
Constitutiones, 64, 65, 54*.
Contractibus (De) mercatorum, 132.
Contractibus (De) pro foro conscientiae, 182.
Cordiale quatuor novissimorum, 67.
Cornucopiae, 147.
Corpore (De) Christi, 8.
Coutumes (Les grandes) de France, 62*.
Coutumes (Les) de Paris, 63†.

Decreta concilii Basileensis, 69*.
Decretales, 44, 45, 51, 90, 91, 104, 42*, 95*, 96*, 97*, 98*, 164*, 165*.
Destructorium vitiorum, 10, 73*.
Dialogus creaturarum, 69.
Dialogus inter Deum...., 46.
Dialogus miraculorum, 52, 53.
Dictionarium, 45*, 46*, 105*.
Dictionarium morale, 28.
Dictionarius pauperum, 74*.
Digestum novum, 26*, 27*.
Digestum vetus, 110, 24*, 25*, 155*.
Disciplina (De honesta), 65*.
Disputationes in utroque jure, 166*.
Dominicales quaestiones, 19*.

Elegantiae linguae latinae, 198.
Epistolae, 62, 78, 101, 151, 156, 173, 107*, 175*, 189*.
Ethymologiarum libri, 114*.
Euclides, 84*.
Evangelica (De) praeparatione, 75, 76.
Evangelium, 187, 7*, 113*, 151*.
Extravagantes, 117*.

* Les chiffres renvoient aux numéros des articles; ceux qui sont marqués d'un astérisque désignent ceux de la seconde partie.

Fasciculus temporum, 168.
Fastorum libri, 141.
Feudis (De) et homagiis, 197*.
Fide (De) orthodoxa, 115*.
Flores legum, 80.
Florum libri x, 29.
Formicarius, 133.
Franciscanorum trium ordinum firmamenta, 88*.
Franciscus (S.), 41*.
Fraternitas cleri, 194.

Genealogia deorum, 40, 38*.
Geographia, 205*.

Haereticos (Dialogi adversus), 139.
Heroides epistolae, 142.
Heures de Rome, 106*.
Historia ecclesiastica, 77.
Historia naturalis, 157.
Historia universalis, 121*.
Homiliae, 61.
Homiliarius patrum, 103, 111*.

Imitatio Christi, 81, 82.
Infortiatum, 28*.
Institutio principis, 81*.
Institutiones, 111.
Institutiones oratoriae, 186*, 187*.
Itinerarium paradisi, 190*.

Job, 92.
Jure (De) canonico, 147*.

Lamiis (De), 130.
Lancelot du Lac, 120.
Legenda aurea, 223*, 224*, 225*.
Lepra (De) morali, 134, 135, 136, 137.
Liber fugitivus, 150*.
Lis Christi, 184, 185.
Litterae indulgentiarum, 114.
Logica, 16*, 58*.
Louenges (Les) a Nostre-Seigneur, 123*.
Lucubrationes, 199*.
Lucubratiunculae, 82*.

Mahumetem (Epistola ad), 153, 154, 155.
Maleficiis (de), 91*.
Mammotrectus super Bibliam, 125.
Martilloge (Le) des fausses langues, 12.
Martinus de Magistris, 64*.
Mer (La) des histoires, 127.
Metamorphoseon libri, 162*.
Miroir (Le) historial, 200.
Missale, 128, 145*, 146*.
Modus legendi abbreviaturas, 129.

Nonaginta dierum (Opus), 140.

Orationes, 174*.
Opera, 13, 83, 84, 112, 148, 66*, 75*, 135*, 158*, 177*, 196*, 220*, 221*, 228*.
Opuscula, 11*, 210*.

Pandectae medicinae, 175.
Paraboles (Les), 4.
Paradisus, 104*.
Parva naturalia, 5*.
Passages des Gaules en Italie, 217*.
Passionibus (De) animae, 85, 86.
Pauli (S.) epistolae, 83*, 94*.
Peloponnesiaco (De bello), 216*.
Perceforest, 173*.
Persecutionibus (De) christianae fidei, 200*.
Petrus Hispanus, 44*, 209*.
Philosophia naturalis, 167*.
Physica, 8*, 61*.
Planctu (De) virginis Mariae, 30, 31.
Poetae christiani veteres, 176*.
Polyanthea, 144*.
Polycraticus, 116*.
Porphyrius, 207*.
Potestate (De) summi Pontificis, 138.
Pragmatica sanctio, 160, 161.
Problemata exponibilium, 102*.
Promptuarium juris, 148*.
Proprietatibus (De) rerum, 88, 89.
Psalterium, 96, 119, 120, 162, 47*, 126*, 127*, 128*, 170*, 180*, 181*, 182*, 183*, 185*, 218*.
Psaultier (Le) Nostre-Name, 184*.

Quadragesimale, 54, 55, 56, 93, 94, 95, 195, 76*.
Quaestiones morales, 130*.
Quotlibeticae questiones, 3*, 93*, 139*.

Rationale divinorum officiorum, 73, 80*.
Regimen conscientiae, 43.
Regulae elegantiarum, 68.
Regulae juris, 201.
Re (De) militari, 199.
Remediis (De) utriusque fortunae, 1, 2, 3, 149.
Rerum (De) natura, 124*.
Repertorium in Bibliam, 121, 122, 120*.
Resurrection (La) de Nostre-Seigneur, 166.
Rhetorica, 49*.
Romanorum dictorum libri, 219*.
Rosarium beatae Mariae, 143*.
Rosarium theologicum, 168*.
Rosetum exercitiorum spiritualium, 137*.
Rotae (Decisiones), 68*.

Sacramentis (De), 165, 101*.
Sal foederis contra Judaeos, 194*.

TABLE SOMMAIRE DES TITRES DES OUVRAGES

Salomo, 109*.
Satyrae, 146, 119*.
Scientia (De) Dei, 4*.
Scotus pauperum, 72, 86*, 157*.
Scriptoribus (De) ecclesiasticis, 193.
Scriptores rei rusticae, 172.
Sententiarum libri IV, 71, 102. 188, 189, 207, 208, 2*, 10*, 29*, 35*, 36*, 40*, 79*, 92*, 100*, 110*, 122*, 132*, 133*, 134*, 138*, 141*, 156*, 227*, 156*, 163*, 227*.
Sermones, 6, 7, 33, 57, 58, 59, 97, 98, 99, 105, 106, 113, 126, 143, 144, 196, 197, 205, 206, 14*, 18*, 70*, 71*, 72*, 87*, 99*, 103*, 142*, 154*, 169*, 171*, 179*, 191*, 204*, 226*.
Sibyllae Erythraeae revelatio, 193*.
Simonia (De), 87.
Singularia, 195*.
Situ (De) orbis, 180.
Somnium viridarii, 202*.
Songe (Le) du Vergier, 176.
Sophologium, 123, 124.
Speculum animae, 177.
Speculum aureum, 100.
Speculum doctrinale, 201.
Speculum exemplorum, 178.
Speculum historiale, 202.
Speculum humanae salvationis, 203‡.
Speculum morale, 203.
Speculum naturale, 204.
Stella clericorum, 179.
Stilus parlamenti, 136*.
Summa angelica, 63, 50*, 51*, 52*, 53*.

Summa contra gentiles, 214*.
Summa in virtutes cardinales, 187.
Summa Rolandina, 159*.
Summa summarum, 140*.
Summa theologica, 15, 16, 17, 18, 191, 192, 9*, 211*, 212*, 213*.
Summa virtutum ac vitiorum, 145, 172*.
Syllogismi, 60*.

Temperantia (De), 131*.
Theologia naturalis, 169.
Tholosanae (Decisiones capellae), 67*.
Tholosanorum (De) gestis, 30*.
Tituli legales, 47, 48.
Tragoediae, 174.
Trogus Pompeius, 118*.

Universo (De), 163.

Valerius Maximus, 50.
Verbo (De) mirifico, 167.
Verger (Le) d'honneur, 170.
Veritate (De) catholica, 90*.
Virtutibus (De), 9.
Vita Christi, 115, 125*.
Vita (De) solitaria, 150.
Vita (De) triplici, 79.
Vitae illustrium virorum, 158, 159.
Vitae Patrum, 108, *.
Vitae philosophorum, 70.

TABLE

ALPHABÉTIQUE DES NOMS DE LIEUX ET DE PERSONNES

Adolphus, princeps Veriensis, 201.
Adrianus VI, 160, 161.
Adrianus Cadubriensis, 161.
Adrianus Carthusianus, 1.
Ædua, 237.
Ægidius (Petrus), 274.
Æsopus, 17, 167.
Agobertus (Johannes), 192.
Agobertus (Simon), 192.
Agontin (Jean), 76.
Aichach, 9.
Alain de Lille, 2, 4.
Alamandus (Laurentius), 175.
Alanus, 17, 167.
Alba, 235.
Alborum mantellorum (Libraria Fratrum), 10, 142.
Albericromius (Valterus), 257.
Albericus (Gabriel), 140.
Albert de Bavière (Duc), 8.
Albertanus Brixiensis, 4, 132.
Albertus Magnus, 4, 5, 6, 161, 162.
Albertus de Saxonia, 163.
Alcala de Henares, 178, 179.
Alcinous, 138.
Aldus Manutius, 214, 253, 254.
Aleander (Hieronymus), 268.
Alen (Johannes de), 144.
Alexander de Ales, 6, 163, 164, 197.
Alexander (Johannes), 241, 242.
Alexander de Imola, 171.
Alexandre Clément, 169.
Alexander (Johannes), 169.
Alexander de Benevento (Marcus), 73, 103, 316, 217.
Alexis (Frère Guillaume), 7.
Alfonsus de Villa Sancta (Frater), 209.
Alliaco (Petrus de), 164.
Alligretus (Franciscus), 87.
Allut (P.), 187.
Almain (Jacobus), 164.
Amberg, 14.

Ambianensis (Conventus Fratrum Minorum), 79, 180, 233.
Amboise, 165.
Amboise (Georges d'), 235.
Ambroise (S.), 8, 74.
Ambrosius Camaldulensis, 108.
Amerbach (Johannes de), 8, 110, 123, 141, 176, 189, 217.
Amey (Claude-Baptiste), 109.
Anabat (Guillelmus), 227.
Andreas (Antonius), 199.
Andreas (Joh.), 30, 31, 43, 134, 183, 189.
Angelus (Johannes), 8, 9.
Angelus de Perusio, 171.
Angers, 169, 244, 268.
Angleterre, 251.
Angier (Michael), 256, 278.
Anne (S^{te}), 97.
Annius (Johannes), 165, 274.
Anroux (D.), 122, 226.
Anselmus (Thomas), 261.
Anthonius episcopus Ruthenensis, 175.
Antoine de Padoue (S.), 97.
Antonin (S.) de Florence, 9, 10, 11, 12, 13, 14, 165, 166, 200, 236.
Anvers, 47, 48, 70, 201.
Aquaevilla (Nicolaus de), 166, 244.
Aragon (Jean d'), 37.
Arbelot (Carolus), 217.
Arbroth (Couvent d'), 229.
Aretinus (Angelus), 204.
Argyropilus (Joh.), 166, 167, 190, 199.
Aristoteles, 136, 163, 166, 183, 190, 191, 199, 270.
Arkel (Johannes de), 68.
Arnoul (Jean), 231.
Arrivabene (Georges), 41, 42, 277.
Arzignanensis (Oliverius), 276.
Ascensius (Jodocus Badius), 41, 73, 103, 104, 109, 160, 163, 165, 166, 181, 185, 187, 193, 194, 208, 216, 217, 225, 229, 230, 231, 241, 242, 243, 248, 241, 242,

TABLE ALPHABÉTIQUE DES NOMS DE LIEUX ET DE PERSONNES 291

243, 248, 249, 262, 253, 258, 264, 274, 276, 277.
Asclepius, 186.
Aubertin (Claude), 76.
Aublée (Claudius), 192.
Aubry (Bern.), 185, 186, 190, 191, 216.
Auffrerius (Stephanus), 195.
Augusta Vindelicorum, 8, 34, 112, 137.
Ausurdus (Antonius), 260.
Auvray (Johannes), 188, 251.
Astexanus de Ast, 15, 16, 71.
Augustinus (S.), 17, 18, 74, 167.
Auzou (Richard), 181.
Avignon, 31.
Avignon (Collège des Jésuites d'), 278.

Baccaretensis (Carmel), 38.
Baduarius (Jacobus), 48.
Bailly (Frater Adamus), 34, 248.
Baland (Stephanus), 226, 278, 279.
Balbus (Johannes), voyez Janua.
Bâle, 8, 31, 32, 39, 41, 43, 44, 82, 110, 201, 123, 141, 161, 175, 176, 179, 189, 190, 202, 207, 217, 227, 242, 265, 266, 268.
Bâle (Chartreuse de), 41.
Balet (Petrus), 236, 237.
Baligault (Felix), 78, 79, 85, 112, 113.
Bamberg, 182.
Baptista de Castilliono, 224, 225.
Baptista Massiliensis (Frater), 233.
Bara (Hieronymus), 251.
Barbacus (Andreas), 246.
Barbadicus (Augustinus), 271.
Barbarus (Franciscus), 40.
Barbatia (Andreas), 171, 172.
Barbazza (Andreas), 64.
Barbier (Johannes), 191, 192, 197, 208, 250, 251. 272.
Bardellonus (Johannes-Jacobus), 214.
Bari, 207.
Barisey au Plain, 193.
Barnheim, 62.
Bartholomaeus Brixiensis, 169, 210.
Bartholomaeus Cremonensis, 66.
Bartolus de Saxoferrato, 169, 170, 171, 172, 173.
Basileensis (Bibliotheca academiae), 129.
Basilius (Johannes), 244.
Bassolis (Johannes de), 173, 174.
Baudry, 32.
Beaumont, 253.
Beauvais (Collège de), 199.
Beauvais (Vincent de), voyez Vincent.
Bebel (Henricus), 135, 179.
Beda, 74.
Beda (Natalis), 229.
Bekenhaub (Johannes), 19, 181, 182.
Bellenzinis (Bartholomaeus de), 247.
Bellièvre (Antoine), 222.
Belonneau (Johannes), 165.
Benard (Guillelmus), 236.
Benard (Lambert), 101.
Benedictis (Nicolaus de), 108, 169, 171, 172, 209, 210, 215, 246, 247, 248.

Bensheim, 70.
Beraldus (Aurelius), 253.
Beraldus (Nicolaus), 276.
Beranger, 101.
Berchorius (Petrus), 19.
Berce (Robert), 177.
Bernard (S.), 20, 21.
Bernard de Luxembourg, 162.
Bernardin de Sienne (S.), 23.
Bernardus Parmensis, 22.
Beroaldus (Philippus), 109, 128, 221, 252, 264, 277.
Beromünster, 93.
Berquino (Ludovicus de), 253.
Berson (Jacobus), 176.
Bertrandi (Nicolaus), 174, 175.
Bethleem (Monasterium B. M. in), 75.
Bethuniensis (Conventus), 130.
Bèze (Nicolaus de), 224.
Biel (Gabriel), 179, 180.
Bienayse (Jean), 179, 180, 246.
Biffi (Jean), 266.
Bigot (Jean), 256.
Binet (Firmin), 200.
Blades (W.), 63.
Blanchinus (Bartholomaeus), 252.
Blancs-Manteaux (Couvent des), v. Alborum mantellorum.
Blondel, 77.
Blondus (Hieronymus), 55, 56.
Boateriis (Petrus de), 243.
Bocard (André), 48, 50.
Boccace (Jean), 27, 180, 181.
Bocquet, 265.
Boetius (Manlius Torquatus), 80, 138, 167, 181, 199, 203.
Boherus (Franciscus), 259.
Boillon (Martin), 226.
Bollanus (Domenicus), 28.
Bologne, 48, 221.
Bologninus (Ludovicus), 208.
Bolut (Jacobus), 256.
Bolu (Johannes), 266.
Bonae Domus (Conventus Minimorum), 39, 50, 125, 134, 162, 180, 183, 226, 272, 273.
Bonaspes, 273.
Bonaventura (S.), 29, 30. 37, 85, 114, 181, 182.
Bonaventura Brem, v. Brem.
Bonet (Johannes), 279.
Bonhomme (Johannes), 100, 101.
Boniface VIII, 30, 31, 43, 182, 189, 221.
Bonihominis (Alfonsus), 166.
Bonihominis (Boninus), 31.
Bordet (Carolus), 270, 271.
Bordin (Guillaume), 93.
Bordonus (Julius), 203.
Borron (Robert), 224.
Bose (M. de), 238.
Bossozel (Guillaume), 225, 226.
Bouclet (Nicolas), 191.
Boucher (Raphael), 242.
Bouchet (Jean), 12.
Bouchet (Pierre), 12.

Boudet, voyez Michael de Boudet.
Bouillus (Carolus), 203.
Boule (André), 204, 217.
Boulet (Carolus), 201.
Boulonge (Ludovicus), 53.
Bourbon (Connétable duc de), 226.
Bourgogne (Jeanne de), 149.
Bouvart (Johannes), 273.
Bracques (Frater Petrus de), 231, 239.
Brant (Sébastien), 31, 32, 176.
Brem (Bonaventure), 79, 121.
Breoroe, v. Wolfardus.
Brescia, 83.
Brescia (Jérome de), 64.
Briard (Johannes), 161.
Briçonnet (Denys), 194.
Briçonnet (Franciscus), 202.
Briçonnet (Guillelmus), 198, 256.
Brievere (Anselmus de), 277.
Britannicus (Augustinus), 83.
Brocar (Arnaldus de), 178, 179.
Brochard, 119.
Brognolus (Benedictus), 48.
Bruges, 63.
Bruliferus (Stephanus), 182.
Brunet (Antoine), 119.
Brunnen (Philippus de), 152.
Brunswig, v. Eggelingus.
Brutis (Petrus de), 276.
Bruxellis (Petrus de), alias Crokart, 183, 272.
Bryard (F.), 238.
Bucquel (Antoine), 105.
Bucy, 7.
Bugnerij, 38.
Burgensis (Paulus), 86, 89, 175, 176.
Burgo (Dionysius de), 33.
Burgofranco (Gasparus de), 264, 265.
Burgofranco (Jacobus de), 262.
Buridanus (Johannes), 163, 184.
Burley (Walter), 138.
Burnarde (Adolphe), 179.
Burnodus (Michael), 100.
Burnous (Johannes), 70.
Butrio (Antonius de), 34, 239.
Butrio (Andreas de), 247.
Buyer (Barthelemy), 149.

Caen, 240, 256, 278.
Caesaris (Petrus), 151, 153.
Caesarius Cisterciensis, 35, 100.
Caillaut (Antoine), 133.
Caillivus (Remigius), 276.
Cala (Decanatus de), 200.
Calderinus (Dominicus), 277.
Calepinus (Ambrosius), 185, 186.
Calloel (Petrus), 270.
Cambrai (Collège de), 246, 268.
Campanis (Thomas de), 188.
Campanus, 117, 202.
Camperius (Symph.) v. Champier.
Campililiensis (Monasterium), 34.
Campiplanetus, 197.
Candianus, 28.
Candidus (Petrus), 253.

Capcasa (Matthaeus), 55, 56.
Capelli (Antonius), 49.
Capucins, voyez Chartres, Meudon, Montfort, Pontoise.
Caracciolus (Rob.), 36, 37, 38, 71, 144.
Carafa (Oliverius), 277.
Carcano (Michael da), 39.
Carnotensis diocesis, 43.
Carosius (Justinus), 134.
Cassiodorius (Magnus Aurelius), 186.
Cassovius (Georgius), 225.
Castellioneus (Johannes-Baptista), 263.
Cato, 17, 128, 167.
Caussin (Le Père Nicolas), 18.
Caxton (William), 63.
Célestins, v. Paris.
Ceva (Le P. Boniface de), 205.
Chaillot, 151.
Champier (Symphorien), 186, 187, 280.
Chappiel (André), 214, 215.
Chappuis (Johannes), 183.
Chappuis, 132.
Charles V, 131, 267.
Charles VII, 118.
Charles VIII, 4, 15, 96, 125, 127, 280.
Charles Quint, 209.
Charles d'Autriche, 201.
Charles de Vendôme, 269.
Charpentier (Jean), 122.
Chartot (Claude), 178.
Chartres (Capucins de), 90, 91.
Chatelays (Johannes de), 169.
Chatillon, 147.
Chaussard (Barnabé), 167.
Chauvigny (Seigneurs de), 85.
Cherio (Bernardinus de), 204.
Chevallier, 184.
Chevallon (Claudius), 165, 246, 272.
Choisy, 176.
Choquet (Ludovicus), 159.
Chrestien, avocat, 132.
Chrysostôme (S. Jean), 13, 14, 40, 41.
Chupardus (Petrus), 139.
Ciceron, 41, 187.
Citeaux (Abbaye de), 4.
Clarius (Daniel), 253.
Clarius (Hieronymus), 64.
Claudin (M.), 70.
Clauso (Johannes de), 264.
Clavasio (Angelus de), 41, 42, 187, 188.
Clein (Johannes), 216, 217, 233, 254.
Clément V, 43, 183, 189.
Clément VII, 101.
Clichtove (Josse), 46, 198, 203.
Coblentz (Jésuites de), 66.
Cockburn (Robertus), 230.
Coels (Le chanoine), 25.
Coesfeldia (Sorores ordinis s. Augustini in), 140.
Colarcenlui, 154.
Colines (Simon de), 237.
Colletet (G.), 127.
Colmar, 218.
Cologne, 1, 2, 5, 6, 13, 16, 21, 26, 27, 29, 33, 35, 36, 38, 44, 60, 63, 66, 68,

DES NOMS DE LIEUX ET DE PERSONNES

71, 98, 99, 101, 114, 115, 120, 122, 137, 144, 151, 162, 181.
Cologne (Jésuites de), 92.
Colonia (Johannes de), 86.
Columella, 128.
Columella (Gerardus), 248, 249.
Commin (Vincent), 96.
Compostellanus (Bernardus), 211.
Complutum, v. Alcala de Henares.
Constance, 98.
Constant (Johannes), 222.
Constantinus monachus, 280.
Contarenus (Antonius), 204.
Contarenus (Sebastianus), 244.
Coppinus (Sebastianus), 187.
Cordeliers, v. Amiens, Pontoise.
Cornelius (Franciscus Georgius), 244.
Coronel (Antonius), 190, 191, 192.
Coronel (Franciscus Fernandus), 190.
Coronel (Ludovicus), 191, 192.
Corsetus (Antonius), 246.
Corsictus (Antonius), 263.
Coulon (J.), 242.
Cousteau (Nicolas), 149, 251.
Cowan (Alexander), 229.
Cranston (David), 165, 193, 229.
Crantz (Martin), 100.
Cremensis (Franciscus), 263.
Cremieu (Isère ?), 236.
Crinitus (Petrus), 193, 194.
Crokart, v. Bruxellis.
Croy (Henri de), 14.
Cusa (Nicolaus de), 194.
Cusset, 43.

Dalberg (Johannes de), 142.
Dales (Franciscus), 280.
Dalier (Denis), 168.
Damascenus, v. Johannes Damascenus.
Damedieu (Frater Nicolaus), 182.
Dandolo, v. Dandulus.
Dandulus (Joh. Franciscus), 134.
Danesius (Petrus), 259.
Dardinus, 255.
Dassoneville (Jacobus), 160.
Datus (Augustinus), 45, 46, 277.
Daunou, 92, 149, 150, 151.
De Campis (Jeannot), 186, 208.
Delange (Andreas), 242.
Delangle (Frater Petrus), 250.
Delavernade, 108, 166, 241.
Delisle (M. Léopold), 4.
De Lisle (Ludovicus), 47, 98, 113.
Delourme (Johannes), 272.
Delphinus (Jacobus), 262.
Delphus (Aegidius), 166, 220, 228.
Denis (Toussaint), 274.
Denyse (Nicolaus), 196, 197.
De Pratis (Nicolaus), 164, 173, 185, 186, 193, 252.
De Pratis (Petrus), 256.
Descombars (E.), 249.
Des Hostels, 192.
Despeyreris (Nicolaus), 4, 132.
Destassus (Stephanus), 231.

Dijon, 134.
Dionysius Areopagita, 198.
Dionysius Carthusiensis, 44, 132.
Diviti (Guillelmus), 109.
Doesmier (Vincentius), 165.
Donatus, 277.
Donyvel (Nicolaus), 80, 165, 174.
Dorbellus (Petrus), 198, 199.
Doring (Matthaeus), 86, 89, 175, 176.
Dorp, 184.
Douglas (Gauvinus), 230.
Drach (Pierre), 10, 11, 30, 43.
Dreux, 76.
Dufay (Laurent), 264.
Dulcinus (Stephanus), 266.
Dulcis (Martinus), 85.
Dullaert de Gandavo (Johannes), 199.
Dumec (Audry), 178.
Duns Scotus (Johannes), 48, 49, 50, 161, 199, 200, 203, 204, 224, 242.
Du Port, 268.
Du Prat (Marquis), 175.
Du Pré (Galliot), 251, 266, 267.
Du Pré (Jean), 63, 64.
Dupré (Petrus), 259.
Dupuy Lechault (Gabriel), 220.
Du Terrail (Marguerite), 187.
Durand (L.), 177.
Durandus (Guillelmus), 50, 141, 200.
Durandus (Petrus), 137.
Dynus de Nuxello, 170.

Eggelingus de Brunswig, 180.
Eggesteyn (Henricus), 111.
Emser (Jérome), 266.
Engenthal (Couvent d'), 227.
Ennen (M.), 137.
Erasmus (Desiderius), 201, 202, 266.
Erythraea (Sybilla), 262.
Escombard (Enguerrandus), 160, 221.
Esslingen, 99.
Etrepagny, 177.
Euclides, 202.
Eusebius Pamphilus, 52, 53, 54.
Eichstadium, 75.
Exolduni (Conventus), 85.

Faber (Joh.), canonicus Carnutensis, 237.
Faber Stapulensis (Johannes), 80, 194, 198, 202, 203, 220, 256.
Fabri (Johannes), 237.
Facetus, 17, 167.
Fagot (Johannes), 181.
Failoux (Frater F.), 154.
Fantis (Antonius de), 200, 203, 204.
Felix (Frater), 145.
Fendant (A.), 234.
Ferrebouc (Jacques), 179, 180, 246.
Ferrerius (Joh. Stephanus), 80, 203.
Ferrerius (S. Vincentius), 204.
Ferrerius (Zacharias), 196.
Ficinus (Marsilius), 55.
Ficra (Baptista), 224.
Fitzherbart (Franciscus), 88.

Fizeau (Eustache), 170, 263.
Flamarens (Herardus), 276.
Fleury-en-Bierre (Prieuré de), 190.
Florus (Lucius), 221.
Fontaine-Pean (Alexis de), 208.
Formon (Stephanus), 199.
Fosserius (Johannes), 174.
Flach (Martin), 61, 63, 125, 133.
Fradin (Constantinus), 220, 221.
Fradin (Fr.), 170, 171, 172, 190, 210.
Francfort-s.-M., 117.
François d'Assise (S.), 37, 204, 205.
François Ier, 274, 280.
Frédéric, 53.
Frédéric d'Urbin, 109.
Frellon (Jean), 173, 174, 199, 200, 205, 216, 251, 270.
Friburger (Michel), 100.
Froben de Hammelburg, (Johannes) 175, 176, 177, 189, 190, 201, 202, 227, 265, 266.
Froben (Hieronymus), 202.
Froissart (Jean), 205.
Fuchs (Ludovicus), 145.
Fulgosus (Octavianus), 255.
Furter (Michael), 31, 32.
Fyner (Conrad), 99.

Gabiano (Joh. Barth. de), 200, 204.
Gabrielibus (Gabriel de), 262.
Gaietanus (Johannes), 15, 16.
Gaisser (Johannes), 183.
Galatinus (Petrus), 207.
Gallensis (Johannes), 273.
Galli (S.), 80.
Galli (F. J.), 203.
Galli (Ludovicus), 127.
Gallus, voyez Hahn.
Gambiglionibus (Ang. de), 207, 208, 243.
Ganay (Germani de), 194, 276.
Ganay (Jean de), 80.
Gandino (Albertus de), 207, 208.
Garnier (Johannes), 191.
Gasparis (Johannes), 229.
Gaudoul (Petrus), 186.
Gaudron (L.), 190.
Gautier (Mathieu), 208.
Gayaud, 170, 171, 172.
Gemellus (Adrianus), 249.
Gemellus (Johannes), 199.
Genarius (Joh. Franciscus), 280.
Genezano (Frater Paulus de), 248.
Genua, 255.
Georgius Alexandrinus, 106, 128.
Gerber (Nicolaus), 215.
Gering (Udalricus), 89, 90, 100, 109, 134, 146, 182, 183, 189, 221.
Gerlier (Dur.), 49, 50, 198, 238, 252, 267.
Gerlier (Johannes), 267.
Gerson (Jean), 26, 59, 60, 61, 62, 164.
Gesilardus (Ludovicus), 225.
Gibolet (Claude), 22, 23.
Gilbert de Porrée, 162.
Gilbert de Tournay, v. Guibertus.
Gille (Frater Marcus), 242.

Gillot (Le conseiller), 132.
Girard (Thomas), 123.
Giunta, 189, 195, 227, 238.
Giunta (Franciscus), 233.
Giunta (Jacobus), 195.
Giunta (Johannes), 233.
Giunta (Luca-Antonio), 238.
Glanvilla (Barth. de), 62, 63.
Goddam (Adamus), 208.
Goethals (Henricus) a Gandavo, 209.
Gometius (Frater), 262.
Gonseville, 122.
Gonzaga (Franciscus de), 130.
Gonterius Cabilonensis (G.), 80.
Gops (Goswin) de Euskyrchen, 137.
Gorra (Nicolaus de), 209, 239.
Gorris (Guillerinus), 50.
Gourmont (Gilles de), 164, 165, 186, 198, 208.
Gourmont (Johannes de), 167.
Gradibus (Johannes de), 165, 195.
Grallon (Rudolphus), 272.
Gran (Henricus), 71, 76, 98, 107, 108, 134, 162, 209, 249.
Granjon (Johannes), 166, 191, 193, 208, 224, 228, 229.
Grasolarius (Jacobus), 259.
Gratianus, 209, 210, 211.
Gravilla (Ludovicus de), 261.
Gregorius (S.) papa, 65, 74, 133, 236.
Gregorius IX, 63, 64, 211.
Grenoble, 175.
Grillot (Jean), 49.
Grimanus (Cardinal), 202.
Grimanus (Dominicus), 204.
Gritsch (Johannes), 66, 67.
Grosdidier (Daniel), 193.
Grosmors (Petrus), 270.
Gruninger (Jean), 11, 12, 63, 70, 121.
Gruterus (Balduinus), 252.
Gryvellius (Johannes), 161.
Guarinus Veronensis, 134.
Guarossinus (Raymundus), 276.
Gudmanus (Jacobus Ramutius), 203.
Gueynard (Etienne) alias Pinet, 178, 186, 195, 196, 208, 222, 235, 243.
Guibertus Tornacensis, 211, 212.
Guidonis Villarensis (Johannes), 191.
Guigard (Joannis), 15.
Guillebon (Johannes), 183.
Guillemassacus (Johannes), 255.
Guillelmus Antissiodorensis, 212.
Guillelmus episcopus parisiensis, 212.
Guillelmus lugdunensis v. Peraltus.
Guillerinus, 152.
Guldenschaff (Johannes), 4, 5, 99, 144.
Gurquini (Johannes), 100.
Guymier (Côme), 118.

Hagenoae, 71, 76, 98, 107, 108, 134, 162, 209, 249, 261.
Haerlem (Vincentius de), 246, 272.
Hahn (Udalricus), 116, 117.
Hailbrum (Franciscus de), 140, 143, 144.
Hallot (Johannes), 70.

DES NOMS DE LIEUX ET DE PERSONNES

Haloinus (Franciscus), 253.
Halyabbas, 280.
Hanau, 36.
Hangest (Hieronymus de), 213.
Harderwic (Gerardus de), 163.
Hardouyn (Gilles), 214, 215.
Harentals (Petrus de), 68.
Harmois, 268.
Harrisse (M.), 193.
Hase (M. Oscar), 10, 24, 40, 67, 138, 152, 182, 277.
Haslachius (Gasparus), 180.
Hectoris (Benedictus), 221.
Hcher (Georgius), 16.
Heisterbach, 35.
Helmut (Andreas), 30.
Hennel (Jean-Baptiste), 9.
Hepburnensus (Georgius), 229.
Heraclides heremita, 214.
Hercule d'Este, 128.
Hermite (Jean). 11.
Herodianus, 254.
Herolt (Johannes), 68, 69, 70, 213.
Herp ou Herpf (Henricus de), 71.
Hesselin (Nicolas), 68.
Hesychius, 214.
Hibert (Gabriel), 38.
Hieronymus (S.), 23, 24, 25, 26, 27, 52, 72, 73, 74, 83, 215, 216.
Higman (Johannes), 80.
Hilaire (Laurentius), 239.
Hispanus (Petrus), 184, 270, 271.

Hittorp (Gottfried), 181.
Holkot (Robertus), 73, 164, 216, 217.
Homborch (Conrad Winters de), 26, 27, 44, 60, 101, 114, 151.
Honorius Augustodunensis, 138.
Hopyl (Wolfgang) 80, 203, 273.
Hornken (Ludovicus), 180, 181.
Hostingue (Laurent), 212, 239, 240.
Hubert (Frère), 273.
Huet (Guillelmus), 174, 199.
Hugo (Celsus), 170.
Hugues, roi de Jérusalem, 27.
Huguetan (Jac.), 186, 200, 216, 245, 278.
Hungaria (Michael de), 76.
Hurault (Robert), 173, 174.
Hussner (Georges), 19.
Huyon (Guillelmus), 276, 277.
Hypsicles, 202.

Ingoldstadtii (Bibliotheca S¹-Francisci), 145.
Innspruck, 207.
Insulanus (Bartholomaeus), 252.
Insulis (de) voyez Michael de Insulis.
Isaac, voyez Ysaac.
Ishac Hispanus, 207.
Isidorus hispalensis, 219.
Isle-Adam (Missionnaires de l'), 61, 218.

Janot (Jean), 192, 193;
Janua (Johannes Balbus de), 78, 79.

Jean Max, abbé de Wolbeken, 166.
Jehannot, 123.
Jenson (Nic.), 24, 53, 54, 86, 92, 93, 139.
Johannes XXII, 103, 104, 160, 183, 221.
Johannes Britannicus, 109.
Johannes de Colonia, voyez Colonia.
Johannes Chrysostomus (S.), voyez Chrysostomus.
Johannes Damascenus, 220, 262.
Johannes Matthaeus (F.), 200.
Johannes Nivicellensis, 43, 44.
Johannes de Paris, 164, 202, 225.
Johannes Saresberiensis, 220.
Johannes de Secubia, 189.
Johannes Veronensis, 147.
Johannis (Bonifacius), 50, 51.
Jordanus Nemorarius, 80, 203.
Josèphe, 178.
Jouy, 43.
Jouyn (Pierre), 24.
Joyenval, v. S. Mariae Gaudii vallis.
Jumeau (Jean), 91.
Junte, v. Giunta.
Jusseaulme (Johannes), 272.
Justinianus (S. Laurentius), 82, 83.
Justinianus, 80, 81, 82.
Justinianus (Hier. Omphredus), 187.
Justinopolitanus (Frater Marc-Antonius), 262.
Justinus, 221.
Juvenalis, 222.

Kamermaister (Sebastien), 40.
Kees (Thomas), 199.
Kempis (Thomas a), 59.
Kerver (Thielmann), 45, 46.
Kerver (Jean), 224.
Kerver (Veuve de Thielman), 225.
Kessler (Nicolaus), 43, 44, 266.
Kestingr (Johannes), 6.
Kierherus (Jean) de Schelestadt, 181.
Kloss (Georges), 117.
Koberger (Antonius), 9, 10, 19, 20, 23, 24, 25, 30, 31, 34, 39, 40, 43, 67, 88, 89, 107, 138, 152, 163, 164, 181, 253, 277.
Koberger (Johannes), 20.
Koelhoff (Johannes), 35, 36, 60, 68.
Kunne (Albert), de Duderstadt, 91.

La Chartre, 175.
La Coffe (Isambert), 268.
Laertius (Diogenes), 48.
Laetus (Pomponius), 105.
Lagarde (Jean de), 192.
La Gidonnière, 175.
Lahoguet (J. de), 261.
Laire (Guillelmus de), 270, 271.
Lalko (Oswald de), 249.
Lambert (Jean), 7.
Lambert, 252.
Lambillon (Antonius), 129, 130.
Landriano (Bernardinus de), 208, 247.
Lange (de), 222.
Langius (Rudolphus), 162.

Langloys (Pierre), 70.
Lapide (Johannes de), 141.
La Poterie (Ludovicus de), 234.
Lasserre (Louis), 1, 125.
Lathomi (Perrinus), 50, 51.
Laud (S.), 278.
Laurantij (Johannes), 50.
Lauretanus (Leonardus), 244.
Lauxius (David), Britannus, 80.
Lavania (Philippus), 52.
Laziardus (Johannes), 224.
Le Bel (Le Père Chérubin), 180, 256.
Le Bouteillier (Le F. Adrien), 122.
Lebrodeur (Pierre), 192.
Le Camus (Philippe), 68.
Lecerf (André), 225, 257.
Leclerc (Loys), 197.
Le Clerc (Renatus), 132, 197, 274.
Lecoq (Antonius), 159.
Ledoux (Ph.), 68.
Le Duc (Carolus), 241.
Le Duc (F. C.), 166.
Leduc (Jacques), 88.
Leeu (Gerard), 47, 48, 201.
Leewis, v. Dionysius Carthusianus.
Le Febvre (Hemon), 160, 224.
Le Febvre (Michel), 174, 225.
Le Forestier (Jacobus), 275.
Lefort (Thomas), 59.
Le Gaigneur (Johannes), 152.
Legnano (Joh. et Jac. de), 239, 248, 263.
Legrand *voyez* Magnus (Jacobus).
Leiste (Christian), 93.
Lemaistre (Stephanus), 212, 240.
Le Mans, 175.
Lemenand (Guillaume), 225.
Le Messier (Jacobus), 190.
Lenoir (Michel), 184, 205, 224.
Lenoir (Philippe), 127, 223.
Léon (S.), 74, 84.
Léon X, 207, 233, 280.
Leontorius (Conradus), 123, 176, 177, 189, 217, 218, 227.
Le Petit Laurens, 131, 267.
Leporcens (Marinus?), 186.
Le Preux (Poncet), 208, 228, 276.
Leprevost (Charles), 205.
Leroi, 24.
Lerouge (Pierre), 94, 95, 96.
Leroy (M.), 134.
Les Angeliers (Arnoul et Charles), 159.
Lescuier (Frater Petrus), 98, 230.
Lesgart (Jehan), 234.
Lethil, 177.
Leuchettus (Franciscus), 224.
Leucho (Jacobus Pincius de), 154, 271.
Levinus Austricus, 199.
Lhabit (?), 262.
Lhuillier (Arnaldus), 267.
Licio (De) v. Caracciolus.
Liechtenstein (Hermannus), 271.
Liechtenstein (Petrus), 274.
Lire, 7.
Lisle-Adam, 261.
Locatellus (Bonetus), 27, 51, 439, 200, 232, 233, 279.
Lochiensis (Frater Nicolaus), 260.
Longjumeau, v. S. Eligius.
Logrono, 179.
Lokert (Georgius), 163.
Louis (S.), 97.
Louis XII, 205, 262.
Louvain, 1, 59, 75, 76, 77, 127, 137.
Louvain (Jésuites de), 279.
Louviers (Charles de), 132.
Loys (Jametus), 212, 239, 240.
Lubeck, 96.
Lucas (Andreas), 70, 190.
Lucretius (Carus Titus), 225.
Ludolphus, 85, 86, 225, 226.
Ludovicus de Venetia, 37.
Lyon, 14, 16, 20. 22, 23, 63, 64, 70, 73, 80, 81, 82, 85, 103, 104, 108, 118, 126, 136, 149, 153, 154, 155, 163, 165, 166, 167, 169, 170, 171, 172, 177, 178, 181, 182, 186, 188, 189, 195, 196, 200, 204, 208, 209, 215, 216, 217, 220, 222, 226, 227, 233, 235, 236, 238, 239, 243, 244, 247, 254, 258, 264, 276, 278, 279, 280.
Lyra (Nicolaus de), 44, 86, 87, 88, 89, 90, 91, 98, 175, 176, 177, 226, 227, 239.

Mabile, 270.
Mace (Jean), 181, 278.
Mace (Robinet), 181.
Macee (Michael), 200.
Madden (M.), 2, 6, 13, 14, 16, 17, 18, 21, 25, 26, 27, 29, 34, 35, 36, 38, 39, 40, 41, 54, 59, 61, 62, 63, 66, 73, 75, 77, 79, 84, 92, 93, 97, 100, 102, 112, 114, 115, 116, 117, 118, 120, 121, 129, 131, 133, 137, 138, 139, 140, 141, 143, 144, 145, 149, 150, 151, 152, 255.
Magniacensis (Conventus), 37.
Magnus (Jacobus), 92, 93, 273.
Magnus (Johannes), 174, 175.
Magister (Martinus), 193, 228.
Magnanus (Hieronymus), 204.
Maienc (Yvon), 272.
Maillard (Frater Franciscus), 237.
Maillet (Thomas), 220, 262.
Maior (Johannes), 208, 229, 230.
Mairius (Johannes), 187.
Makerel (Mathieu), 166.
Malines, 97.
Mallarius (Nicolaus), 165.
Malvis (Nestor), 105.
Mancinellus (Ant.), 134, 187, 222, 277.
Mansion (Colard), 63.
Mantuanus (Baptista), 230.
Map (Gautier), 224.
Maphaeus (Augustinus), 264.
Marcellus (Christophorus), 204.
Marchesinus (Johannes), 93, 94.
Marconvillus (F. M.), 200.
Marechal (Jacobus), 167, 168.
Marechal (Petrus), 14, 132, 167.
Marier (Jehan), 130.
Marier (Marie), 130.
Marmita (Gellius Bernardinus), 129.

Marnef (Engilbert de), 45, 57, 160, 161, 230, 241.
Marnef (Geoffroy de), 45.
Marnef (Jean de), 12, 166, 261.
Marsus (Paulus), 105.
Martin (J.), 122.
Martinus de Magistris, v. Magister.
Martin de Cellavetera, 266.
Martinus Polonus, 94.
Martinus (Theodoricus), 201.
Massuau (Jérome), 48.
Masuerius, 231, 239.
Maturantius (Franciscus), 187.
Mauburnus (Johannes), 231.
Maurocenus (Marcus-Antonius), 106.
Maurus (Levinus), 109.
Maxianus (Reginaldus), 256.
Maximilien d'Autriche, 40, 48, 201, 207, 224.
Maximis (Franciscus de), 84.
Maximis (Petrus de), 41, 84.
Maynal (Georgius), 134.
Maynier (Accursius), 175.
Mayronis (Franciscus de), 232, 233.
Mazalis (Franciscus de), 128.
Mazarin, 4.
Mazolinus de Prierio (Silvester), 233.
Mediavilla (Richardus de), 233.
Médicis (Julien de), 55.
Médicis (Laurent de), 56.
Meier (Dom Gabriel), 79.
Meirerius (Ludovicus), 163.
Meldensis (Conventus fratrum minorum), 176.
Mellonus Yonius, 167.
Melun, 106.
Memmingen, 91.
Menardus, 25.
Meneses (Henricus de), 262.
Menotus (Michael), 234.
Montelin (Johannes), 16, 17, 18, 26, 28, 29, 40, 79, 92, 112, 115, 118, 121, 129, 150, 152.
Mercier (Jacobus), 204.
Mercier de Saint-Léger, 134.
Merlinus (Jacobus), 243.
Merula (Bartholomaeus), 244.
Methodius, 29.
Meudon (Capucins de) 85, 86, 87, 91, 108.
Mézières ? 38.
Mézières (Philippe de), 132.
Michael de Cezena, 104.
Michael Franciscus de Insulis, 234.
Michel de Boudet, évêque de Langres, 174, 243.
Michel, évêque d'Auxerre, 92, 93.
Milan, 52, 239, 248, 262, 263, 265.
Mineurs (Frères), v. Meaux, Pontoise.
Minimes, v. Bonae domus, Nigeon.
Minutianus (Alexander), 262, 263.
Mirabellius (Dominicus Nanus), 235.
Mirandula, v. Picus.
Mittelhus (Georgius), 97.
Mocenigo (Andreas), 200.

Mocenigo (Johannes), 53, 66.
Moderne (Jacques), 227, 238.
Moguntia, 71, 72, 73, 140, 182, 255.
Molenfelt (Martinus), 271.
Molinarus (Johannes), 203.
Molismense (Monasterium), 2.
Molitor (Ulricus), 98.
Mollenbecke (Petrus), 91, 98.
Mombritius (Boninus), 52.
Monaldus Justinopolitanus, 236, 237.
Monierius (Focaudus), 167.
Montaigu (Collège de), 163, 190.
Monte (Johannes de), 173.
Montfort (Capucins de), 51, 64, 76, 110, 141, 188, 189, 204, 220, 227, 237, 254, 261, 278.
Montholon (Franciscus), 237.
Montholon (Guillelmus), 237.
Montholon (Johannes), 237.
Montholon (Lazarus), 237.
Montholon (Nicolaus), 237.
Montis sancte Agnetis (Coenobium), 231.
Montissancti (Bibliotheca), 8.
Montreuil sous bois, v. S. Pierre et S. Paul.
Morderer (Albertus), 142.
Morellus (Theodoricus), 161.
Morelli (L'abbé), 18.
Morettus (Antonius), 187.
Moretus, 131.
Morin (Martinus), 196, 197, 235, 236.
Moses Aharon, 207.
Moylin (Johannes) alias de Cambray, 170, 177, 188, 189, 195, 196.
Mühlen (Marquis de), 140.
Multoris (Frater Natalis), 219.
Munich (Bibliothèque de), 6, 10, 14, 44, 99, 115, 129.
Musurus, 214.
Myt (Jacobus), 226.

Naples, 126.
Nardi (Simeon), 262.
Natalibus (Petrus de), 238.
Naudé (Gabriel), 56.
Navarre (Collège de), 1, 125, 184, 243.
Nenizanis (Johannes), 239.
Nepos de Monte Albano, 238.
Nicellus (Antonius), 239.
Nicolas V, 40, 53.
Nicolaus Amantis, 184.
Nicolaus Marcellus, 28.
Nicolaus de Neapoli, 170.
Nicolaus Truno, 36.
Nicolaus de Tudeschis, v. Panormitanus.
Nicolaus Veronensis, 147.
Nider (Johannes), 44, 99, 100, 101, 151, 212, 239, 240.
Nigeonensis (Conventus minimorum), 72, 76, 134, 151.
Niger (Christophorus), 134.
Niger (Dominicus Marius), 244.
Niger (Franciscus), 45, 46.

298   TABLE ALPHABÉTIQUE

Nival (Johannes), 210, 216, 279.
Norbert (Le P.), 198.
Novimagio (Petrus de), 272.
Novimagio, voyez Reynaldus.
Noviodunensis (Congregatio Missionis), 124.
Noviomensis (Congregatio Missionis), 189, 277.
Noviomensis (SS. Hyeronimus et Bartholomaeus), 142.
Nuccriensis (Johannes Ægidius), 243.
Nuremberg, 9, 10, 19, 20, 23, 24, 25, 30, 31, 34, 39, 40, 43, 67, 88, 89, 107, 138, 152, 182, 239.
Nyder, v. Nider.

Ockam Guillelmus), 103, 104, 132, 184.
Odo, 241.
Odofredus, 169, 244.
Olivier (Petrus), 256, 275.
Oliverius de Lyon, 165.
Oratoire (Congrégation de l'), 209.
Orbellis (Nicolaus de), 242.
Orcin (Jean), 68.
Origenes, 74, 242, 243.
Orlandinus (Rudolphus), 243.
Orléans (Charles d'), 252.
Orontius Fine, 173, 174.
Orthona maris, 207.
Ovidius 105, 106, 243, 244, 248.

Pachel (Leonardus), 248.
Padoue, 232.
Palladini (Jacobus), v. Teramo.
Palmerius (Matthaeus), 53.
Palude (Petrus de), 246.
Pampelune, 179.
Pandulfus (Sigismundus), 147.
Pannartz (Arnoldus), 44, 84.
Panormitanus (Nicolaus), 239, 247, 248.
Pavie, 262, 264, 265.
Paris, 7, 14, 20, 32, 37, 45, 48, 49, 50, 55, 57, 58, 78, 79, 80, 85, 87, 94, 97, 100, 101, 112, 122, 124, 147, 148, 149, 150, 159, 160, 163, 164, 165, 166, 167, 173, 174, 179, 180, 181, 182, 183, 184, 187, 188, 190, 191, 192, 193, 197, 198, 199, 202, 203, 204, 205, 208, 209, 211, 212, 213, 214, 215, 216, 219, 220, 221, 223, 224, 225, 228, 229, 230, 231, 237, 238, 239, 241, 242, 243, 246, 248, 250, 251, 252, 253, 255, 256, 257, 258, 260, 261, 265, 266, 267, 268, 269, 270, 271, 272, 273, 274, 276, 277, 279.
Paris (Couvent des Célestins de), 21.
Paris (Chartreux de), 108.
Paris, v. S. Dyonisius, S. Genovefa, S. Merry, S. Gervasius, S. Germanus, S. Jacques.
Parisiensium (Bibliotheca FF. Predicatorum), 141.
Parvus (Nicolaus), 174.
Parvus, v. aussi Petit.
Passagerius (Rolandus), v. Orlandinus.
Passy, voyez Nigeonis.

Pasti (Matteo), 147.
Paulus II, 84, 134.
Paulus a Mercatello, 86.
Paulus (Nicolaus), 255.
Paulus Venetus, v. Venetus.
Pavinis (Johannes Franciscus de), 221.
Pedoyn, 209.
Pelbartus de Temeswar (Oswald), 107, 108, 249, 250.
Pelliparii (Johannes), 166, 249.
Pepin, (Guillelmus), 250.
Peraldus (Guillelmus), 108, 234, 239, 250, 251.
Perceforest, 251.
Pergame (Nicolas de), 47.
Pericroy (Nicolas), 96.
Perothes (Nicolaus), 109.
Perret (Michel), 25.
Persius (Publius), 109, 134.
Petau (Alexandre), 244.
Petit (Guillelmus), 165, 250.
Petit (Guy), 130.
Petit (Jean), libraire, 50, 113, 131, 164, 165, 179, 180, 183, 185, 187, 193, 196, 198, 199, 204, 205, 211, 212, 213, 214, 218, 219, 223, 224, 225, 228, 231, 232, 234, 243, 246, 250, 251, 257, 260, 273, 275, 277.
Petit (Frater Johannes), 191, 192.
Petit (Joh.), rector Spendoniensis, 257.
Petit (Théobald), 46.
Petraponte (Johannes de), 176.
Petrarcha (Franc), 41, 110, 111, 112.
Petri (Johannes), 176, 177, 189, 227.
Petrus Ægidius, 78, 79.
Petrus de Novimagio (Frater), 183.
Pfortzheim (Jac. de), 161, 162, 179, 268.
Philelphus (Franciscus), 112, 113, 252.
Philippe V, 149.
Philippe VI, 149.
Philippi (Nicolaus), 70, 118.
Philomusus (Joh. Franc.), 109.
Piccolomini (Franciscus), 117.
Piccolomini, v. Pius II.
Picot (M. Emile), 12, 127.
Picus de Mirandula (Johannes), 134.
Piel (Guillelmus), 192.
Pigenatus (Theobaldus), 268.
Pigouchet (Philippe), 20, 21, 187, 188.
Pinet, voyez Gueynard.
Pins-Montbrun (Marquis de), 175.
Pisanus (Benedictus), 262.
Pisciacus, 204.
Pius II, 114, 115, 116.
Pius (J.-B.), 225.
Pizamanus (Antonius), 271.
Platea (Johannes de), 188, 226, 264, 280.
Plessis (Collège du), 258.
Pleydenwurff (Wilhelm), 40.
Plinius (Caius), 109.
Plinius (C. Caecilius), 116, 252.
Plutarchus, 116, 117.
Poggius, 138.
Poissy, 257.
Poitiers, 12.

Politianus (Angelus), 253, 254.
Pomate (Andreas de), 171, 172.
Pontoise, 5.
Pontoise (Capucins de), 24, 31, 54, 64, 66, 67, 70, 74, 80, 81, 82, 88, 93, 98, 107, 108, 118, 152, 155, 160, 161, 162, 163, 164, 165, 166, 167, 179, 182, 184, 185, 191, 194, 200, 202, 205, 208, 209, 210, 212, 214, 217, 218, 219, 221, 224, 225, 227, 228, 230, 231, 232, 237, 242, 243, 245, 247, 248, 249, 250, 260, 265, 269, 276, 277.
Pontoise, voyez S. Martin et S. Michel.
Porphyrius, 270.
Porret (Franciscus), 271.
Porrus (Petrus), 255.
Porta (Aymo de), 210.
Porta (Sanctius de), 254.
Poterie (Ludovicus de la), 234, 250.
Pouchin (Jacobus), 267.
Pratoveteri (Antonius de), 170.
Profond (Girardot de), 15, 160.
Prémontrés, v. S. Maria Gaudii vallis.
Presles (Raoul de), 132.
Prevel (Johannes), 188.
Priero, v. Mazolinus.
Priolis (Christophorus de), 259.
Prive (Frater Franciscus), 270, 271.
Prosperus Aquitanicus, 253.
Prudentius, 253.
Prüss (Johannes), 60, 61.
Pruviniensis (Conventus), 270.
Prye (Renatus de), 273.
Puteo (Franciscus de), 257.

Quarengiis (Petrus de), 203.
Quentell (Henricus), 10, 15, 66, 122, 132.
Quintilianus, 258, 259.
Quintini (Johannes), 72.

Rabanus Maurus, 121, 239.
Ragazonibus (Jacobus de), 48.
Ramescus (Guillelmus), 264.
Rampigollis (Antonius de), 121, 198, 260, 268.
Ranus (Michael), 239.
Ratdolt (Erhard), 8, 52, 53.
Raulin (Johannes), 260, 261.
Raunay, 39.
Raymundus de Pennaforti (S.), 122.
Raymundus de Sabunde, v. Sabunde.
Raynerius de Pisis, 139.
Récollets, voyez Saint-Germain-en-Laye, S.-Germain-des-Prés, Versailles.
Reggio, 116, 128.
Regius (Raphael), 245.
Regnault (Franc.), 173, 188, 197, 198, 205, 212, 242, 246, 251, 265, 270, 271.
Regnault (Johannes), 212.
Regnault (Petrus), 240, 278.
Reinhart (Marcus), dit Gruninger, 70.
Reinhart, v. aussi Gruninger (Joh.).
Rembolt (Berthold), 109, 146, 182, 183, 189, 221.
Rembolt (Veuve de Berthold), 211.

Remensis (Conventus), 77, 270, 271.
Renatus (Frater), 137.
Rennes, 181, 278.
Renzo de Ceri degli Orsini, 101.
Resch (Conrad), 163.
Reuchlin (Johannes), 123, 261.
Reutlingae, 70.
Reynaldus de Novimagio, 65, 66.
Reyser (Michael), 75.
Rhedonensium (Bibliotheca fratrum predicatorum), 139.
Rhenanus (Beatus), 220.
Rhetellensis (Ducatus), 38.
Riccius (Paulus), 262.
Richart (Jean), 50.
Rickel, v. Dionysius carthusiensis.
Rieux, 175.
Robert (M. Ulysse), 22.
Robertus (Fortunatus), 220.
Robertetus (Jacobus), 187.
Robion (Johannes), 264.
Roce (Denis), 32, 181, 252.
Rochemaillet (René Michel de la), 132, 201, 234.
Roffredus, voyez Odofredus.
Rohan (François de), 187, 264.
Rolewinck (Werner), 123, 124, 149.
Roma, 41, 84, 101, 116, 117.
Romanus (Ludovicus), 169, 262, 263, 265.
Rosatus (Johannes), 279.
Rosselletus (Johannes), 258.
Rottenbuech (Fratres in), 150.
Rouen, 181, 196, 197, 212, 235, 236, 239, 240, 256, 270, 271, 275, 278.
Rousseau (Ch.), 43.
Roux ou Leroux (Nicolaus), 270, 271.
Roynet (F.), 196.
Roze (Nicolaus), 200, 253.
Rupe (Alanus de), 234.
Rupe (Hugo de), 248.
Rupeforti (Guillelmus de), 129.
Rusaeus (Ludovicus), 253, 258.
Ruthallus (Thomas), 266.
Rynmann (Joh.), 108, 135, 162, 209, 249.

Sabunde (Raymundus de), 1, 125.
Saccon (Johannes), 20, 164, 170, 171, 172, 173, 181, 182, 200, 215, 238, 278.
Saint-Gelais (Octavien de), 125, 126.
Saint-Germain (M. de), 134.
Saint-Marceau (Pierre de), 271.
Sala (Jean), 4.
Saliceto (Nicolaus de), 127.
Salius (Petrus), 276.
Salluste, 264.
Salva (Johannes de), 257.
Salviatis (Georgius Benignus de), 207.
Samuel (Rabbi), 166.
Sancto-Andrea (Petrus de), 175.
Sancto-Caro (Hugo de), 217, 218.
Sancto-Georgio (Jacobus de), 264, 265.
Sancto-Victore (Hugo de), 68.
Sanlay (Joh) canonicus Parisiensis, 231.
Sappet, 100.

Sarrazin (Martinus), 129, 130.
Savary (Alexander), 191.
Scabelerius (Johannes), dictus Wettenshire, 231, 232.
Schädl (Georges), 44.
Schedel (Hartmann), 39, 40, 128.
Schefold (J. F.), 117.
Schelestadt, v. Kierherus.
Scherer (Edmond), 109.
Schiffmann (M.), 93.
Schmidt (M. Charles), 122.
Schoyffer (Johannes), 255.
Schoiffer (Petrus), 71, 72, 73, 140, 141, 255.
Schreyer (Sebald), 40.
Schussler (Johannes), 137.
Scinzenzeler (Joh.-Angelus), 239, 265.
Scot (Octavianus), 25, 26, 27, 28, 88, 139, 161, 186.
Scoti (Heredes Oct.), 186, 232, 233, 277.
Scotus (Amadeus), 186.
Scotus, v. Duns.
Secubia, v. Johannes de Secubia.
Sedulius, 253.
Segobiensis diocesis, 190.
Segusio (Henricus de), 75.
Selva (Johannes de), 265.
Senalis (Robertus), 230.
Senant (Olivier), 199.
Seneca (Lucius), 129, 130, 265, 266.
Senis, 262.
Senis (Fredericus de), 267.
Senonensis (Bibliotheca ecclesiae),131.
Sensenschmidt (Johannes), 20.
Servius, 277.
Seurre (Johannes) alias de Pica, 198, 260, 267.
Seve (De), 222.
Sforza (Ludovicus Maria), 252.
Sigismond d'Autriche, 98.
Signot (Jacques), 275.
Silvaticus (Matthaeus), 130, 131.
Simoneta (Bonifacius), 266.
Soardis (Lazarus de) 154, 155, 279.
Soncinus (Bartholomaeus), 266, 267.
Soncinus (Hieronymus), 207.
Souyn (Galarchius), 174.
Spiera (Ambrosius de), 268.
Spire, 10, 11, 30, 43.
Stapulensis, *voyez* Faber.
Steinbach (Vindelinus), 179.
Steingadensis (Bibliotheca), 121.
Stephanus (Henricus), 198, 202, 203, 220, 237, 255, 256.
Strabo, 268.
Strasbourg, 11, 12, 16, 17, 18, 20, 28, 40, 54, 60, 61, 62, 70, 79, 92, 94, 111, 112, 115, 121, 125, 129, 132, 133, 176.
Suetonius, 269.
Summenhart (Conradus), 134, 135.
Superantius (Benedictus), 244.
Surdus (Johannes), 174.
Suse, voyez Segusio.
Suzaria (Guido de), 207, 208.
Sweynheim (Conrad), 41, 84.

Syber (Johannes), 80, 81, 82.
Symphorien (S.), 186.
S. Calais, 175.
S. Columba, 163.
S. Crucis parisiensis (Conventus), 90.
S. Cyr, 12.
S. Cyrici (Congregatio missionis), 207, 255, 266, 267.
S. Dyonisius de Passu, 119.
S. Eligius de Longojumello, 119, 132, 192, 193, 197, 201, 211, 215, 234, 256, 274.
S. Genovefae Parisiensis, 256.
S. Germain des Prés (Bibliothèque de), 149.
S. Germain en Laye (Récollets de), 96, 251.
S. Germanus altissodoriensis (Monasterium), 240.
S. Germani a Pratis (Hospitium ff. Recollectorum in suburbio), 154.
S. Germanus prope muros Parisienseos, 256.
S. Gervasius de Rossi, 210, 216, 279.
S. Jacques du Haut Pas, 149.
S. Louis de Versailles, 142.
S. Louis (Maison des Jésuites de), 189.
S. Marc de Venise (Bibliothèque de), 214.
S. Mariae Gaudii Vallis (Conventus praemonstratensium), 98, 105, 113, 147, 170, 171, 172, 181, 252, 257, 265.
S. Mariae de Gardia (Conventus), 200.
S. Mariae de Vallibus Cernaii (Monasterium), 166, 243.
S. Mariae Versaliensis (Congr. missionis), 111, 274.
S. Martin de Pontoise (Bénédictins de), 10, 15, 17, 23, 30, 32, 50, 52, 55, 60, 130, 133, 135, 137, 138, 170, 195, 199, 242, 255, 258, 263, 266.
S. Merry, 193.
S. Michaeli ad Pontisaram (Conventus), 164, 188, 234.
S. Pierre et S. Paul de Montreuil sous bois, 200.
S. Quentin (Couvent de), 273.
S. Saturnin de Toulouse, 175.
S. Ulric et S. Afra (Couvent de), 34, 112.

Tacuinus de Tridino (Joh.), 243, 244.
Taillepied (Nicolaus), 268.
Tartaretus (Petrus), 136, 270, 271.
Taxae ad Stellam (Conventus B. V. M.), 44.
Tegler (Johannes), 139.
Teramo (Jacobus Palladini de), 137.
Ter Hoernen (Arnoldus), 2, 5, 75.
Terricy, 32.
Terrier, 170, 242, 263.
Theo, 202.
Theodolus, 17, 167.
Theodoricus Bellovacus (Joh.), 204.
Thibault (Jehan), 253.
Thierhaupten, 143.

Thierry (Johannes), 217.
Thomas de Aquino (S.), 44, 138, 139, 140, 141, 144, 181, 233, 271, 272, 273.
Thomas Cantipratensis, 273, 274.
Thomas (Johannes), 235.
Thorel (Martin), 43.
Thoring, voyez Doring.
Thucydides, 274.
Tiercelin (Jean), 37.
Tinctoris (Nicolaus), 181, 182.
Toledo (Antonius de), 280.
Toledo (Gondisalvus), 187.
Tomel (Christophe), 18.
Torchy, 226.
Tornieli (Hieronymus), 42, 187, 188.
Tornier (Guillermus), 175.
Tortellius (Johannes), 146.
Tortis (Baptista de) a Neocastro, 105, 106.
Tortius, v. Tortis.
Tory (Godofredus), 230, 258.
Toul, 193.
Toulouse, 50, 174, 175, 195.
Toulouse, v. S. Saturnin.
Tovar (Ludovicus de), 262.
Trapezuntius (Georgius), 40, 53.
Trechsel (Johannes), 73, 74, 103, 104, 153, 154.
Trepperel (Jean), 7, 122, 123, 125, 126.
Trepperel (veuve), 192, 193.
Tridino (Bernardinus de), 141.
Triel, 101.
Trittenheim (Joh.), 48, 103, 123, 141.
Trombete (Antonius), 204.
Tronthelius (Carolus), 116.
Tross (M.), 97.
Trot (Bartholomaeus), 280.
Troyes, 240.
Tubingen, 135, 179.
Turin, 255, 265.
Turinus (Andreas), 280.
Turrecremata (Johannes de), 275.
Tusanus (Jacobus), 254.
Typhernale (Gregorius), 134, 268.

Ulma, 143, 144, 145.
Ulricus Ulmer, 143.
Ursinensis (Bibliotheca), 112.
Utino (Leonardus de), 140, 143, 144, 145.

Vacceus (Johannes), 191.
Vacceus (Ludovicus), 191.
Vadis (Benedictus de) de Forosempronii, 170, 171.
Valerius Maximus, 33, 276.
Valla (Laurentius), 46, 146.
Vallecenensis (Conventus), 271.
Vallensis (Laurentius), 274.
Vallibus Cernaii (de), v. S. Mariae.
Valturius (Robertus), 147.
Valuphinus (Henricus), 187.
Van Os (Jean), 29.
Varro, 128.
Vartimbergensis (Johannes), 252.
Veldener (Johannes), 137.

Vellcius (Hubertus), 224.
Vendelinus de Spira, 36, 37.
Venerius (Antonius), 244.
Venetus (Paulus), 199, 248.
Venise, 24, 25, 26, 27, 36, 41, 42, 48, 50, 52, 53, 55, 56, 65, 86, 92, 93, 105, 116, 133, 134, 139, 141, 143, 154, 161, 186, 200, 203, 232, 233, 238, 243, 244, 271, 277, 279.
Venise, voyez S. Marc.
Vérard (Antoine), 2, 3, 14, 127, 147, 148, 149, 225, 256.
Vercellensis (Johannes), 133, 134.
Verdellay (Johannes de), 243.
Vernon, 234.
Vérone, 41, 147.
Veronensis (Guarinus), 268.
Verrier (Thomas), 174.
Versailles (Récollets de), 8, 83, 180, 244, 250, 256.
Versailles, v. S. Maria.
Vidove (Pierre), 192, 199, 200.
Vienne, 9.
Vignati (Ambrosius), 112, 113.
Vignay (Jean du), 149.
Vigne (André de la), 125, 126.
Villanova (Arnaldus de), 276.
Villanovae (Carthusia), 167.
Villa veteri (Johannes), 50, 51.
Vincent (Simon), 195, 226.
Vincentius Bellovacensis, 27, 147, 148, 149, 150, 151.
Vingle (Jean de), 16. 85, 109, 118, 119, 222, 243.
Vio (Thomas de), 277.
Violette (Petrus), 278.
Virgilius, 114, 115, 277.
Viterbiensis (Ægidius), 186.
Vives (Johannes Ludovicus), 199.
Vliederhoven (Gérard de), 44.
Vollenhoe (Johannes de), 29.
Volscus (Antonius), 106.
Volract (Jean), 16.
Voltam (Petrus de), 175.
Voragine (Jacobus de), 152, 153, 278, 279.
Vorillong (Guillelmus), 154, 155, 279.
Vostre (Simon), 79, 182, 187.
Voysmus (Claudius), 166.

Wagner (Alexius), 266.
Wallia, voyez Gallensis (Johannes).
Wattelier, 8.
Weidenbach (Couvent de), 6, 13, 26, 27, 29, 36, 62, 79, 92, 97, 112, 115, 117, 120, 121, 131, 144, 150, 152.
Weissenau (Abbaye de), 79.
Wenssler (Michael), 39, 82.
Westphalia (Johannes de), 1, 59, 76, 77, 127.
Wolbeken (Abbaye de), 166.
Wolbeken, v. Jean Max (abbé de).
Wolff (Nicolaus), 244, 245.
Wolfardus Largovirgius, vulgo de Breoroe, 187.

Wolff (Georgius), 37, 56.
Wolff de Lutrea (Nic.), 136, 166, 216.
Wolgemut (Michael), 40.
Wympheling (Jacobus), 123, 182.

Ximenes (Le card. François), 178, 179.

Yanes (Johannes), 191.
Ysaac, 280.
Ysarnus (Deodatus), 175.
Ysenaco (Jacobus de), 25.

Zainer de Reutlingen (Joh.), 143, 146.
Zambertus (Bartholomaeus), 202.
Zanis (Bartholomaeus de), 116, 238.
Zell (Ulric), 1, 13, 21, 26, 27, 29, 30, 35, 36, 61, 62, 63, 71, 114, 144, 151.
Zwolle, 29.

Dijon. — Imp. de l'Union typographique, rue St-Phillbert, 40.

ACHEVÉ D'IMPRIMER
le 4 août MDCCCLXXXIX
PAR
L'UNION TYPOGRAPHIQUE
rue St-Philibert, 40
DIJON

DIJON. — IMP. DE L'UNION TYPOGRAPHIQUE, RUE S.-PHILIBERT, 49

www.ingramcontent.com/pod-product-compliance
Lightning Source LLC
Chambersburg PA
CBHW071316150426
43191CB00007B/638